EUROPA-FACHBUCHREIHE
für wirtschaftliche Bildung

Computerpraxis – Schritt für Schritt

C++ und UML

Lernsituationen –

Anwendungsentwicklung

VERLAG EUROPA-LEHRMITTEL · Nourney, Vollmer GmbH & Co. KG
Düsselberger Str. 23 42781 Haan-Gruiten

Europa-Nr.: 85467

Verfasser:
Dirk Hardy, 46049 Oberhausen

Verlagslektorat:
Benno Buir

Das vorliegende Buch wurde auf der **Grundlage der neuen amtlichen Rechtschreibregeln erstellt.**

1. Auflage 2007

Druck 5 4 3 2 1

Alle Drucke derselben Auflage sind parallel einsetzbar, da sie bis auf die Behebung von Druckfehlern untereinander unverändert sind.

ISBN 978-3-8085-8546-7

Alle Rechte vorbehalten. Das Werk ist urheberrechtlich geschützt. Jede Verwertung außerhalb der gesetzlich geregelten Fälle muss vom Verlag schriftlich genehmigt werden.

©2007 Verlag Europa-Lehrmittel, Nourney, Vollmer GmbH & Co. KG, 42781 Haan-Gruiten
http://www.europa-lehrmittel.de
Satz: reemers publishing services gmbh, Krefeld
Druck: Triltsch, Print und digitale Medien GmbH, 97199 Ochsenfurt-Hohestadt

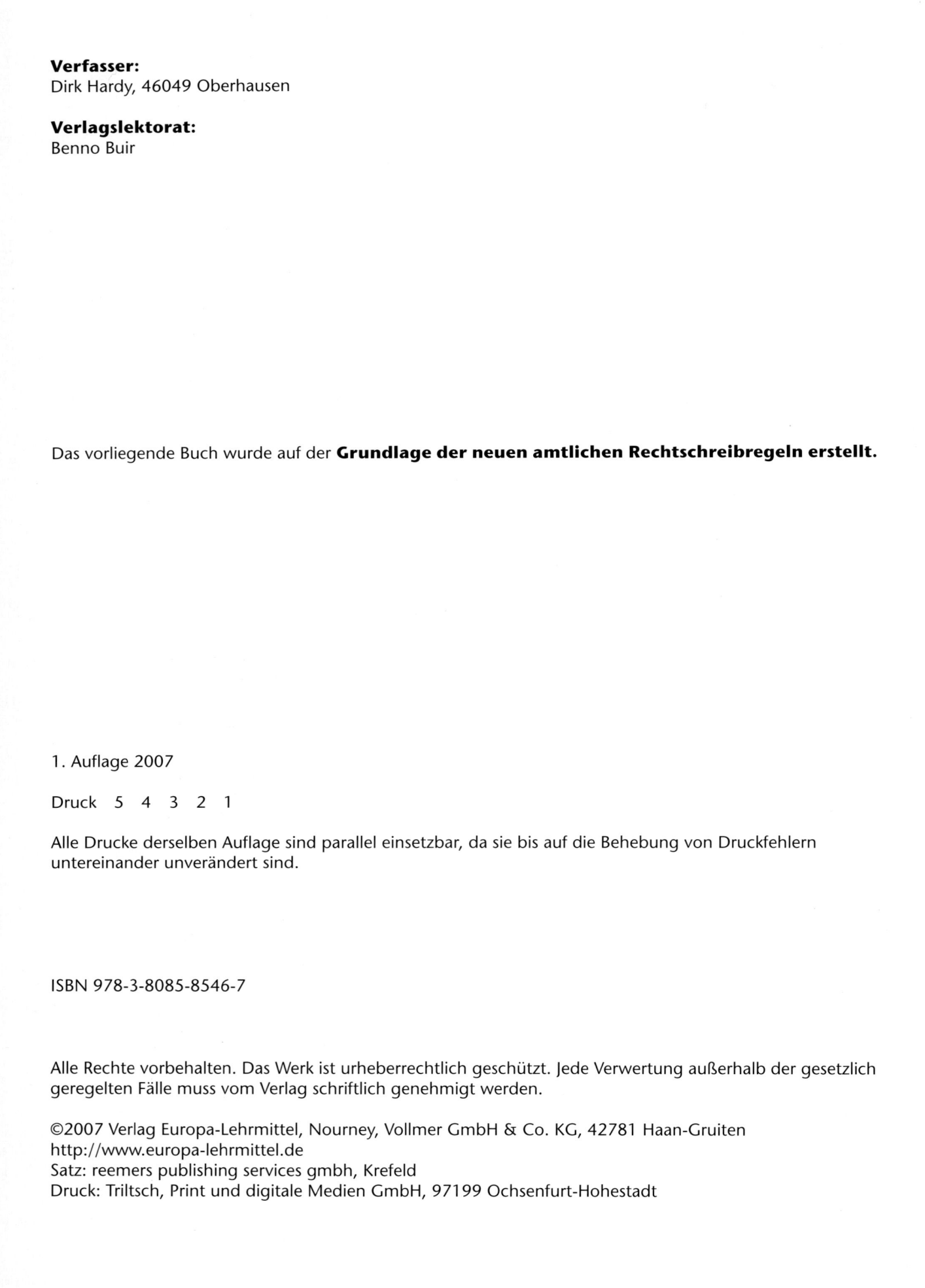

Vorwort

Die Entwicklung von Anwendungen geht heutzutage weit über das reine Programmieren hinaus. Die Anforderungen an den Fachinformatiker bzw. Informatiker mit der Fachrichtung Anwendungsentwicklung sind sehr komplex geworden. Es reicht nicht mehr aus, mit einer speziellen Programmiersprache zu arbeiten. Vielmehr sind umfangreiche Kenntnisse in mehreren Programmiersprachen, in Datenbankmanagementsystemen und weiteren Gebieten wie der Client-Server-Programmierung oder Web-Programmierung nötig.

Das Gemeinsame dieser verschiedenen Aspekte ist die Objektorientierung bzw. die Hinwendung zur Objektorientierung. Die modernen Programmiersprachen sind objektorientiert, die Datenbankmanagementsysteme werden in Zukunft verstärkt objektorientiert sein. Mischformen wie objektrelationale Datenbanken sind bereits im Einsatz.

Eine einheitliche Plattform für die Entwicklung von Softwaresystemen und Geschäftsmodellen bietet die formale Sprache UML (Unified Modeling Language).

Sowohl die Entwicklung von Datenbanken als auch das Design objektorientierter Software wird durch die UML unterstützt. Dabei können die verschiedenen Modelle der UML den Prozess der Softwareentwicklung nicht nur besser planbar, sondern auch besser durchführbar machen. Das Softwareengineering gewinnt dadurch an Qualität und Effizienz.

Die Sprache C++ ist eine plattformunabhängige und objektorientierte Programmiersprache.

Sie ist schwerer zu erlernen als andere Sprachen, bietet allerdings dafür einige Vorteile:

- Geschwindigkeit
- Weite Verbreitung
- Sehr viele Tools und Bibliotheken
- Compiler und Entwicklungswerkzeuge auf verschiedensten Plattformen
- Grundlage vieler weiterer Sprachen wie Java, Javascript, Perl oder auch PHP und C#

Die letzte ISO-Standardisierung der Sprache C++ war 1998. Die nächste ISO-Standardisierung wird im Jahre 2009 erwartet. Das zeigt, dass C++ weiterhin eine aktuelle Programmiersprache bleiben wird.

Den Lesern dieses Buches bleibt viel Erfolg bei der Erlernung von C++ und UML zu wünschen und mit einem Zitat des Erfinders von C++ (Bjarne Stroustrup) zu schließen:

„Die Frage Wie *schreibt man ein gutes C++ -Programm*? hat sehr viel Ähnlichkeit mit der Frage *Wie schreibt man gute englische Prosa*? Darauf gibt es zwei Antworten: *Wisse, was Du sagen willst* und *Übe. Halte Dich an gute Vorbilder*. Beide Antworten gelten für C++ ebenso wie für Englisch – und sind ebenso schwer zu befolgen."

Für Anregungen und Kritik zu diesem Buch sind wir Ihnen dankbar (gerne auch per E-Mail).

Dirk Hardy
E-Mail: Hardy@DirkHardy.de

Im November 2007

Verlag Europa-Lehrmittel
E-Mail: Info@Europa-Lehrmittel.de

Aufbau des Buches

Es gibt viele Bücher, die sich ausführlich mit der Sprache C++ beschäftigen. Andere Bücher beschäftigen sich mit der formalen Sprache UML.

Das vorliegende Buch möchte einerseits die Sprache C++ möglichst anschaulich, praxis- und unterrichtsnah vermitteln und andererseits die grundlegenden Modelle der Objektorientierung mithilfe der UML darstellen. Ein besonderer Schwerpunkt wird dabei auf die konkrete Umsetzung der Modellierungen in die Sprache C++ gelegt.

Damit verfolgt dieses Buch einen **praktischen Ansatz**. Es ist die Ansicht des Autors, dass gerade in der schulischen Ausbildung der Zugang zu den komplexen Themen der Softwareentwicklung verstärkt durch anschauliche und praktische Umsetzung vorbereitet werden muss. Anschließend können allgemeine und komplexe Aspekte der Softwareentwicklung besser verstanden und umgesetzt werden.

Das Buch ist in **drei Teile** getrennt. Der **erste Teil** beinhaltet **Lernsituationen** basierend auf dem Lernfeld *Entwickeln und Bereitstellen von Anwendungssystemen* aus dem Rahmenlehrplan für die IT-Berufe (speziell Fachinformatiker-Anwendungsentwicklung).

Das Buch ist aber genauso für alle berufsbezogenen Ausbildungsgänge im IT-Bereich nutzbar wie beispielsweise für die informationstechnischen Assistenten.

Lernsituationen konkretisieren sich aus den Lernfeldern und sollen im Idealfall vollständige Handlungen darstellen (Planen, Durchführen, Kontrollieren). Aus diesem Grund werden die Lernsituationen so angelegt, dass neben einer Planungsphase (in der auch verstärkt die UML zum Einsatz kommt), nicht nur die Durchführung (Implementation des Programms) im Blickpunkt steht, sondern auch geeignete Testverfahren zur Kontrolle des Programms bzw. Entwicklungsprozesses in die Betrachtung einbezogen werden.

Der **zweite Teil** des Buches ist eine **systematische Einführung in die Sprache C++ sowie in wichtige Aspekte der formalen Sprache UML**. Er dient als Informationsteil, mit dem die nötigen Kenntnisse für die Lernsituationen möglichst selbstständig erarbeitet werden können.

Den **Abschluss dieses Teils** bildet eine **Einführung in die Web-Programmierung mit C++ und CGI**. In der entsprechenden Lernsituation können viele Kenntnisse und Erfahrungen aus den vorherigen Themen dann im Zusammenhang eingesetzt werden.

Der **dritte Teil** des Buches ist eine **Sammlung von Übungsaufgaben**. Nach der selbstständigen Erarbeitung der Kenntnisse für die Lernsituationen können die Aufgaben aus diesem dritten Teil zur weiteren Auseinandersetzung mit den Themen dienen und durch verschiedene Schwierigkeitsgrade auch die Differenzierung im Unterricht ermöglichen.

Als Entwicklungswerkzeug wird in diesem Buch das Programm *Dev-C++* genutzt. Diese Entwicklungsumgebung ist als Freeware zum Download im Internet verfügbar. Bei der objektorientierten Programmierung wird das (für Privatzwecke kostenfreie) CASE-Tool *objectiF* exemplarisch eingesetzt, um die UML-Notationen umzusetzen

Die Links zu der benutzten Software und alle Quelltexte des Buches finden Sie ständig aktualisiert auf der Seite http://www.dirkhardy.de unter der Rubrik „**Buch C++ und UML**".

Dirk Hardy   November 2007

Inhaltsverzeichnis

Vorwort **3**

Aufbau des Buches **4**

Teil 1 Lernsituationen **11**

Lernsituation 1: Erstellen einer Präsentation mit Hintergrundinformationen zu den Sprachen C++ und UML 13
Lernsituation 2: Anfertigen einer Kundendokumentation für den Einsatz einer Entwicklungsumgebung in C++ 14
Lernsituation 3: Entwicklung eines Rechenmoduls für den Web-Auftritt einer Bank 16
Lernsituation 4: Entwicklung von Logik-Modulen für das Schienennetz eines privaten Güterverkehr-Anbieters 18
Lernsituation 5: Planung und Realisierung eines Berechnungsprogramms für elektrische Schaltungen 20
Lernsituation 6: Erweiterung einer wirtschaftsmathematischen Funktionen-Bibliothek 21
Lernsituation 7: Entwicklung eines Verschlüsselungsverfahrens für ein internes Memo-System der Support-Abteilung einer Netzwerk-Firma 23
Lernsituation 8: Entwicklung eines Informationstools für die Anzeige von Umgebungsvariablen ... 25
Lernsituation 9: Planung, Implementierung und Auswertung eines elektronischen Fragebogens .. 27
Lernsituation 10: Realisierung einer Klasse zur Speicherung von Messwerten 29
Lernsituation 11: Umsetzung eines Klassendiagramms zur Erfassung von geometrischen Grundfiguren 31
Lernsituation 12: Implementierung einer Klasse zur Simulation der echten Bruchrechnung 33
Lernsituation 13: Entwicklung einer objektorientierten Software zur Verwaltung von Automobil-Typen. 36
Lernsituation 14: Bereitstellung einer Container-Klasse zur Speicherung der verschiedenen Automobil-Typen. 37
Lernsituation 15: Entwicklung eines Software-Systems zur Verwaltung der Schulbibliothek eines Berufskollegs 40
Lernsituation 16: Implementierung einer Klasse zur Umsetzung der Template-Technik für HTML-Seiten 41
Lernsituation 17: Entwicklung eines Parsers für Zeichenketten 43
Lernsituation 18: Realisierung einer Web-Applikation zur Terminverwaltung 45

Teil 2 Einführung in C++ und UML **49**

1 Einführung **51**
1.1 Historische Entwicklung der Sprache C++ 51
1.1.1 Von C zu C++ 51
1.1.2 Prozedurale, strukturierte und objektorientierte Programmierung 51
1.1.3 Kleiner Stammbaum der Programmiersprachen 53
1.2 Bestandteile eines C++-Programm 53
1.2.1 Was ist ein Programm? 53
1.2.2 C++ - Quellcode 53
1.2.3 Grundsätzlicher Aufbau eines C++ - Programmes 54
1.3 Compiler, Linker und Bibliotheken 55
1.3.1 Der Compiler 55
1.3.2 Der Linker 55
1.3.3 Bibliotheken 56
1.3.4 Schematischer Ablauf einer Programmerstellung 56

2 Das erste C++-Programm **58**
2.1 Ausgabe auf dem Bildschirm 58
2.1.1 Ein Projekt in Dev-C++ 58
2.1.2 Bibliothek für die Ausgabe 60

2.1.3	Das erste Programm	60
2.1.4	Erste Ausgabe auf dem Bildschirm	61
2.2	Grundlegende Konventionen in C++	62
2.2.1	Schlüsselworte in C++	62
2.2.2	Bezeichner (Namen) in C++	62
2.2.3	Trennzeichen	63
2.2.4	Kommentare	63
2.3	Datentypen und Variablen	64
2.3.1	Variablen in C++	64
2.3.2	Elementare Datentypen	64
2.3.3	Operationen auf den elementaren Datentypen	66
2.3.4	Anwendungsbeispiel von Variablen	68
3	**Ein- und Ausgabe in C++**	**69**
3.1	Ausgabe mit cout	69
3.1.1	Das Objekt cout	69
3.1.2	Ausgabe von Sonderzeichen	70
3.1.3	Manipulatoren	71
3.2	Eingabe mit cin	72
3.2.1	Das Objekt cin	72
3.2.2	Der Streamstatus	73
4	**Operatoren in C++**	**75**
4.1	Arithmetische Operatoren	75
4.1.1	Elementare Datentypen und ihre arithmetischen Operatoren	75
4.1.2	Der Modulo-Operator	76
4.1.3	Inkrement- und Dekrementoperatoren	76
4.2	Relationale und logische Operatoren	77
4.2.1	Relationale Operatoren	77
4.2.2	Logische Operatoren	78
4.3	Bit-Operatoren und weitere Operatoren	79
4.3.1	Bit-Operatoren	79
4.3.2	Die Bitschiebeoperatoren << und >>	80
4.3.3	Typumwandlung mit cast-Operatoren	81
4.3.4	Der sizeof-Operator	81
4.3.5	Zuweisung und gekoppelte Zuweisung	82
4.4	Prioritäten von Operatoren	82
4.4.1	Rang von Operatoren	82
5	**Selektion und Iteration**	**85**
5.1	Die Selektion	85
5.1.1	Darstellung der Selektion mit einem Programmablaufplan	85
5.1.2	Die einseitige Selektion mit der if-Anweisung	86
5.1.3	Die zweiseitige Selektion mit der if-else-Anweisung	86
5.1.4	Verschachtelte Selektionen mit if und if-else	87
5.1.5	Mehrfachselektion mit switch	88
5.2	Kopf-, fuß- und zählergesteuerte Iterationen	90
5.2.1	Die do-while-Schleife	91
5.2.2	Die while-Schleife	92
5.2.3	Die for-Schleife	92
5.2.4	Abbruch und Sprung in einer Schleife	94
6	**Funktionen in C++**	**95**
6.1	Entwicklung des Funktionsbegriffs	95
6.1.1	Wiederkehrende Programmabschnitte	95
6.1.2	Übergabe von Werten	96

6.1.3	Rückgabe eines Wertes	97
6.1.4	Funktionen in Funktionen aufrufen	98
6.1.5	Zusammenfassung der Aspekte aus 6.1	99
6.2	Aufbau der Funktionen in C++	99
6.2.1	Deklaration einer Funktion	99
6.2.2	Definition einer Funktion	100
6.2.3	Lokale und globale Variablen	102
6.2.4	Call by value	103
6.2.5	Überladen von Funktionen	104
6.2.6	Default-Argumente für Funktionen	105
6.2.7	Rekursive Funktionen	105
6.3	Modularer Programmaufbau	107
6.3.1	Schnittstelle und Implementation	108
6.3.2	Umsetzung in C++	108
6.3.3	Namensräume	109
6.3.4	Der Präprozessor	111
6.3.5	Regeln zur modularen Programmgestaltung	113
7	**Arrays**	**114**
7.1	Ein- und mehrdimensionale Arrays	115
7.1.1	Eindimensionale Arrays	115
7.1.2	Mehrdimensionale Arrays	116
7.1.3	Übergabe von Arrays an Funktionen	118
7.2	Zeichenketten in C++	120
7.2.1	Arrays vom Typ char	120
7.2.2	Funktionen zur Zeichenkettenbearbeitung	121
7.3	Sortieren von Arrays	122
7.3.1	Sortieren durch Auswahl	123
7.3.2	Der Bubblesort	125
8	**Zeiger**	**128**
8.1	Zeigervariablen	128
8.1.1	Deklaration eines Zeigers	128
8.1.2	Der Adressoperator	128
8.1.3	Der Dereferenzierungsoperator	129
8.2	Anwendungen von Zeigervariablen	130
8.2.1	Der call by reference	130
8.2.2	Zeiger und Arrays	131
8.2.3	Zeigerarithmetik	132
8.2.4	Zeiger auf Funktionen	134
8.2.5	Arrays von Zeigern	136
8.2.6	Dynamische Speicherreservierung	136
8.3	Die Referenz	140
8.3.1	Der Referenzoperator	140
8.3.2	Anwendung des Referenzoperators	141
9	**Strukturen**	**142**
9.1	Die Struktur in C++	142
9.1.1	Deklaration einer Struktur	142
9.1.2	Zugriff mit Operatoren	143
9.1.3	Strukturen in Strukturen	144
9.1.4	Arrays von Strukturen	145
9.2	Höhere Datenstrukturen	146
9.2.1	Die doppelt-verkettete Liste	147
9.2.2	Der Binärbaum	149

10 Das Klassenkonzept in C++ 152
- 10.1 Die Klasse in C++ 154
  - 10.1.1 Aufbau einer Klasse in C++ 154
  - 10.1.2 Die Konstruktoren einer Klasse 156
  - 10.1.3 Der Destruktor einer Klasse 159
  - 10.1.4 Get- und Set-Methoden 160
- 10.2 Dynamische Speicherreservierung in Klassen 162
  - 10.2.1 Die Klasse CKette 162
  - 10.2.2 Call by value und der Copy-Konstruktor 164
- 10.3 Weitere Elemente einer Klasse 165
  - 10.3.1 Der this-Zeiger 165
  - 10.3.2 Statische Klassenelemente 167
- 10.4 Deklaration und Implementation bei Klassen 168
  - 10.4.1 Header- und cpp-Datei 168

11 Die Unified Modeling Language (UML) 169
- 11.1 Die UML 169
  - 11.1.1 Historische Entwicklung der UML 169
  - 11.1.2 Diagrammtypen der UML 170
- 11.2 CASE-Tools 171
  - 11.2.1 Aspekte von CASE-Tools 171
  - 11.2.2 Ein System anlegen mit objectiF 171
- 11.3 Das Klassendiagramm und die Umsetzung in C++ 176
  - 11.3.1 Die Darstellung der Klasse 176
  - 11.3.2 Beschreibung der Attribute 176
  - 11.3.3 Beschreibung der Methoden 177
  - 11.3.4 Umsetzung eines Klassendiagrammes in C++ 178
- 11.4 Die Beziehungen von Klassen 180
- 11.5 Die Assoziation und die Umsetzung in C++ 181
  - 11.5.1 Allgemeiner Aufbau einer Assoziation 181
  - 11.5.2 Leserichtung einer Assoziation 181
  - 11.5.3 Multiplizitäten einer Assoziation 182
  - 11.5.4 Rollen einer Assoziation 182
  - 11.5.6 Navigierbarkeit 183
  - 11.5.7 Umsetzung in C++: eine bidirektionale 1 : 1-Assoziation 183
  - 11.5.8 Umsetzung in C++: eine unidirektionale 1 : *-Assoziation 186
  - 11.5.9 Umsetzung in C++: eine reflexive 1 : *-Assoziation 190
- 11.6 Die Aggregation und die Umsetzung in C++ 192
  - 11.6.1 Allgemeiner Aufbau einer Aggregation 192
  - 11.6.2 Multiplizitäten 192
  - 11.6.3 Umsetzung in C++: eine 1 : 1-Aggregation 193
  - 11.6.4 Umsetzung in C++: eine 1 : *-Aggregation 195
- 11.7 Die Komposition und die Umsetzung in C++ 198
  - 11.7.1 Allgemeiner Aufbau einer Komposition 198
  - 11.7.2 Multiplizitäten 198
  - 11.7.3 Umsetzung in C++: eine 1 : *-Komposition 199

12 Das Überladen von Operatoren 204
- 12.1 Globale überladene Operator-Funktion 204
  - 12.1.1 Die globale Operator-Funktion 204
  - 12.1.2 Addition von Zeichenketten 205
  - 12.1.3 Weitere Beispiele für globale Operator-Funktionen 207
- 12.2 Überladene Operatorfunktion als Methode 208
  - 12.2.1 Überladener Operator als Methode 208
  - 12.2.2 Addition von Zeichenketten 209

12.2.3	Weitere Beispiele für überladene Operatoren als Methoden	209
12.3	Überladen der Ein- und Ausgabeoperatoren	210
12.3.1	Überladene Operatoren der iostream-Klassen	210
12.3.2	Überladen des Eingabeoperators für eigene Klassen	211
12.3.3	Überladen des Ausgabeoperators für eigene Klassen	212

13 Vererbungskonzept in C++ und UML-Darstellung ... 213
13.1	Die einfache Vererbung	213
13.1.1	Umsetzung einer einfachen Vererbung in C++	214
13.1.2	Attribute als protected deklarieren	215
13.1.3	Aufruf der Basisklassenkonstruktoren	215
13.1.4	Darstellung der Vererbung im UML-Klassendiagramm	216
13.1.5	Weitere Formen der Vererbung	216
13.2	Die Mehrfachvererbung	218
13.2.1	Umsetzung der Mehrfachvererbung in C++	218
13.2.2	Virtuelle Vererbung	219
13.2.3	Aufruf der Basisklassenkonstruktoren	219

14 Polymorphismus und virtuelle Methoden ... 221
14.1	Zuweisungen innerhalb einer Vererbungshierarchie	221
14.1.1	Zuweisung von Objekten	221
14.1.2	Zeiger auf Basisklassen	222
14.2	Polymorphismus	222
14.2.1	Virtuelle Methoden	223
14.2.2	Regeln im Umgang mit virtuellen Methoden	224
14.2.3	Arrays von Basisklassenzeigern	224
14.2.4	Abstrakte Basisklassen	225

15 Softwareentwicklung mit UML-Diagrammtypen ... 226
15.1	Anwendungsfälle (Use Cases)	227
15.1.1	Systemgrenze	227
15.1.2	Anwendungsfall	227
15.1.3	Akteure	227
15.1.4	Beziehungen zwischen Akteur und Anwendungsfall	228
15.1.5	Beziehungen zwischen Akteuren	228
15.1.6	Beziehungen zwischen Anwendungsfällen	229
15.2	Sequenzdiagramme	229
15.2.1	Lebenslinien	230
15.2.2	Aktivitäten	230
15.2.3	Nachrichten	230
15.3	Beispiel einer Softwareentwicklung	231
15.3.1	Anforderungen mit einem Anwendungsfall-Diagramm beschreiben	232
15.3.2	Objektorientierte Analyse (OOA)	232
15.3.3	Objektorientiertes Design (OOD)	235
15.3.4	Implementierung mit C++	236

16 Dateioperationen ... 242
16.1	Ein- und Ausgabeströme	243
16.1.1	Eine Datei im Textmodus öffnen	243
16.1.2	Fehler bei Dateioperationen	245
16.1.3	Methoden der File-Streamklassen	246
16.1.4	Eine Datei im Binärmodus öffnen	249
16.2	Wahlfreier Zugriff in Dateien	250
16.2.1	Positionieren des Dateizeigers	250
16.2.2	Lesen der Dateizeiger-Position	252

17 Fortgeschrittene Programmierung in C++ 253
- 17.1 Templates 253
- 17.1.1 Funktionentemplates 253
- 17.1.2 Klassentemplates 254
- 17.2 Ausnahmen – Exceptions 255
- 17.2.1 Versuchen und Werfen – try und throw 256
- 17.2.2 Auffangen – catch 256
- 17.3 Die C++-Standardbibliothek 259
- 17.3.1 Die Klasse string 259
- 17.3.2 Die Klasse map 262

18 Exkurs – Webprogrammierung mit C++ und CGI 264
- 18.1 Common Gateway Interface (CGI) 264
- 18.1.1 Aufruf des CGI-Programmes als Hyperlink 265
- 18.1.2 Aufruf des CGI-Programmes aus einem HTML-Formular 265
- 18.1.3 Senden der Formulardaten 266
- 18.2 Datenempfang und Antwort des CGI-Programmes 267
- 18.2.1 Datenempfang mit der GET-Methode 267
- 18.2.2 Datenempfang mit der POST-Methode 268
- 18.2.3 Antwort des CGI-Programmes 268
- 18.3 Beispiele für CGI-Programme 269
- 18.3.1 Beispiel 1: Server-Uhrzeit mit einem CGI-Programm 269
- 18.3.2 Beispiel 2: Passwort-Abfrage mit einem CGI-Programm 270
- 18.4 Vorgehensweise bei der Erstellung von CGI-Programmen 272

Teil 3 Aufgabenpool 275
- 1 Aufgaben zum Umfeld der Sprache C++ 276
- 2 Aufgaben zum ersten Programm in C++ 276
- 3 Aufgaben zur Ein- und Ausgabe 277
- 4 Aufgaben zu Operatoren 277
- 5 Aufgaben zur Selektion und Iteration 279
- 6 Aufgaben zu Funktionen in C++ 281
- 7 Aufgaben zu Arrays in C++ 282
- 8 Aufgaben zu Zeigern 285
- 9 Aufgaben zu Strukturen 286
- 10 Aufgaben zu Klassen in C++ 288
- 11 Aufgaben zur UML und der Umsetzung in C++ 290
- 12 Aufgaben zur Überladung von Operatoren 292
- 13 Aufgaben zur Vererbung in C++ 293
- 14 Aufgaben zu virtuellen Methoden 295
- 15 Aufgaben zur Softwareentwicklung mit UML 296
- 16 Aufgaben zu Dateioperationen mit C++ 297
- 17 Aufgaben zur fortgeschrittenen Programmierung 300
- 18 Aufgabe zu CGI und C++ 301

Anhang
- A: **Strukturierte Dokumentationstechniken (PAP und Struktogramm)** 303
- B: **Index** 307

Teil 1
Lernsituationen

Lernsituation 1:
Erstellen einer Präsentation mit Hintergrundinformationen zu den Sprachen C++ und UML 13

Lernsituation 2:
Anfertigen einer Kundendokumentation für den Einsatz einer Entwicklungsumgebung in C++ ... 14

Lernsituation 3:
Entwicklung eines Rechenmoduls für den Web-Auftritt einer Bank 16

Lernsituation 4:
Entwicklung von Logik Modulen für das Schienennetz eines privaten Güterverkehr-Anbieters 18

Lernsituation 5:
Planung und Realisierung eines Berechnungsprogramms für elektrische Schaltungen 20

Lernsituation 6:
Erweiterung einer Wirtschaftsmathematischen Funktionen-Bibliothek 21

Lernsituation 7:
Entwicklung eines Verschlüsselungsverfahrens für ein internes Memo-System der Support-Abteilung einer Netzwerk-Firma 23

Lernsituation 8:
Entwicklung eines Informationstools für die Anzeige von Umgebungsvariablen 25

Lernsituation 9:
Planung, Implementierung und Auswertung eines elektronischen Fragebogens 27

Lernsituation 10:
Realisierung einer Klasse zur Speicherung von Messwerten 29

Lernsituation 11:
Umsetzung eines Klassendiagramms zur Erfassung von geometrischen Grundfiguren 31

Lernsituation 12:
Implementierung einer Klasse zur Simulation der echten Bruchrechnung 33

Lernsituation 13:
Entwicklung einer Objektorientierten Software zu Verwaltung von Automobil-Typen 36

Lernsituation 14:
Bereitstellung einer Container-Klasse zur Speicherung der verschiedenen Automobil-Typen 37

Lernsituation 15:
Entwicklung eines Software-Systems zur Verwaltung der Schulbibliothek eines Berufskollegs 40

Lernsituation 16:
Implementierung einer Klasse zur Umsetzung der Template-Technik für HTML-Seiten 41

Lernsituation 17:
Entwicklung eines Parsers für Zeichenketten 43

Lernsituation 18:
Realisierung einer Web-Applikation zur Terminverwaltung 45

Lernsituation 1:

Erstellen einer Präsentation mit Hintergrundinformationen zu den Sprachen C++ und UML

Ausgangssituation:
Sie haben die Ausbildung zum Fachinformatiker bei der mittelständischen Softwareentwicklungsfirma **ProSource** begonnen. Unter anderem führt die Firma Inhouse-Schulungen in verschiedenen IT-Bereichen durch.

Es ist eine Schulung in der Programmiersprache C++ unter Einbezug der formalen Sprache UML geplant. Da die C++-Entwickler der Firma unter Zeitdruck stehen, ist die Vorbereitung der Schulung problematisch. Sie erhalten deshalb den Auftrag, den einführenden Informationsteil der Schulung zu gestalten. Dieser Teil soll ungefähr 15 Minuten in Anspruch nehmen. Neben historischen Daten sollen die interessanten Aspekte der beiden Sprachen ansprechend vorgestellt werden – beispielsweise die Einordnung der Sprache C++ bezüglich strukturierter und objektorientierter Sprachen.

Arbeitsschritte in Einzel- oder Partnerarbeit:

Planung:
Legen Sie das Präsentationsmittel fest (Powerpoint-Präsentation, Handouts usw.).

Denken Sie über den Umfang der Präsentation nach (Zeitrahmen 15 Minuten).

Informieren Sie sich über die Hintergründe von C++ und UML mithilfe des Informationsteils dieses Buches und weiteren Quellen wie dem Internet.

Durchführung:
Gestalten Sie die Folien ansprechend, ohne sie zu überfrachten. Formulieren Sie die Folientexte kurz und aussagekräftig.

Kontrolle:
Führen Sie die Präsentation vor Ihrem Partner oder einer anderen Lerngruppe vor. Der Partner bzw. die Zuhörer beobachten die Präsentation unter Einbeziehung des unten angegebenen Kriterienkatalogs, der im Anschluss die Grundlage für das kritische Auseinandersetzen bietet.

Kriterienkatalog für die Beurteilung einer Präsentation

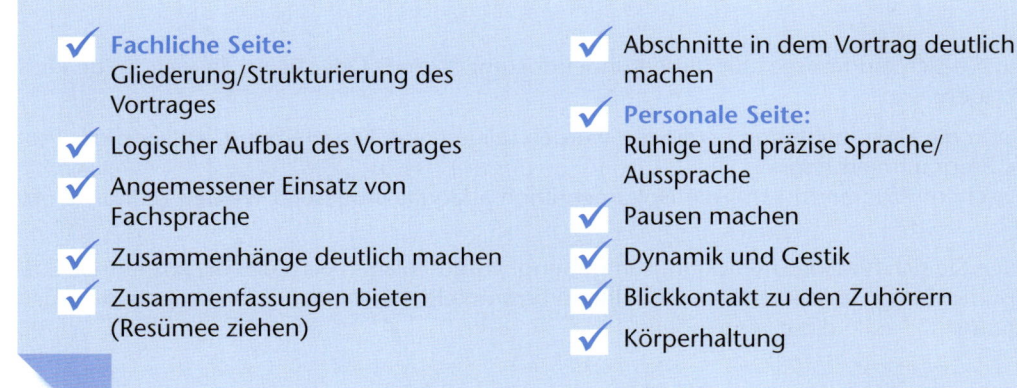

- ✓ **Fachliche Seite:**
  Gliederung/Strukturierung des Vortrages
- ✓ Logischer Aufbau des Vortrages
- ✓ Angemessener Einsatz von Fachsprache
- ✓ Zusammenhänge deutlich machen
- ✓ Zusammenfassungen bieten (Resümee ziehen)
- ✓ Abschnitte in dem Vortrag deutlich machen
- ✓ **Personale Seite:**
  Ruhige und präzise Sprache/Aussprache
- ✓ Pausen machen
- ✓ Dynamik und Gestik
- ✓ Blickkontakt zu den Zuhörern
- ✓ Körperhaltung

Lernziele:
- ▶ Sie lernen historische und weitere wichtige Aspekte der Programmiersprache C++ und der formalen Sprache UML kennen.
- ▶ Sie sammeln Erfahrungen im Erarbeiten und Durchführen einer fachlichen Präsentation im Bereich IT.
- ▶ Sie verbessern das gezielte Beobachten von anderen Vorträgen.

Lernsituation 2:
Anfertigen einer Kundendokumentation für den Einsatz einer Entwicklungsumgebung in C++

Ausgangssituation:
Die Softwareentwicklungsfirma **ProSource** entwickelt Individual-Software für Kunden. Für einige Kunden ist es wichtig, die Programme selbst weiterentwickeln zu können oder an vorhandenen Schnittstellen eigene Veränderungen vornehmen zu können.

ProSource bietet ihren Kunden deshalb auch für jedes Produkt eine ausführliche Dokumentation an. Für den Kunden Bank45, eine Bank, die hauptsächlich Online-Banking anbietet, hat **ProSource** eine Schnittstelle zur Datenübertragung von Kontoumsätzen von einem Web-Server auf ein internes Verarbeitungssystem entwickelt.

Diese Schnittstelle ist in C++ entwickelt worden. Damit die Bank45 mit eigenen Entwicklern die Schnittstelle modifizieren kann, möchte sie zu der Schnittstelle eine kostenfreie Entwicklungsumgebung haben. Als Auszubildender der Firma **ProSource** erhalten Sie nun den Auftrag, eine Kundendokumentation zu dieser Entwicklungsumgebung anzufertigen.

Das Ziel ist eine einführende Beschreibung der Entwicklungsumgebung und die Beschreibung, wie ein bestimmtes Projekt (die so genannte Console-Application) angelegt werden kann. Zum besseren Verständnis soll ein kleines Programmierbeispiel vorgestellt werden. Der Umfang dieser Dokumentation sollte 5 Seiten nicht überschreiten.

Arbeitsschritte in Einzel- oder Partnerarbeit:

Planung:
Überlegen Sie sich ein Konzept für diese Kundendokumentation. Orientieren Sie sich an den folgenden Fragen:
- ▶ Wie kann die Dokumentation gegliedert werden (allgemeine Beschreibung, Anlegen des Projektes, Programmierbeispiel)?
- ▶ Mit welchem Programm kann die Dokumentation adäquat umgesetzt werden (Editor, Word o. Ä.)?

Entscheiden Sie sich für eine Entwicklungsumgebung. Vorgeschlagen wird hier die kostenfreie Entwicklungsumgebung Dev-C++. Wenn Sie in Ihrem Lernumfeld mit einer anderen Umgebung arbeiten, so können Sie auch diese verwenden.

Lernsituation 2

Für das Programmierbeispiel erhalten Sie folgende Vorgabe Ihrer Firma:
Es soll ein C++-Programm geschrieben werden, das eine Art Visitenkarte des Programmierers auf dem Bildschirm anzeigt.

Mögliche Bildschirmausgabe dieses Programms:

```
D:\Dev-Cpp\Kapitel 2\Visitenkarte.exe
Name:       Heinrich Mueller
Strasse:    Luisenallee 3
Ort:        40221 Duesseldorf
Telefon:    0211-123456
Drücken Sie eine beliebige Taste . . .
```

Bei der Umsetzung dieser Problematik müssen Sie folgende Punkte beachten:
- Wie wird ein C++-Projekt in der Entwicklungsumgebung angelegt?
- Wie wird eine Quellcode-Datei angelegt?
- Welche Bibliothek muss für die Ausgabe auf dem Bildschirm eingebunden sein?
- Wie sieht das „Hauptprogramm" aus?
- Mit welcher Anweisung wird eine Bildschirmausgabe erreicht?

Benutzen Sie den Informationsteil dieses Buches
(speziell die Kapitel 1.2, 1.3, 2.1 sowie 2.2 und 3.1)
und weitere Quellen wie das Internet, um die nötigen Informationen zu erarbeiten.

Durchführung:
Gestalten Sie die Kundendokumentation in einem ansprechenden Wechsel von Text und Grafik (Screenshots der Entwicklungsumgebung).

Formatieren Sie Quelltext mit einer anderen Schrift.

Kontrolle:
Nutzen Sie die Rechtschreibkontrolle Ihrer Textverarbeitung.

Falls es möglich ist, lassen Sie Ihre Dokumentation von jemandem lesen, der die Entwicklungsumgebung nicht kennt – es wird sich dann zeigen, ob Ihre Erläuterungen zum Ziel führen.

Lernziele:
- Sie lernen die Entwicklungsumgebung Dev-C++ kennen und können ein spezielles Projekt, die Console-Applications, anlegen.
- Sie erarbeiten die Grundstruktur eines C++-Programms.
- Sie erkennen die Notwendigkeiten, um ein C++-Programm zu starten.

Lernsituation 3:
Entwicklung eines Rechenmoduls für den Web-Auftritt einer Bank

Ausgangssituation:
Für den Kunden **Bank45** hat die Firma **ProSource** bereits einige Projekte entwickelt. Das aktuelle Projekt ist eine Verbesserung des Online-Auftritts der Bank. Die Web-Seiten sollen um einen Online-Rechner ergänzt werden. Die grundlegenden Berechnungen sollen dazu in einem serverseitigen Modul zur Verfügung stehen. Dieses Modul wird in C++ programmiert. Als Auszubildender der Firma **ProSource** erhalten Sie nun den Auftrag, ein Teilmodul für das Projekt zu entwickeln. Dazu werden Ihnen klare Vorgaben zu den Berechnungen und zu den zu verwendenden Parametern gemacht.

Arbeitsschritte in Einzel- oder Partnerarbeit:

Planung:
Analysieren Sie die Vorgaben für das zu erstellende Teilmodul anhand des Auszugs aus der Schnittstellenbeschreibung

Auszug aus der Schnittstellenbeschreibung des Moduls:		
Parameter	Datentyp	Bedeutung
v_Kap	Gleitpunktzahl (doppelte Genauigkeit)	Variable für das zugrunde liegende Kapital
v_proz	Gleitpunktzahl (doppelte Genauigkeit)	Prozentsatz für Berechnungen
v_Zins	Gleitpunktzahl (doppelte Genauigkeit)	Variable für Zinsen
	Berechnungen • Zinsen bei gegebenen Kapital und Prozentsatz • Kapital bei gegebenen Zinsen und Prozentsatz • Prozentsatz bei gegebenen Zinsen und Kapital	

Vor der Umsetzung müssen Sie sich darüber informieren:

▶ Wie kann ein Wert in einem C++-Programm gespeichert werden?
▶ Wie kann eine Berechnung erfolgen?

Diese Fragen führen zu der Auseinandersetzung mit Variablen und Datentypen in C++ sowie den arithmetischen Operatoren im Informationsteil **(speziell Kapitel 2.3)**

Durchführung:
Programmieren Sie die Funktionalitäten nach der Beschreibung der Schnittstelle. Es sind drei Berechnungen zu programmieren, je nachdem, welche Parameter vorgegeben sind. Verwenden Sie als Variablennamen die Vorgaben aus der Schnittstellenbeschreibung.

Ergänzen Sie den Quellcode durch geeignete Kommentare **(siehe Kapitel 2.2.4 im Informationsteil)**.

Kontrolle:
Ihr Teilmodul muss mit dem vorliegenden Testplan getestet werden. Um die Ergebnisse zu überprüfen, versehen Sie Ihr Teilmodul mit entsprechenden Anweisungen für die Eingabe von Werten über die Tastatur und die Ausgabe von Werten auf dem Bildschirm **(siehe Kapitel 3 im Informationsteil)**. Kommentieren Sie Berechnungen aus, die nicht durchgeführt werden sollen.

Testplan:

Berechnungstabelle:

Kapital	Prozentsatz	Zinsen
2500	2.75	68.75
3870	4.2	162.54
12965	8.95	1160.3675
8888	5.55	493.284

Es sind alle Testfälle durchzuführen:
- Zinsen bei gegebenem Kapital und gegebenem Prozentsatz
- Kapital bei gegebenen Zinsen und gegebenem Prozentsatz
- Prozentsatz bei gegebenen Zinsen und gegebenem Kapital

Lernziele:
- Sie erarbeiten grundlegende Komponenten eines C++-Programms wie Variablen, Datentypen und arithmetische Operationen auf den Datentypen. Weiterhin können Sie Werte über die Tastatur einlesen und Bildschirmausgaben gestalten.
- Sie erkennen den Nutzen von Kommentaren sowohl für die Programmdokumentation als auch für das Testen von Anwendungen.

Lernsituation 4:
Entwicklung von Logik-Modulen für das Schienennetz eines privaten Güterverkehr-Anbieters

Ausgangssituation:
Die Firma **ProSource** bietet nicht nur Lösungen im kaufmännischen Bereich, sondern auch im technischen Bereich an. Für den privaten Güterverkehr-Anbieter **LOK4B** werden in einem großen Projekt alle Zugbewegungen in einer Datenbank erfasst, anschließend visualisiert und mögliche Kollisionen berechnet.

Für dieses Projekt sind kleine Logik-Module zu entwickeln, die sich vor allem durch Schnelligkeit auszeichnen sollen. Deshalb wurde als Programmiersprache C++ gewählt, da C++ sehr systemnah ist und damit sehr schnell in der Ausführung ist.

Als Auszubildender der Firma **ProSource** erhalten Sie nun den Auftrag ein Logik-Modul zu entwickeln. Damit das Modul schnell arbeitet, bekommen Sie die Auflage bei der Umsetzung nur Operatoren zu verwenden (keine weiteren Sprachelemente wie if-Anweisungen oder Schleifen). Die erste Entwicklung soll sich auf ein konkretes Schienennetz beziehen, das in der unten angegebenen Grafik dargestellt ist.

Arbeitsschritte in Einzel- oder Partnerarbeit:

Planung:
Analysieren Sie die Grafik für das Schienennetz.

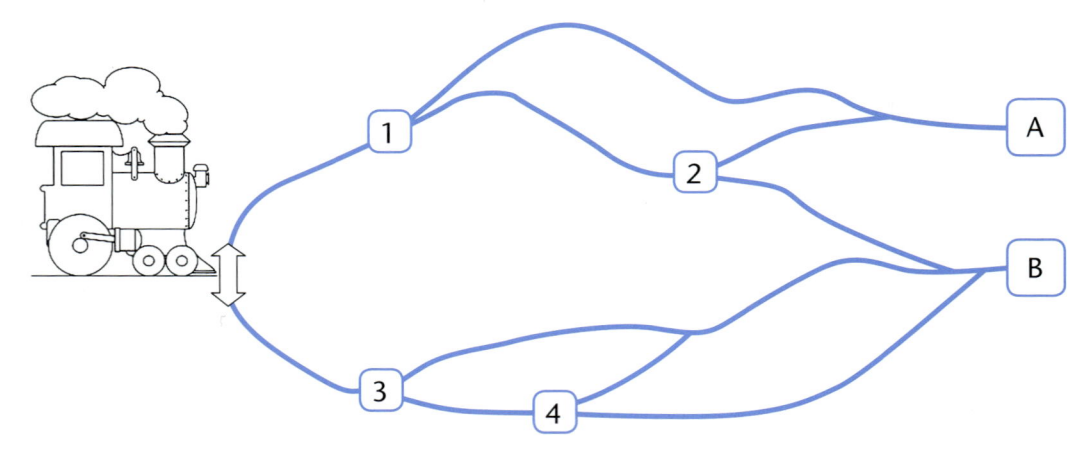

Die Lokomotive kann verschiedene Strecken fahren, je nachdem, wie die Weichen (1 – 4) gestellt sind und welche Anfangsrichtung eingeschlagen wird. Das Logik-Modul muss die Weichenstellungen abfragen und anschließend ausgeben, in welchen Bahnhof A oder B die Lokomotive einfährt.

Stellen Sie eine Art Entscheidungstabelle auf, in der die Möglichkeiten aufgelistet werden. Benutzen Sie dazu die folgende Vorgabe:

	Start	Weiche 1	Weiche 2	Weiche 3	Weiche 4	Bahnhof
Zustand	0	0	0	0	0	1
Zustand	0	0	0	0	1	1
Zustand	1	0	0	0	0	0
:		:	:	:	:	
:		:	:	:	:	
:		:	:	:	:	

Die Zustände werden durch 1 bzw. 0 symbolisiert, analog zur möglichen Umsetzung des Programms in C++:

- Start nach links: 0
- Start nach rechts: 1
- Weiche stellt nach links: 0
- Weiche stellt nach rechts: 1
- Bahnhof A: 1
- Bahnhof B: 0

Die Implementierung des Logik-Moduls setzt eine intensive Auseinandersetzung mit den Operatoren in C++ aus dem Informationsteil **(Kapitel 4)** voraus.

Durchführung:
Programmieren Sie das Logik-Modul entsprechend der Vorgaben. Die Vorgabe der Firma sieht ausschließlich die Verwendung von Operatoren vor, um die Logik zu implementieren.
Ergänzen Sie den Quellcode durch geeignete Kommentare.

Kontrolle:
Als Testplan für Ihr Logik-Modul dient die Entscheidungstabelle aus der Planung. Das Programm muss bei allen Möglichkeiten den korrekten Bahnhof anzeigen.

Lernziele:

- Sie erarbeiten ein sehr wichtiges Thema der C++-Programmierung – den Umgang mit Operatoren.
- Sie lernen ein Hilfsmittel für die Programmentwicklung kennen: Die Entscheidungstabelle, die in dieser Situation leicht abgeändert wurde.

Lernsituation 5:

Planung und Realisierung eines Berechnungsprogramms für elektrische Schaltungen

Ausgangssituation:
Die Firma **ELKON** entwickelt elektrotechnische Lösungen für Hausinstallationen. Dazu werden von den Mitarbeitern Schaltpläne entwickelt. Zu jedem Schaltplan gehört auch eine Übersichtstabelle, die alle Möglichkeiten der Schalterpositionen und das Resultat dazu auflistet. Dadurch können Fehlschaltungen schneller erkannt werden. Bislang werden diese Tabellen mithilfe einer Tabellenkalkulation und manueller Berechnung aufgestellt. Diese Vorgehensweise ist sehr zeitaufwändig. Die Firma **ELKON** möchte deshalb ein Programm zur automatischen Berechnung bei **ProSource** in Auftrag gegeben.

Als Auszubildender der Firma **ProSource** haben Sie bereits kleinere Projekte für die Firma erfolgreich durchgeführt und erhalten nun den Auftrag, das Berechnungs-Programm für die Schaltungen zu realisieren.

Dazu soll in einem ersten Schritt ein Prototyp-Programm für einen speziellen Schaltplan entwickelt werden. Dieser Prototyp wird der Firma **ELKON** vorgelegt und dann entscheidet sich, ob ein allgemeines Programm für Schaltpläne in Auftrag gegeben wird.

Arbeitsschritte in Einzel- oder Partnerarbeit:

Planung:
Von dem Projektverantwortlichen Ihrer Firma erhalten Sie einen speziellen Schaltplan, für den das Berechnungsprogramm entwickelt werden soll.

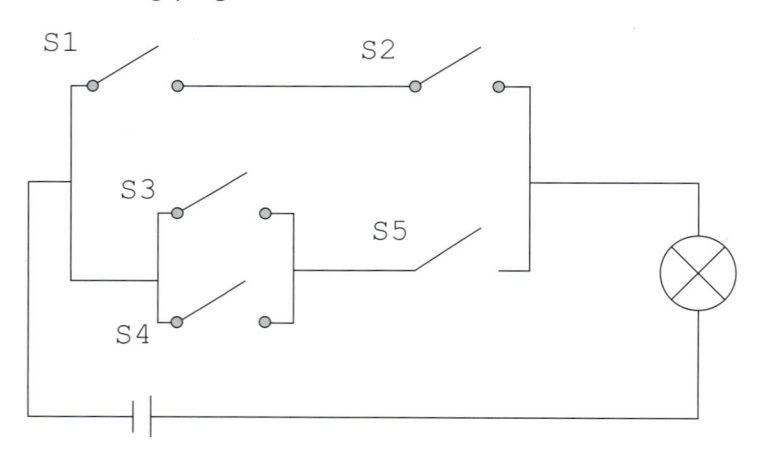

Die Glühlampe leuchtet, je nachdem, welche Schalter geschlossen sind.

Beispiel einer Übersichtstabelle (aus einem anderen Projekt) eines Schaltplans der Firma ELKON für die Alarmauslösung einer Überwachungsanlage. Für die o. a. Schaltung soll das zu entwickelnde Programm eine ähnliche Bildschirmausgabe automatisch erzeugen.

	A	B	C	D	E
1	Schalter 1	Schalter 2	Schalter 3	Schalter 4	Alarm
2	EIN	EIN	EIN	EIN	EIN
3	EIN	EIN	EIN	AUS	EIN
4	EIN	EIN	AUS	EIN	EIN
5	EIN	AUS	EIN	EIN	AUS
6	:	:	:	:	:
7	:	:	:	:	:
8	:	:	:	:	:

Die Realisierung des Berechnungs-Programms setzt eine eingehende Auseinandersetzung mit der Selektion und der Iteration (Schleife) aus dem Informationsteil **(Kapitel 5)** voraus.

Nach der Analyse der Schaltung und der Übersichtstabelle entwerfen Sie zuerst einen **Programmablaufplan (PAP, siehe Anhang)** für die Problemstellung.

Durchführung:
Programmieren Sie das Berechnungs-Programm entsprechend der Vorgaben aus Ihrem Programmablaufplan. Ergänzen Sie den Quellcode durch geeignete Kommentare.

Kontrolle:
Lassen Sie die Ausgaben Ihres Programms von einem anderen Team oder Mitschüler auf Korrektheit prüfen.

Falls Sie die Möglichkeit haben, dann geben Sie Ihren Programmablaufplan einem anderen Programmierer, der die Aufgabenstellung nicht kennt. Bitten Sie ihn, das Programm nach Ihrem PAP umzusetzen. Betrachten Sie gemeinsam die Lösung und diskutieren Sie die eventuellen Schwachstellen Ihres PAPs.

> **Lernziele:**
> ▶ Sie lernen eine wichtige Form der Dokumentation und Programmplanung kennen – den Programmablaufplan.
> ▶ Sie erarbeiten die relevanten Aspekte von Selektion und Iteration in C++.
> ▶ Sie reflektieren über Ihre Programmplanung und Umsetzung.

Lernsituation 6:
Erweiterung einer wirtschaftsmathematischen Funktionen-Bibliothek

> **Ausgangssituation:**
> Die Firma **ProSource** hat ein spezielles Entwickler-Team, das ausschließlich Anwendungen für Banken und Versicherungen entwickelt.
>
> Eine wichtige Grundlage für die effiziente Durchführung zukünftiger Projekte ist die Pflege und Erweiterung einer großen Funktionen-Bibliothek. Ein solches Projekt für eine große Privatbank steht kurz vor dem Vertragsabschluss. Als Auszubildender der Firma **ProSource** erhalten Sie den Auftrag, für die Bibliothek neue Funktionen zu implementieren. Die erhalten dazu genaue Angaben über den Umfang und die geforderten Funktionalitäten in Form einer Prototyp-Beschreibung der gewünschten Funktionen.

Arbeitsschritte in Einzel- oder Partnerarbeit:

Planung:
Analysieren Sie die folgende Prototyp-Auflistung der zu entwickelnden Funktionen.

Die Implementierung der Funktionen setzt eine eingehende Auseinandersetzung mit dem **Kapitel 6** (Funktionen) aus dem Informationsteil voraus.

Lernsituation 6

Einige Funktionen sind gekennzeichnet. Für diese Funktionen soll der Algorithmus mit einem Struktogramm[1] dokumentiert werden.

Rückgabe-Datentyp	Name	Parameter	Beschreibung
double	M_Wert	double, double	Übernahme von zwei Gleitpunktzahlen. Rückgabe des Mittelwertes der beiden Zahlen.
bool	Gerade	long int	Übernahme eines Integer-Wertes. Falls der Wert eine gerade Zahl ist, so ist die Rückgabe true, sonst false.
long int	ggT *Struktogramm*	long int, long int	Ermittlung und Rückgabe des größten gemeinsamen Teilers der zwei übernommenen Werte.
double	End_Kap	double, double, int	Übernahme von Kapital, Prozentsatz und Laufzeit in Jahren. Rückgabe des Endkapitals nach der Laufzeit mit Zinseszins.
double	Sparplan *Struktogramm*	double, double, double, int	Übernahme von Startkapital, Prozentsatz, jährlicher Rate und Laufzeit in Jahren. Rückgabe des angesparten Kapitals nach der Laufzeit.

Beispiel für einen Sparplan:
- Startkapital: 2500 €
- Prozentsatz: 4%
- jährliche Rate: 350 €
- Laufzeit: 7 Jahre

`angespartes Kapital: 6054,23 €`

Startkapital und jährliche Rate werden über die Laufzeit mit Zinseszinseffekt summiert.

Durchführung:
Implementieren Sie die geforderten Funktionen in Quellcodedateien. Schreiben Sie ein Hauptprogramm dazu, in dem die Funktionen durch die unten aufgeführten Kontrolldaten getestet werden. Entwerfen Sie für die gekennzeichneten Funktionen ein Struktogramm vor der Umsetzung. Beachten Sie bei der Umsetzung die Regeln der modularen Programmgestaltung. Trennen Sie Schnittstelle und Implementation.

Kontrolle:
Testen Sie die Funktionen mit den folgenden Kontrolldaten:

Funktion	Parameter	Rückgabe
M_Wert	20.7 , 12.3	**16.5**
Gerade	33	**false**
ggT	36 , 24	**12**
End_Kap	5000 , 3.5 , 3	**5543.59**
Sparplan	2500 , 4 , 350 , 7	**6054.23**

---

[1] Das Struktogramm ist neben dem Programmablaufplan eine weitere Dokumentationstechnik zur Darstellung eines Algorithmus in der strukturierten Programmierung (siehe Anhang).

Lernziele:

▶ Sie lernen eine weitere wichtige Form der Dokumentation und Programmplanung kennen – das Struktogramm.

▶ Sie eignen sich wichtige Kenntnisse über Funktionen in C++ und die modulare Programmgestaltung an.

Lernsituation 7:

Entwicklung eines Verschlüsselungsverfahrens für ein internes Memo-System der Support-Abteilung einer Netzwerk-Firma

Ausgangssituation:
Als Spezialist für Systemintegration bietet die Firma **NetSolution** ihren Kunden einen Komplett-Service. Dieser Service beinhaltet auch den kostenfreien Support aller Kunden für 8 Monate.

Alle Anfragen von Kunden (telefonisch oder per E-Mail) werden von den Support-Mitarbeitern als eine Notiz bzw. Memo abgespeichert. Dieses Memo-System ist ein einfaches webbasiertes Produkt der Firma ProSource, das allen Kunden von ProSource kostenfrei zu Verfügung gestellt wird. Eventuelle Erweiterungen des Systems können (natürlich kostenpflichtig) bei ProSource in Auftrag gegeben werden. **NetSolution** möchte nun eine solche Erweiterung in Auftrag geben. Das Speichern der Memos erfolgt standardmäßig in Klartext. Ein einfaches, aber relativ sicheres Verschlüsselungsverfahren soll nun in das Memo-System implementiert werden. Nach Abwägung von Sicherheitsbedürfnis und Kosten entschieden sich die Verantwortlichen für eine Verschlüsselung, die auf der Polybius[*]-Tafel mit zusätzlichem Code-Wort basiert. Als erfahrener Auszubildender der Firma ProSource erhalten Sie den Auftrag zur Umsetzung eines Verschlüsselungsmoduls.

[*] Polybius war ein griechischer Schriftsteller und Historiker (200 – 120 vor Christus). Er befasste sich damals schon mit Verschlüsselungsverfahren.

Arbeitsschritte in Einzel- oder Partnerarbeit:

Planung:
Das zu implementierende Verschlüsselungsverfahren wird hier schematisch dargestellt.
1. Wahl eines Schlüsselwortes: z. B. PROGRAMMIEREN
2. Füllen der Verschlüsselungsmatrix: Alle Buchstaben des Schlüsselwortes werden in die Matrix eingetragen, allerdings ohne Wiederholungen. Danach werden die restlichen Buchstaben des Alphabetes aufgefüllt.

Lernsituation 7

	1	2	3	4	5
1	P	R	O	G	A
2	M	I	E	N	B
3	C	D	F	H	J
4	K	L	Q	S	T
5	U	V	W	X	Y
6	Z	leer			

3. Mithilfe dieser Matrix werden dann Zeichenketten verschlüsselt. Jeder Buchstabe erhält eine zweistellige Zahl (Zeile und Spalte). Diese Zahlen liefern dann die Verschlüsselung der Zeichenkette.

> **Beispiel:** DAS IST EIN TEST
>
> **Verschlüsselung:** 32 15 44 62 22 44 45 62 23 22 24 62 45 23 44 45
>
> Die Realisierung der Verschlüsselung setzt eine eingehende Auseinandersetzung mit den ein- und mehrdimensionalen Arrays aus dem Informationsteil **(Kapitel 7)** voraus.

Durchführung:
Implementieren Sie ein Modul mit geeigneten Funktionen, die die o. a. Verschlüsselung durchführen können. Die verschlüsselten Zeichenketten sollen dabei in Arrays vom Datentyp int gespeichert werden. Das Modul soll für beliebige Schlüsselworte sowohl verschlüsseln als auch entschlüsseln. Beachten Sie bei der Umsetzung die Regeln der modularen Programmgestaltung. Trennen Sie Schnittstelle und Implementation.

Kontrolle:
Jedes Entwicklerteam stellt handschriftlich eine Verschlüsselungsmatrix mit einem selbst gewählten Schlüsselwort auf. Diese Matrizen dienen dann als Testgrundlage für die Kontrolle der korrekten Ver- und Entschlüsselung.

Testen Sie das Modul unter den Bedingungen des Auftrages. Verschlüsseln und Entschlüsseln Sie sehr lange Zeichenketten, die vom Umfang her einem Memotext entsprechen. Das könnten ca. 300 Worte oder ca. 2000 Zeichen sein.

> **Lernziele:**
> ▶ Sie lernen eine interessante Anwendung der Programmierung kennen – die Verschlüsselungstechnik.
> ▶ Sie erarbeiten die nötigen Kenntnisse über ein- und mehrdimensionale Arrays in C++.
> ▶ Sie erkennen die Besonderheiten der Zeichenkettenverarbeitung in C++.

Lernsituation 8:
Entwicklung eines Informationstools für die Anzeige von Umgebungsvariablen

Ausgangssituation:
Die Entwickler der Firma **ProSource** arbeiten oft mit den so genannten Umgebungsvariablen, die das Betriebssystem (Windows oder UNIX) anbietet. In diesen Umgebungsvariablen stehen relevante Daten wie der aktuelle Username, der am System angemeldet ist, oder freigegebene Pfadangaben.

Bisher müssen die Entwickler die Informationen über einen Aufruf der Konsole und dem entsprechenden Befehl (z.B.: SET unter Windows) abfragen. Diese Vorgehensweise ist mühsam und zeitaufwändig.

Aus diesem Grund hat das Entwicklerteam den Wunsch geäußert, dass die Firma ein Tool zur Verfügung stellt, das das Auslesen der Variablen angenehmer und schneller gestaltet.

Als Auszubildender der Firma **ProSource** erhalten Sie den Auftrag, dieses Tool zu programmieren. Das Tool sollte menügesteuert sein und verschiedene Filter für die Anzeige der Umgebungsvariablen anbieten.

Arbeitsschritte in Einzel- oder Partnerarbeit:

Planung:
Analysieren Sie die Umgebungsvariablen Ihres Betriebssystems. Unter Windows geschieht das durch den Befehl SET auf der Konsole (Eingabeaufforderung).

Die Abfrage der Umgebungsvariablen geschieht über die Funktion:

```
char *  getenv ( const char * );
```

Unter Windows gibt es noch die Möglichkeit, dass die main-Funktion Parameter erhält, in denen dann auch die Umgebungsvariablen gespeichert sind. Dazu muss die main-Funktion wie folgt angelegt werden:

```
int main(int argc, char *argv[] , char *env[]);
```

In dem Array `env` sind die Umgebungsvariablen gespeichert. Das Array wird durch den NULL-Zeiger abgeschlossen.

Weitere Vorgaben:
Das Tool soll über ein Menü verfügen, das die Funktionalitäten (Filter) anbietet:

```
Umgebungsvariablen Version 1.0

    <1>    Pfadangaben
    <2>    Benutzer- und Computerangaben
    <3>    Prozessorangaben
    <4>    Ende
    Ihre Wahl: ?
```

Lernsituation 8

Anzeige der Pfadangaben:

```
HOMEPATH      \Dokumente und Einstellungen\XXXX
INCLUDE       C:\Programme\XXXX\include\
LIB           C:\Programme\XXXX\Lib\
PATH          C:\Programme\XXXX
              C:\WINDOWS\system32
              C:\WINDOWS
Zurueck zum Hauptmenue: Bitte eine Taste druecken
```

Benutzer- und Computerangaben:

```
COMPUTERNAME          XXXX
OS                    XXXX
USERDOMAIN            XXXX
USERNAME              XXXX
SESSIONNAME           XXXX
Zurueck zum Hauptmenue: Bitte eine Taste druecken
```

Prozessorangaben:

```
PROCESSOR_ARCHITECTURE        XXXX
PROCESSOR_IDENTIFIER          XXXX
PROCESSOR_LEVEL               XXXX
PROCESSOR_REVISION            XXXX
Zurueck zum Hauptmenue: Bitte eine Taste druecken
```

Die Entwicklung des Tools setzt eine ausführliche Auseinandersetzung mit den Zeigern aus dem Informationsteil **(Kapitel 8)** voraus.

Durchführung:

Entwickeln Sie das Tool unter Beachtung der modularen Programmgestaltung.

Achten Sie bei der Bildschirmausgabe auf Leserlichkeit und bei der Bedienung des Programms auf Benutzerfreundlichkeit. Stellen Sie bei den Benutzereingaben sicher, dass Fehleingaben erkannt werden und nicht zum Programmabsturz führen.

Kontrolle:

Testen Sie das Programm auf verschiedenen Betriebssystemversionen (Windows 98, Windows 2000, XP oder auch Vista).

Überprüfen Sie das Programm auf Robustheit, wenn eine bestimmte Umgebungsvariable nicht gesetzt bzw. definiert ist. Das Programm muss diesen „Fehler" abfangen können.

Lernziele:

- ▶ Sie erarbeiten sich wichtige Kenntnisse über das Zeigerkonzept in C++.
- ▶ Sie lernen eine Interaktionsmöglichkeit mit dem Betriebssystem kennen – die Umgebungsvariablen.

Lernsituation 9:

Planung, Implementierung und Auswertung eines elektronischen Fragebogens

Ausgangssituation:
Die psychologische Fakultät einer großen deutschen Universität führt Untersuchungen auch mithilfe des Computers durch. Für eine spezielle Untersuchung, die kognitive Fähigkeiten unter Stress (Zeitdruck) misst, soll ein Teil dieser Untersuchung am Computer durchgeführt werden.

Die Firma **ProSource** erhält den Auftrag, ein Programm für diesen Teil der Untersuchung zu entwickeln.

In dem Programm sollen den Versuchspersonen 5 Fragen gestellt werden. Für jede Frage gibt es drei vordefinierte Antworten, von der eine gewählt werden muss. Neben der gegebenen Antwort soll das Programm auch die Antwortzeit (in Millisekunden) speichern. Die Gestaltung der Bildschirmausgabe soll bewusst sehr schlicht sein, um die Probanden nicht unnötig abzulenken. Aus diesem Grund entscheidet sich die Projektleitung von **ProSource** für eine Console-Application. Als Auszubildender der Firma **ProSource** haben Sie bereits einige Console-Applications entwickelt. Die Aufgabe wird deshalb an Sie delegiert.

Arbeitsschritte in Einzel- oder Partnerarbeit:

Planung:
Von der psychologischen Fakultät erhalten Sie den Fragenkatalog mit den vorgegebenen Antworten. Die korrekte Antwort ist fett gedruckt.

Frage 1: Thomas Mann schrieb welchen Roman?
- Antwort 1:   Die Pest
- **Antwort 2:   Der Zauberberg**
- Antwort 3:   Der Untertan

Frage 2: Napoleon wurde endgültig besiegt in der Schlacht von?
- **Antwort 1:   Waterloo**
- Antwort 2:   Marengo
- Antwort 3:   Austerlitz

Frage 3: Der Schall pflanzt sich in der Luft mit welcher Geschwindigkeit fort?
- Antwort 1:   33 km/h
- **Antwort 2:   330 m/s**
- Antwort 3:   3300 m/s

Frage 4: Welche Erfindung machte Thomas Alva Edison nicht?
- Antwort 1:   Die Glühlampe
- Antwort 2:   Den Phonograph
- **Antwort 3:   Die Enigma**

Frage 5: Welcher Architekt nannte sich Le Corbusier?
- Antwort 1:   **Charles Jeannerret**
- Antwort 2:   Frank Wright
- Antwort 3:   Mies van der Rohe

Das Programm soll über ein Auswahlmenü verfügen, mit dem der Versuchsleiter den Versuch steuert:

```
            Psychologisches Institut II
            Teiluntersuchung: 5 Fragen

            <1>    Neuen Versuch starten
            <2>    Auswertung der Versuche
            <3>    Ende
            Ihre Wahl: ?
```

Nach der Auswahl „Neuen Versuch starten" muss zuerst eine Probandennummer eingegeben werden. Danach kann dann der eigentliche Versuch gestartet werden.

Der Proband startet den Versuch dann selbst durch Drücken einer Taste. Von diesem Zeitpunkt an wird die Zeit gemessen, die der Proband für die Beantwortung der einzelnen Fragen braucht.

Dem Probanden werden dann die 5 Fragen hintereinander gestellt.

Nach der letzten Frage wird der Proband auf das Ende des Versuches hingewiesen.

Der Versuchsleiter übernimmt wieder die Bedienung des Programms und nach dem Drücken einer Taste erscheint das o. a. Auswahlmenü.

Die Auswertung der Versuche kann jederzeit durchgeführt werden und soll verschiedene statistische Daten anzeigen.

Mögliche Bildschirmausgabe:

```
            Psychologisches Institut II
            Teiluntersuchung: 5 Fragen
            ******AUSWERTUNG*********
Prozentualer Anteil der korrekten Antworten bei Frage 1:   40%
Prozentualer Anteil der korrekten Antworten bei Frage 2:   20%
Prozentualer Anteil der korrekten Antworten bei Frage 3:   50%
Prozentualer Anteil der korrekten Antworten bei Frage 4:   60%
Prozentualer Anteil der korrekten Antworten bei Frage 5:   30%
Prozentualer Anteil der korrekten Antworten bei allen Fragen:   40%
Durchschnittliche Antwortzeit bei Frage 1: 4500 Ms
Durchschnittliche Antwortzeit bei Frage 2: 6200 Ms
Durchschnittliche Antwortzeit bei Frage 3: 2600 Ms
Durchschnittliche Antwortzeit bei Frage 4: 3700 Ms
Durchschnittliche Antwortzeit bei Frage 5: 4900 Ms

Minimale Antwortzeit bei Frage 1: 1500 Ms
Minimale Antwortzeit bei Frage 2: 2100 Ms
Minimale Antwortzeit bei Frage 3: 900 Ms
Minimale Antwortzeit bei Frage 4: 1100 Ms
Minimale Antwortzeit bei Frage 5: 1800 Ms

Maximale Antwortzeit bei Frage 1: 9600 Ms
Maximale Antwortzeit bei Frage 2: 6700 Ms
Maximale Antwortzeit bei Frage 3: 4500 Ms
Maximale Antwortzeit bei Frage 4: 6700 Ms
Maximale Antwortzeit bei Frage 5: 8800 Ms

Zurueck zum Auswahlmenue - Bitte eine Taste druecken. . . .
```

Die Entwicklung des Tools setzt eine Auseinandersetzung mit den Strukturen aus dem Informationsteil (**Kapitel 9**) voraus.

Durchführung:

Entwickeln Sie das Programm unter Beachtung der modularen Programmgestaltung.

Stellen Sie bei den Benutzereingaben absolut sicher, dass keine Fehleingaben möglich sind.

Entwickeln Sie eine Struktur, in der Sie die Daten eines Probanden speichern können. Da beliebig viele Versuche durchgeführt werden können, muss die Speicherung der Daten mit dynamischer Speicherreservierung geschehen. Entscheiden Sie sich für eine geeignete Form zur Speicherung der Daten.

Die Fragen und Antworten sollten im Programmcode leicht editierbar sein – also in geeigneter Form an einer zentralen Stelle gespeichert sein. Das Programm sollte so konzipiert sein, dass es für das Ergänzen von weiteren Fragen vorbereitet ist.

> **Hinweis:**
>
> Die Zeitmessung kann mithilfe der Systemzeit durchgeführt werden. Folgende Anweisungen sind dabei nützlich:
>
> ```
> #include <sys/timeb.h>  //Einbinden von C-Bibliotheken
> #include <time.h>
> _timeb timebuffer; //Strukturvariable deklarieren
> _ftime( &timebuffer ); // Zeit holen
> cout <<  "Zeit in Sekunden:" << timebuffer.time << "  und Millise-
> kunden" << timebuffer.millitm << endl;
> ```

Kontrolle:
Testen Sie das Programm mit dem Black-Box-Testverfahren. Die Testpersonen kennen den internen Aufbau des Programms nicht und testen nur die Funktionalität und das Ergebnis.

Kontrollieren Sie die Zeitmessungen auch manuell.

Simulieren Sie die Eingaben von möglichst vielen Versuchspersonen.

> **Lernziele:**
>
> ▶ Sie lernen eine komplexere Aufgabenstellung zu planen und zu realisieren.
>
> ▶ Sie erarbeiten sich tiefergehende Kenntnisse über komplexe Datenstrukturen.
>
> ▶ Sie testen Ihr Programm mit einem allgemeinen Testverfahren, dem Black-Box-Test.

Lernsituation 10:
Realisierung einer Klasse zur Speicherung von Messwerten

Ausgangssituation:
Das Wetterstudio eines großen deutschen Fernsehsenders erfasst Messdaten aus seinen Messstationen mithilfe einer Software der Firma **ProSource**. Die Software wurde in den 80er Jahren entwickelt und ist nicht objektorientiert. Durch einen Wartungsvertrag ist die Firma **ProSource** verpflichtet die Software in gewissen Abständen zu warten und zu aktualisieren. Für die nächste Aktualisierung hat die Projektleitung beschlossen, Teile der Software neu und objektorientiert zu entwickeln. Im Rahmen dieser Neuentwicklung erhalten Sie als Auszubildender der Firma **ProSource** den Auftrag eine Klasse zur Erfassung von Messdaten zu realisieren. Die Klasse soll mit dynamischer Speicherverwaltung arbeiten und damit ein Grundproblem der alten Version lösen, die die Messdaten in statischen Arrays verwaltet hat. Bei einer zu großen Anzahl von Messdaten war die Erfassung dadurch ungenügend und statistische Berechnungen waren damit fehlerhaft.

Lernsituation 10

Arbeitsschritte in Einzel- oder Partnerarbeit:

Planung:
Im Rahmen der Aktualisierung der Software für die Messdaten gibt die Projektleitung für die Erfassung der Messdaten folgende Rahmenbedingungen vor:

> Die Messdaten sind Gleitpunktzahlen. Es ist vorher nicht bekannt, wie viele Daten erhoben werden.
>
> Alle Daten sollen in einer Klasse CMesswerte gespeichert werden.
>
> Die Klasse soll den Platz für die Messwerte dynamisch reservieren und verwalten.
>
> Die Klasse soll über Konstruktoren verfügen, die beim Anlegen eines Objektes einen oder beliebig viele Messwerte (Array von Messwerten) übernehmen können.
>
> Weiterhin sollen Methoden geschrieben werden, die ebenfalls einen oder beliebig viele Messwerte hinzufügen können.
>
> Die Erhöhung des Speicherplatzes für neue Messwerte muss natürlich ebenfalls dynamisch erfolgen.
>
> Die Klasse soll weiterhin Methoden anbieten, mit denen die Messwerte gezielt ausgelesen werden können. Es muss möglich sein, einen einzelnen Messwert anhand seiner Speichernummer (Index) auszulesen oder auch alle Messwerte bzw. Teilbereiche von Messwerten.
>
> Für statistische Zwecke sollen auch folgende Methoden implementiert werden:
>
> Ermittlung und Rückgabe des Mittelwertes der Messdaten sowie maximale und minimale Messdaten innerhalb von Messbereichen.

Die Realisierung der Klasse setzt eine Auseinandersetzung mit dem Klassenkonzept in C++ (**Kapitel 10**) voraus.

Durchführung:
Entwickeln Sie die Klasse unter Beachtung der modularen Programmgestaltung und der Besonderheiten der dynamischen Speicherreservierung in Klassen.

Zur weiteren Information hat die Projektleitung eine grobe Skizze entworfen, wie die Klasse und die Methoden verwendet werden könnten:

```cpp
class CMesswerte
{
:
};
int main()
{
float Daten_1[5] = { 1.5 , 2.3 , 5.5 , 0.6 , 7.5 };
float Daten_2[32500] = { ...... }; //Simulation von Messdaten
float dummy[5];
CMesswerte M(Daten_1); //Messwertobjekt nimmt 5 Werte auf
M.SetDaten(Daten_2); //Messwertobjekt nimmt weitere Werte auf
cout << M.GetDaten(0); //gibt 1.5 aus
cout << M.GetDaten(0,4,dummy); //kopiert Daten auf dummy
cout << M.Mittelwert(0,2); //gibt 3.1 aus
cout << M.Minimum(0,4); //gibt 0.6 aus
}
```

Kontrolle:
Führen Sie ausgiebige Tests mit verschieden großen Arrays von Messdaten durch, die Sie dem Messwerte-Objekt hinzufügen.

Überprüfen Sie die korrekte Freigabe des Speichers, indem Sie im Task-Manager die Speicherauslastung beobachten.

Lernziele:

▶ Sie erarbeiten sich die Grundlagen der objektorientierten Programmierung anhand des Klassenkonzeptes in C++.

▶ Sie erkennen die Besonderheiten bei der dynamischen Speicherreservierung im Zusammenhang mit Klassen.

▶ Sie erweitern Ihr Wissen über den modularen Programmaufbau.

Lernsituation 11:
Umsetzung eines Klassendiagramms zur Erfassung von geometrischen Grundfiguren

Ausgangssituation:
Die Firma **ProSource** plant die Entwicklung einer Software für den Einsatz im Mathematikunterricht. Das Produkt soll zur nächsten Messe für Unterrichtssoftware fertig gestellt werden. Aus diesem Grund haben mehrere Entwickler der Firma bereits mit der objektorientierten Analyse (OOA) begonnen. Es liegen bereits mehrere Klassendiagramme für unterschiedliche Funktionalitäten der Software vor. Ein Aspekt der Software soll die dynamische Darstellung von geometrischen Grundformen sein. Mithilfe dieser Funktionalität können geometrische Sachverhalte dynamisch dargestellt werden, beispielsweise die Darstellung einer Tangente an einem Kreis. In einer ersten Umsetzung soll die Erfassung von geometrischen Grundformen implementiert werden. Dazu liegt ein Klassendiagramm aus der OOA vor. Als versierter Auszubildender der Firma **ProSource** erhalten Sie den Auftrag, das Klassendiagramm in C++ umzusetzen.

Arbeitsschritte in Einzel- oder Partnerarbeit:

Planung:
Das vorliegende Klassendiagramm (siehe nächste Seite oben) aus der OOA wurde von einem Entwickler mit dem CASE-Tool objectiF erstellt.

Dabei ist zu berücksichtigen, dass in dem Diagramm andere Symbole für private und public (🔒 = private, 🔓 = public) verwendet werden.

Weiterhin sind Attribute vom Typ Zeiger bzw. Nicht-Zeiger im Klassendiagramm nicht explizit unterscheidbar. Die Art der Beziehung schreibt allerdings vor, ob ein Attribut ein Zeiger ist oder nicht.

Die Umsetzung des Klassendiagramms setzt eine intensive Auseinandersetzung mit dem **Kapitel 11** (UML) voraus

Anmerkungen zu dem Klassendiagramm:
Die Objekte der Klassen `Linie`, `Rechteck` und `Kreis` aggregieren Objekte der Klasse `Punkt`. Weiterhin kennen die Objekte der drei Klassen das Objekt der Klasse `Anzeige`. Das Objekt der Klasse `Anzeige` erhält eine entsprechende Botschaft und zeigt dann die Länge einer Linie, die Fläche eines Rechteckes oder eines Kreises an.

Aus Platzgründen zeigt die Klasse `Rechteck` nur die Get- und Set-Methoden für Punkt P1 und Punkt P4 an. Die Methoden sind natürlich auch für Punkt P2 und Punkt P3 anzulegen.

Lernsituation 11

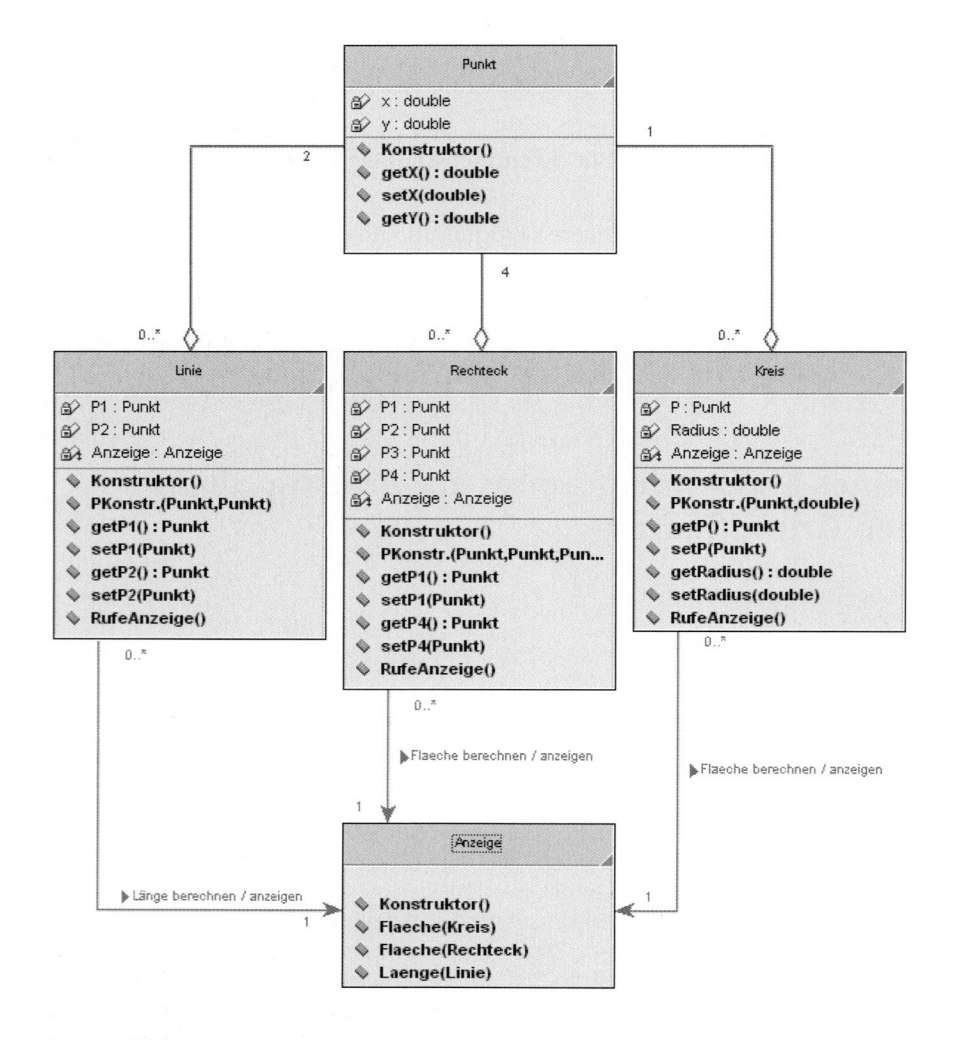

Punkt
- x : double
- y : double
- Konstruktor()
- getX() : double
- setX(double)
- getY() : double

Linie
- P1 : Punkt
- P2 : Punkt
- Anzeige : Anzeige
- Konstruktor()
- PKonstr.(Punkt,Punkt)
- getP1() : Punkt
- setP1(Punkt)
- getP2() : Punkt
- setP2(Punkt)
- RufeAnzeige()

Rechteck
- P1 : Punkt
- P2 : Punkt
- P3 : Punkt
- P4 : Punkt
- Anzeige : Anzeige
- Konstruktor()
- PKonstr.(Punkt,Punkt,Pun...)
- getP1() : Punkt
- setP1(Punkt)
- getP4() : Punkt
- setP4(Punkt)
- RufeAnzeige()

Kreis
- P : Punkt
- Radius : double
- Anzeige : Anzeige
- Konstruktor()
- PKonstr.(Punkt,double)
- getP() : Punkt
- setP(Punkt)
- getRadius() : double
- setRadius(double)
- RufeAnzeige()

Anzeige
- Konstruktor()
- Flaeche(Kreis)
- Flaeche(Rechteck)
- Laenge(Linie)

Beziehungen:
- Punkt — Linie: 2 zu 0..*
- Punkt — Rechteck: 4 zu 0..*
- Punkt — Kreis: 1 zu 0..*
- Linie — Anzeige: 0..* zu 1 (Länge berechnen / anzeigen)
- Rechteck — Anzeige: 0..* zu 1 (Flaeche berechnen / anzeigen)
- Kreis — Anzeige: 0..* zu 1 (Flaeche berechnen / anzeigen)

Durchführung:

Setzen Sie das Klassendiagramm in C++ um. Beachten Sie dabei die modulare Programmgestaltung.

Kontrolle:

Schreiben Sie ein Test-Hauptprogramm, in dem alle Funktionalitäten der Klassen und deren Beziehungen getestet werden können.

Beispielsweise sollen die folgenden geometrischen Grundfiguren erfasst werden (durch die Punkte im Koordinatensystem) und die korrekte Länge und die korrekten Flächen berechnet und angezeigt werden:

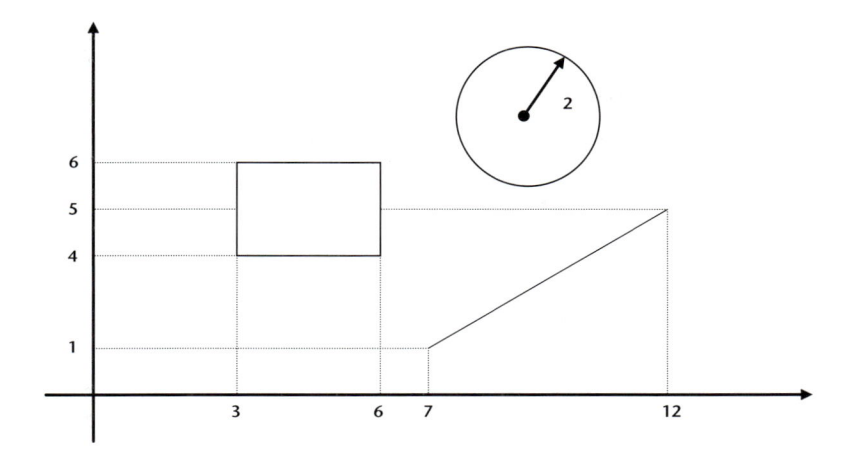

Fläche Rechteck: 3 * 2 = 6 (LE²)   LE....Längeneinheiten
Fläche Kreis: π * 2² ≈ 12,57 (LE²)
Länge Linie: $\sqrt{5^2 + 4^2}$ ≈ 6,40 (LE²) (Pythagoras benutzen)

Lernziele:

▶ Sie lernen die wichtigen Aspekte der formalen Sprache UML kennen.

▶ Sie erarbeiten sich die Grundlagen für die Umsetzung von Klassen und deren Beziehungen in C++

▶ Sie erkennen den Nutzen eines CASE-Tools und dessen Einsatzgebiet.

Lernsituation 12:
Implementierung einer Klasse zur Simulation der echten Bruchrechnung

Ausgangssituation:
Neben der Entwicklung eines Geometrie-Programmes für den Einsatz im Mathematikunterricht der Oberstufe plant die Firma **ProSource** auch eine Software-Reihe für den Mathematikunterricht in der Grundschule und den Klassen der Sekundarstufe 1. Ein Teilmodul dieser Software soll ein Übungsprogramm für die Bruchrechnung werden. Dazu soll eine Klasse in C++ entwickelt werden, die den mathematischen Bruch korrekt repräsentiert. Dadurch soll die Grundlage für eine effiziente und fehlerfreie Entwicklung des Übungsprogrammes geschaffen werden.

Da Sie bereits erfolgreich die Klassen für das Geometrie-Programm implementiert haben, erhalten Sie den Auftrag, die Bruch-Klasse umzusetzen.

Arbeitsschritte in Einzel- oder Partnerarbeit:

Planung:
Die Bruch-Klasse soll einen mathematischen Bruch repräsentieren. Mathematisch gesehen ist ein Bruch der Quotient aus zwei ganzen Zahlen. Der Datentyp für eine ganze Zahl in C++ ist der vorzeichenbehaftete Integer (Beispiel in C++: long int zaehler).

Aus der Entwicklungsabteilung erhalten Sie eine Vorgabe der Bruch-Klasse, die von Ihnen implementiert und erweitert werden muss.

```cpp
class CBruch
{
    private:
        long zaehler,nenner;
    public:
        CBruch();
        CBruch(long, long);
        CBruch(double);
        void Kuerze();
        :       // weitere Methoden und
        :       // überladene Operatoren
};
```

Die Konstruktoren der Klasse sind in der Lage sowohl Integer-Werte als auch Gleitpunktzahlen in einen Bruch umzuwandeln, wobei die entsprechenden Werte in den privaten Attributen `zaehler` und `nenner` gespeichert werden.

Das Kürzen des Bruches soll die Funktion `Kuerze()` übernehmen.

Beispiel:
```cpp
#include <iostream>
using namespace std;
int main()
{
CBruch A;                   // repräsentiert: 0/1
CBruch C(3.45);             // repräsentiert: 345/100
CBruch D( 10 , 20);         // repräsentiert: 10/20

D.Kuerze();                 // repräsentiert: 1/2
system("PAUSE");
return EXIT_SUCCESS;
}
```

Weiterhin soll die Klasse über Methoden verfügen, die sie zur „echten" Bruchrechnung befähigt. Analysieren Sie dazu auch die handschriftliche Skizze aus der Kontroll-Phase, die (neben der Vorlage für das Testen) Aufschluss über die Fähigkeiten der Klasse gibt.

Die Umsetzung des Bruch-Klasse setzt eine intensive Auseinandersetzung mit dem **Kapitel 12 (Überladen von Operatoren)** voraus.

Lernsituation 12

Durchführung:
Implementieren Sie die Bruch-Klasse in C++. Benutzen Sie dazu vor allem die Technik der Operatoren-Überladung. Neben den arithmetischen Operatoren (+, –, *, /) sollen auch die Ein- und Ausgabe-Operatoren überladen werden, so dass eine komfortable Anzeige auf dem Bildschirm möglich ist. Diese Anzeige ist zwar in dem späteren Übungsprogramm nicht mehr nötig, da eine graphische Benutzeroberfläche für die Anzeige entwickelt wird, ist jedoch in der Entwicklungs- und Testphase sehr hilfreich.

Kontrolle:
Als Vorlage für das Testen der Bruch-Klasse dient eine handschriftliche Skizzierung, die von dem Leiter der Software-Entwicklung angefertigt wurde.

Schreiben Sie ein Test-Programm, in dem die Bruch-Klasse auf alle skizzierten Möglichkeiten getestet wird.

Skizzierung der Bruch-Klasse vom Leiter der Software-Entwicklung:

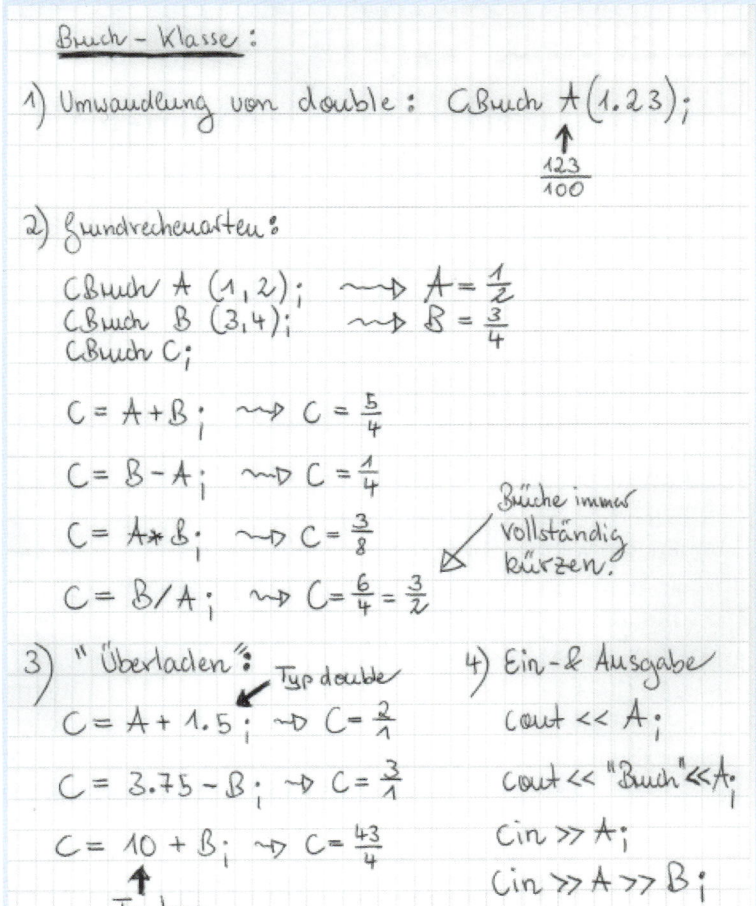

Bruch - Klasse:

1) Umwandlung von double: `CBruch A(1.23);` ↑ $\frac{123}{100}$

2) Grundrechenarten:
   `CBruch A (1,2);` → $A = \frac{1}{2}$
   `CBruch B (3,4);` → $B = \frac{3}{4}$
   `CBruch C;`
   `C = A + B;` → $C = \frac{5}{4}$
   `C = B - A;` → $C = \frac{1}{4}$
   `C = A * B;` → $C = \frac{3}{8}$
   `C = B / A;` → $C = \frac{6}{4} = \frac{3}{2}$ ← Brüche immer vollständig kürzen!

3) "Überladen": Typ double
   `C = A + 1.5;` → $C = \frac{2}{1}$
   `C = 3.75 - B;` → $C = \frac{3}{1}$
   `C = 10 + B;` → $C = \frac{43}{4}$ ↑ Typ long

4) Ein- & Ausgabe
   `cout << A;`
   `cout << "Bruch" << A;`
   `cin >> A;`
   `cin >> A >> B;`

Lernziele:
▶ Sie lernen eine wichtige Technik in C++ kennen – das Überladen von Operatoren.
▶ Sie erkennen den Nutzen dieser Technik für die realitätsnahe Umsetzung einer Software.

Lernsituation 13:

Entwicklung einer objektorientierten Software zur Verwaltung von Automobil-Typen.

Ausgangssituation:

Die beiden Weltkonzerne LOPE (Automobile) und HANSE (Motorschifffahrt) haben ein gemeinsames Tochterunternehmen, die HANSE-LOPE AG, gegründet.

Dieses Unternehmen soll die Techniken von beiden Unternehmen vereinheitlichen und eine neue und schlanke und insbesondere kostengünstige Produktpalette auf den Markt bringen.

Es sollen zwei neue Fahrzeugtypen (Limousine und Jeep) sowie ein schnelles Motorboot angeboten werden. Als Besonderheit wird es auch ein Amphibienfahrzeug geben.

Um Kosten zu sparen werden alle Produkte mit einem 4-Zylinder-Otto-Motor ausgestattet, der nur in der Leistung unterschiedlich ausfällt.

Die Firma **ProSource** erhält nun den Auftrag, eine Software für die Produktpalette zu entwickeln. Mit dieser Software sollen später auch statistische Auswertungen wie der durchschnittliche Benzinverbrauch möglich sein.

Als erfahrener Auszubildender der Firma wird dieser Auftrag an Sie delegiert.

Arbeitsschritte in Einzel- oder Partnerarbeit:

Planung:
Analysieren Sie die Problemstellung und entwickeln Sie ein Klassendiagramm. Alle Produkte der Firma HANSE-LOPE AG sollen als Klassen dargestellt werden. Nutzen Sie die Mechanismen der Vererbung und die anderen Beziehungstypen.

Eine intensive Auseinandersetzung mit dem **Kapitel 13 (Vererbung)** ist Voraussetzung für die Bearbeitung dieser Lernsituation.

Durchführung:
Implementieren Sie die Klassen in C++. Beachten Sie die modulare Programmgestaltung.

Der Einfachheit halber sollen vorerst nur die Attribute Bezeichnung und Benzinverbrauch angelegt werden (siehe Beispiel-Hauptprogramm).

Kontrolle:
Testen Sie die Klassen mit dem folgenden Beispiel-Hauptprogramm.

Beispiel:

```
#include <iostream>
using namespace std;
int main()
{
CLimousine A( "Modell GX",   8.5 );
CLimousine B( "Modell GXL",  9.3 );
CJeep C( "Modell AR",   12.5 );
CJeep D( "Modell RX",   11.4 );
CMotorboot E( "Modell KARIBIK",    24.8 );
CMotorboot F( "Modell MITTELMEER", 17.3 );
CMotorboot G( "Modell NORDSEE",    31.6 );
CAmphibien H( "Modell MACHO",  45.9 );
CAmphibien I( "Modell PROTZ",  66.7);
system("PAUSE");
return EXIT_SUCCESS;
}
```

Lernziele:

▶ Sie erarbeiten sich ein wichtiges Thema – die Vererbung.

▶ Sie führen die wichtigen Schritte der Analyse, des Designs und der Implementierung durch.

Lernsituation 14:

Bereitstellung einer Container-Klasse zur Speicherung der verschiedenen Automobil-Typen.

Ausgangssituation:

Die Ausgangssituation basiert auf der Lernsituation 13.

Die Firma HANSE-LOPE AG hat eine Erweiterung der Software in Auftrag gegeben. Es soll nun möglich sein, beliebig viele der verschiedenen Automobil-Typen in einem Programm zu speichern.

Als Auszubildender der Firma **ProSource** haben Sie bereits die Klassenhierarchie aus Lernsituation 13 entwickelt.

Sie erhalten dazu nun den Auftrag eine Klasse zu entwickeln, die beliebig viele Automobil-Typen speichern kann.

Diese Klasse soll ein weiterer Baustein für das zukünftige Verwaltungsprogramm sein, mit denen die Händler der Firma HANSE-LOPE AG die Fahrzeuge verwalten werden. Für eine erste statistische Auswertung soll der durchschnittliche Benzinverbrauch aller gespeicherten Fahrzeuge ermittelbar sein.

Arbeitsschritte in Einzel- oder Partnerarbeit:

Planung:
Analysieren Sie die Problemstellung und entwickeln Sie ein Klassendiagramm für die Container-Klasse zur Speicherung der Fahrzeuge.

Die Container-Klasse soll mit dynamischer Speicherreservierung arbeiten. Je nach Anforderung soll dynamisch Platz für neue Objekte bzw. Zeiger auf neue Objekte geschaffen werden.

Die Ermittlung des durchschnittlichen Benzinverbrauches soll mithilfe der Technik der virtuellen Funktionen umgesetzt werden.

Die Container-Klasse soll über folgende Methoden verfügen:

- Standardkonstruktor
- Die Methode `Einfuegen ( )` soll ein neues Fahrzeug in den Container aufnehmen.
- Die Methode `Loeschen ( )` soll ein Fahrzeug aus dem Container entfernen.
- Die Methode `Anzeigen ( )` soll die Fahrzeuge (sortiert nach Typ) auf dem Bildschirm anzeigen.
- Die Methode `Durchschnitt ( )` soll den berechneten Durchschnittsverbrauch aller Fahrzeuge zurückgeben.

Eine intensive Auseinandersetzung mit dem **Kapitel 14 (Polymorphismus)** ist Voraussetzung für die Bearbeitung dieser Lernsituation.

Durchführung:
Implementieren Sie die Klasse in C++. Beachten Sie dabei die modulare Programmgestaltung.

Kontrolle:
Testen Sie die Klassen mit dem folgenden Beispiel-Hauptprogramm.

> **Beispiel:**
> ```
> #include <iostream>
> using namespace std;
> int main()
> {
> CContainer Cont;  // Die Container-Klasse wird instantiiert
> CLimousine A( "Modell GX",  8.5 );
> CJeep B( "Modell AR",  12.5 );
> CMotorboot C( "Modell KARIBIK",  24.8 );
> CAmphibien D( "Modell PROTZ",  66.7);
> Cont.Einfuegen ( &A );  // Die Adresse von A wird übergeben
> Cont.Einfuegen ( &B );  // Die Adresse von B wird übergeben
> Cont.Einfuegen ( &C );  // Die Adresse von C wird übergeben
> Cont.Einfuegen ( &D );  // Die Adresse von D wird übergeben
> cout << Cont.Durchschnitt(); // Ausgabe des Durchschnittes
> Cont.Anzeigen(); // Ausgabe der Fahrzeuge
> Cont.Loeschen ( &A );  // Loeschen von Fahrzeug A
> Cont.Anzeigen();  // Ausgabe der Fahrzeuge
> system("PAUSE");
> return EXIT_SUCCESS;
> }
> ```

Mögliche Bildschirmausgabe des Testprogrammes:

```
D:\Dev-Cpp\Kapitel 14\Kapitel 14.exe

Durchschnittsverbrauch aller Fahrzeuge: 28.125 Liter

Liste der Fahrzeuge:
1) Limousine Modell GX mit Verbrauch von 8.5 Litern
2) Jeep Modell AR mit Verbrauch von 12.5 Litern
3) Motorboot Modell KARIBIK mit Verbrauch von 24.8 Litern
4) Amphibien Modell PROTZ mit Verbrauch von 66.7 Litern

Loeschen von Limousine Modell GX mit Verbrauch von 8.5 Litern

Liste der Fahrzeuge:
1) Jeep Modell AR mit Verbrauch von 12.5 Litern
2) Motorboot Modell KARIBIK mit Verbrauch von 24.8 Litern
3) Amphibien Modell PROTZ mit Verbrauch von 66.7 Litern


Drücken Sie eine beliebige Taste . . . _
```

Lernziele:

▶ Sie lernen einen wichtigen Aspekt der objektorientierten Programmierung kennen – den Polymorphismus.

▶ Sie entwickeln eine komplexe Klasse, die die Vorteile des Polymorphismus ausnutzt.

Lernsituation 15:
Entwicklung eines Software-Systems zur Verwaltung der Schulbibliothek eines Berufskollegs

Ausgangssituation:
Als Auszubildender der Firma **ProSource** haben Sie zusätzlich zu ihrer Ausbildung in der Firma Unterricht in der Berufsschule. Diese Berufsschule ist ein Berufskolleg mit vielen verschiedenen Bildungsgängen.

Im Rahmen des Unterrichts für das Lernfeld *Entwickeln und Bereitstellen von Anwendungssystemen* erhalten Sie den Auftrag ein Software-System für die Verwaltung der Schulbibliothek zu entwickeln.

Die Schulleitung ist sich nicht einig, ob das System mit Open-Source-Software oder mit einer lizenzierten Entwicklungsumgebung umgesetzt werden soll. Deshalb beschränkt sich der Auftrag auf die Definition der Anforderungen und die objektorientierte Analyse sowie das objektorientierte Design.

Arbeitsschritte in Einzel- oder Partnerarbeit:

Planung:
In einem Gespräch mit dem zuständigen Lehrer für die Schulbibliothek werden die folgenden Kriterien für das System festgehalten:

- Die Anzahl der verschiedenen Bücher liegt momentan bei circa 175 Büchern. Es können aber durchaus noch mehr Bücher werden.
- Von jedem Buch sind mindestens 20 Exemplare (Klassensatz) vorhanden.
- Jeder Schüler darf bis zu 3 Bücher ausleihen. Die Ausleihfrist beträgt 21 Tage.
- Das System sollte alle Bücher bzw. Exemplare erfassen. Ebenso werden alle Schüler erfasst, die ein Buch ausleihen.
- Wenn ein Schüler die Leihfrist überschreitet, so soll das System eine automatische Erinnerungs-E-Mail an die hinterlegte Adresse des Schülers senden.
- Bei Überschreitung einer Leihfrist um 4 Wochen wird ein automatisches Mahnschreiben generiert.

Eine intensive Auseinandersetzung mit dem **Kapitel 15 (Softwareentwicklung mit UML-Diagrammtypen)** ist Voraussetzung für die Bearbeitung dieser Lernsituation.

Durchführung:
Definieren Sie die Anforderungen an das System mithilfe eines Anwendungsfall-Diagrammes.

Entwicklen Sie in der objektorientierten Analyse ein Klassendiagramm und gegebenenfalls ein Sequenzdiagramm und verfeinern Sie die Diagramme in der Designphase.

Kontrolle:
Tauschen Sie die Ergebnisse Ihrer Arbeit mit den Mitschülerinnen und Mitschülern Ihrer Klasse aus. Kontrollieren Sie die Ergebnisse und diskutieren Sie über Abweichungen in der Analyse und dem Design.

Lernziele:
- Sie erarbeiten sich die wichtigen Schritte einer objektorientierten Softwareentwicklung.
- Sie lernen die Diagrammtypen Anwendungsfall-Diagramm, Klassendiagramm und Sequenzdiagramm in den Phasen der Entwicklung einzusetzen.

Lernsituation 16:
Implementierung einer Klasse zur Umsetzung der Template-Technik für HTML-Seiten

Ausgangssituation:
Viele Applikationen der Firma **ProSource** sind webbasiert. Zur Anwendung kommen verschiedene Programmiersprachen wie PHP, Perl oder auch C++.

Speziell für die Applikationen, die mit C++ umgesetzt werden, soll nun eine Klasse entwickelt werden, die den Entwicklern eine deutlich leichtere Handhabung der Template-Technik ermöglichen soll.

Die Template-Technik wird dazu eingesetzt, die Trennung von Logik und Design bei einer Web-Applikation umzusetzen.

Als erfahrener Auszubildender bei der Firma erhalten Sie den Auftrag die Klasse zu implementieren.

Arbeitsschritte in Einzel- oder Partnerarbeit:

Planung:
Die Trennung von Implementierung und Design ist eine wichtige Technik bei der Entwicklung von Web-Applikationen. Damit können unabhängig voneinander die Logik (C++ – Programme) und das Design (HTML-Seiten) entwickelt werden. Dadurch können Entwickler und Designer in einem Team entwickeln, ohne dass der Designer die Programmiersprache können muss und ohne, dass der Entwickler sich um Aspekte des Designs kümmern muss.

Es werden nur vorher ganz bestimmte Platzhalter in den HTML-Seiten vereinbart, die dann von dem Programm mit entsprechenden Werten ersetzt werden. Anschliessend wird diese gefüllte HTML-Seite an den Web-Server gesendet, der diese dann an den Client (Browser) weiterleitet.

Eine intensive Auseinandersetzung mit dem **Kapitel 16 (Dateioperationen)** ist Voraussetzung für die Bearbeitung dieser Lernsituation.

Durchführung:
Die C++ – Entwickler der Firma ProSource haben bereits die Anforderungen für die Klasse definiert:
- Die Klasse CTemplate kapselt die Logik der Template-Technik.
- Die Klasse kann ein HTML-Template (HTML-Seite mit Platzhaltern) einlesen und dann die Ersetzungen der Platzhalter durchführen. Anschliessend kann die Klasse die komplette HTML-Seite ausgeben bzw. zur Verfügung stellen.

Lernsituation 16

Methoden der Klasse CTemplate:

Methoden	Beschreibung
`CTemplate();`	Der Standardkonstruktor initialisiert die Attribute
`CTemplate( char* TplName);`	Der Parameterkonstruktor übernimmt den Dateinamen eines HTML-Templates und liest es ein.
`void TplLesen( char* TplName);`	Übernimmt den Dateinamen eines HTML-Templates und liest es ein. Falls bereits ein Template gelesen wurde, wird der Speicher vorher freigegeben.
`const char* GetTpl( );`	Gibt das Template zurück.
`void Ersetze ( char * Platzhalter, char * Wert);`	Ersetzt einen Platzhalter im Template mit dem übergebenen Wert.
`~CTemplate();`	Der Destruktor gibt reservierten Speicher und Ressourcen frei.

Hinweise:

- Die Klasse soll mit dynamischer Speicherreservierung arbeiten. Bevor ein Template eingelesen wird, muss der entsprechende Speicher reserviert sein.
- Der Platzhalter kann weniger Zeichen haben als der ersetzende Wert. An dieser Stelle muss besonders die dynamische Reservierung beachtet werden.

Kontrolle:

Kontrollieren Sie die Klasse mit dem folgenden Testszenario:

Das Hauptprogramm und das HTML-Template sind vorgegeben. Es findet eine Ersetzung des Platzhalters [§TEST§] mit dem Wert „Web-Programmierung" statt.

Hauptprogramm:
```
int main()
{
CTemplate Test;

Test.TplLesen("Test.tpl");
Test.Ersetze("[§TEST§]" , "Web-Programmierung" );

cout << Test.GetTpl() << endl;
}
```

HTML-Template:

```
<html>
<head>
<title>Testseite fuer CTemplate</title>
</head>

<body>

<h1>Test fuer [§TEST§]</h1>

</body>
</html>
```

Bildschirmausgabe unter Dev-C++:

```
D:\Dev-Cpp\Kapitel 16\Kapitel 16.exe

<html>
<head>
<title>Testseite fuer CTemplate</title>
</head>

<body>

<h1>Test fuer Web-Programmierung</h1>

</body>
</html>
```

Lernziele:

▶ Sie erarbeiten sich essenzielle Kenntnisse über die Dateioperationen in C++.

▶ Sie implementieren eine wichtige Klasse zur Umsetzung einer Web-Programmierung mit C++ als eine Grundlage für die Lernsituation 18.

Lernsituation 17:
Entwicklung eines Parsers für Zeichenketten

Ausgangssituation:
Aus der Lernsituation 16 ist bereits bekannt, dass viele Applikationen der Firma **ProSource** webbasiert sind. In den meisten Fällen werden Formular-Daten aus einem Browser an die Web-Applikation gesendet. Diese Daten werden in Form einer Zeichenkette übermittelt.

Das Entwicklerteam von ProSource benutzt zurzeit die Bibliothek einer Fremdfirma, um die Zeichenketten zu analysieren und auszuwerten. Für diese Bibliothek sind Lizenzgebühren zu entrichten. Aus diesem Grund hat die Geschäftsleitung von ProSource entschieden, dass die Bibliothek durch eine Eigenentwicklung abgelöst werden soll.

In einem ersten Schritt erhalten Sie als erfahrener Auszubildender bei der Firma, den Auftrag eine Klasse zu implementieren, die die Analyse und Auswertung der Zeichenketten vornimmt.

Arbeitsschritte in Einzel- oder Partnerarbeit:

Planung:
Das Entwicklerteam hat die Anforderungen an diese Klasse bereits definiert. Die Klasse soll eine Zeichenkette speichern, die dann mit entsprechenden Methoden und Operatoren analysiert werden soll. Die Zeichenkette soll dabei mithilfe der Klasse `<string>` gespeichert werden.

Beispiel einer Zeichenkette, die an die Web-Applikation übertragen wird:

`"Name=Markus+Maier&Strasse=Hansenallee+102&Ort=Duesseldorf"`

Lernsituation 17

`Name`, `Strasse` und `Ort` sind Formularfelder, die mit dem Inhalt `"Markus Maier"`, `"Hansenallee 102"` und `"Duesseldorf"` gefüllt worden sind.

Als Begrenzung für ein Datenfeld wird das `&`-Zeichen verwendet. Die Trennung von Formularfeld und Daten wird durch ein Gleichheitszeichen umgesetzt. Das Leerzeichen wurde durch ein +-Zeichen ersetzt.

Eine intensive Auseinandersetzung mit dem **Kapitel 17 (fortgeschrittene Programmierung in C++)** ist Voraussetzung für die Bearbeitung dieser Lernsituation.

Durchführung:

Implementieren Sie eine Klasse `CParser`, die die Anforderungen aus der Planung umsetzt. Folgende Methoden müssen verfügbar sein, um die Zeichenkette zu analysieren:

- `int AnzahlFelder();`
  Liefert die Anzahl der Felder in dem Übergabestring.
- `string GetSchluessel( int N );`
  Gibt den Schluessel von Feld-Nr. N zurück.
- `string GetFeld( int N );`
  Gibt den Inhalt von Feld-Nr. N zurück.
- `string GetFeld( string Schluessel );`
  Gibt den Inhalt des Feldes mit dem Namen Schluessel zurück.
- `void Ersetze( char , char );`
  Ersetzt ein bestimmtes Zeichen durch ein anderes Zeichen.

Kontrolle:

Kontrollieren Sie die Klasse mit dem folgenden Testprogramm:

```
int main()
{
CParser Test ("Kunde=Kaiser&Bestellung=1203");
cout << Test.GetAnzahl() << endl;
cout << Test.GetSchluessel(1) << endl;
cout << Test.GetFeld(Test.GetSchluessel(2)) << endl;
}
```

Bildschirmausgabe unter Dev-C++:

```
D:\Dev-Cpp\Kapitel 17\Kapitel 17.exe
2
Kunde
1203
Drücken Sie eine beliebige Taste . . .
```

Lernziele:

- Sie lernen fortgeschrittene Themen der C++ – Programmierung kennen und setzen diese Kenntnisse ein.
- Sie implementieren eine wichtige Klasse zur Umsetzung einer Web-Programmierung mit C++ als eine Grundlage für die Lernsituation 18.

Lernsituation 18:
Realisierung einer Web-Applikation zur Terminverwaltung

Ausgangssituation:
Die Firma **ProSource** möchte ihren Mitarbeitern eine webbasierte Terminverwaltung zur Verfügung stellen. Dadurch sollen die Mitarbeiter ihre Termine immer online verfügbar haben.

Als erfahrener Auszubildender der Firma erhalten Sie den Auftrag dieses Programm mit C++ und CGI umzusetzen.

Nach einer Testphase im Unternehmen soll diese Anwendung auch den Kunden als kostenloses Tool zur Verfügung gestellt werden. Damit soll die Kundenzufriedenheit bei der Firma **ProSource** gesteigert werden.

Arbeitsschritte in Einzel- oder Partnerarbeit:

Planung:
Die Geschäftsleitung hat die Anforderungen an die Terminverwaltung definiert:

- Login über einen Usernamen und ein Passwort
- Anzeigen aller Termine in einer Tabelle
- Anzeigen eines Termins in einer Detailansicht
- Einfügen und Ändern von Terminen
- Löschen von Terminen
- Ändern des Passwortes

Weiterhin sind bereits Designvorschläge für die Gestaltung der HTML-Seiten vorhanden:

ProSource Terminverwaltung Version 1.0

LOGIN
Name: _____
Passwort: _____

[Senden]

Lernsituation 18

ProSource Terminverwaltung Version 1.0
angemeldet als UserXY

MENUE

Neuer Termin
Terminliste
Passwort ändern
Logout

Nachdem ein neuer Termin angelegt wurde kann über den Button „Senden" der Termin gespeichert werden.

ProSource Terminverwaltung Version 1.0
angemeldet als UserXY

Neuer Termin:
Datum :
Uhrzeit:
Beschreibung:

Senden

Das Einrichten neuer Benutzer soll über eine Administrations-Seite möglich sein.

ProSource Terminverwaltung Version 1.0
angemeldet als Administrator

MENUE

Neuer Benutzer
Benutzer löschen
Passwort ändern
Logout

Eine intensive Auseinandersetzung mit dem Kapitel **18 (Web-Programmierung mit C++ und CGI)** ist Voraussetzung für die Bearbeitung dieser Lernsituation.

Durchführung:
Benutzen Sie bei der Implementierung die Klassen aus den Lernsituationen 16 und 17. Achten Sie auf Trennung von Design und Implementierung und auf die modulare Programmgestaltung.

Das Speichern der Termindaten kann mithilfe von Dateioperationen geschehen. Möglich wäre auch die Anbindung einer Datenbank, wenn Ihre Kenntnisse in diesem Bereich bereits fortgeschritten sind.

Legen Sie Meilensteine bei der Umsetzung des Problems fest. Dadurch behalten Sie den Überblick über den Fortschritt des Projektes.

Kontrolle:

Testen Sie die Anwendung intensiv, indem Sie die Übergabedaten mit einer konstanten Zeichenkette im Programm simulieren. Dadurch können Sie die Vorteile der Entwicklungsumgebung wie den Debugger usw. ausnutzen.

Lassen Sie die Anwendung dann im Sinne eines Black-Box-Testes durch viele verschiedene Personen testen, denen Sie einen Zugang eingerichtet haben.

Lernziele:

- Sie lernen die Möglichkeit der Web-Programmierung mit C++ und CGI kennen.
- Sie machen Erfahrungen mit der Umsetzung eines komplexeren Projektes.

ACHTUNG:

Diese Lernsituation ist ein relativ aufwändiges Projekt. Sie müssen mit mindestens 30 Stunden Entwicklungsarbeit rechnen. Deshalb kann das Projekt nur durch außerunterrichtliche zusätzliche Arbeit realisiert werden. Planen Sie deshalb entsprechend viel Zeit ein und setzen Sie den Abgabetermin nicht zu früh.

Teil 2
Einführung in C++ und UML

1	**Einführung**	**51**
1.1	Historische Entwicklung der Sprache C++	51
1.2	Bestandteile eines C++-Programm	53
1.3	Compiler, Linker und Bibliotheken	55
2	**Das erste C++-Programm**	**58**
2.1	Ausgabe auf dem Bildschirm	58
2.2	Grundlegende Konventionen in C++	62
2.3	Datentypen und Variablen	64
3	**Ein- und Ausgabe in C++**	**69**
3.1	Ausgabe mit cout	69
3.2	Eingabe mit cin	72
4	**Operatoren in C++**	**75**
4.1	Arithmetische Operatoren	75
4.2	Relationale und logische Operatoren	77
4.3	Bit-Operatoren und weitere Operatoren	79
4.4	Prioritäten von Operatoren	82
5	**Selektion und Iteration**	**85**
5.1	Die Selektion	85
5.2	Kopf-, fuß- und zählergesteuerte Iterationen	90
6	**Funktionen in C++**	**95**
6.1	Entwicklung des Funktionsbegriffs	95
6.2	Aufbau der Funktionen in C++	99
6.3	Modularer Programmaufbau	107
7	**Arrays**	**114**
7.1	Ein- und mehrdimensionale Arrays	115
7.2	Zeichenketten in C++	120
7.3	Sortieren von Arrays	122
8	**Zeiger**	**128**
8.1	Zeigervariablen	128
8.2	Anwendungen von Zeigervariablen	130
8.3	Die Referenz	140

9	**Strukturen**	**142**
9.1	Die Struktur in C++	142
9.2	Höhere Datenstrukturen	146
10	**Das Klassenkonzept in C++**	**152**
10.1	Die Klasse in C++	154
10.2	Dynamische Speicherreservierung in Klassen	162
10.3	Weitere Elemente einer Klasse	165
10.4	Deklaration und Implementation bei Klassen	168
11	**Die Unified Modeling Language (UML)**	**169**
11.1	Die UML	169
11.2	CASE-Tools	171
11.3	Das Klassendiagramm und die Umsetzung in C++	176
11.4	Die Beziehungen von Klassen	180
11.5	Die Assoziation und die Umsetzung in C++	181
11.6	Die Aggregation und die Umsetzung in C++	192
11.7	Die Komposition und die Umsetzung in C++	198
12	**Das Überladen von Operatoren**	**204**
12.1	Globale überladene Operator-Funktion	204
12.2	Überladene Operatorfunktion als Methode	208
12.3	Überladen der Ein- und Ausgabeoperatoren	210
13	**Vererbungskonzept in C++ und UML-Darstellung**	**213**
13.1	Die einfache Vererbung	213
13.2	Die Mehrfachvererbung	218
14	**Polymorphismus und virtuelle Methoden**	**221**
14.1	Zuweisungen innerhalb einer Vererbungshierarchie	221
14.2	Polymorphismus	222
15	**Softwareentwicklung mit UML-Diagrammtypen**	**226**
15.1	Anwendungsfälle (Use Cases)	227
15.2	Sequenzdiagramme	229
15.3	Beispiel einer Softwareentwicklung	231
16	**Dateioperationen**	**242**
16.1	Ein- und Ausgabeströme	243
16.2	Wahlfreier Zugriff in Dateien	250
17	**Fortgeschrittene Programmierung in C++**	**253**
17.1	Templates	253
17.2	Ausnahmen - Exceptions	255
17.3	Die C++-Standardbibliothek	259
18	**Exkurs – Webprogrammierung mit C++ und CGI**	**264**
18.1	Common Gateway Interface (CGI)	264
18.2	Datenempfang und Antwort des CGI-Programmes	267
18.3	Beispiele für CGI-Programme	269
18.4	Vorgehensweise bei der Erstellung von CGI-Programmen	272

1 Einführung

1.1 Historische Entwicklung der Sprache C++

1.1.1 Von C zu C++

Anfang der 70er-Jahre kam einem Programmierer des amerikanischen Telefonriesen AT&T die Idee, eine Programmiersprache zu entwickeln, mit der das Betriebssystem **UNIX**[1] einerseits programmiert, andererseits möglichst portabel werden sollte. Diese Programmiersprache sollte sowohl systemnah sein, als auch die Vorteile einer höheren Programmiersprache enthalten. Damit wurde das Betriebssystem UNIX plattformunabhängig, denn für jede Rechnerumgebung wurde einfach der Quellcode von UNIX mitgeliefert, der dann auf den entsprechenden Rechnern nur noch übersetzt (compiliert) werden musste.

Dieser Programmierer, **Dennis Ritchie**, nannte seine Neuentwicklung „**C**". Er wählte diesen Namen als Fortführung der damals bekannten Programmiersprache „B" bzw. „BCPL". In Zusammenarbeit mit **Brian Kernighan** erstellte Ritchie das Handbuch zur Programmiersprache C[2] , das 1978 in einer Revision mit einem **ANSI**[3] -Standard herausgebracht wurde.

Die Programmiersprache C++ ist nicht nur eine Weiterentwicklung von C, sondern beinhaltet auch eine andere Art der Programmierung - die **objektorientierte** Programmierung. Damit hat C++ einen großen Vorteil gegenüber C, hinsichtlich der Reduzierung des Testaufwandes von Programmen und der Gewährleistung einer weitgehenden Fehlerfreiheit. Da C++ eine echte Obermenge von C ist, versteht der C++-Compiler auch jedes C-Programm, umgekehrt natürlich nicht.

1.1.2 Prozedurale, strukturierte und objektorientierte Programmierung

Der Anfang von C++ war eine Erweiterung der Sprache C um das Klassenkonzept. Es entstand die Sprache „**C mit Klassen**". Als der Erfinder von C++ **Bjarne Stroustrup** 1983/1984 dann seinen Neuentwurf der Sprache „C mit Klassen" vorstellte, wurde von einem Mitarbeiter der Name C++ erfunden, basierend auf dem Inkrementoperator „++". Damit sollte deutlich gemacht werden, dass dieses C++ eine echte Stufe höher als C ist, denn inkrementieren bedeutet schließlich eins dazuzählen.

Das Klassenkonzept für C++ übernahm Stroustrup dabei von der Sprache **SIMULA67**. Weitere C++-Eigenheiten wie das Überladen von Operatoren sind an die Sprache **ALGOL68** angelehnt.

C++ wird auch als **Hybridsprache** bezeichnet, da C++ zwei **Programmierparadigmen**[4] vereinigt – die **prozedurale** Programmierung und die **objektorientierte** Programmierung.

Es wäre durchaus möglich, mit C++ rein prozedural zu programmieren, das würde aber den Fähigkeiten von C++ nicht gerecht.

Wie die meisten Programmiersprachen ist C++ auch eine strukturierte und prozedurale Programmiersprache.

Zum besseren Verständnis werden diese Begriffe kurz erläutert:

Strukturierte Programmierung

Die strukturierte Programmierung zeichnet sich durch Kontrollstrukturen wie die **Auswahl** (`IF-ELSE`) oder die **Schleifen** (`FOR`, `WHILE` usw.) aus. Damit erhält ein Programm eine nachvollziehbare Struktur. In den Anfängen der Programmierung war es üblich, Sprunganweisungen (GOTO) in einem Programm zu benutzen. Dadurch wird ein Programm sehr unübersichtlich und fehleranfällig. Strukturierte Programme sind hingegen übersichtlicher und besser wartbar. Im Informationsteil befassen sich die ersten 9 Kapitel ausführlich mit der strukturierten Programmierung in C++.

---

1 UNIX ist ein Betriebssystem aus den 60er Jahren. Es ist ein leistungsfähiges Multiuser- und Multitaskingsystem. Es ist heute oftmals auf Großrechnern im Einsatz.
2 Brian W. Kernighan/Dennis M. Ritchie: The C Programming Language, Prentice-Hall, 1978
3 ANSI: Abkürzung für American National Standard Institute. 1918 gegründet, ist ANSI mit dem deutschen DIN-Institut vergleichbar.
4 Paradigma kommt aus dem Griechischen und heißt so viel wie Muster oder Vorbild.

Beispiel:

```
FÜR Var := 1 BIS 5 MIT SCHRITTWEITE 1
      SCHREIBE AUF BILDSCHIRM Var
```

```
1
2
3
4
5
```

Das Beispiel zeigt eine Schleife in sogenanntem Pseudocode[5]. Dieser Code beschreibt den Ablauf des Programmes, ohne allerdings auf eine spezielle Programmiersprache einzugehen.

In dem Beispiel wird eine Variable Var solange um 1 erhöht bis der Wert 5 erreicht ist. Jeder Wert der Variablen wird dann auf dem Bildschirm ausgegeben.

Prozedurale Programmierung

Die prozedurale Programmierung teilt Programme in kleine Einheiten (Prozeduren oder Funktionen), die für bestimmte Aufgaben verantwortlich sind. Sind diese Prozeduren einmal geschrieben und getestet, dann können sie immer wieder benutzt werden – das spart Entwicklungszeit und führt auch zu einer besseren Lesbarkeit des Programms.

Der Informationsteil geht speziell in Kapitel 6 (Funktionen) auf die prozedurale Programmierung ein.

Beispiel:

```
PROZEDUR Ausgabe
      SCHREIBE AUF BILDSCHIRM "Hallo"
ENDE

FÜR Var := 1 BIS 5 MIT SCHRITTWEITE 1
   AUFRUF Ausgabe
```

```
Hallo
Hallo
Hallo
Hallo
Hallo
```

Das Beispiel in Pseudocode zeigt eine Prozedur mit dem Namen Ausgabe. Diese Prozedur hat eine Anweisung, die das Wort „Hallo" auf den Bildschirm schreibt. Die bereits bekannte Schleife aus dem Beispiel vorher läuft dann 5-mal durch und ruft jedes Mal die Prozedur Ausgabe auf. Damit steht 5-mal das Wort „Hallo" auf dem Bildschirm.

Objektorientierte Programmierung

Die objektorientierte Programmierung möchte Objekte der realen Welt in einem Programm abbilden. Damit sollen Problemstellungen aus beliebigen Bereichen (Geschäftsprozesse, wissenschaftliche Untersuchungen usw.) geeigneter als mit den anderen Programmierparadigmen in Programme umgesetzt werden können.

Im Mittelpunkt der objektorientierten Programmierung steht die **Klasse**, aus der dann konkrete Objekte gebildet werden.

Beispiel:

```
KLASSE Kunde
      Name
      Telefon
   ENDE
BILDE OBJEKT K1 VON Kunde
K1.Name := "Maier"
```

In dem Beispiel wird ein Klasse Kunde angelegt. Von dieser Klasse können dann konkrete Objekte wie K1 (für Kunde 1) gebildet werden. Die Eigenschaften des Objektes (Name, Telefon) können dann mit Werten belegt werden. In diesem Beispiel erhält das Objekt K1 den Namen „Maier".

Die objektorientierte Programmierung steht ab dem 10. Kapitel im Mittelpunkt des Informationsteils.

---

[5] Pseudocode ist eine Art Sprache, mit der der Ablauf eines Programmes beschrieben wird. Pseudocode zeichnet sich dadurch aus, dass er näher an der natürlichen Sprache als eine Programmiersprache ist. Ein Programm, das in Pseudocode geschrieben ist, kann problemlos in jede Programmiersprache übersetzt werden.

1.1.3 Kleiner Stammbaum der Programmiersprachen

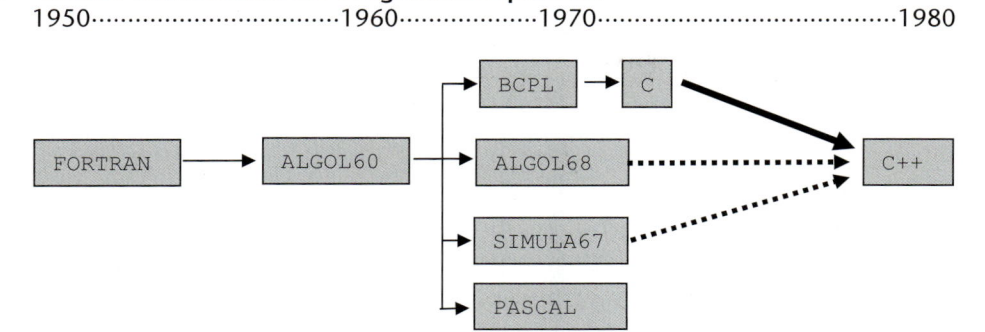

```
1950·····························1960················1970·····································1980
```

```
FORTRAN → ALGOL60 →  BCPL → C
                  →  ALGOL68 ········→ C++
                  →  SIMULA67 ········↗
                  →  PASCAL
```
(C → C++ mit fettem Pfeil)

C++ im Überblick:

▶ Entwickelt von Bjarne Stroustrup in den 80er-Jahren.

▶ Basiert auf der Sprache C und hat Konzepte der Sprachen SIMULA67 und ALGOL68 übernommen.

▶ C++ ist eine objektorientierte Sprache.

▶ Sie ist plattformunabhängig, systemnah und sehr schnell.

▶ Viele Betriebssysteme wurden in C++ programmiert.

▶ Die Sprache ist sehr weit verbreitet und kommt in technischen, kaufmännischen und wissenschaftlichen Anwendungen zum Einsatz.

1.2 Bestandteile eines C++-Programm

1.2.1 Was ist ein Programm?

Ein Programm besteht aus einer Folge von Anweisungen an den Computer. Diese Anweisungen (Befehle) werden in einer bestimmten Form gegeben – und zwar in einer speziellen Sprache (Programmiersprache).

Diese Programmiersprache wird vom Computer nicht direkt verstanden, sondern muss erst „übersetzt" werden, und zwar in eine für den Computer verständliche Sprache, den **Maschinencode**.

Nach der Übersetzung kann das Programm gestartet werden.

```
Anweisung 1;
Anweisung 2;
Anweisung 3;
Anweisung 4;
Anweisung 5;
    :
    :
    ;
Anweisung N;
```

Eine endliche Folge von eindeutigen Anweisungen an den Computer nennt man **Algorithmus**.

1.2.2 C++ - Quellcode

Die Anweisungen an den Computer in der Sprache C++ werden in Dateien gespeichert. Der Inhalt dieser Dateien wird als **Quellcode** bezeichnet.

Normalerweise haben C++-Quellcode-Dateien die Endungen

▶ `cpp`   für Cplusplus

▶ `h bzw. hpp`   für Header bzw. Header-plusplus.

Auf den Unterschied zwischen den Dateiendungen wird in Kapitel 6 genauer eingegangen.

Beispiel: Test.cpp

```
class Test: public Basis
{
public:
Test ( );
private:
int x;
};
int  main ()
{
Test A;
Test B;
return 0;
}
```

Die Datei `Test.cpp` ist eine Quellcode-Datei. Sie enthält Anweisungen in der Sprache C++.

1.2.3 Grundsätzlicher Aufbau eines C++ - Programmes

C++-Programme können sehr unterschiedlich aussehen, je nachdem wer programmiert hat. Die meisten Programmierer halten sich jedoch an gewisse Konventionen, um den Quellcode leserlicher und leichter wartbar zu machen.

Grundsätzlich ist ein C++ - Programm nach folgendem Muster aufgebaut:

Compileranweisungen - das sind Anweisungen an das Programm, das den Quellcode übersetzt.
Festlegen der allgemein gültigen (globalen) Variablen
Bekanntgabe der zu verwendenden Funktionen (Prozeduren)
Das eigentliche Programm (Hauptprogramm)
Definieren der verwendeten Funktionen (Prozeduren)

In einem C++-Quellcode könnte die Struktur so aussehen:

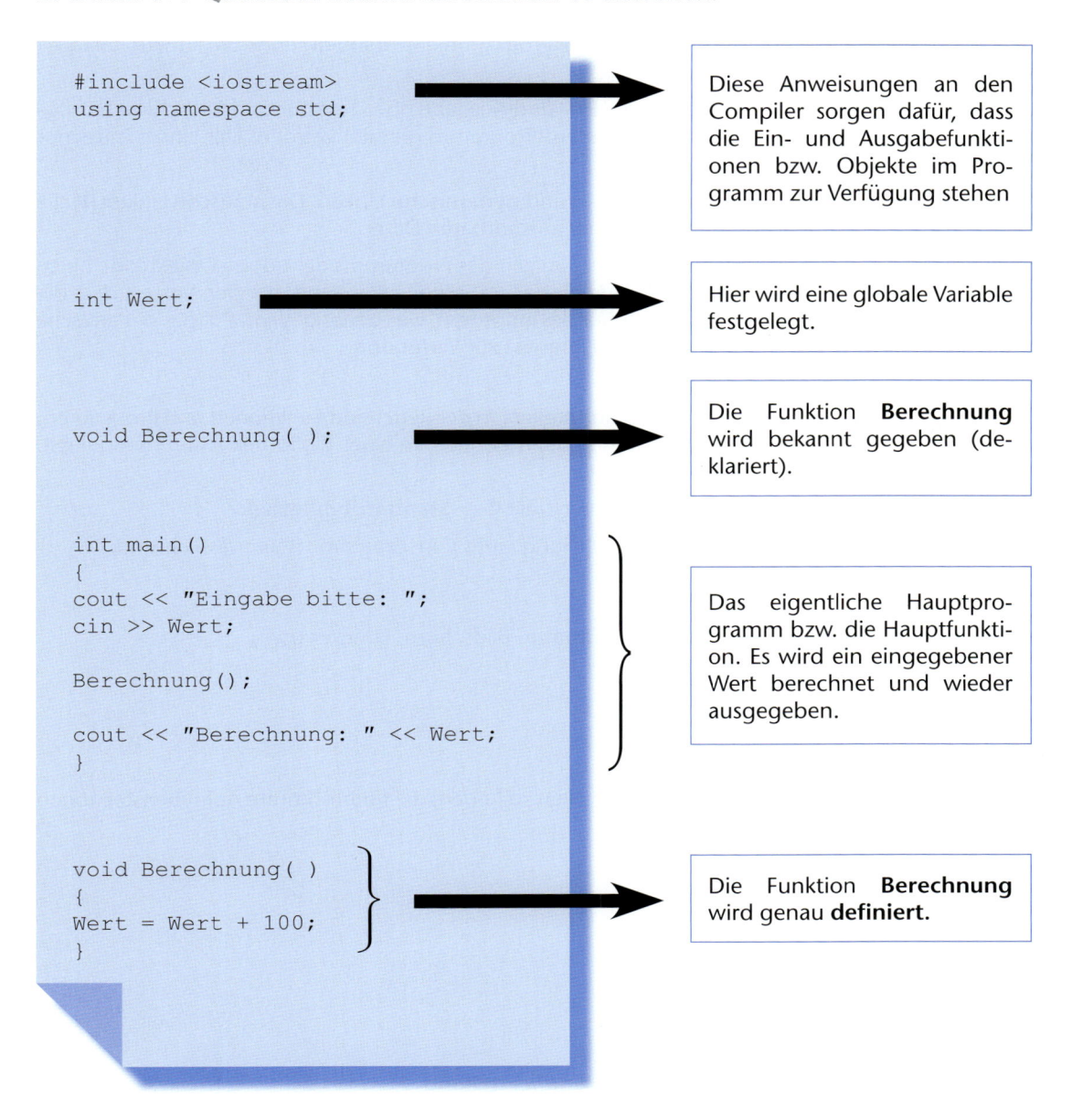

```
#include <iostream>
using namespace std;
```
→ Diese Anweisungen an den Compiler sorgen dafür, dass die Ein- und Ausgabefunktionen bzw. Objekte im Programm zur Verfügung stehen

```
int Wert;
```
→ Hier wird eine globale Variable festgelegt.

```
void Berechnung( );
```
→ Die Funktion **Berechnung** wird bekannt gegeben (deklariert).

```
int main()
{
cout << "Eingabe bitte: ";
cin >> Wert;

Berechnung();

cout << "Berechnung: " << Wert;
}
```
→ Das eigentliche Hauptprogramm bzw. die Hauptfunktion. Es wird ein eingegebener Wert berechnet und wieder ausgegeben.

```
void Berechnung( )
{
Wert = Wert + 100;
}
```
→ Die Funktion **Berechnung** wird genau **definiert**.

Die Bedeutungen der einzelnen C++-Anweisungen werden in den nächsten Kapitel deutlich.

1.3 Compiler, Linker und Bibliotheken

1.3.1 Der Compiler
Der Compiler ist ein Programm, das den Quellcode einer Programmiersprache in **Maschinencode** übersetzt.

Dazu analysiert der Compiler den Quellcode systematisch auf syntaktische Fehler. Die **Syntax** der Programmiersprache ist wie die Grammatik in unserer Sprache. Es gibt klare Regeln, nach denen die Sprache angewendet werden kann. Der Compiler deckt Verstöße gegen diese Regeln auf.

Nach weiteren Überprüfungen wie der korrekten Verwendung von Variablen erstellt der Compiler dann den Maschinencode. Bei einem C++-Compiler wird allerdings eine so genannte **Objektdatei** erstellt, die dann im Zusammenspiel mit dem Linker (siehe 1.3.2) zu einem ausführbaren Programm führt.

1.3.2 Der Linker
Der Linker ist ein Programm, das verschiedene Module zu einem ausführbaren Programm verbindet.

1 Einführung

Beispielsweise verbindet (linkt) das Programm den durch den Compiler erstellten Objektcode mit weiterem Code aus Bibliotheken (siehe 1.3.3). Das ist sinnvoll, um Funktionen oder Prozeduren, die bereits geschrieben worden sind, in das eigene Programm einzubinden, ohne die Funktionalitäten neu schreiben zu müssen.

Beispielsweise sind die Funktionen, die die Ein- und Ausgabe über Tastatur und Bildschirm ermöglichen, bereits vorhanden und können in jedem Programm genutzt werden. Der Linker muss nur den richtigen Objektcode hinzubinden.

Man unterscheidet beim Linken das **statische** und **dynamische** Linken. Das statische Linken ist die feste Verdrahtung der Programmteile zu einer ausführbaren Datei.

Beim dynamischen Linken wird während der Laufzeit des Programms der nötige Objektcode hinzu gelinkt. Das ist unter Umständen langsamer als das statische Linken, aber hat den Vorteil, dass die Programme selbst kleiner sind und immer nur das anfordern, was benötigt wird. Für das dynamische Linken stehen DLL-Dateien (Dynamic-Link-Libraries) zur Verfügung.

1.3.3 Bibliotheken

Bibliotheken sind Sammlungen von Programmteilen. In der Regel sind Funktionen und Prozeduren, die ähnliche bzw. zusammengehörende Aufgaben erfüllen, in einer Bibliothek zusammengefasst. Es gibt unzählige Bibliotheken zur Sprache C++.

Wichtig für das Programmieren in C++ ist zuerst die **C++-Standardbibliothek**.

Diese liefert Funktionalitäten, die für die Erstellung eines C++-Programms unerlässlich sind.

Beispiele:
- Ein- und Ausgabe-Funktionalität (Tastatur, Bildschirm, Drucker usw.)
- Zeichenkettenverarbeitung
- Dateioperationen
- Mathematische Funktionen

Im Internet sind viele frei verfügbare Bibliotheken zu finden, die für bestimmte Aufgabenstellungen die fertigen Funktionen anbieten.

Beispiele:
- Kompressionsverfahren
- Datenbankzugriffe
- Numerische Berechnungen
- Grafik-Funktionen

1.3.4 Schematischer Ablauf einer Programmerstellung

Das Ausführen von Compiler und Linker und das Bereitstellen von Bibliotheken zur Erstellung eines lauffähigen Programms wird dem Entwickler durch die so genannten **Integrierten Entwicklungsumgebungen (IDE, engl. Integrated Design Development)** abgenommen. Diese Umgebungen sind selbst Programme. Sie integrieren Compiler, Linker und Bibliotheken. Der Entwickler braucht sich nicht mehr darum kümmern, dass sein Quellcode compiliert und dann gelinkt wird. Das geschieht automatisch durch die IDE.

Bekannte Beispiele für Integrierte Entwicklungsumgebungen sind:
- Microsoft Visual C++
- Borland C++-Builder
- GNU Compiler

In diesem Buch wird die freie Entwicklungsumgebung **Dev-C++** genutzt.

Sie ist die Windows-Variante des GNU C++-Compilers.

Der Trend bei Microsoft geht dazu, eine IDE für viele Programmiersprachen anzubieten.

1.3 Compiler, Linker und Bibliotheken

Die Microsoft **.NET-Technologie**[6] kann mit verschiedenen Sprachen programmiert werden. Microsoft stellt dafür die IDE **Visual Studio .NET** zur Verfügung. Mit dieser IDE kann in den Sprachen Visual Basic, Visual C++, Visual C# und Visual J# programmiert werden.

Schematischer Ablauf:

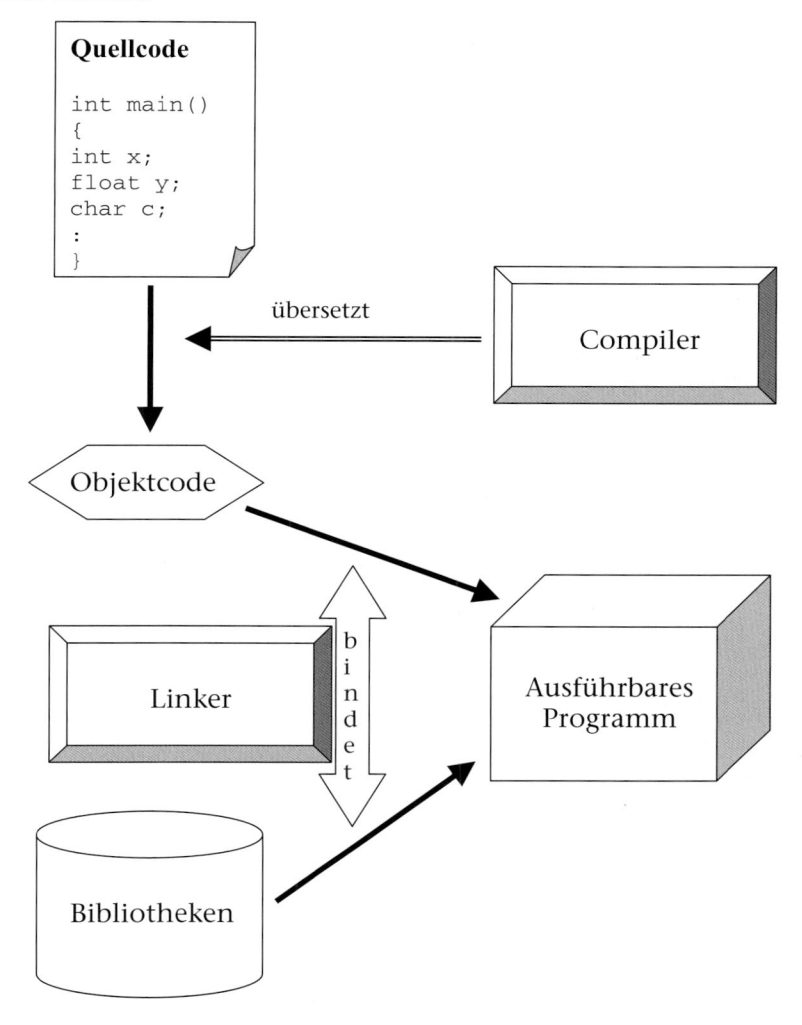

```
Quellcode
int main()
{
int x;
float y;
char c;
:
}
```

übersetzt ← Compiler

↓

Objektcode

Linker ⇕ bindet → Ausführbares Programm

Bibliotheken

Der Quellcode wird vom Compiler in den Objektcode übersetzt. Dieser Code wird dann vom Linker mit den entsprechenden Funktionen (Routinen) aus den Bibliotheken zu einem ausführbaren Programm (in der Regel eine „.exe-Datei") verbunden (gelinkt).

---

6 .NET ist eine Programmierumgebung, die aus einem Rahmenwerk (Framework) und vielen Bibliotheken und Diensten besteht. Diese Technologie ist die Antwort von Microsoft auf die Programmiersprache Java und der dahinter stehenden Technologie der Firma SUN.

2 Das erste C++-Programm

2.1 Ausgabe auf dem Bildschirm

Für die Ausgabe auf dem Bildschirm sind einige Vorbereitungen zu treffen.

Neben dem Kennenlernen der Entwicklungsumgebung, damit überhaupt ein Programm geschrieben werden kann, müssen noch weitere Punkte geklärt werden:

- ▶ Wie werden ein C++-Projekt und eine Quellcode-Datei angelegt?
- ▶ Welche Bibliothek muss für die Ausgabe auf dem Bildschirm eingebunden sein?
- ▶ Wie sieht das „Hauptprogramm" aus?
- ▶ Mit welcher Anweisung wird eine Bildschirmausgabe erreicht?

Die folgenden Kapitel geben Aufschluss über diese Punkte.

2.1.1 Ein Projekt in Dev-C++

Die integrierte Entwicklungsumgebung Dev-C++ ist eine komfortable Umgebung, um C++-Programme zu entwickeln. Besonders erfreulich ist der Umstand, dass die Umgebung kostenfrei als Download im Internet bereit steht.

Ein C++-Programm besteht aus einer oder mehreren Quellcodedateien (siehe Kap. 1.2.2). Sobald ein Programm aus mehreren Dateien besteht, muss es in einem **Projekt** organisiert werden.

Dev-C++ unterscheidet im Prinzip vier verschiedene Projektarten:

- ▶ Windows-Application (Windows-Programm wie Word o. Ä.)
- ▶ Console-Application (ähnlich einem DOS-Programm)
- ▶ Static-Library (statische Bibliothek, siehe 1.3.2)
- ▶ DLL (dynamische Bibliothek, siehe 1.3.2)

In diesem Buch ist hauptsächlich eine Projektform von Bedeutung:
die Console-Applikation. Diese Form ist ausreichend, um die Programme in C++ auf dem Bildschirm darzustellen. Die Ausgabe als Console-Applikation ist natürlich nicht so ansprechend wie ein Windows-Programm, aber, um die Sprache C++ zu lernen, völlig ausreichend.

Später können die Kenntnisse der Sprache dann dazu genutzt werden, Windows-Programme zu entwickeln.

Anlegen eines neuen Projektes:

- ▶ Starten Sie Dev-C++
- ▶ Wählen Sie den Menüpunkt Datei → Neu → Projekt

2.1 Ausgabe auf dem Bildschirm

Console-Application auswählen

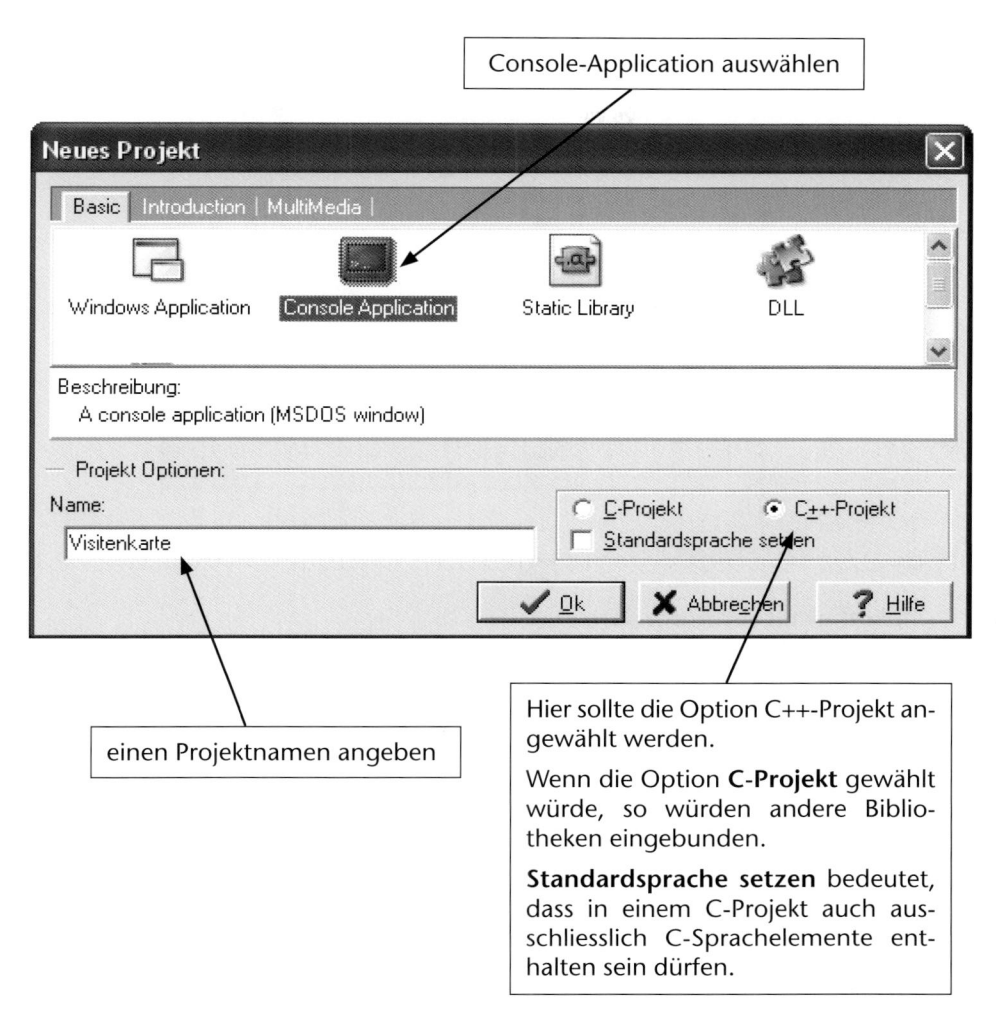

einen Projektnamen angeben

Hier sollte die Option **C++-Projekt** angewählt werden.

Wenn die Option **C-Projekt** gewählt würde, so würden andere Bibliotheken eingebunden.

Standardsprache setzen bedeutet, dass in einem C-Projekt auch ausschliesslich C-Sprachelemente enthalten sein dürfen.

Nach dem Bestätigen mit OK wird ein neues Projekt angelegt. Automatisch wird eine Quellcode-Datei **main.cpp** angelegt, die bereits mit einigen Codezeilen gefüllt ist:

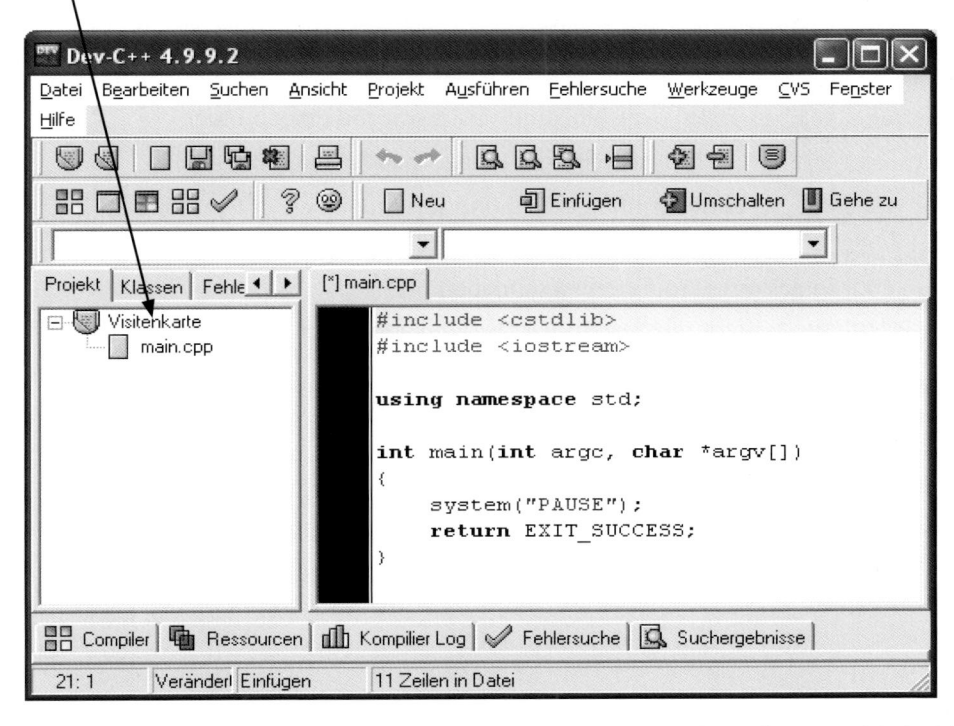

```cpp
#include <cstdlib>
#include <iostream>

using namespace std;

int main(int argc, char *argv[])
{
    system("PAUSE");
    return EXIT_SUCCESS;
}
```

Löschen Sie die vorgegebenen Zeilen. Die nötigen Anweisungen werden selbst entwickelt. Die Datei main.cpp wird nun die Quellcodedatei für die Programmierung sein.

2 Das erste C++-Programm

Compilieren und Ausführen
Um das Programm zu compilieren und anschließend auszuführen gibt es unter Dev-C++ verschiedene Möglichkeiten:

- Menüpunkt: Ausführen → Compilieren + Ausführen
- Tastenkombination: F9
- Toolbar-Button

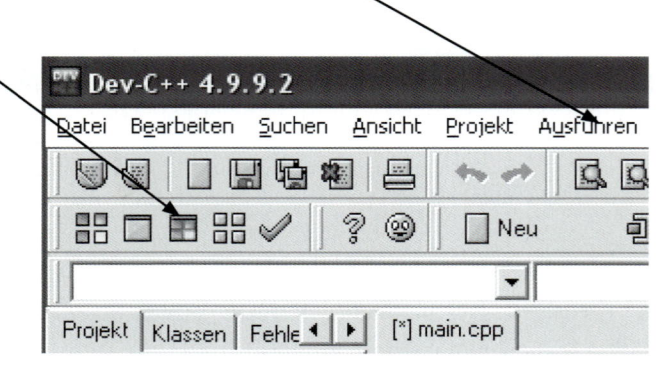

2.1.2 Bibliothek für die Ausgabe
Nach diesen Vorbereitungen kann nun das erste C++-Programm implementiert (umgesetzt) werden. Dazu wird zuerst die Bibliothek `iostream` in das Programm eingebunden.

`Iostream` ist eine C++-Header-Datei. Der Unterschied zu den herkömmlichen Header-Dateien mit Endung `.h` oder `.hpp` wird im Kapitel modulare Programmgestaltung betrachtet.

Mit dieser Bibliothek steht dann ein Objekt namens `cout` zur Verfügung, das auf einfache Art und Weise die Ausgabe auf dem Bildschirm ermöglicht.

Umsteiger von der Sprache C werden dieses Objekt zu schätzen wissen, da die Ausgabe in C mit der Funktion `printf ( )` deutlich aufwändiger ist.

Erklärung der Begriffe iostream und cout

`iostream`   steht für **input/output-stream**. Also ein Ein-Ausgabe-Strom. Damit sind im Prinzip die Datenströme von der Tastatur in den Rechner und vom Rechner zum Bildschirm gemeint.

`cout`   steht für **character-output**, also der Ausgabe von Zeichen auf dem Bildschirm oder in den Ausgabestrom.

> **Beispiele:**
> `#include <iostream>`   die Bibliothek iostream wird eingebunden
> `cout << "Hallo";`   schreibt das Wort „Hallo" auf den Bildschirm
> `cout << endl;`   endl steht für endline und sorgt für einen Zeilenumbruch.

2.1.3 Das erste Programm
Es wird nun endlich das erste Programm geschrieben.

Jedes C++-Programm besteht mindestens aus der Funktion main( ), die das Hauptprogramm verkörpert. Bei Beendigung des Programmes gibt diese Funktion mit return einen Wert (in diesem Fall die Null) an das Betriebssystem zurück.

2.1 Ausgabe auf dem Bildschirm

Das kleinste[7] lauffähige C++-Programm lautet deshalb:

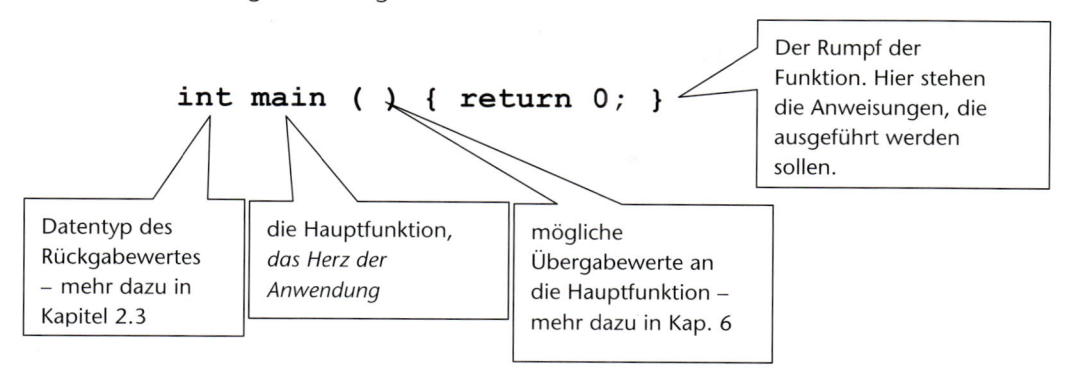

```
int main ( ) { return 0; }
```

- **Datentyp des Rückgabewertes** – mehr dazu in Kapitel 2.3
- **die Hauptfunktion**, *das Herz der Anwendung*
- **mögliche Übergabewerte an die Hauptfunktion** – mehr dazu in Kap. 6
- **Der Rumpf der Funktion.** Hier stehen die Anweisungen, die ausgeführt werden sollen.

Dieses Programm wird einwandfrei compiliert und ausgeführt. **Es passiert nur nichts.**

2.1.4 Erste Ausgabe auf dem Bildschirm

Das folgende Programm zeigt, wie eine erste Bildschirmausgabe erfolgen kann.

Das Programm gibt einige Textzeilen auf dem Bildschirm aus.

> **Beispiel: Erstes.cpp**
> ```cpp
> #include <iostream>
> using namespace std;
> 
> int main( )
> {
> cout << "Das ist das erste Programm.";
> cout << endl;
> 
> cout << "Viel Spass bei den weiteren Programmen";
> cout << endl;
> system("pause");
> return 0;
> }
> ```

Zwei Anweisungen sind noch nicht geklärt:

`using namespace std;`   es wird der Namensraum std benutzt – mehr dazu in Kapitel 6.

`system("pause");`   sorgt dafür, dass das Programm erst durch das Drücken einer Taste beendet wird. Im Prinzip wird die Anweisung PAUSE vom Betriebssystem aufgerufen.

Mit diesem ersten Beispiel können folgende Grundprinzipien eines C++-Programmes festgehalten werden:

> **ACHTUNG:**
>
> Jedes C++-Programm hat eine Hauptfunktion main ( )
>
> Die Anweisungen der Hauptfunktion werden in geschweifte Klammern { } eingeschlossen.
>
> Jede Anweisung in C++ wird mit einem Semikolon ; beendet (außer #include).
>
> Für die Ein-und Ausgabe muss die Bibliothek **iostream** mit der Anweisung **#include** eingebunden werden.
>
> **C++ unterscheidet zwischen Groß- und Kleinschreibung!**

---

[7] Das wirklich kleinste Programm wäre: `main(){}`, aber dadurch wären einige wichtige Punkte wie der Rückgabewert ausgeblendet.

2.2 Grundlegende Konventionen in C++

Nachdem das erste C++-Programm kennen gelernt wurde, müssen nun noch weitere Aspekte erarbeitet werden, die bei der Erstellung wichtig sind.

Dazu stellen sich folgende Fragen:
- Aus welchen Worten besteht die Sprache C++ eigentlich?
- Wie werden Namen in C++ gebildet (für Variablen usw.)?
- Wie werden Leerzeilen oder Leerzeichen im Quellcode interpretiert?
- Wie können Kommentare im Quellcode geschrieben werden?

2.2.1 Schlüsselworte in C++

Die Sprache C++ hat einen relativ kleinen Wortschatz. Die „Worte" in C++ bezeichnet man als **Schlüsselworte**. Bisher wurde das Schlüsselwort return kennen gelernt, das die Rückgabe eines Wertes einleitet.

Schlüsselworte in C++

asm	auto	bool	break	case
catch	char	class	const	continue
default	delete	do	double	else
enum	extern	false	float	for
friend	goto	if	inline	int
long	new	operator	private	protected
public	register	return	short	signed
sizeof	static	struct	switch	template
this	throw	true	try	typedef
typeid	union	unsigned	virtual	void
volatile	while			

Die Bedeutungen der einzelnen Schlüsselworte werden Schritt für Schritt im Laufe dieses Informationsteils erklärt.

2.2.2 Bezeichner (Namen) in C++

Wie in allen Programmiersprachen, gibt es in C++ Namen für Variablen, Funktionen, Konstanten, Strukturen, Klassen usw. Diese selbst gewählten bzw. definierten Namen unterliegen einer gewissen Konvention, die unbedingt eingehalten werden muss:

- Das erste Zeichen muss ein Buchstabe sein (Unterstrich ist auch erlaubt "_").
- Der Rest kann aus Ziffern und Buchstaben gestaltet werden.
- Nach dem ANSI-Standard sind die ersten 31 Zeichen zu unterscheiden.
- Der Bezeichner darf nicht mit einem Schlüsselwort von C++ übereinstimmen

> **Beispiele:**
>
> zahl   gültiger Bezeichner
>
> _funk   gültiger Bezeichner
>
> 2mal7   kein gültiger Bezeichner (erstes Zeichen ist Ziffer)
>
> break   kein gültiger Bezeichner (Schlüsselwort von C++)

> **Hinweis:**
>
> Es ist zu vermeiden, gleich lautende Bezeichner zu vergeben. In manchen Fällen kann das sinnvoll sein (siehe später globale und lokale Variablen), aber in der Regel führen gleich lautende Bezeichner zu Konflikten. Beispielsweise kann man eine globale Variable nicht main nennen, da so die Hauptfunktion heißt.

2.2.3 Trennzeichen

Zwischen den verschiedenen Anweisungen und Ausdrücken eines C++-Programms muss als Trennzeichen ein Semikolon stehen. Mehrere zusammengehörende Anweisungen werden (wie bei der main-Funktion) innerhalb geschweifter Klammern zusammengefasst.

Zwischen Schlüsselworten in C++ und eigenen Bezeichnern müssen zur Unterscheidung entweder ein Leerzeichen oder ein Operator (z. B. das Additionssymbol „+") stehen.

Dabei werden das Zeilenende, der Tabulator und mehrere Leerzeichen als ein Leerzeichen interpretiert.

Beispiel:

Beide Programme sind identisch in ihrer Funktionalität. Sie unterscheiden sich nur in der Anordnung des Quelltextes.

```
#include <iostream>
using namespace std;
int main( )
{
cout <<         "Hallo";
}
```
A

```
#include <iostream>
using namespace std;
int main( )
{
cout<<"Hallo";
}
```
B

Die Leserlichkeit von Programm A ist größer als von Programm B. Es wäre allerdings auch möglich, das Programm wie folgt zu schreiben (**nicht zu empfehlen**):

```
#include<iostream> using namespace std;int main() {cout<<"Hallo";}
```

2.2.4 Kommentare

Jeder Programmierer weiß, wie wichtig Kommentare in einem Programm sind, vor allem wenn Monate später der Quellcode modifiziert werden soll und sich niemand mehr erinnert, welche Bedeutungen die Variablen und Funktionen hatten. Kommentare werden bei der Übersetzung des Compilers ignoriert, sie dienen also nur dem Verständnis des Quellcodes.

Für die Kennzeichnung des Kommentars gelten die folgenden Begrenzungszeichen

```
/* hier steht der Kommentar zum Quellcode */
```

Kommentare können auch über mehrere Zeilen gehen, dürfen aber nicht verschachtelt werden.

Kommentare, die nur eine Zeile betreffen, werden mit // eingeleitet.

Beispiel:

Das erste C++-Programm wird mit Kommentaren versehen.

```
#include <iostream>         // Ein-Ausgabe-Bibliothek
using namespace std;        // Namensraum std angeben

/*      Hier beginnt die Hauptfunktion
        Es werden Textzeilen ausgegeben.
*/
int main( )
{
cout << "Das ist das erste Programm.";
cout << endl;  // endl steht fuer endline
:
system("pause");
return 0;
}
/* ****** ENDE DES PROGRAMMES ****** */
```

> **Hinweis:**
>
> Das Kommentieren von Quellcode ist wichtig, gerade für die Wiederverwendbarkeit und den übersichtlichen Aufbau des Quellcodes. Es sollte aber nicht übertrieben werden. Selbstverständliche Sachverhalte sollten nicht zusätzlich kommentiert werden. Kurz und präzise ist wichtiger, als ausladende Erklärungen abzugeben.
>
> Es kann sinnvoll sein zu Beginn des Quellcodes einen Kommentarkopf anzulegen, der über den Quellcode bzw. das Programm informiert.
>
> **Beispiel:**
>
> ```
> /* Programmname:          TESTXY
>    Version:               1.0
>    Autor:                 Hardy
>    letzte Überarbeitung:  15.06.2007
> */
> ```

2.3 Datentypen und Variablen

Eine elementare Aufgabe von Programmen ist die Speicherung und Verarbeitung von Daten. Die wenigsten Programme beschränken sich auf reine Bildschirmausgaben. Das eigentliche Programmieren beginnt mit der Möglichkeit, Werte über die Tastatur einzulesen und geeignet zu verarbeiten.

Die folgenden Kapitel vermitteln die Grundlagen für diese Prozesse.

2.3.1 Variablen in C++

In C++-Programmen dienen Variablen dazu, Werte zu speichern. Sie sind also ein Platzhalter für einen beliebigen Wert. Beispielsweise kann man für die Berechnung von Zinsen gut eine Variable gebrauchen, um das Ergebnis der Rechnung zu speichern.

Variablen haben einen Namen, der ein gültiger Bezeichner sein muss (siehe 2.2.2).

In manchen Programmiersprachen (z. B. BASIC) gibt es Variablen, die beliebige Werte speichern können (ganzzahlige Werte, Gleitkommazahlen, Zeichenketten usw.).

In C++ muss vorher festgelegt werden, welche Art von Wert eine Variable speichern soll.

Man spricht dabei vom **Datentyp** der Variable.

Der Datentyp bestimmt ganz genau den Wertebereich und die Art des Wertes.

Weiterhin gibt es **Gültigkeitsbereiche** von Variablen.

Manche Variablen sind für das gesamte Programm gültig (**globale** Variablen), und manche sind nur in einem speziellen Bereich gültig (**lokale** Variablen). Im Kapitel 6 (Funktionen in C++) wird das Thema der Gültigkeit wieder aufgegriffen und intensiv beleuchtet.

Bis dahin werden die Variablen der Einfachheit halber global angelegt.

> **Beispiele für Variablen:**
>
> | Name der Variable | Funktion |
> |---|---|
> | `zaehler` | eine Variable, die einen Durchlauf mitzählt |
> | `Kapital` | Speichert einen Kapitalwert für eine kaufmännische Berechnung |
> | `Geschwindigkeit` | Speichert das Ergebnis einer Geschwindigkeitsberechnung |

Je nach Aufgabe speichern Variablen Werte. Nicht jede Variable kann allerdings jeden Wert speichern. Dazu sind die Variablen spezialisiert – sie speichern immer nur ganz bestimmte Werte. Die Variable hat also einen speziellen Datentyp.

2.3.2 Elementare Datentypen

In C++ gibt es verschiedene Datentypen für verschiedene Datenformate. In der Mathematik gibt es die Menge der natürlichen Zahlen (positive Ganzzahlen), die Menge der ganzen Zahlen (positive und negative Ganzzahlen) und die reellen Zahlen (Dezimalbrüche).

Für diese Zahlentypen stellt C++ die entsprechenden Datentypen zu Verfügung (die rationalen und komplexen Zahlen spielen in diesem Zusammenhang keine Rolle).

2.3 Datentypen und Variablen

Datentyp `int` (Integer):
Dieser Datentyp kann ganzzahlige Werte aufnehmen.
Er ist entweder 2 Byte oder 4 Byte groß.

2-Byte- int	speichert Werte von:	-32768	bis	32767
4-Byte- int	speichert Werte von:	-2147483648	bis	2147483647

> **Hinweis:**
> Möchte man explizit einen 2 Byte-int-Datentyp haben, so muss man das Schlüsselwort `short` benutzen. Bei einem 4-Byte-int-Datentyp muss das Schlüsselwort `long` benutzt werden.
>
> Die int-Datentypen sind standardmäßig vorzeichenbehaftet (also für negative und positive Ganzzahlen ausgelegt). Sollen nur positive Zahlen gespeichert werden, so ist das Schlüsselwort `unsigned` zu verwenden.

> **Beispiele:**
>
> | | |
> |---|---|
> | `int zahl;` | eine Variable `zahl` vom Typ `int` wird angelegt. Die Größe richtet sich nach dem Betriebsystem |
> | `long int zahl;` | eine Variable `zahl` vom Typ `int` wird angelegt. Die Größe ist 4 Byte. |
> | `short int zahl;` | eine Variable `zahl` vom Typ `int` wird angelegt. Die Größe ist 2 Byte. |
> | `signed short int zahl;` | eine vorzeichenbhaftete Variable `zahl` vom Typ `int` wird angelegt. Die Größe ist 2 Byte. **Der Wertebereich ist von -32768 bis 32767.** |
> | `unsigned short int zahl;` | eine vorzeichenlose Variable `zahl` vom Typ `int` wird angelegt. Die Größe ist 2 Byte. **Der Wertebereich ist von 0 bis 65536.** |

> **Experteninfo:**
> Die Größe dieses Datentyps ist systemabhängig. Bei 16-bit-Betriebssystemen bzw. Compilern hat dieser Datentyp die Größe von 2 Byte. Bei 32-bit-Systemen (z. B. Windows XP) hat dieser Datentyp die Größe von 4 Byte. Das muss bei der Entwicklung von portierbaren Programmen beachtet werden. Wer sicher gehen will, sollte explizit die Größe des int-Datentyp mit `long` oder `short` kennzeichnen.

Datentyp `char` (Zeichen):
Dieser Datentyp kann ganzzahlige Werte bzw. Zeichen aufnehmen. Die Größe dieses Datentyps beträgt ein Byte. Entsprechend der Byte-Größe hat der der char-Typ folgenden Wertebereich:

`char`	speichert Werte von:	-128	bis	127
`unsigned char`	speichert Werte von:	0	bis	255

> **Hinweis:**
> Mit dem Datentyp char können die gleichen Operationen durchgeführt werden wie mit dem int-Datentyp. Meistens wird der char-Datentyp für die Speicherung eines Zeichens benutzt bzw. für die die Speicherung einer Zeichenkette (siehe Kapitel 7).

> **Beispiele:**
>
> | | |
> |---|---|
> | `char zeichen;` | eine Variable zeichen vom Typ char wird angelegt. |
> | `unsigned char pos_zahl;` | eine Variable `pos_zahl` vom Typ char wird angelegt. Es werden nur positive Werte gespeichert. |

Datentyp float (Gleitpunktzahl):
Für die Darstellung von Gleitpunktzahlen gibt es den `float`-Datentyp bzw. für doppelt genaue Darstellung den `double`-Datentyp bzw. `long double`-Datentyp.

Der float-Typ ist 4 Byte, der double-Typ 8 Byte und der long-double-Typ 10 Bytes groß.

Wertebereich der Datentypen:

`float`	speichert Werte von:	-3.4 E -38	bis	3.4 E + 38
`double`	speichert Werte von:	-1.7 E -308	bis	1.7 E + 308
`long double`	speichert Werte von:	-1.1 E -4932	bis	1.1 E + 4932

Dabei steht E für die Exponentialschreibweise: 3.4 E +38 bedeutet $3.4 * 10^{38}$

> **Beispiele:**
>
> `float x;`   eine Variable x vom Typ float wird angelegt.
>
> `long double y;`   eine Variable y vom Typ long double wird angelegt.

> **Experteninfo:**
>
> Für mathematische oder kaufmännische Berechnungen ist es wichtig zu wissen, auf wie viel Stellen genau der Datentyp arbeitet.
>
> Der float–Datentyp kann auf 6 Stellen genau arbeiten, der double-Datentyp auf 15 Stellen und der long-double-Datentyp auf 19 Stellen.
>
> Würde man folgende Zahlen mit einer Variable vom Typ float speichern, so wären sie nicht unterscheidbar, da die Genauigkeit nach 6 Stellen aufhört.
>
> 123.456**789** ⟷ 123.456**999**

Datentyp bool (Wahrheitswert):
Dieser Datentyp kann genau zwei Werte annehmen – **true** oder **false**.

True und false sind Schlüsselworte in C++ und stehen numerisch für 1 bzw. 0.

`bool`   speichert die Werte: `true` bzw. `false`

> **Beispiel:**
>
> **`bool`** `flag;`   eine Variable flag vom Typ `bool` wird angelegt.

Datentyp void (leerer Datentyp):
Dieser Datentyp ist ein ganz besonderer Fall in C++. Er steht für einen leeren Datentyp. Das ist zuerst nicht ganz nachvollziehbar, aber dieser Datentyp hat durchaus seine Berechtigung. Bei den Kapiteln über Funktionen oder Zeiger kommt dieser Datentyp verstärkt zum Einsatz.

2.3.3 Operationen auf den elementaren Datentypen

Die arithmetischen Operatoren (**+,-,/,***) sind aus dem Mathematikunterricht bekannt. Mit ihnen kann addiert, subtrahiert, dividiert und multipliziert werden. Diese Operationen können natürlich auch mit Variablen in C++ durchgeführt werden.

Mithilfe des Zuweisungsoperators = werden dann Werte bzw. Ergebnisse einer Berechnungen einer Variable zugewiesen.

2.3 Datentypen und Variablen

Beispiel:

```cpp
#include <iostream>
using namespace std;

long int    zahl_1;
long int    zahl_2;
long int    ergebnis;

int main( )
{
zahl_1 = 10;
zahl_2 = 20;



ergebnis = zahl_1 + zahl_2;



system("pause");
return 0;
}
```

Drei Variablen werden angelegt. Man spricht von einer **Deklaration** (Bekanntgabe) der Variablen. Die Variablen sind global und erhalten damit automatisch den Wert 0 beim Programmstart.

Den Variablen wird ein Wert zugewiesen mithilfe des **Zuweisungsoperators** =

Die Variable `ergebnis` erhält den Wert aus der Berechnung, also den Wert 30.

Experteninfo:

Deklaration und Definition

Im obigen Beispiel wird eine Variable `zahl_1` vom Typ `long int` deklariert.

Von einer Deklaration einer Variablen wird dann gesprochen, wenn diese zwar erklärt wird (also angegeben wird, welchen Datentyp sie hat), aber noch keine Wertzuweisung erfolgt ist. Würde in dem obigen Beispiel anstelle

`long int zahl_1;`   der Ausdruck   `long int zahl_1 = 10;`

stehen, so wäre das eine gleichzeitige Wertzuweisung. Damit wäre die Variable nicht nur **deklariert**, sondern auch **definiert**. Eine **Definition** ist also eine Deklaration mit Wertzuweisung.

2.3.4 Anwendungsbeispiel von Variablen

Das folgende Programm berechnet die Summe und das Produkt von zwei Variablen und gibt das Ergebnis auf dem Bildschirm aus.

```cpp
#include <iostream>
using namespace std;


double Wert_1;
double Wert_2;
double Summe;
double Produkt;


int main( )
{
Wert_1 = 10.5;
Wert_2 = 8.5;


Summe   = Wert_1 + Wert_2;
Produkt = Wert_1 * Wert_2;


cout << "Die Summe von " << Wert_1;
cout << " und von " << Wert_2;
cout << " lautet: " << Summe;


cout << "Das Produkt von " << Wert_1;
cout << " und von " << Wert_2;
cout << " lautet: " << Produkt;


system("pause");
return 0;
}
```

> Das Ausgabeobjekt cout erkennt automatisch, dass der Wert einer Variablen ausgegeben werden soll.
>
> Die Anweisung cout << Wert_1; bringt also den Inhalt der Variable Wert_1 auf den Bildschirm.

3 Ein- und Ausgabe in C++

Im vorigen Kapitel wurde schon die einfache Ausgabe auf dem Bildschirm vorgestellt. Programme leben von der Interaktion mit dem Benutzer. Es stellt sich also die Frage, wie die Bildschirmausgaben besser gestaltet werden können, und vor allem wie ein Benutzer einen Wert für das Programm eingeben kann (Tastatureingabe)?

Hierzu dienen die Ein- und Ausgabe-Mechanismen in C++.

3.1 Ausgabe mit cout

3.1.1 Das Objekt cout

Die Ausgabe auf dem Bildschirm erfolgt in C++ mit dem Ausgabestream-Objekt **cout** (Abkürzung für character output).

Dieses Objekt (näheres zu Objekten folgt in dem Kapitel zu Klassen) kann Daten in die so genannte **Standard-Ausgabe** schreiben. Die Standard-Ausgabe ist in der Regel der Bildschirm, könnte aber auch ein Drucker o. Ä. sein.

Die Bibliothek `iostream` stellt das Objekt `cout` bereit. Die Bibliothek muss deshalb auch mit `#include` eingebunden werden.

Für die Ausgabe der Daten wird das Objekt mit dem so genannten Ausgabeoperator << benutzt. Dieser Operator hat eigentlich eine ganz andere Bedeutung (BIT-Schiebe-Operator, mehr dazu im Kapitel Operatoren), aber im Zusammenhang mit dem Objekt `cout` erhält dieser Operator eine neue Funktionalität. Das ist eine Besonderheit der objektorientierten Programmierung und wird noch ausführlich beim Thema „Überladen von Operatoren" beleuchtet.

Die Technik des Überladens von Operatoren ist auch dafür verantwortlich, dass die Ausgabe mit `cout` so einfach ist. Bei der Ausgabe mit `cout` muss der Programmierer sich nicht darum kümmern, welchen Datentyp eine Variable hat – das Objekt `cout` „erkennt" automatisch den Datentyp einer Variablen und gibt den Inhalt korrekt aus.

Beispiel:
```
#include <iostream>
using namespace std;
int x;
double y;
char c;

int main( )
{
x = 10;
y = 123.56;
c = 'a';
cout << "Beispiele fuer cout:" << endl;
cout << "Der Wert von x: " << x << endl;
cout << "Der Wert von y: " << y << endl;
cout << "Der Wert von c: " << c << endl;
system("pause");
return 0;
}
```

Die Bildschirmausgabe unter Dev-Cpp sieht dann so aus:

```
C:\Dev-Cpp\Kapitel 3\cout.exe
Beispiele fuer cout:
Der Wert von x: 10
Der Wert von y: 123.56
Der Wert von c: a

Drücken Sie eine beliebige Taste . . .
```

Hinweis:

Zeichenketten (Strings) werden in C++ in doppelte Anführungsstriche gesetzt. Einzelne Zeichen werden in einfache Anführungsstriche gesetzt.

Beispiel:

```
cout << "Das sind Zeichen"; //Ausgabe einer Zeichenkette
cout << 'a'; //Ausgabe eines Zeichens
```

3.1.2 Ausgabe von Sonderzeichen

Neben der Ausgabe von Text und Variablenwerten kann `cout` auch Sonderzeichen wie nicht druckbare Zeichen verarbeiten.

Weitere Sonderzeichen (auch Escape-Sequenzen genannt) werden in einem Text durch den Backslash \ eingeleitet. Damit ist klar, dass es sich um ein spezielles Zeichen handelt.

Beispiele für Escape-Sequenzen:

\a	gibt einen Piepston aus
\b	Backspace – Cursor geht einen Schritt zurück
\t	Standardtabulator
\n	new line – Zeilenumbruch (so wie endl)

Möchte man in einem Text Anführungsstriche oder einen Backslash schreiben, so muss man ein Backslash voranstellen.

Beispiele:

\"	Anführungsstriche werden ausgegeben
\\	gibt ein Backslash aus

Das folgende Programm zeigt die Anwendung der Escape-Sequenzen und deren Auswirkung auf die Ausgabe:

```
#include <iostream>
using namespace std;
int main( )
{
cout << "Beispiele fuer Escape-Sequenzen:";
cout << endl<<endl;
cout << "Loeschen von Zeichen 12\b3";
cout << endl << endl;
cout << "Einsatz von Tabulator und new-line:\n";
cout << "Text\tText\tText\nText\tText\tText\n";
cout << endl << endl;
cout << "Ausgabe eine Pfadangabe:\n";
cout << "\"C:\\Eigene Dateien\\Programme\\Dev-Cpp\"";
cout << endl<<endl;
system("pause");
return 0;
}
```

Die Bildschirmausgabe unter Dev-Cpp sieht dann so aus:

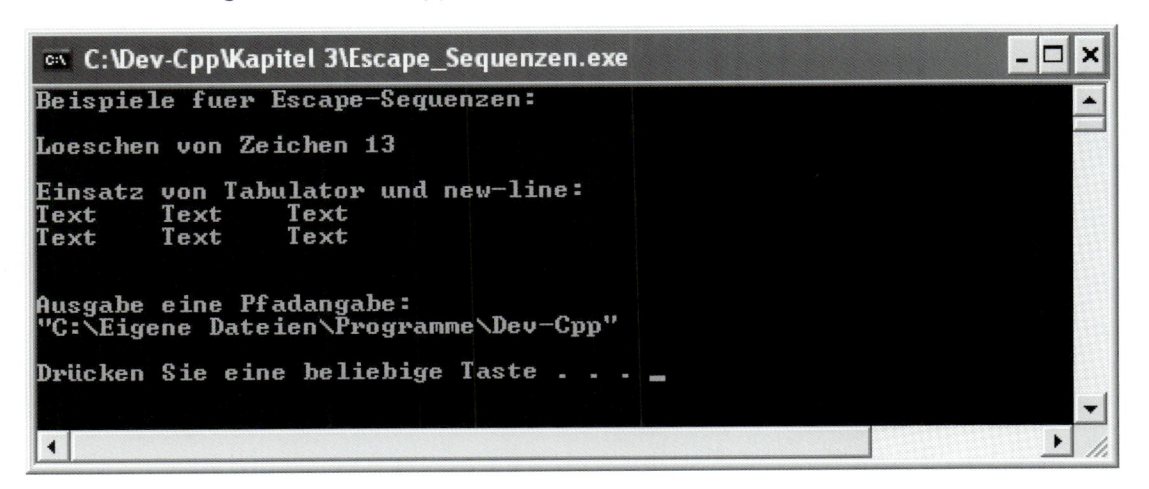

```
C:\Dev-Cpp\Kapitel 3\Escape_Sequenzen.exe
Beispiele fuer Escape-Sequenzen:

Loeschen von Zeichen 13

Einsatz von Tabulator und new-line:
Text    Text    Text
Text    Text    Text


Ausgabe eine Pfadangabe:
"C:\Eigene Dateien\Programme\Dev-Cpp"

Drücken Sie eine beliebige Taste . . . _
```

Experteninfo:

Das Objekt cout schreibt die Daten zuerst in den Ausgabestrom. Das ist eine Art Zwischenpuffer, der die Daten aufnimmt. Sobald dieser Puffer voll ist, werden die Daten dann an die Standardausgabe (Bildschirm) weitergeleitet. Dieses Leeren des Puffers kann man mit der Ausgabe eines **endl** erzwingen.

3.1.3 Manipulatoren

Neben den Escape-Sequenzen gibt es weitere Möglichkeiten, um die Ausgabe zu gestalten. Dazu werden die so genannten Manipulatoren benutzt. Diese Manipulatoren sind in der Bibliothek `iomanip` gespeichert.

Die Manipulatoren werden einfach in den Ausgabestrom eingebunden und sorgen dann bei der weiteren Ausgabe für die geforderte Anpassung.

> **Beispiel:**
>
> Eine Zahl soll in dezimaler und hexadezimaler Schreibweise ausgegeben werden:
>
> ```
> cout << "Dezimal: " << 100 << hex << "\nHexadezimal: " << 100;
> ```

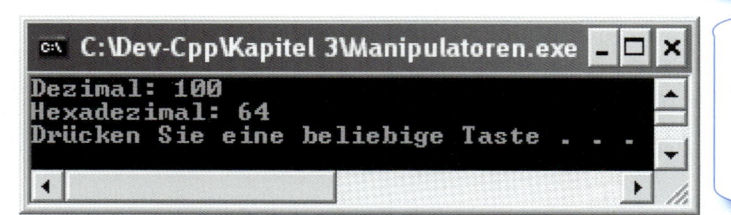

```
Dezimal: 100
Hexadezimal: 64
Drücken Sie eine beliebige Taste . . .
```

Der Manipulator `hex` sorgt dafür, dass alle weiteren Zahlen im hexadezimalen Format ausgegeben werden.

Weitere Manipulatoren:

- `oct`   oktale Schreibweise
- `dec`   dezimale Schreibweise
- `setprecision ( int )`   Anzahl der Ziffern
- `setfill ( int )`   Füllmuster
- `setw ( int )`   Weite der Ausgabe
- `left / right`   Links- bzw. rechtsbündig

> **Beispiel: Verwendung der Manipulatoren:**
>
> ```cpp
> #include <iostream>
> #include <iomanip>
> using namespace std;
> int main( )
> {
> cout << setw(10) << setfill ('#')<< "Hallo" << endl;
> cout << setw(10) << setfill ('#')<< left << "Hallo" << endl;
> cout << setprecision(3) << 1.12345 << endl;
> cout << "Dezimal    : " << 30  << endl;
> cout << "Oktal      : " << oct << 30  << endl;
> system("pause");
> return 0;
> }
> ```

Die Bildschirmausgabe unter Dev-Cpp sieht dann so aus:

```
#####Hallo
Hallo#####
1.12
Dezimal    : 30
Oktal      : 36
Drücken Sie eine beliebige Taste . . . _
```

3.2 Eingabe mit cin

3.2.1 Das Objekt cin

Das Gegenstück zu dem Ausgabeobjekt `cout` ist das Eingabeobjekt `cin` (Abkürzung für character input). Mit diesem Objekt können Eingaben von der Tastatur gelesen werden.

Das Objekt `cin` speichert die Daten aus dem so genannten Eingabestrom dann in den entsprechenden Variablen.

Für die Eingabe der Daten wird das Objekt mit dem so genannten **Eingabeoperator** >> benutzt. Dieser Operator hat eigentlich eine ganz andere Bedeutung (BIT-Schiebe-Operator, mehr dazu im Kapitel Operatoren), aber im Zusammenhang mit dem Objekt `cin` erhält dieser Operator diese neue Funktionalität.

Ebenso wie `cout` „erkennt" `cin` die Datentypen der Variablen automatisch und speichert die Werte korrekt ab (im Kapitel Überladen von Operatoren wird diese Technik analysiert und dann auch für eigene Datentypen selbst programmiert).

Die Bibliothek `iostream` stellt das Objekt `cin` zur Verfügung.

Das Einlesen eines Wertes über die Tastatur geschieht wie folgt:

```
int x;         // Variable deklarieren
cin >> x;      // Einlesen über Tastatur
```

Der Benutzer schließt eine Eingabe in der Regel mit einem Drücken der Return-Taste ab. Dadurch werden die Daten vom Eingabepuffer dann in die Variable geschrieben.

Mehrere Werte können ebenfalls in einer Anweisung eingelesen werden. Jeder Wert kann durch das Drücken der Return-Taste gespeichert werden. Es ist aber ebenso möglich die Werte durch ein Leerzeichen getrennt einzugeben und nur abschließend mit einem RETURN zu bestätigen.

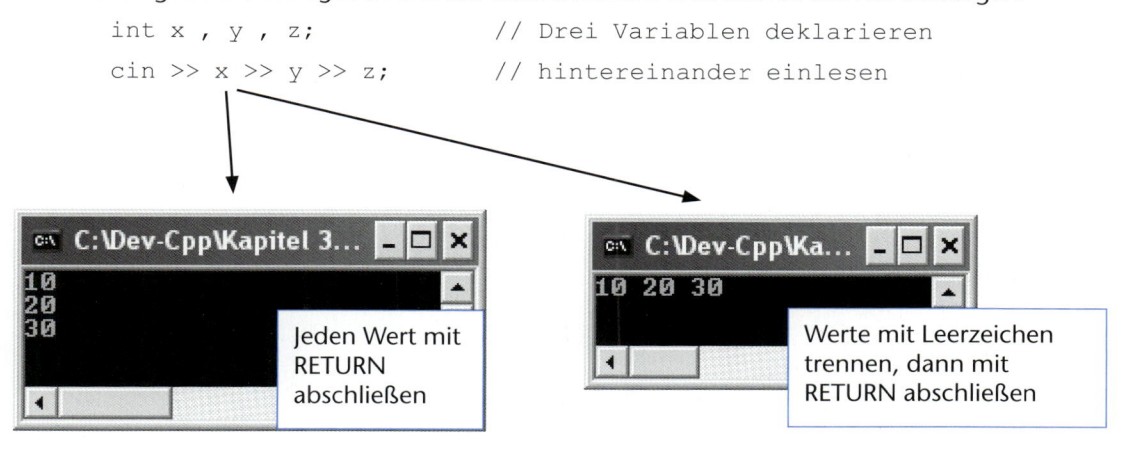

```
int x , y , z;              // Drei Variablen deklarieren
cin >> x >> y >> z;         // hintereinander einlesen
```

Jeden Wert mit RETURN abschließen

Werte mit Leerzeichen trennen, dann mit RETURN abschließen

3.2.2 Der Streamstatus

Bei der Eingabe (und auch der Ausgabe) können Fehler passieren. Beispielsweise wenn bei der Eingabe von Werten der Datentyp nicht beachtet wird, so kommt es zu fehlerhaften Zuweisungen.

Beispiel: Anstatt drei Integerwerte einzugeben, wird eine Gleitkommazahl eingegeben:

```
1.45
Wert von x: 1
Wert von y: 30
Wert von z: 2293672
Drücken Sie eine beliebige Taste . . .
```

Die Eingabe für y und z wird durch die Eingabe der Gleitpunktzahl einfach übersprungen. Es erfolgt eine Zuweisung, die x, y und z nicht brauchbare Werte zuweist.

Eine solche Fehleingabe wird im Eingabestrom registriert. Es wird dann ein so genanntes Statusbit gesetzt. Dieser Status kann mit dem Objekt cin und einer Methode good() (mehr zu Methoden im Kapitel über Klassen) abgefragt werden.

Wenn alles in Ordnung ist, so gibt die Methode den Wert 1 zurück, ansonsten 0.

Beispiel:

```
#include <iostream>
using namespace std;
int main()
{
int x , y , z;
cin >> x >> y >> z;
cout << "Wert von x: "<< x << endl;
cout << "Wert von y: "<< y << endl;
cout << "Wert von z: "<< z << endl;
cout << "Status: " << cin.good()<< endl;
system("PAUSE");
return 0;
}
```

Die Bildschirmausgabe unter Dev-Cpp sieht dann so aus:

Beispiel: Fehlerhafte Eingabe:

```
C:\Dev-Cpp\Kapitel 3\cin.exe
1.23
Wert von x: 1
Wert von y: 2293672
Wert von z: 2088809675
Status: 0
Drücken Sie eine beliebige Taste . . .
```

Beispiel: Korrekte Eingabe:

```
C:\Dev-Cpp\Kapitel 3\cin.exe
10 20 30
Wert von x: 10
Wert von y: 20
Wert von z: 30
Status: 1
Drücken Sie eine beliebige Taste . . .
```

Das Überprüfen des Streamstatus kann in jedem Programm nützlich sein. Die Überprüfung der Eingaben des Benutzers verhindert Fehlberechnungen und Programmabstürze. Die Eingabe einer Gleitpunktzahl, wenn eigentlich eine Integerzahl erwartet wird, kann unkontrollierbare Folgen haben.

4 Operatoren in C++

Die Operatoren sind ein sehr wichtiger Bestandteil einer Programmiersprache. Ohne Operatoren kann eigentlich kein Programm geschrieben werden. Auf Ein- oder Ausgabe könnte man unter Umständen verzichten, auf den Einsatz von Operatoren aber wahrscheinlich nicht.

4.1 Arithmetische Operatoren

4.1.1 Elementare Datentypen und ihre arithmetischen Operatoren

Im Kapitel 2.3.4 wurden die arithmetischen Operatoren (die so genannten Grundrechenarten) für die verschiedenen Datentypen bereits angesprochen. Die Nutzung der Operatoren ist so, wie man es aus dem Mathematikunterricht gewohnt ist.

Allerdings muss man die verschiedenen Datentypen unterscheiden.

Datentypen vom Typ Gleitpunktzahl (float, double und long double):
Die Grundrechenarten sind wie gewohnt anzuwenden. Zahlen dieses Datentypes sind addierbar, subtrahierbar, multiplizierbar und dividierbar. Die Ergebnisse der Operationen sind ebenfalls Zahlen vom Typ Gleitpunkt.

Beispiel:
```
float   a = 1.2;
float   b =  10.45;
float   c;

c = a + b;              Variable c hat den Wert 11.65
c = a / b;              Variable c hat den Wert 0.114833
```

Datentypen vom Typ Ganzzahl (int, long int):
Die Grundrechenarten sind wie gewohnt anzuwenden. Zahlen dieses Datentypes sind addierbar, subtrahierbar, multiplizierbar und dividierbar. Die Ergebnisse der Operationen sind ebenfalls Zahlen vom Typ Ganzzahl.

Beispiel:
```
int  a = 1;
int  b = 2;
int  c;

c = a + b;              Variable c hat den Wert 3
c = a / b;              Variable c hat den Wert 0
```

> Eine Integerdivision hat einen Rest, aber keine Nachkommastellen. Die Nachkommastellen werden „abgeschnitten". Den Rest könnte man mit einem anderen Operator bestimmen – dem Modulo-Operator, siehe 4.1.2.

Datentypen vom Typ Zeichen (char):
Der Datentyp char ist eigentlich ein Ganzzahldatentyp, der aber für das Speichern von Zeichen geeignet ist, da er nur 1 Byte groß ist. Es wird dann einfach der ASCII[8]- Wert des Zeichens abgespeichert.

---
8 ASCII (American Standard Code for Information Interchange) ist ein standardisierter Zeichensatz zur Textdarstellung für Computer. Jedes Zeichen erhält seinen ASCII-Code - also einen Wert zwischen 0 und 255.
Der Buchstabe 'A' hat beispielsweise den ASCII-Wert 65.

4 Operatoren in C++

> **Beispiel:**
>
> ```
> unsigned char  a = 'A';        ASCII-Wert von 'A' ist 65
> unsigned char  b = '0';        ASCII-Wert von '0' ist 48
> unsigned char  c;
>
> c = a + b;                     c erhält den Wert 113
> cout << c;
> ```

> Es wird das Zeichen 'q' ausgegeben, da 'q' den ASCII-Wert 113 hat.

4.1.2 Der Modulo-Operator

Dieser Operator liefert den Rest einer Integerdivison. Beispielsweise ist die Zahl 25 nur mit einem Rest durch 7 teilbar. Der Rest ist 4.

Genau diesen Rest liefert der Modulo-Operator %.

> **Beispiel:**
>
> ```
> int a = 25;
> int b = 12;
> int c;
>
> c = a % b;        c hat den Wert 1
> c = b % a;        c hat den Wert 12
> ```

> Diese Operation scheint zuerst etwas merkwürdig, da b kleiner als a ist. Aber die Logik des Modulo-Operators ist eindeutig. 12 ist null-mal durch 25 teilbar und es bleibt ein Rest von 12.

> **Hinweis: Gebrauch des Modulo-Operators**
>
> Der Modulo-Operator wird immer dann benötigt, wenn mathematische Algorithmen umzusetzen sind. Beispielsweise werden Kontonummern und Bankleitzahlen mit so gennanten Prüfziffern versehen. Diese Prüfziffern berechnen sich dann mit Hilfe des Modulo-Operators aus den anderen Ziffern.

4.1.3 Inkrement- und Dekrementoperatoren

In der Programmierung kommt es öfter vor, dass eine Variable ihren Wert um 1 erhöhen bzw. erniedrigen muss. Beispielsweise solche Variablen, die bestimmte Vorgänge oder Operationen mitzählen sollen.

Aus diesem Grund gibt es spezielle Operatoren, die eine Variable um 1 erhöhen bzw. erniedrigen.

Diese Operatoren sind der Inkrementoperator ++ und der Dekrementoperator --. (wie in Kapitel 1 erwähnt, verdankt C++ seinen Namen unter anderem dem Inkrementoperator).

> **ACHTUNG:**
>
> Die Position der Operatoren ist wichtig. Es gibt die Postfix- und die Praefix-Notation. Das bedeutet, dass der Operator einmal nach und einmal vor die Variable geschrieben wird. Das hat Auswirkungen, wie die folgenden Beispiele zeigen:

Postfix-Notation

```
int x = 10;
cout << x++;
cout << endl;
cout << x ;
```

```
10
11
Drücken Sie eine beliebige Taste . . .
```

Der Wert von x wird erhöht, allerdings ist das erst zur nächsten Anweisung wirksam. Bei der Ausgabe hat x noch den Wert 10, erst danach den Wert 11.

Praefix-Notation

```
int x = 10;
cout << --x;
cout << endl;
cout << x ;
```

```
9
9
Drücken Sie eine beliebige Taste . . . _
```

Der Wert von x wird erniedrigt und zwar direkt in derselben Anweisung, Bei der Ausgabe hat x dann schon den Wert 9, danach natürlich weiterhin den Wert 9.

> **Hinweis: Klammersetzung**
>
> Die Abarbeitung eines Ausdruckes mit Operatoren geschieht nach den Prioritäten der Operatoren (mehr dazu am Ende von Kapitel 4). Wie in der Mathematik können Klammern Prioritäten erzwingen, um bestimmte Teile eines Ausdruckes zuerst abarbeiten zu lassen.
>
> **Beispiel:**
>
> (10 + 20) * 4 = 120 aber 10 + 20 * 4 = 90

4.2 Relationale und logische Operatoren

4.2.1 Relationale Operatoren

Relationale Operatoren sind vergleichende Operatoren. Sie dienen dazu, zwei Werte miteinander zu vergleichen. Das Ergebnis dieses Vergleichs ist ein boolescher Wert (true oder false).

Folgende Operatoren stehen zur Verfügung

Operator	Bedeutung
<	Kleiner
<=	Kleiner – Gleich
>	Größer
>=	Größer – Gleich
= =	Vergleich
!=	Ungleich

> **Beispiele:**
>
> ```
> int x = 10;
>
> ( x < 20 )    →   ergibt den logischen Wert true
> ( 5 >= x )    →   ergibt den logischen Wert false
> ( x == 10 )   →   ergibt den logischen Wert true
> ( x != 11 )   →   ergibt den logischen Wert true
> ```

4.2.2 Logische Operatoren

Logische Operatoren verknüpfen logische Zustände **(true oder false)** miteinander, das Ergebnis ist ebenfalls ein boolescher Wert.

Beispiel:

Ein Wert soll innerhalb bestimmter Grenzen sein. Dazu werden zwei Vergleiche mit einem logischen Operator verknüpft.

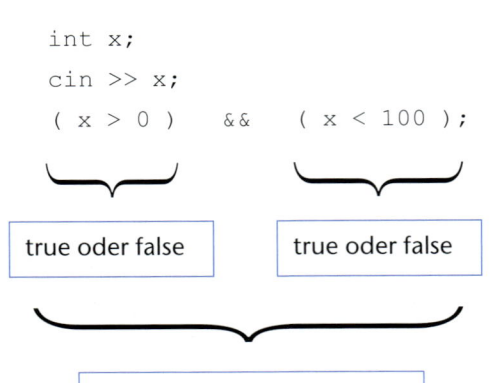

```
int x;
cin >> x;
( x > 0 )    &&    ( x < 100 );
```

Wenn x zwischen 0 und 100 (exclusive) ist, dann ist der Ausdruck true, ansonsten false.

true oder false — true oder false

Der logische UND-Operator **&&** verknüpft die beiden Zustände. Nur wenn beide true sind, so ist das Ergebnis ebenfalls true.

Folgende Operatoren stehen zur Verfügung:

Operator	Bedeutung
&&	UND
||	ODER
!	NEGATION

Verknüpfungstabellen (Wahrheitstabellen):

UND	true	false
true	true	false
false	false	false

ODER	true	false
true	true	true
false	true	false

Hinweis:

Bei der UND-Verknüpfung ist das Resultat nur true, wenn beide Operanden true sind.

Bei der ODER-Verknüpfung ist das Resultat nur false, wenn beide Operanden false sind.

Beispiele:

```
int x = 10;
int y = 20;
( x < 20 ) && ( y > x )    →   ergibt den logischen Wert true
!( x > 20 )                →   ergibt den logischen Wert true
( x > 20 ) || ( x > y )    →   ergibt den logischen Wert false
```

ACHTUNG:

In den meisten Programmiersprachen ist der logische Wert true mit dem numerischen Wert 1 gleichzusetzen. Der logische Wert false mit dem Wert 0.

In C++ geht das noch etwas weiter. Alle numerischen Werte außer der Null sind dem logischen Wert true gleichzusetzen.

Aus diesem Grund sind in C++ auch folgende (möglicherweise gewöhnungsbedürftigen) Ausdrücke möglich:

```
1 && 0   →     ergibt den logischen Wert false
0 || 10  →     ergibt den logischen Wert true
-20      →     ergibt den logischen Wert true
```

4.3 Bit-Operatoren und weitere Operatoren

4.3.1 Bit-Operatoren

Die Sprache C++ ist eine sehr systemnahe Sprache. Das zeigt sich unter anderem in der Möglichkeit, Variablen bzw. Werte auf der Bit-Ebene zu manipulieren (die Systemnähe zeigt sich ebenfalls im Kapitel über Zeiger).

Beispielsweise ist eine (short-) Integer-Variable 2 Byte groß. Damit besteht sie aus 16 Bit.

Jedes dieser einzelnen Bits hat den Zustand 1 oder 0. Die Zahlen sind also im Dualsystem (Binärsystem) gespeichert.

Beispiel:

```
int x = 25;
```

Bit-Darstellung

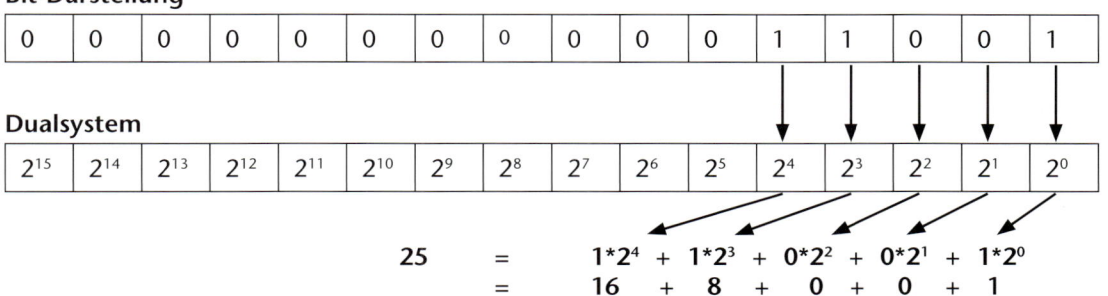

| 0 | 0 | 0 | 0 | 0 | 0 | 0 | 0 | 0 | 0 | 0 | 1 | 1 | 0 | 0 | 1 |

Dualsystem

| 2^{15} | 2^{14} | 2^{13} | 2^{12} | 2^{11} | 2^{10} | 2^9 | 2^8 | 2^7 | 2^6 | 2^5 | 2^4 | 2^3 | 2^2 | 2^1 | 2^0 |

$$25 = 1*2^4 + 1*2^3 + 0*2^2 + 0*2^1 + 1*2^0$$
$$= 16 + 8 + 0 + 0 + 1$$

Bit-Operatoren arbeiten nun auf dieser Bit-Ebene. Sie manipulieren bitweise, also Bit für Bit.

Folgende Operatoren stehen zur Verfügung:

Operator	Bedeutung
&	Bitweises UND
|	Bitweises ODER
^	bitweise EXCLUSIV – ODER
~	bitweise NEGATION

Beispiele:

```
int x = 11;   →   0000000000001011
int y = 9;    →   0000000000001001
x & y;        →   0000000000001001
```
Die Bits werden jeweils mit **UND** verknüpft.

```
int x = 11;   →   0000000000001011
int y = 9;    →   0000000000001001
x | y;        →   0000000000001011
```
Die Bits werden jeweils mit **ODER** verknüpft.

```
int x = 11;   →   0000000000001011
int y = 9;    →   0000000000001001
x ^ y;        →   0000000000000010
```
Die Bits werden jeweils mit dem **exclusiven ODER** verknüpft. Das bedeutet, dass das Ergebnis genau dann true ist, wenn nur genau ein Operand true ist.

```
int x = 11;   →   0000000000001011
x = ~x;       →   1111111111110100
```
Die Bits werden **NEGIERT**, also umgedreht.

Hinweis: Nutzen der Bitoperatoren

In der Netzwerktechnik werden IP-Adressen in einem Adressenraum durch das so genannte Subnetting zusammengefasst. Die zugehörigen IP-Adressen werden durch die bitweise-Und-Verknüpfung mit einer Subnet-Maske identifiziert.

4.3.2 Die Bitschiebeoperatoren << und >>

Die Operatoren << **und** >> sind schon im Zusammenhang mit dem Eingabeobjekt cin bzw. Ausgabeobjekt cout bekannt. Eigentlich haben diese Operatoren jedoch eine ganz andere Bedeutung. Es ist eine Eigenschaft der Objektorientierung, dass Operatoren im Zusammenhang mit Objekten bzw. Klassen neue Bedeutungen erhalten können (mehr dazu im Kapitel Überladen von Operatoren).

Die eigentliche Bedeutung der Operatoren ist das *Schieben von Bits* bei ganzzahligen Werten. Folgende Beispiele verdeutlichen das *Schieben von Bits*.

```
int x = 11;   →   0000000000001011
x = x << 2;   →   0000000000101100
```
Die Bits werden um zwei Stellen nach links geschoben. Es rücken Nullen von rechts nach.

```
int x = 11;   →   0000000000001011
x = x >> 2;   →   0000000000000010
```
Die Bits werden um zwei Stellen nach rechts geschoben. Es rücken Nullen von links nach.

Mathematisch gesehen bedeutet das Bitschieben nach links um x Stellen eine Multiplikation der Zahl mit 2^x.

Das Schieben nach rechts ist dementsprechend eine Integer-Division durch 2^x.

Experteninfo:

Negative Zahlen werden in dem so genannten **Zweierkomplement** dargestellt. Das bedeutet, dass alle Bits der positiven Zahl umgedreht werden und anschließend noch 1 dazu addiert wird. Das hat mit der internen Darstellbarkeit der Zahlen zu tun. Deshalb verhält sich das Bitschieben mit negativen Zahlen anders. Beim Schieben nach rechts werden beispielsweise von links keine Nullen, sondern Einsen nachrücken.

```
int x = -5;   →   1111111111111011   (Zweierkomplement)
x = x >> 2;   →   1111111111111110   x hat den Wert -2
```

4.3.3 Typumwandlung mit cast-Operatoren

Einer Variablen vom Datentyp float kann ohne Probleme der Wert einer ganzzahligen Variable zugewiesen werden. Umgekehrt geht das auch, allerdings werden die Nachkommastellen der Gleitpunktzahl dann abgeschnitten. Diese Zuweisungen beinhalten so genannte implizite (automatische) Datentypkonvertierungen. Darüber hinaus gibt es auch die Möglichkeit explizit Datentypen zu konvertieren – mit den **cast-Operatoren**.

In beiden Fällen muss der Programmierer wissen, was er tut, da eine Konvertierung mit Datenverlust einhergehen kann.

Beispiele für implizite Konvertierung

```
int x = 10;
int y;
float f = 12.24;
float z;

y = f;        → implizite Konvertierung y = 12
z = x;        → implizite Konvertierung z = 10.0
```

Für die explizite Konvertierung stehen die Operatoren `static_cast` und `reinterpret_cast` zur Verfügung. Der `static_cast`-Operator arbeitet ähnlich wie die implizite Konvertierung. Es werden ganzzahlige Werte in Gleitpunktzahlen konvertiert und umgekehrt. Der `reinterpret_cast`-Operator kann für Typumwandlungen benutzt werden, die normalerweise ausgeschlossen sein sollten.

Da der `reinterpret_cast` erst bei dem **Datentyp Zeiger** wirklich relevant wird, kann erst im Kapitel 8 darauf eingegangen werden.

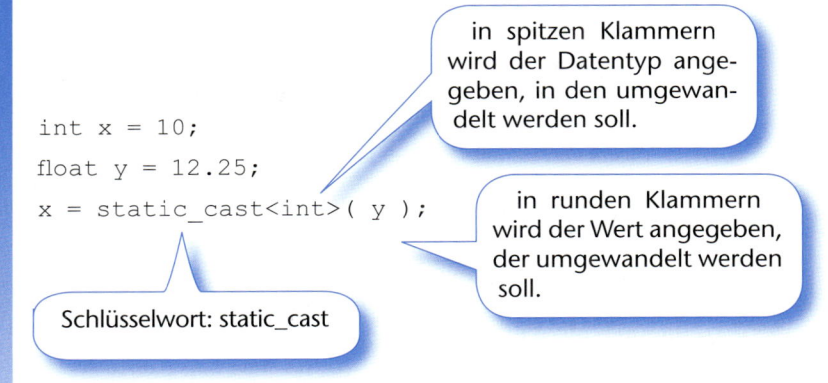

Beispiele für explizite Konvertierung

```
int x = 10;
float y = 12.25;
x = static_cast<int>( y );
```

- in spitzen Klammern wird der Datentyp angegeben, in den umgewandelt werden soll.
- in runden Klammern wird der Wert angegeben, der umgewandelt werden soll.
- Schlüsselwort: static_cast

weiteres Beispiel:

```
char c;
unsigned short int k = 511;      → Bitmuster: 000001 11111111
c = static_cast<char>( k );      → c erhält erstes Byte
cout << static_cast<int>(c);     → Ausgabe: 255 (11111111)
```

Damit die Variable c als Integerwert ausgegeben wird, erfolgt eine Umwandlung in int.

4.3.4 Der sizeof-Operator

Ein einfacher und hilfreicher Operator ist der sizeof-Operator. Er liefert die Größe in Bytes eines Datentypes oder einer Variablen.

Beispiel:

```
int x = 10;
char c = 'a';
cout << sizeof (x) << endl;        → Ausgabe 4
cout << sizeof (c) << endl;        → Ausgabe 1
cout << sizeof (float) << endl;    → Ausgabe 4
cout << sizeof (double) << endl;   → Ausgabe 8
```

4.3.5 Zuweisung und gekoppelte Zuweisung

Der Zuweisungsoperator = ist schon aus dem Kapitel 2.3.3 bekannt. Er funktioniert genau so, wie man es erwartet. Trotzdem ist es sinnvoll diesen Operator noch einmal genau zu betrachten. Links von einem Zuweisungsoperator muss immer ein so genannter **Links-Wert** stehen. Damit ist eine Variable gemeint.

Beispiel:

```
int x;
x = 5;    →    korrekte Zuweisung
5 = x;    →    keine korrekte Zuweisung. 5 ist kein Linkswert
```

Auf der rechten Seite der Zuweisung steht dann der so genannte **Rechts-Wert**. Dieser Wert kann eine Variable oder ein Ausdruck sein.

Beispiel:

```
int x;
int y = 10;
```

Linkswert: x erhält einen neuen Wert.   x = 5 + 10 * y;   Rechtswert: y gibt nur seinen Wert

Hinweis:

Eine Variable, die in einem Rechts-Wert steht, verändert ihren Wert nicht. Sie gibt nur ihren Wert für die Zuweisung.

Neben der einfachen Zuweisung kann die Zuweisung an einen anderen Operator gekoppelt werden. Damit kann ein Ausdruck verkürzt werden. Ob das immer empfehlenswert ist, sei dahingestellt. Die Leserlichkeit des Quellcodes wird dadurch nicht erhöht.

Beispiele:

Normaler Ausdruck	Gekoppelte Zuweisung
x = x + 10;	x += 10;
y = y / 5;	y /= 5;

Diese Operatoren können gekoppelt werden: + , - , * , / , % , & , | , ^ , << , >>

4.4 Prioritäten von Operatoren

4.4.1 Rang von Operatoren

Aus dem Mathematikunterricht ist bekannt, dass Punkt- vor Strichrechnung gilt. Dieses Prinzip gilt auch in C++. Der Multiplikationsoperator hat beispielsweise eine höhere Priorität als der Additionsoperator.

Ebenso haben alle anderen Operatoren auch eine Priorität. Dadurch ergibt sich eine Reihenfolge bei der Abarbeitung eines Ausdruckes.

Alle bislang besprochenen Operatoren können in der folgenden Tabelle mit ihrem Rang (ihrer Priorität) aufgelistet werden.

Rang	Beschreibung	Operator
12	logische Negation	!
12	bitweise Negation	~
12	Vorzeichen	+ und -
12	Inkrement / Dekrement	++ und --
12	sizeof – Operator	sizeof(Typ)
11	Multiplikation	*
11	Division	/
11	Modulo-Operator	%
10	Addition	+
10	Subtraktion	-
9	Bit-Schiebe-Operatoren	<< und >>
8	Kleiner (Kleiner-Gleich)	< (<=)
8	Größer (Größer-Gleich)	> (>=)
7	Gleich	==
7	Ungleich	!=
6	bitweise UND	&
5	bitweise EXCLUSIV - ODER	^
4	bitweise ODER	|
3	logisches UND	&&
2	logisches ODER	||
1	Zuweisung	=
1	gekoppelte Zuweisung	+=
1	gekoppelte Zuweisung	-=
1	gekoppelte Zuweisung	*=
1	gekoppelte Zuweisung	/=
1	gekoppelte Zuweisung	%=
1	gekoppelte Zuweisung	&=
1	gekoppelte Zuweisung	|=
1	gekoppelte Zuweisung	^=
1	gekoppelte Zuweisung	>>=
1	gekoppelte Zuweisung	<<=

4 Operatoren in C++

Das folgende Beispiel zeigt schematisch, wie der Compiler den Ausdruck übersetzen würde. Dabei werden die Prioritäten der Operatoren berücksichtigt.

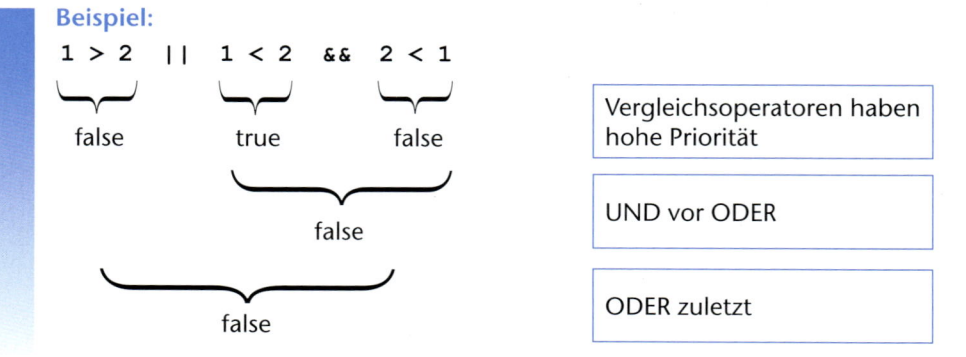

Beispiel:

```
1 > 2   ||   1 < 2   &&   2 < 1
 └─┬─┘        └─┬─┘        └─┬─┘
 false        true         false
              └────────┬────────┘
                    false
 └──────────────┬──────────────┘
             false
```

| Vergleichsoperatoren haben hohe Priorität |
| UND vor ODER |
| ODER zuletzt |

Hinweis:

Die Problematik der Prioritäten ist vermeidbar, wenn durch Klammersetzung eine Reihenfolge der Abarbeitung vorgegeben wird. Das obige Beispiel könnte durch Klammersetzung andere Prioritäten bekommen:

```
( 1 > 2  ||  1 < 2 )    &&    2 < 1
```

Nun würde zuerst die ODER-Verknüpfung bearbeitet.

5 Selektion und Iteration

Die Selektion (Auswahl) und die Iteration (Wiederholung) sind zwei sehr wichtige Konstrukte in einer Programmiersprache. In den vorherigen Kapiteln sind schon einige Probleme ohne diese Konstrukte gelöst worden, aber große und immer komplexer werdende Programme können ohne Selektion und Iteration nicht auskommen.

5.1 Die Selektion

5.1.1 Darstellung der Selektion mit einem Programmablaufplan

Problemstellung:

Es soll eine Berechnung des Prozentsatzes bei gegebenem Kapital und Zinsen durchgeführt werden.

Formel: $p = \dfrac{Z * 100}{K}$

Das Programm kann einen Fehler verursachen, wenn für das Kapital der Wert Null eingegeben wird (die Division durch Null ist verboten).

Lösungsmöglichkeit:

Das Programm erkennt, ob eine Null eingegeben wurde, und führt dann keine Berechnung durch. Das Problem wird durch eine Dokumentationstechnik, den Programmablaufplan, zuerst schematisch erfasst. Anschließend wird dann auf die Umsetzung in C++ eingegangen.

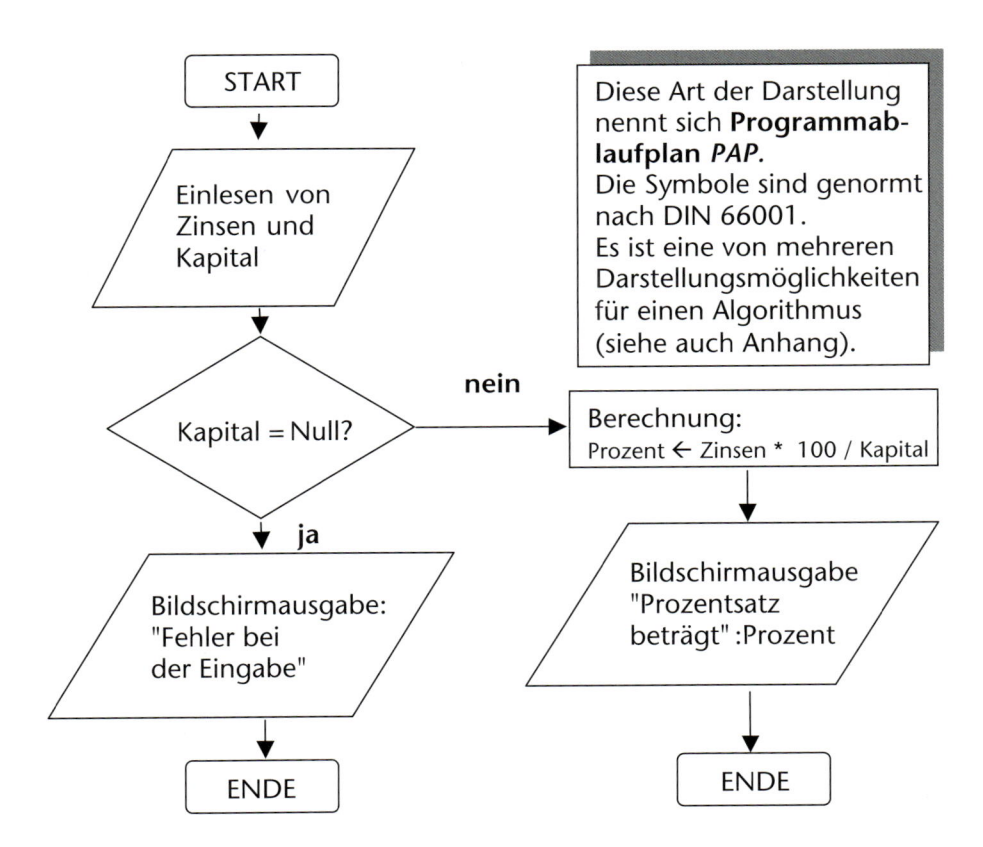

> Diese Art der Darstellung nennt sich **Programmablaufplan** *PAP*.
> Die Symbole sind genormt nach DIN 66001.
> Es ist eine von mehreren Darstellungsmöglichkeiten für einen Algorithmus (siehe auch Anhang).

```
              START
                │
                ▼
        ┌───────────────┐
        │ Einlesen von  │
        │ Zinsen und    │
        │ Kapital       │
        └───────────────┘
                │
                ▼
           ╱─────────╲        nein      ┌──────────────────────────────┐
          ╱ Kapital   ╲─────────────────▶│ Berechnung:                  │
          ╲ = Null?   ╱                  │ Prozent ← Zinsen * 100 / Kapital │
           ╲─────────╱                   └──────────────────────────────┘
                │ ja                                    │
                ▼                                       ▼
        ┌───────────────┐                   ┌──────────────────┐
        │ Bildschirm-   │                   │ Bildschirmausgabe│
        │ ausgabe:      │                   │ "Prozentsatz     │
        │ "Fehler bei   │                   │ beträgt":Prozent │
        │ der Eingabe"  │                   └──────────────────┘
        └───────────────┘                            │
                │                                    ▼
                ▼                                 ┌──────┐
             ┌──────┐                             │ ENDE │
             │ ENDE │                             └──────┘
             └──────┘
```

5.1.2 Die einseitige Selektion mit der if-Anweisung

Die Umsetzung einer Auswahlmöglichkeit im Programm (Selektion) geschieht in C++ mit dem Schlüsselwort if. Die if-Anweisung ist eine einseitige Selektion, da nur dann eine oder mehrere Anweisungen ausgeführt werden, wenn die Bedingung erfüllt ist. Wenn die Bedingung nicht erfüllt ist, so geschieht nichts.

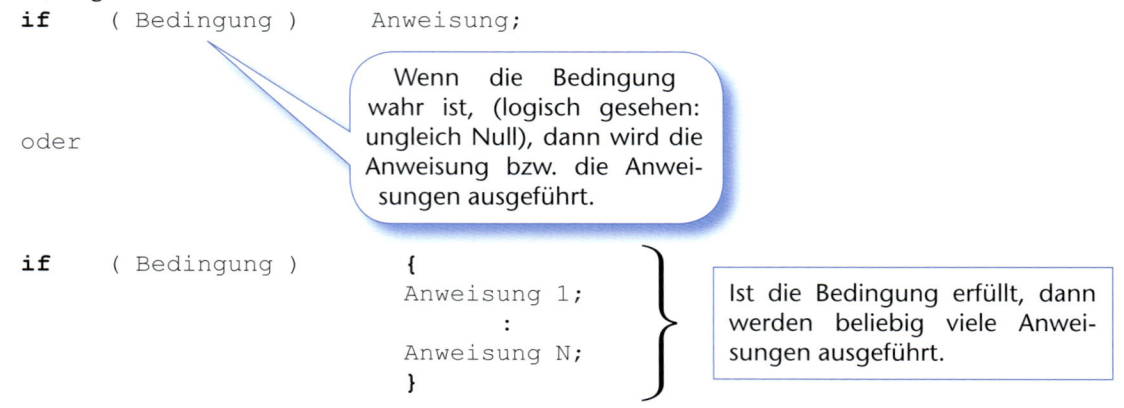

```
if     ( Bedingung )     Anweisung;
```

> Wenn die Bedingung wahr ist, (logisch gesehen: ungleich Null), dann wird die Anweisung bzw. die Anweisungen ausgeführt.

oder

```
if     ( Bedingung )     {
                            Anweisung 1;
                               :
                            Anweisung N;
                         }
```

> Ist die Bedingung erfüllt, dann werden beliebig viele Anweisungen ausgeführt.

Hinweise:

Die Bedingung steht in einfachen Klammern.

Mehrere zusammengehörende Anweisungen werden in geschweiften Klammern zusammengefasst.

Was ist eine Bedingung? Eine Bedingung ist ein Ausdruck, der einen logischen Zustand hat (entweder wahr oder falsch). Eine Bedingung kann beispielsweise ein Vergleich sein.

Nach einer Bedingung steht kein Semikolon!

Beispiele für die einseitige Selektion mit if:

```
int a = 10;
int b = 20;
int c;
if ( a < 15 ) cout << "stimmt";
if ( a != b )
{
    cout << "Bitte eine Zahl eingeben:" ;
    cin >> c;
}
if ( a > b ) cout << "stimmt nicht";
```

> Bedingung ist true: Anweisung wird ausgeführt

> Bedingung ist true: Anweisungen werden ausgeführt

> Bedingung ist false: Anweisung wird nicht ausgeführt

5.1.3 Die zweiseitige Selektion mit der if-else-Anweisung

In manchen Fällen ist es sinnvoll eine Alternative zu haben, wenn eine Bedingung nicht zutrifft. In diesen Fällen kann die so genannte zweiseitige Selektion mit der if-else-Anweisung verwendet werden.

```
if ( Bedingung ) Anweisung; else Anweisung;
```

oder

```
if  ( Bedingung )
              {
              Anweisung 1;
                   :
              Anweisung N;
              }
else
              {
              Anweisung 1;
                   :
              Anweisung N;
              }
```

> Wenn die Bedingung **falsch** ist, (logisch gesehen: gleich Null), dann wird die Anweisung bzw. die Anweisungen nach dem `else` ausgeführt.

Beispiele für die zweiseitige Selektion mit if-else:

```
int a;
int b;
int c;
:
if ( a < 15 ) cout << "stimmt";
else cout << "stimmt nicht";
if ( a != b )
{
      cout << "Bitte eine Zahl eingeben:" ;
      cin >> c;
}
else
{
      cout << "a und b sind gleich";
      c = a;
}
```

- Falls Bedingung true: diese Anweisung wird ausgeführt
- Ansonsten wird diese Anweisung ausgeführt
- Falls Bedingung true: diese Anweisungen werden ausgeführt
- Ansonsten werden diese Anweisungen ausgeführt

5.1.4 Verschachtelte Selektionen mit if und if-else

Als Anweisung nach einer Selektion kann natürlich wieder eine Selektion stehen, denn eine Selektion ist selbst nichts anderes als eine gültige Anweisung. Die Verschachtelung von Selektionen kann beliebig tief sein. Irgendwann kann höchstens ein Speicherplatzproblem die Verschachtelungstiefe begrenzen.

Beispiel 1:

```
int a = 10;
int b = 20;
int c = 1;

if ( a < 15 )
   if ( b > 10 )
         if ( c != 0)  cout << "alle Bedingungen erfuellt";
         else cout << "Bedingung 3 nicht erfuellt";
   else cout << "Bedingung 2 nicht erfuellt";
else cout << " Bedingung 1 nicht erfuellt ";
```

Variation:

Wenn es nur darum geht, dass alle Bedingungen erfüllt sein müssen, so könnten die obigen verschachtelten if-Anweisungen mithilfe von Operatoren zu einer if-Anweisung zusammengefasst werden:

```
if ( a < 15 && b > 10 && c != 0)
   cout << "alle Bedingungen erfuellt";
else
   cout << "Bedingungen nicht erfuellt";
```

Das differenzierte Reagieren auf eine nicht erfüllte Bedingung geht hierbei verloren.

Beispiel 2:

```
int a = 10;
int b = 20;
int c = 1;
if ( a < 15 )
else if ( b > 10 )
   else if ( c != 0)
      else cout << "alle Bedingungen falsch";
```

Hinweis:

Diese verschachtelten if-else-Anweisungen reagieren immer nur, wenn die Bedingung falsch ist. Wenn eine Bedingung erfüllt ist, so passiert nichts (keine Anweisung).

5.1.5 Mehrfachselektion mit switch

In manchen Fällen ist es nötig, eine Variable auf verschiedene Werte abzufragen. Das könnte beispielsweise mit verschachtelten if-Anweisungen geschehen. Angenehmer ist in diesem Fall jedoch die Verwendung der Mehrfachauswahl mit switch.

Die switch-Anweisung prüft eine Variable vom Typ int bzw. char auf bestimmte Werte. Es werden dann gezielt Anweisungen ausgeführt.

5.1 Die Selektion

```
switch ( pruef_var )
{
```
> Die Variable **pruef_var** wird auf einen bestimmten Wert geprüft.

C++ - Schlüsselworte

> Falls **pruef_var** *Wert_1* entspricht, dann werden die Anweisungen bis zum `break` ausgeführt.

```
    case Wert_1 :{
            Anweisung1;
                :
            AnweisungN;
        }
    break;
```

> Falls **pruef_var** *Wert_2* entspricht, dann werden die Anweisungen bis zum `break` ausgeführt.

```
    case Wert_2 :{
            Anweisung1;
                :
            AnweisungN;
        }
    break;
        :
        :
```

> Falls **pruef_var** *Wert_N* entspricht, dann werden die Anweisungen bis zum `break` ausgeführt.

```
    case Wert_N :{
            Anweisung1;
                :
            AnweisungN;
        }
    break;
```

> Falls **pruef_var** keinem der obigen Werte entspricht, dann werden die **default-Anweisungen** bis zum `break` ausgeführt.

```
    default    :{
            Anweisung1;
                :
            AnweisungN;
        }
    break;
}
```

Beispiele für die switch-Anweisung:

Beispiel 1:

```
int pruef_var;
cout << "Bitte einen Wert eingeben: ";
cin >> pruef_var;
cout << endl;
```

```
switch(pruef_var)
{
case 1:  cout << "Das ist eine 1";  break;
case 2:  cout << "Das ist eine 2";  break;
case 3:  cout << "Das ist eine 3";  break;
default: cout << "Das ist keine 1-3";  break;
}
```

Der obige Programmabschnitt liest einen Integer-Wert ein und gibt entsprechend des Wertes eine Meldung auf dem Bildschirm aus (falls die Eingabe zwischen 1 und 3 liegt).

Die `break`-Anweisung hinter der jeweiligen Ausgabe verhindert, dass alle weiteren Anweisungen ebenfalls ausgeführt werden, d. h. es wird nur das ausgeführt, was auch zu dem entsprechenden Fall (`case`) gehört.

Beispiel 2:

```
char zeichen;
cout << "Bitte einen Zeichen eingeben: ";
cin >> zeichen;
cout << endl;
switch(zeichen)
{
case 'a':  cout << "Ein kleines a";  break;
case 'A':  cout << "Ein großes A";  break;
default: cout << "Weder a noch A";  break;
}
```

Der obige Programmabschnitt liest einen Zeichen über die Tastatur ein und gibt entsprechend des Wertes eine Meldung auf dem Bildschirm aus (falls die Eingabe 'a' oder 'A' ist).

Der Default-Zweig wird in allen anderen Fällen ausgeführt.

5.2 Kopf-, fuß- und zählergesteuerte Iterationen

Problemstellung:

Das Programm zur Prozentberechnung aus 5.1.1 soll die Berechnung nicht durchführen, wenn das eingegebene Kapital Null oder negativ ist. Sinnvoll wäre an dieser Stelle, dass das Programm eine fehlerhafte Eingabe wiederholen lässt.

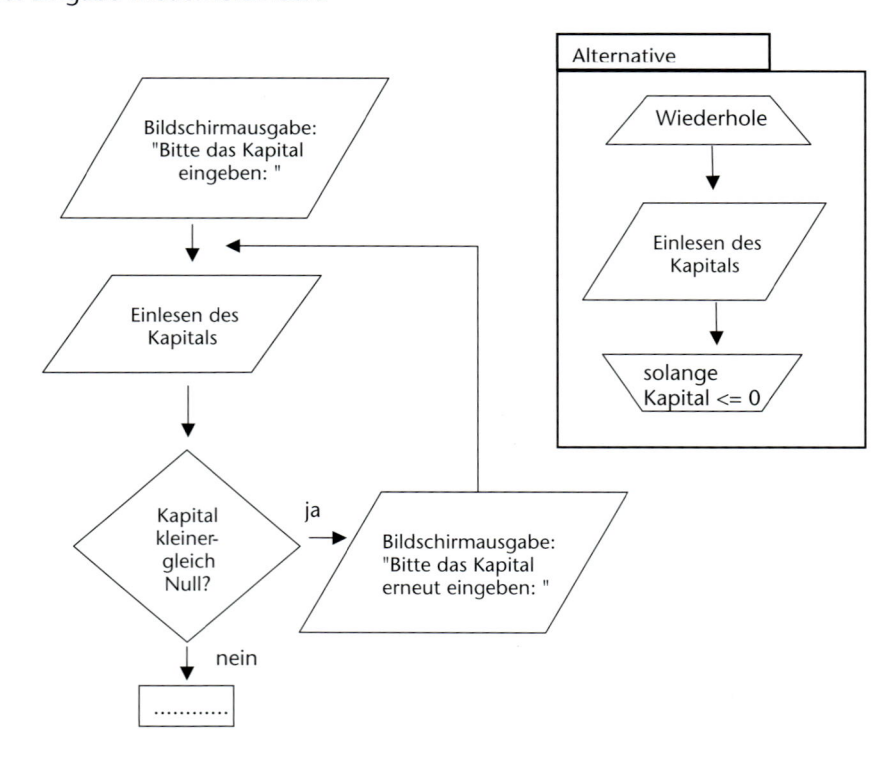

In einem C++-Programm gibt es drei Möglichkeiten eine solche Wiederholung zu erreichen, und zwar mit den so genannten Schleifen (Iterationen).

Es gibt die do-while-Schleife, die while-Schleife und die for-Schleife.

5.2.1 Die do-while-Schleife

Die `do-while`-Schleife ist eine Wiederholung von einer oder mehreren Anweisungen, **solange** eine Bedingung erfüllt ist.

Die Bedingung ist dabei genauso aufgebaut wie bei der if-Anweisung.

Die do-while-Schleife heißt **fußgesteuert**, da die Überprüfung der Bedingung am Ende der Schleife stattfindet. Dadurch wird der Schleifenrumpf (die Anweisungen innerhalb der Schleife) mindestens einmal durchlaufen.

Syntax in C++:

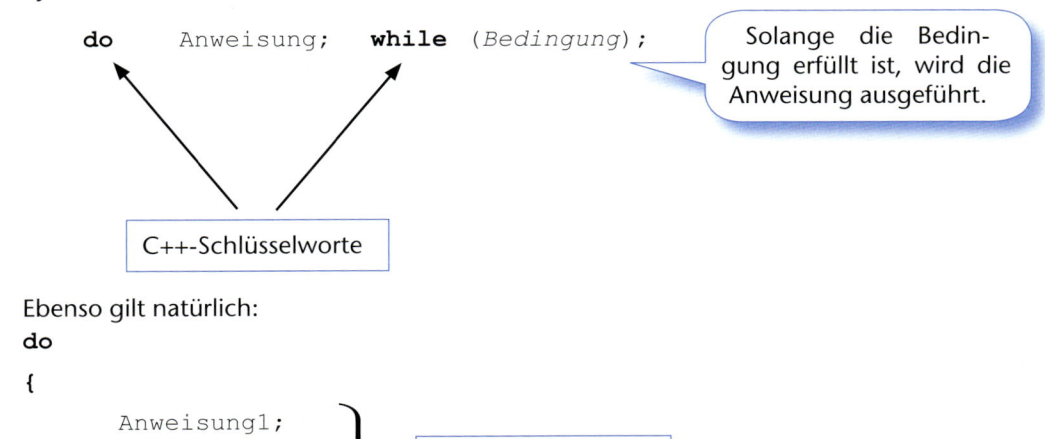

```
do    Anweisung;   while (Bedingung);
```

(C++-Schlüsselworte)

Solange die Bedingung erfüllt ist, wird die Anweisung ausgeführt.

Ebenso gilt natürlich:
```
do
{
    Anweisung1;
    Anweisung2;
          :
    AnweisungN;
}
while (Bedingung);
```
Ausführen mehrerer Anweisungen

Beispiele für die do-while-Schleife:

Beispiel 1:

Es sollen die Zahlen von 1 bis 10 auf dem Bildschirm ausgegeben werden:

```
int  x = 1;
do
{
   cout << x << endl;
   x = x + 1;
}
while ( x < 11 );
```

Beispiel 2:

Eine Eingabe wird wiederholt, solange keine 5 eingegeben wurde.

```
int  x;
do
{
   cin >> x;
}
while ( x != 5 );
```

5.2.2 Die while-Schleife

Die while-Schleife ist ebenfalls eine Wiederholung von einer oder mehreren Anweisungen, solange eine Bedingung erfüllt ist.

Die while-Schleife heißt aber kopfgesteuert, da die Überprüfung der Bedingung sofort am Anfang der Schleife stattfindet. Dadurch wird der Schleifenrumpf möglicherweise nicht durchlaufen (wenn die Bedingung falsch ist).

Syntax in C++:

```
while (Bedingung)   Anweisung;
```

Solange die Bedingung erfüllt ist, wird die Anweisung ausgeführt.

Ebenso gilt natürlich:
```
while (Bedingung)
{
Anweisung1;
Anweisung2;
    :
AnweisungN;
}
```

Ausführen mehrerer Anweisungen

Beispiele für die while-Schleife:

Beispiel 1:

Diese Schleife wird nicht durchlaufen, die Bedingung ist falsch.

```
int   x  = 1;
while ( x > 1 )
{
   cout << x << endl;
   x = x - 1;
}
```

Beispiel 2:

Alle geraden Zahlen von 2 bis 20 werden ausgegeben:

```
int   x = 2;
while ( x <= 20 )
{
   cout << x << endl;
   x = x + 2;
}
```

5.2.3 Die for-Schleife

Die for-Schleife heißt zählergesteuerte Schleife. In der Regel läuft ein Zähler von einem definierten Anfang bis zu einem definierten Ende mit einer bestimmten Schrittweite.

Syntax in C++:

```
for (Initialisierung ; Bedingung ; Schrittweite ) Anweisung;
```

Ebenso gilt natürlich:

```
for (Initialisierung; Bedingung ; Schrittweite )
{
     Anweisung1;
     Anweisung2;
         :
     AnweisungN;
}
```

5.2 Kopf-, fuß- und zählergesteuerte Iterationen

Standard-Beispiel einer for-Schleife in C++:

Die Schleife startet mit 1 und endet mit 10. Die Schrittweite des Zählers ist 1.

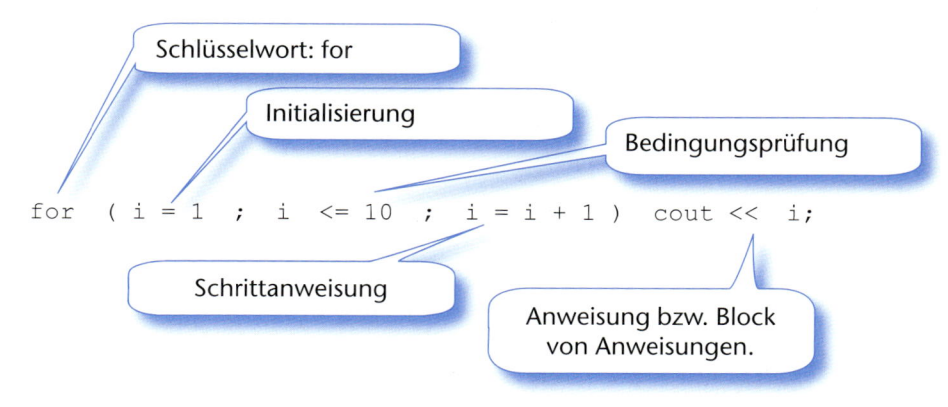

```
for ( i = 1 ; i <= 10 ; i = i + 1 ) cout << i;
```

- Schlüsselwort: for
- Initialisierung
- Bedingungsprüfung
- Schrittanweisung
- Anweisung bzw. Block von Anweisungen.

Sehr wichtig ist es auch, den zeitlichen Ablauf der for-Schleife zu verstehen, denn davon hängt das korrekte Funktionieren der Schleife ab.

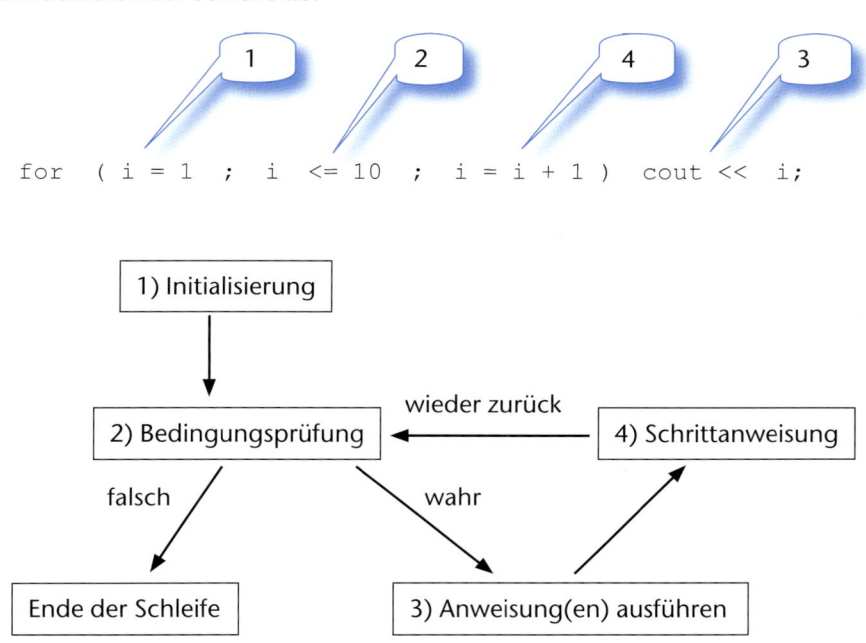

```
for ( i = 1 ; i <= 10 ; i = i + 1 ) cout << i;
      1       2          4           3
```

1) Initialisierung
2) Bedingungsprüfung — falsch → Ende der Schleife; wahr → 3) Anweisung(en) ausführen → 4) Schrittanweisung → wieder zurück zu 2) Bedingungsprüfung

Die **for**-Schleife kann aber noch viel mehr, als „einfach" nur zählen:

Es können je nach Bedarf Teile der Schleife weggelassen werden oder in einem Teil mehrere Anweisungen oder Bedingungen eingefügt werden.

Die einfachste Schleife sieht dann so aus:

for (; ;);

Das ist eine gültige Anweisung, die sollte man aber nicht unbedingt benutzen – es ist eine so genannte Endlos-Schleife, das Programm stürzt ab.

Das folgende Beispiel zeigt die Universalität der for-Schleife:

int i = 10;

for (; i-- ; cout << i) ;

Diese Schleife zählt die Variable i von 9 bis 0 und gibt den Wert jeweils aus.

Der Schrittanweisungsteil enthält dabei keine Schrittanweisung, sondern die Bildschirmausgabe mit cout.

Die Bedingung ist gleichzeitig auch die Schrittanweisung, denn nach der Prüfung wird i dekrementiert.

Weitere Beispiele für die Universalität der for-Schleife:

Beispiel 1:

Diese Schleife liest solange ein Zeichen von der Tastatur bis ein Zeichen ungleich dem Buchstaben 'a' eingegeben wird. Die for-Schleife ersetzt eine while-Schleife.

```
char ok = 'a';
for ( ; ok == 'a' ; )
{
cout << "Das ist der Buchstabe a";
cin >> ok;
}
```

Beispiel 2:

Diese Schleife gibt alle Zeichen aus, deren ASCII-Code zwischen 65 und 90 liegt.

Hier gibt es wieder zwei Anweisungen im Schrittanweisungsteil:

Ausgabe eines Integer-Wertes als ASCII-Zeichen durch explizites Casting, Inkrementierung von z

```
int z;
for ( z = 65 ; z<=90 ; cout << static_cast<char>( z ) , z++ );
```

ACHTUNG:

Die Anweisungen im Schrittanweisungsabschnitt sind nur durch ein Komma getrennt – es hängt vom Compiler ab, was zuerst bearbeitet wird.

5.2.4 Abbruch und Sprung in einer Schleife

Schleifen können unabhängig von der Bedingungsprüfung abgebrochen werden. Das geschieht mit dem Schlüsselwort break.

Mit dem Schlüsselwort continue kann hingegen ein Schleifendurchlauf übersprungen werden.

Beispiel für die Anwendung von break und continue:

```
int i;
for ( i = 1; i <= 10 ; i++)
{
if ( i = = 5 ) break; // oder continue;
cout << i;
}
```

Die Schleife mit **break** ergibt folgende Ausgabe: **1 2 3 4**

Die Schleife mit **continue** ergäbe dann: **1 2 3 4 6 7 8 9 10**

6 Funktionen in C++

Der Begriff der Funktion tritt in den verschiedensten Lebenslagen auf. Ein Mitarbeiter erfüllt eine bestimmte Funktion, ein technisches Gerät hat bestimmte Funktionen oder der Taschenrechner berechnet einen bestimmten Wert mithilfe einer mathematischen Funktion.

In der Programmierung kann man sich eine Funktion wie einen Apparat vorstellen, der einen oder mehrere Eingabewerte erhält und dann ein Ergebnis bzw. einen Ergebniswert produziert.

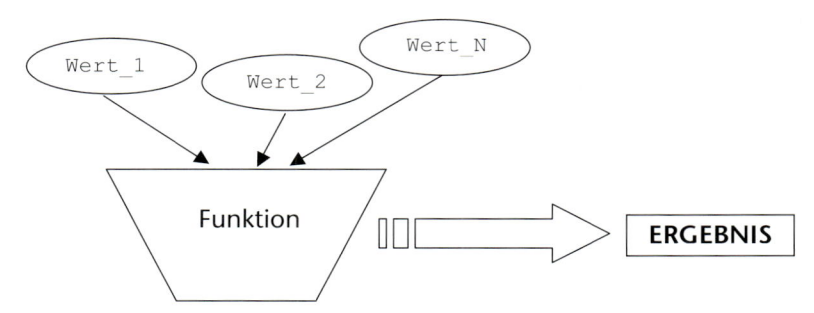

In einigen Fällen erhält eine Funktion jedoch auch keine Werte, sondern führt nur eine bestimmte Berechnung durch. Manchmal dient eine Funktion auch nur zur Ausführung einer Folge von Anweisungen. Um diese Universalität einer Funktion in C++ zu verstehen wird in den nächsten Kapiteln der Funktionsbegriff zuerst anhand eines praktischen Beispiels entwickelt.

6.1 Entwicklung des Funktionsbegriffs

Vor der systematischen Betrachtung der Syntax von Funktionen in C++ sollen anhand eines konkreten Beispiels die wichtigen Aspekte von Funktionen erarbeitet werden.

Dadurch soll das einerseits das Verständnis für das Einsatzgebiet von Funktionen gefördert und andererseits eine konkrete Vorgehensweise bei der Realisierung von Funktionen vorgestellt werden.

6.1.1 Wiederkehrende Programmabschnitte
Das folgende Quellcodebeispiel ist die Ausgangsbasis für diese Betrachtung.

```cpp
#include <iostream>
using namespace std;

int main()
{
    int a, b;
    cout << "Bitte geben Sie eine Zahl ein" << endl;
    cout << "Diese Zahl muss ein Integerwert sein" << endl;
    do
    {
        cin >> a;
        if ( a < 0 || a > 100 )
            cout << "ACHTUNG: falsche Eingabe" << endl;
    }
    while ( a < 0 || a > 100 );
    cout << "Bitte geben Sie eine Zahl ein" << endl;
    cout << "Diese Zahl muss ein Integerwert sein" << endl;
    do
    {
        cin >> b;
        if ( b < 0 || b > 100 )
            cout << "ACHTUNG: falsche Eingabe" << endl;
    }
    while ( b < 0 || b > 100 );
```

```
system("PAUSE");
return 0;
}
```

Das Programm liest zwei Integerwerte über die Tastatur ein. Fehleingaben werden kommentiert und führen zur Wiederholung der Eingabe.

Es fällt auf, dass in dem Programm **wiederkehrende gleich lautende** Programmabschnitte vorkommen. Für solche Programmabschnitte bietet es sich an, die Anweisungen in eine Funktion auszulagern, die dann nach Bedarf aufgerufen wird.

Modifizierung des Quellcodes:

```
#include <iostream>
using namespace std;
void Aufforderung()
{
        cout << "Bitte geben Sie eine Zahl ein" << endl;
        cout << "Diese Zahl muss ein Integerwert sein" << endl;
}
void Fehlermeldung()
{
        cout << "ACHTUNG: falsche Eingabe" << endl;
}
int main()
{
        int a, b;
        Aufforderung();
        do
        {
            cin >> a;
            if ( a < 0 || a > 100 ) Fehlermeldung();
        }
        while ( a < 0 || a > 100 );
        Aufforderung();
        do
        {
            cin >> b;
            if ( b < 0 || b > 100 ) Fehlermeldung();
        }
        while ( b < 0 || b > 100 );
system("PAUSE");
return 0;
}
```

Der Quellcode wurde nun modifiziert. Wiederkehrende Programmabschnitte wurden in einer Funktion zusammengefasst. Diese Funktion wird oberhalb des Hauptprogramms definiert und im Programm dort aufgerufen, wo sie gebraucht wird.

6.1.2 Übergabe von Werten

Das modifizierte Programm aus 6.1.1 hat wiederkehrende Anweisungen in Funktionen ausgelagert. Die weitere Analyse des Programms zeigt, dass in dem Quellcode weitere Ähnlichkeiten existieren. Beispielsweise ist die Überprüfung eines Wertes gleich. Es würde sich anbieten eine Funktion zu schreiben, die den zu überprüfenden Wert übernimmt und gegebenenfalls eine Fehlermeldung ausgibt, wenn der Wert nicht in den Grenzen ist.

Der Quellcode wurde nun noch weiter modifiziert. Die Überprüfung wurde in eine Funktion ausgelagert. Falls nötig ruft die Prüfungsfunktion die Fehlermeldung auf.

```cpp
#include <iostream>
using namespace std;
void Aufforderung()
{
	cout << "Bitte geben Sie eine Zahl ein" << endl;
	cout << "Diese Zahl muss ein Integerwert sein" << endl;
}
void Fehlermeldung()
{
	cout << "ACHTUNG: falsche Eingabe" << endl;
}
void Pruefung( int Wert )
{
	if ( Wert < 0 || Wert > 100 ) Fehlermeldung();
}
int main()
{
	int a, b;
	Aufforderung();
	do
	{
		cin >> a;
		Pruefung( a );
	}
	while ( a < 0 || a > 100 );
	Aufforderung();
	do
	{
		cin >> b;
		Pruefung( b );
	}
	while ( b < 0 || b > 100 );
system("PAUSE");
return 0;
}
```

6.1.3 Rückgabe eines Wertes

Das modifizierte Programm aus 6.1.2 hat eine Funktion definiert, die einen Wert übernimmt. Diese Funktion wäre noch universeller einsetzbar, wenn sie eine Art Ergebnis der Prüfung an das aufrufende Programm zurückgeben würde. Dann könnte diese Funktion auch in der Bedingungsprüfung der Schleife eingesetzt werden.

Aufgrund dieser Überlegung wurde der Quellcode weiter verändert. Die Funktion `Pruefung()` gibt nun einen booleschen Wert (`true` oder `false`) zurück, je nachdem, wie die Überprüfung ausgefallen ist.

```cpp
#include <iostream>
using namespace std;
void Aufforderung()
{
	cout << "Bitte geben Sie eine Zahl ein" << endl;
	cout << "Diese Zahl muss ein Integerwert sein" << endl;
}
void Fehlermeldung()
{
	cout << "ACHTUNG: falsche Eingabe" << endl;
}
```

```
bool Pruefung( int Wert )
{
    if ( Wert < 0 || Wert > 100 )
    {
    Fehlermeldung();
    return false;
    }
return true;
}
int main()
{
    int a, b;
    Aufforderung();
    do cin >> a;   while ( Pruefung( a ) == false );
    Aufforderung();
    do cin >> b;   while ( Pruefung( b ) == false );
system("PAUSE");
return 0;
}
```

6.1.4 Funktionen in Funktionen aufrufen

Bereits die erste Variante der Funktion `Pruefung()` ruft selbst wieder eine Funktion auf – die Funktion `Fehlermeldung()`. Die Weiterführung dieser Möglichkeit rundet das Beispielprogramm nun ab.

```
#include <iostream>
using namespace std;
void Aufforderung()
{
    cout << "Bitte geben Sie eine Zahl ein" << endl;
    cout << "Diese Zahl muss ein Integerwert sein" << endl;
}
void Fehlermeldung()
{
    cout << "ACHTUNG: falsche Eingabe" << endl;
}
bool Pruefung( int Wert )
{
    if ( Wert < 0 || Wert > 100 )
    {
    Fehlermeldung();
    return false;
    }
return true;
}
int Eingabe()
{
    int ein;
    Aufforderung();
    do cin >> ein;   while ( Pruefung( ein ) = = false );
    return ein;
}
int main()
{
    int a, b;
    a = Eingabe();
    b = Eingabe();
system("PAUSE");
return 0;
}
```

6.1.5 Zusammenfassung der Aspekte aus 6.1

Die Entwicklung des Programm-Beispiels aus 6.1.1 – 6.1.4 zeigt schon die wichtigsten Aspekte von Funktionen in C++.

- Wiederkehrende Programmabschnitte werden in eine Funktion ausgelagert, die dann nur noch aufgerufen werden muss.

- Funktionen übernehmen keinen, einen oder mehrere Werte und arbeiten dann gegebenenfalls mit diesen übernommenen Werten.

- Funktionen können einen Wert zurückgeben.

- Funktionen können in Funktionen aufgerufen werden.

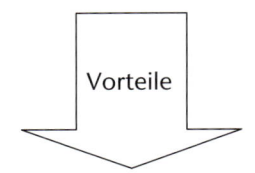

⬇ Vorteile

- Steigerung der Effizienz bei der Programmierung (Softwareentwicklung) durch Wiederverwendbarkeit von Funktionen

- Vermeidung von Fehlern durch Aufrufen von geprüften Funktionen

- Verbesserung der Übersichtlichkeit des Quellcodes

- Grundlage des modularen Programmaufbaus.

6.2 Aufbau der Funktionen in C++

6.2.1 Deklaration einer Funktion

Ein C++-Programm besteht hauptsächlich aus Funktionen, denn auch der so genannte Hauptteil eines C++-Programmes `main()` ist eine Funktion, die beim Starten des Programms aufgerufen wird.

Grundsätzlich kann eine Funktion in einem Programmabschnitt verwendet werden, wenn sie vorher bekannt gegeben, also deklariert wurde.

Die Deklaration einer Funktion zeigt nur, wie die Funktion aufgerufen werden kann. Die eigentliche Implementierung der Funktion, also die Definition, kann an einer anderen Stelle stehen. Diese Trennung von Deklaration und Definition wird bei der modularen Programmgestaltung weiter beleuchtet.

> **Hinweis:**
> Wird eine Funktion (so wie in dem Beispiel-Programm aus 6.1) vor einer anderen Funktion direkt definiert, dann ist sie auch gleichzeitig deklariert, also bekannt gegeben.

Die Deklaration einer Funktion sieht so aus:

Rückgabedatentyp Bezeichner (**Argumentenliste**);

- Der Rückgabedatentyp gibt bekannt, welchen Typ von Datum die Funktion zurückgibt
- Der Bezeichner steht für einen gültigen Namen (vgl. Variable)
- Die Argumentenliste enthält die Datentypen der Parameter, die der Funktion übergeben werden.

Beispiel:

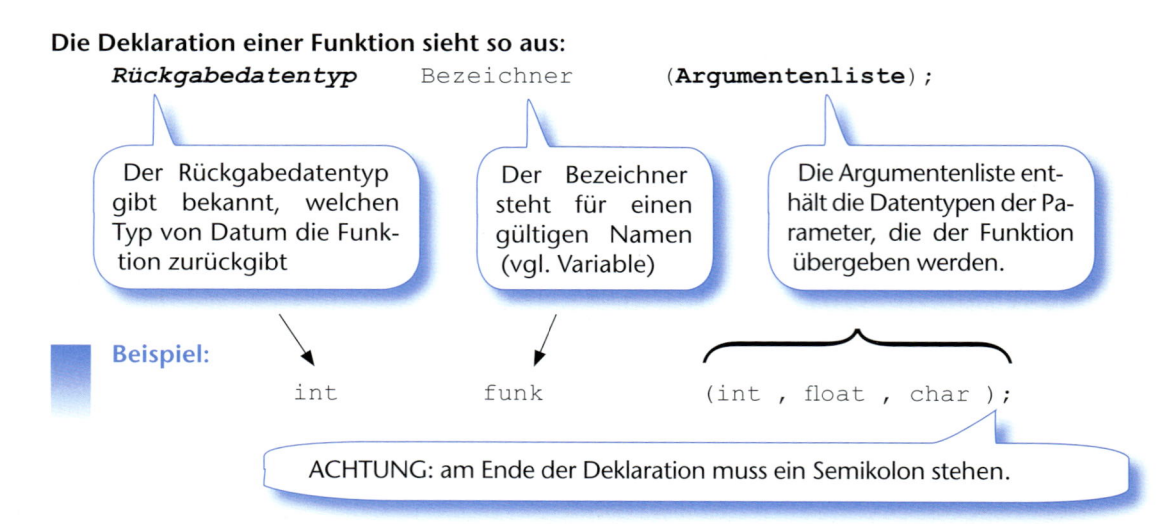

```
int      funk      (int , float , char );
```

ACHTUNG: am Ende der Deklaration muss ein Semikolon stehen.

Diese Funktion hat den Namen *funk*, sie liefert einen Rückgabewert vom Typ **int** und übernimmt drei Parameter der Form **int**, **float** und **char**.

Hinweis:

Wird kein Rückgabedatentyp explizit angegeben, so wird standardmäßig int gesetzt.

6.2.2 Definition einer Funktion

Die Definition einer Funktion ist die eigentliche Implementierung der Funktion. Es wird also der Programmcode der Funktion geschrieben. Man nennt den Programmcode der Funktion auch den Rumpf der Funktion.

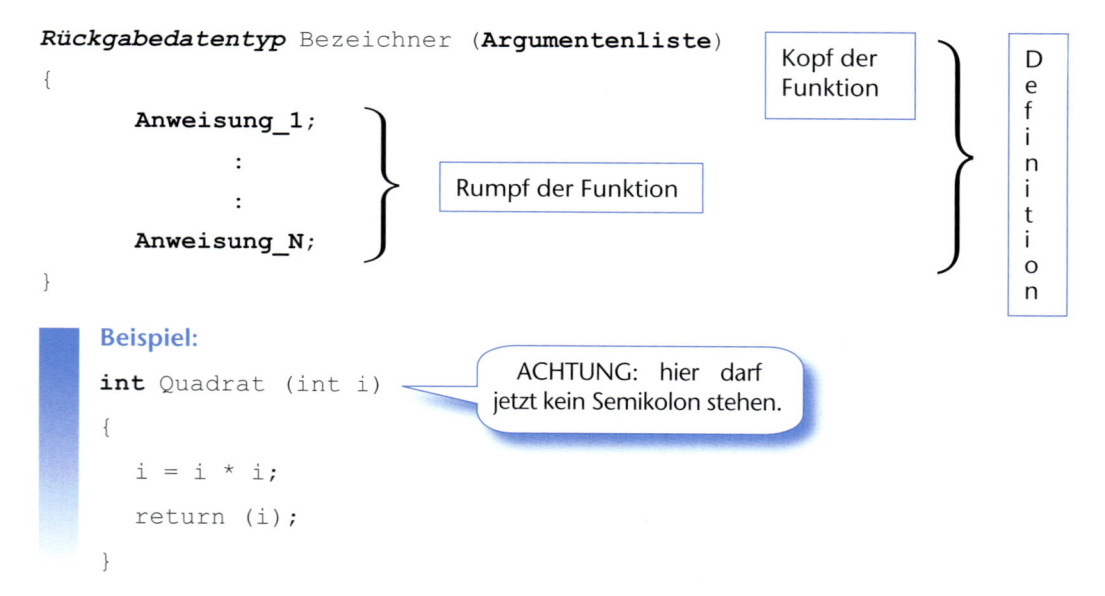

```
Rückgabedatentyp Bezeichner (Argumentenliste)        Kopf der
{                                                    Funktion
    Anweisung_1;
        :                                            Rumpf der Funktion
        :
    Anweisung_N;
}
```

Definition

Beispiel:

```
int Quadrat (int i)
{
   i = i * i;
   return (i);
}
```

ACHTUNG: hier darf jetzt kein Semikolon stehen.

Die Funktion Quadrat übernimmt einen Wert i vom Datentyp `int`, berechnet dann das Quadrat dieses Wertes und gibt das Ergebnis zurück.

Der Rückgabewert der Funktion wird mit dem Schlüsselwort **return** eingeleitet.

> **ACHTUNG:**
>
> Der Rückgabedatentyp der Funktion muss mit dem `return` - Datentyp übereinstimmen.
>
> Die Standardkonvertierungen können zwar ausgenutzt werden, doch geht folgendes Beispiel mit Sicherheit schief:
>
> ```
> char quadrat(float x)
>    {
>    x = x * x;
>    return (x);
>    }
> ```
>
> Hier wird eine Gleitpunktzahl zurückgegeben, obwohl ein `char`-Typ vereinbart war.
>
> Das hat wenigstens einen Datenverlust zur Folge.

> **Hinweis: Rückgabedatentyp void**
>
> Wird als Rückgabedatentyp der „leere" Datentyp void vereinbart, so gibt die Funktion keinen Wert zurück. Die Funktion ähnelt dann einer Prozedur. In vielen Programmiersprachen (z. B. PASCAL) wird zwischen einer Prozedur und einer Funktion unterschieden. In C++ gibt es *nur* Funktionen.

Folgendes Beispiel zeigt, wie eine Funktion deklariert, definiert und im Hauptprogramm aufgerufen wird.

```
#include <iostream>
using namespace std;
/* Deklaration der Funktion Summe */
int Summe (int);
/* Haupt - Funktion */
int main()
{
int x,y;
cout << "Bitte eine Zahl eingeben: ";
cin >> x;
y = Summe(x);
cout << "Die Summe von 1..." << x << " ist :" << y;
system("PAUSE");
return 0;
}
/* Definition der Funktion Summe */
int Summe (int z)
{
int k;
int s = 0;
for (k=0 ; k <= z ; k = k + 1)   s = s + k;
return s;
}
```

Die Funktion **Summe** berechnet die Summe der Zahlen von 1 bis zu der eingegebenen Zahl. In der **main-Funktion** wird dann der Variablen y der Rückgabewert (also die Summe der Zahlen) zugewiesen und auf dem Bildschirm ausgegeben.

Die Bildschirmausgabe unter Dev-Cpp sieht dann so aus:

```
C:\Dev-Cpp\Kapitel 6\Kapitel_6.exe
Bitte eine Zahl eingeben: 5
Die Summe von 1...5 ist : 15
Drücken Sie eine beliebige Taste . . .
```

6.2.3 Lokale und globale Variablen

Die Variablen, die in einer Funktion deklariert bzw. definiert sind, sind nur innerhalb dieser Funktion gültig. Wird eine Funktion aufgerufen, so werden diese Variablen verarbeitet und nach Beendigung werden diese „gelöscht" (also lokale Gültigkeit).

Im Gegensatz dazu stehen die globalen Variablen, die außerhalb der Funktionen definiert werden und für alle Funktionen zur Verfügung stehen. Globale Variablen werden vor der Ausführung der main-Funktion im Speicher angelegt und haben somit über die ganze Laufzeit Gültigkeit (lokale Variablen der main-Funktion haben allerdings auch über die ganze Laufzeit Gültigkeit).

Beispiel:

```
#include <iostream>
using namespace std;
int global;   // Globale Variable namens global
void zeige( );   // Deklaration der Funktion
int main()
{
global = 5;
zeige( );
system("PAUSE");
return 0;
}

void zeige( )
{
int lokal = 10;   // Lokale Variable namens lokal
cout << "Globaler Wert ist " << global << endl;
cout << "Lokaler Wert ist " << lokal << endl;
}
```

Das Programm gibt folgendes aus:

```
Globaler Wert ist 5
Lokaler Wert ist 10
```

Hinweis:

Bei Namensgleichheit von globalen und lokalen Variablen werden in der Funktion nur die lokalen Variablen berücksichtigt.

Beispiel:

```
#include <iostream>
using namespace std;

int global;   // Globale Variable namens global

void zeige( );   // Deklaration der Funktion

int main()
{
global = 5;
zeige( );
system("PAUSE");
return 0;
}
void zeige( )
{
int global = 10; //Überdeckung der globalen Variablen
cout << "Wert lautet: " << global << endl;
}
```

Das Programm würde nun folgendes ausgeben:

`Wert lautet: 10`

Die lokale Variable überdeckt die globale Variable.

Möchte man trotzdem auf die globale Variable zugreifen, so hilft der **Scope-Operator** ::.

Dieser Operator vor einem Variablennamen ändert den Gültigkeitsbereich der Variablen.

Die Funktion zeige () aus dem obigen Beispiel könnte mit diesem Operator dann sowohl auf die lokale als auch die globale Variable zugreifen.

Beispiel:

```
void zeige( )
{
int global = 10; //Überdeckung der globalen Variablen
cout << "Wert lautet:" << global << endl; // lokale Variable
cout << "Wert lautet:" << ::global << endl; //globale Variable
}
```

Das Programm würde nun folgendes ausgeben:

`Wert lautet: 10`

`Wert lautet: 5`

Experteninfo:

Lokale und globale Variablen werden in unterschiedlichen Segmenten gespeichert. Lokale Variablen werden auf dem STACK (Stapelspeicher) abgelegt, globale Variablen werden im HEAP-Segment gespeichert.

6.2.4 Call by value

Nach den formalen Gesichtspunkten von Deklaration und Definition einer Funktion soll jetzt die Übergabe von Werten an eine Funktion näher beleuchtet werden.

Dazu können diese wichtigen Aspekte festgehalten werden:

- **Eine Funktion kann beliebig viele Werte (Parameter) übernehmen. Die Anzahl der Parameter wäre höchstens durch fehlenden Speicherplatz begrenzt.**
- **Die Übergabe der Werte geschieht durch den so genannten "call by value" – die Wertübergabe. Dabei wird eine Kopie eines Wertes an die Funktion übergeben. Das Gegenstück dazu, der "call by reference" wird bei der Einführung der Zeiger betrachtet.**

Die folgende Grafik soll den (auch zeitlichen) Zusammenhang zwischen Aufruf einer Funktion, Übergabe eines Wertes und Rückgabe noch einmal verdeutlichen.

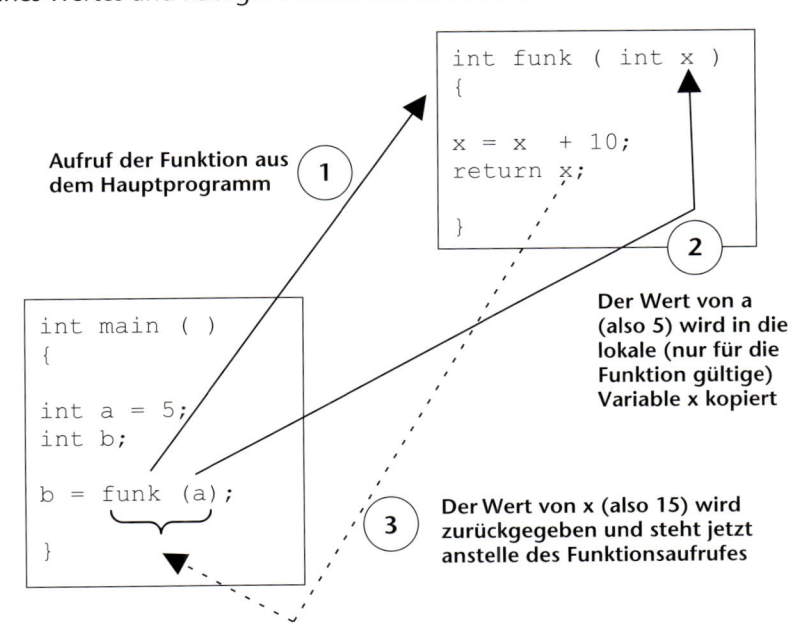

```
int funk ( int x )
{
x = x + 10;
return x;
}
```

Aufruf der Funktion aus dem Hauptprogramm ①

```
int main ( )
{

int a = 5;
int b;

b = funk (a);

}
```

② Der Wert von a (also 5) wird in die lokale (nur für die Funktion gültige) Variable x kopiert

③ Der Wert von x (also 15) wird zurückgegeben und steht jetzt anstelle des Funktionsaufrufes

6.2.5 Überladen von Funktionen

Beim Überladen von Funktionen geht es darum, dass Funktionen denselben Namen haben und äquivalente Aufgaben erfüllen, allerdings für verschiedene Übergabeparameter bzw. Datentypen.

> **Beispiel:**
>
> Es sollen Funktionen geschrieben werden, die einen Wert auf dem Bildschirm ausgeben. Für jeden Datentyp (`char`, `int` und `float`) wird eine eigene Funktion implementiert.
>
> ```cpp
> #include <iostream>
> using namespace std;
>
> void Ausgabe_Char ( char c )    {   cout << c; }
> void Ausgabe_Int ( int i )      {   cout << i; }
> void Ausgabe_Float ( float x )  {   cout << x; }
>
> int main()
> {
> int a = 'A';
> int b = 15;
> float c = 1.75;
> Ausgabe_Char( a );
> Ausgabe_Int( b );
> Ausgabe_Float ( c );
>
> system("PAUSE");
> return 0;
> }
> ```

Das Überladen von Funktionen vereinfacht die Anwendung der Funktionen. Alle drei Funktionen erhalten denselben Namen. Beim Aufruf der Funktion wird dann anhand des Datentyps des Übergabewertes die korrekte Funktion aufgerufen.

> **Beispiel:**
>
> ```cpp
> void Ausgabe ( char c )    {   cout << c; }
> void Ausgabe ( int i )     {   cout << i; }
> void Ausgabe ( float x )   {   cout << x; }
>
> int main()
> {
> int a = 'A';
>
> Ausgabe ( a );            ← Aufruf der passenden Funktion
>
> system("PAUSE");
> return 0;
> }
> ```

VORTEIL:

Der Programmierer kann ähnliche Aufgaben mit demselben (Funktions)Namen benennen – dadurch wird das Programmieren einfacher und übersichtlicher.

> **Hinweis:**
>
> Dem Überladen von Funktionen sind keine Grenzen gesetzt – allerdings muss der Compiler immer eindeutig unterscheiden können, welche der Funktionen aufgerufen werden soll.
>
> Die folgenden Funktionen sind keine korrekt überladenen Funktionen:
>
> ```cpp
>     int   Funk ( int x )   { return 10; }
>     float Funk ( int x )   { return 1.5; }
> ```
>
> (Unterscheidung durch den Rückgabedatentyp reicht nicht aus.)

Das Überladen von Funktionen wird beim Thema Klassen in C++ eine wichtige Rolle spielen, wenn es um die so genannten Konstruktoren oder die virtuellen Methoden einer Klasse geht.

6.2.6 Default-Argumente für Funktionen

Mithilfe von Default-Argumenten können Parameter einer Funktion einen vordefinierten Standardwert haben. Das ist sinnvoll, wenn die Funktion in der Regel mit denselben Parametern aufgerufen wird und nur im Spezialfall die Parameter verändert sind.

Beispiel:

Eine Funktion Check überprüft einen übergebenen Wert standardmäßig darauf, ob er in bestimmten Grenzen liegt. Diese Grenzen sind als Default-Argumente festgeschrieben. Bei Bedarf können Sie jedoch überschrieben werden.

```cpp
#include <iostream>
using namespace std;

bool Check ( int Wert , int unten = 1 , int oben = 100 )
{
   if ( Wert < unten || Wert > oben ) return false;
   return true;
}
int main()
{
int ein;

cin >> ein;

if ( Check ( ein ) = =  false ) cout << "Fehler";

system("PAUSE");
return 0;
}
```

Bei Bedarf werden die Grenzen neu festgeschrieben. Es muss allerdings die Reihenfolge eingehalten werden. Folgende Aufrufe wären korrekt:

```cpp
if ( Check ( ein , 10) = =  false ) cout << "Fehler";
```

Ebenso:

```cpp
if ( Check ( ein , 10 , 90 ) = =  false ) cout << "Fehler";
```

Nicht korrekt wäre der Versuch, einen Default-Parameter zu überspringen:

```cpp
if ( Check ( ein , , 90 ) = =  false ) cout << "Fehler";
```

> Fehler: Die Parameter müssen lückenlos sein.

6.2.7 Rekursive Funktionen

Einfach gesagt sind rekursive Funktionen solche Funktionen, die sich selbst aufrufen – also innerhalb der eigenen Definition sich selbst (mit dem eigenen Funktionsnamen) starten.

Erstes Beispiel:

```cpp
void funk()
{
   funk();     // Rekursiver Aufruf
}
int main()
{
   funk(); // Startender Aufruf der Funktion
}
```

Was passiert in dem Programm? Eigentlich nichts, nur durch den sich wiederholenden Selbst-Aufruf der Funktion und damit der Belegung von Speicherplatz auf dem so genannten STACK-Speicher wird das Programm irgendwann *abstürzen* – mit der Fehlermeldung „STACK-Overflow" für Speicherüberlauf.

6 Funktionen in C++

Aus diesem Grund ist es sinnvoll, eine Art Abbruchbedingung in der rekursiven Funktion zu implementieren. Am einfachsten ist eine Art Zählerparameter, der die Aufrufe der Funktion *mitzählt* und bei einer bestimmten Grenze die Rekursion abbricht.

Zweites Beispiel:

```cpp
void funk ( int zaehler )
{
   if (zaehler <= 10)
   {
   cout << "Aufruf Nr. : " << zaehler << endl;
   funk( zaehler + 1 );   // Neuer Aufruf mit neuem Parameter
   }
}
int main()
{
   funk(1); // Aufruf der Funktion mit Startwert
}
```

Bildschirmausgabe des Programmlaufes:

```
D:\Dev-Cpp\Kapitel 6\Kapitel_6.exe
Aufruf Nr. : 1
Aufruf Nr. : 2
Aufruf Nr. : 3
Aufruf Nr. : 4
Aufruf Nr. : 5
Aufruf Nr. : 6
Aufruf Nr. : 7
Aufruf Nr. : 8
Aufruf Nr. : 9
Aufruf Nr. : 10
Drücken Sie eine beliebige Taste . . .
```

Hinweis:

Die Parameter, die beim ersten Funktionsaufruf übergeben werden, sind bei den darauf folgenden (rekursiven) Aufrufen der Funktion verändert.

Die Rekursion ist ein sehr mächtiges Konzept. So könnten eigentlich alle Probleme der Informatik, die iterativ (also mit Schleifen) lösbar sind, auch rekursiv gelöst werden.

Es sollte aber beachtet werden, dass rekursive Lösungen meist ineffizienter (Speicherverbrauch, Geschwindigkeit) und oft schwerer verständlich sind.

Beispiel:

Die Funktion Summe wird einmal iterativ (mit Schleife) und einmal rekursiv definiert.

```cpp
int  Summe (int  zahl)
{
int ergebnis = 0;

for (int i=1;i <= zahl;i++)
   ergebnis = ergebnis + i;

return ergebnis;
}
```
Iteration

```cpp
int  Summe (int  zahl)
{
if ( zahl != 0 )

   return (zahl + Summe(zahl - 1));

else  return 0;
}
```
Rekursion

Um die rekursive Summen-Funktion genau zu verstehen, ist es sinnvoll, die Aufrufe und Rückgaben in einer graphischen Darstellung zu betrachten. Die Funktion Summe wird dazu mit dem Wert 2 aufgerufen.

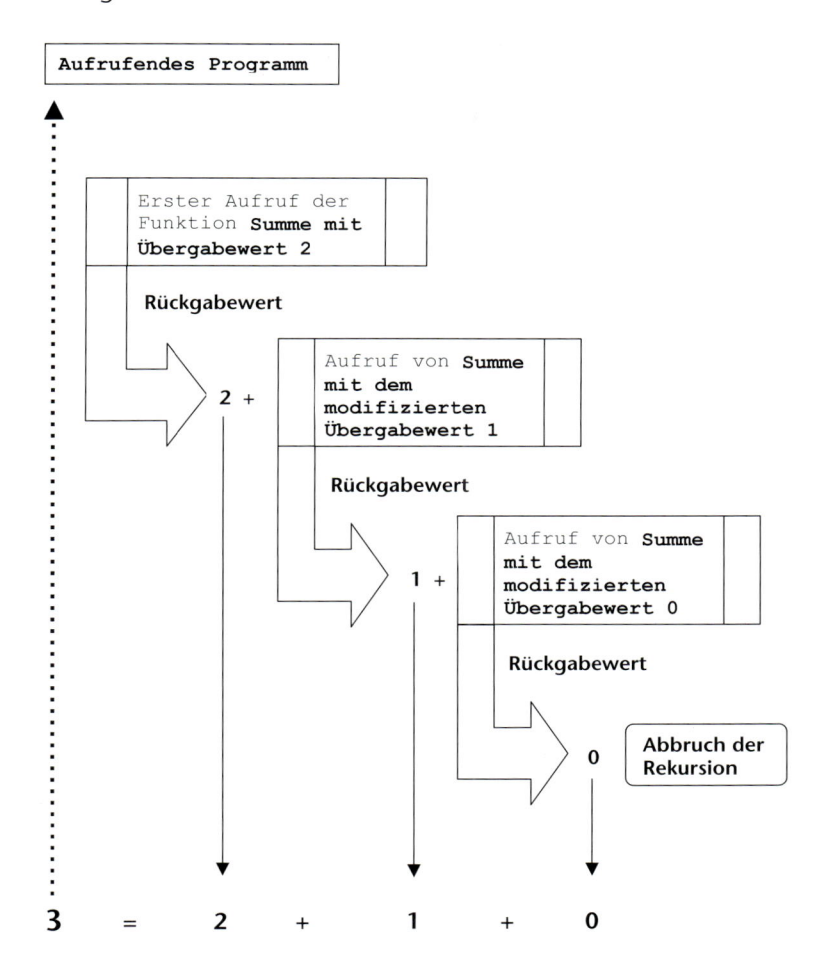

```
                    Aufrufendes Programm


                    ┌─────────────────┐
                    │ Erster Aufruf der│
                    │ Funktion Summe mit│
                    │ Übergabewert 2   │
                    └─────────────────┘
                      Rückgabewert
                                        ┌─────────────────┐
                                        │ Aufruf von Summe │
                         2 +            │ mit dem         │
                                        │ modifizierten   │
                                        │ Übergabewert 1  │
                                        └─────────────────┘
                                          Rückgabewert
                                                            ┌─────────────────┐
                                                            │ Aufruf von Summe│
                                            1 +             │ mit dem         │
                                                            │ modifizierten   │
                                                            │ Übergabewert 0  │
                                                            └─────────────────┘
                                                              Rückgabewert
                                                                                ┌──────────┐
                                                                     0          │ Abbruch der│
                                                                                │ Rekursion │
                                                                                └──────────┘


          3    =    2     +     1     +     0
```

Man sieht, dass der Rückgabewert der ersten Funktion das Ergebnis der Rekursion ist (in diesem Fall der Wert 3). Dieser Rückgabewert ergibt sich wiederum aus der Addition mit einem weiteren Rückgabewert, der wiederum aus der Addition mit einem weiteren Rückgabewert besteht und so weiter. Erst wenn der Übergabewert Null ist, bricht die Rekursion ab.

ACHTUNG

Die Rekursion ist ein mächtiges Konzept, das allerdings der Lösung echter „rekursiver Probleme" vorbehalten sein sollte. Solche Probleme sind beispielsweise rekursive Sortieralgorithmen (Quicksort) oder die Abbildung von Baumstrukturen.

Vor allem muss beachtet werden, dass jeder rekursive Funktionsaufruf Speicherplatz auf dem STACK-Speicher belegt. Die Gefahr des Speicherüberlaufes ist somit gegeben.

6.3 Modularer Programmaufbau

Größere Programmierprojekte werden schnell unübersichtlich, wenn der gesamte Quellcode in einer Datei steht. Vor allem, wenn der Quellcode wenig strukturiert ist. Eine solche Sprache wie BASIC hat in den Anfängen der Programmierung dazu verleitet ein Programm komplett in einer Quellcodedatei zu realisieren. Wenn dann auch noch mit dem Sprungbefehl GOTO in dem Quelltext wahllos gesprungen wurde, dann war die Verwirrung perfekt. Der einzige, der das Programm dann noch verstehen konnte, war der Programmierer selbst.

Professionelle Softwareentwicklung kann sich deshalb ein solches Vorgehen nicht leisten. Software sollte sowohl wiederverwendbar und gut wartbar sein als auch in Teams entwickelt werden können.

Der modulare Programmaufbau hilft bei der Umsetzung dieser Ziele.

6.3.1 Schnittstelle und Implementation

Die Trennung von Schnittstelle und Implementation ist der wichtigste Schritt bei der modularen Programmgestaltung.

Darunter versteht man in C++ die Trennung von Deklaration und Definition in jeweils eigenen Quellcodedateien.

Die Deklarationen von Funktionen (später auch von Strukturen und Klassen) werden in die so genannten Header-Dateien geschrieben.

Die Definitionen der Funktionen (später auch der Strukturen und Klassen) werden in Cpp-Dateien geschrieben.

Die Vorgehensweise bei der modularen Programmgestaltung kann wie folgt beschrieben werden:

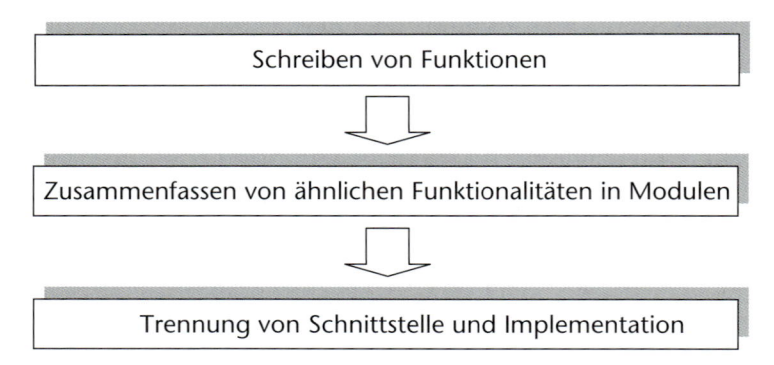

```
Schreiben von Funktionen
         ⇩
Zusammenfassen von ähnlichen Funktionalitäten in Modulen
         ⇩
Trennung von Schnittstelle und Implementation
```

6.3.2 Umsetzung in C++

Die Durchführung der Schritte zur Trennung von Schnittstellen und Implementation führt in C++ zur Bildung von mehreren Header- und Cpp-Dateien.

Die Cpp-Dateien verkörpern die Module, die Header-Dateien sind die Schnittstellen zur Benutzung der Module.

Innerhalb der Module findet man Funktionen, die ähnliche Aufgaben erledigen. Beispielsweise wird seit Beginn des Buches die Header-Datei <iostream> benutzt. In dem dazugehörigen Modul „iostream.cpp" sind einige Funktionalitäten zusammengefasst, die die Ein- und Ausgabe ermöglichen.

In ein neues C++-Projekt können beliebig viele Module eingebunden werden. Dadurch stehen sofort eine Reihe von Funktionalitäten zur Verfügung. Die Softwareentwicklung wird deutlich effizienter.

Die Trennung von **Implementation** und **Schnittstelle** könnte in C++ so aussehen:

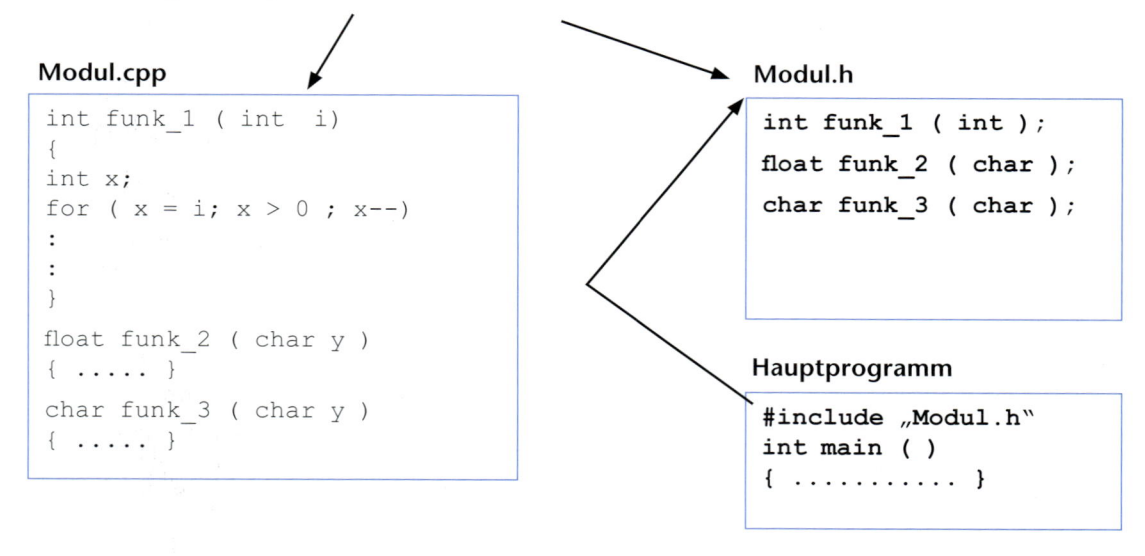

Modul.cpp
```
int funk_1 ( int  i)
{
int x;
for ( x = i; x > 0 ; x--)
:
:
}
float funk_2 ( char y )
{ ..... }
char funk_3 ( char y )
{ ..... }
```

Modul.h
```
int funk_1 ( int );
float funk_2 ( char );
char funk_3 ( char );
```

Hauptprogramm
```
#include „Modul.h"
int main ( )
{ ........... }
```

> **Hinweise:**
> - Die reinen C++-Header-Dateien wie <iostream> sind ohne die Endung ".h" geschrieben worden. Das hat damit zu tun, dass diese Dateien sich von den ersten C++-Header-Dateien unterscheiden wollen. Diese stehen ebenfalls noch zur Verfügung (z. B.: <iostream.h>), haben allerdings das Konzept des Namensraumes (siehe 6.3.3) in C++ nicht umgesetzt.
> - Die Header-Dateien, die die Entwicklungsumgebung anbietet (Standardbibliothek) werden mit spitzen Klammern (< >) eingebunden. Dadurch sucht der Präprozessor (siehe 6.3.4) bei der Übersetzung auf dem Standard-Include-Verzeichnis der Entwicklungsumgebung.
> - Selbst geschriebene Header-Dateien liegen in der Regel auf dem Projektverzeichnis und werden mit Anführungsstrichen (" ") eingebunden.

6.3.3 Namensräume

Das Einbinden von mehreren verschiedenen Modulen in ein Projekt kann zu Problemen führen. Und zwar genau dann, wenn in zwei oder mehr Modulen gleich lautende Funktionen existieren, die allerdings ganz verschiedene Aufgaben erledigen.

Damit ist nicht das Überladen von Funktionen gemeint, das durchaus sinnvoll und beabsichtigt ist.

> **Beispiel:**
>
> **Modul_1.h**
> ```
> int funk( int );
> ```
>
> **Modul_1.cpp**
> ```
> int funk( int x )
> {
>    x = x * 100;
>    return x;
> }
> ```
>
> **Modul_2.h**
> ```
> int funk( int );
> ```
>
> **Modul_2.cpp**
> ```
> int funk( int x )
> {
>    if (x < 10 ) return 0;
>    return 1;
> }
> ```
>
> **main.cpp**
> ```
> #include "Modul_1.h"
> #include "Modul_2.h"
>
> int main()
> {
>    int a;
>    a = funk( 10 ); // nicht eindeutig auflösbar
> }
> ```

Bei der Übersetzung kann der Compiler nicht entscheiden, welche Funktion gemeint ist. Die Deklaration der Funktionen ist identisch, nur die Implementation unterscheidet sich.

Dieses Problem kann mithilfe der Namensräume gelöst werden.

Jedes Modul erhält einfach einen eigenen Namensraum. Der Zugriff auf die gewünschte Funktion geschieht dann unter Angabe des Namensraumes.

Definition eines Namensraumes:

namespace *Raum*   ← Bezeichnung
{
    :   ← Schlüsselwort
}

Möchte man nun grundsätzlich alle Funktionen bzw. Elemente eines Namensraumes benutzen, so genügt die Angabe:

using namespace *Raum*;

Der Zugriff auf ein spezielles Element eines Namensraumes wird durch die Voranstellung des Namens realisiert. Nach dem Namen muss zur Unterscheidung der **Scopeoperator** :: stehen.

Beispiel:

Modul_1.h

```cpp
namespace MODUL_1
{
int funk( int );
}
```

Modul_1.cpp

```cpp
namespace MODUL_1
{
int funk( int x )
{
   x = x * 100;
   return x;
}
}
```

Modul_2.h

```cpp
namespace MODUL_2
{
int funk( int );
}
```

Modul_2.cpp

```cpp
namespace MODUL_2
{
int funk( int x )
{
   if (x < 10 ) return 0;
   return 1;
}
}
```

main.cpp

```cpp
#include "Modul_1.h"
#include "Modul_2.h"
#include<iostream>
using namespace MODUL_1;
using namespace std;
```

```
int main()
{
  cout << funk( 10 ) << endl; // aus Modul_1
  cout << MODUL_2::funk ( 20 ); // explizit aus Modul_2
  cout << endl;
  system("PAUSE");
  return 0;
}
```
Bildschirmausgabe des Programmlaufes:

6.3.4 Der Präprozessor

Vor der Übersetzung des Quelltextes durch den Compiler bearbeitet der so genannte **Präprozessor** die Quellcodedateien.

Dabei ersetzt der Präprozessor beispielsweise den `#include`-Befehl durch die komplette Datei, die dort angegeben ist.

Der Compiler erhält letzten Endes eine einzige große Quellcode-Datei. Der Präprozessor hat zu diesem Zeitpunkt auch schon alle Kommentare entfernt.

Präprozessor-Befehle erkennt man an der vorangestellten Raute #.

Sie gehören nicht zum Sprachumfang von C++ und werden auch nicht mit einem Semikolon abgeschlossen.

Übersicht der Befehle:

Befehl	Beschreibung

`#include <Datei.h>`
oder
`#include "Datei.h"`
	Bindet den Quelltext der angegebenen Datei an der Stelle ein.

`#define` Bezeichner	Definiert einen Bezeichner

`#ifdef` Bezeichner
:
`#else`
:
`#endif`
	Eine Art if-Anweisung. Ist der Bezeichner definiert, so werden die Anweisungen ausgeführt. Ansonsten werden die Anweisungen im #else-Zweig durchgeführt.

`#ifndef` Bezeichner
:
`#else`
:
`#endif`
	Hier ist es umgekehrt. Ist der Bezeichner nicht definiert, so werden die Anweisungen ausgeführt. Ansonsten werden die Anweisungen im #else-Zweig durchgeführt.

Beispiel für die Verwendung von Präprozessor-Befehlen

Modul.h
```
void Debug_Ausgabe( float , int );
:
```

main.cpp

```
#define DEBUG_MODE      //Ein- und Ausschaltung des Modus
#include "Modul.h"
int main()
{
  :
  #ifdef DEBUG_MODE
  Debug_Ausgabe ( 1.0 , 3 );
  #endif
  :
}
```

In der Phase der Programmerstellung soll eine Debug-Funktion wahlweise eingebunden werden können. Im Hauptprogramm kann dann über **#define DEBUG_MODE** der Aufruf gesteuert werden.

Hinweis:

Wenn in einem Projekt mehrere Header-Dateien eingebunden werden, so ist es nicht ausgeschlossen, dass diese wiederum weitere Header-Dateien einbinden. So kann es zu mehrfachem Einbinden derselben Header-Datei kommen. Das ist solange unproblematisch, solange in den Header-Dateien nur Deklarationen stehen. Problematisch wird es, wenn in einer Header-Datei eine globale Konstante oder Variable festgelegt wird. Dann würde das mehrfache Einbinden zu einer Mehrfachdefinition und damit zu einem Fehler führen.

Aus diesem Grund sollte jede Header-Datei durch Präprozessor-Befehle gegen mehrfaches Einbinden geschützt werden.

Eine Header-Datei sollte generell diesen Aufbau haben:

```
# ifndef  Dateiname_h
# define  Dateiname_h
  :
  :
  :
# endif
```

Beispiel:

Modul.h

```
# ifndef Modul_h
# define Modul_h



int funk( int );


float  funk_2 ( char );
  :

  :
# endif
```

Sobald der Bezeichner **Modul_h** definiert ist, wird der Inhalt der Header-Datei nicht weiter beachtet. Dadurch ist das einmalige Einbinden gewährleistet.

6.3.5 Regeln zur modularen Programmgestaltung

An dieser Stelle sollen noch einmal wichtige Aspekte der modularen Programmgestaltung in Form von Regeln festgehalten werden.

Regel 1:
Bilden Sie Module, die zusammenhängende Funktionalitäten integrieren. Die logische Geschlossenheit des Moduls ist dabei wichtig. Es darf nicht sein, dass das Modul nur funktioniert, wenn beispielsweise eine globale Variable außerhalb des Moduls gesetzt werden muss.

Regel 2:
Bei der Implementierung der Module kann es notwendig sein, andere Module einzubinden. Beispielsweise soll ein Ausgabemodul für Bildschirmausgaben realisiert werden. Dazu muss natürlich das <iostream>-Modul eingebunden werden. Grundsätzlich gilt: Es wird immer nur das eingebunden, was nötig ist.

Regel 3:
Um mehrfaches Einbinden und dadurch resultierende Probleme zu verhindern, wird jede Header-Datei mit den Präprozessor-Befehlen davor geschützt.

Regel 4:
Entwickeln Sie eindeutige Schnittstellen. Die korrekte Benutzung eines Moduls hängt von der Verständlichkeit und Eindeutigkeit der Schnittstelle ab. Es ist durchaus sinnvoll, die Schnittstellen mit entsprechenden Kommentaren zu versehen.

Regel 5:
Denken Sie bei der Entwicklung von Modulen auch an spätere Einsetzbarkeit. Ein Modul, das auch im nächsten Projekt sofort verwendbar ist, spart Kosten und bringt Sicherheit durch geprüfte Funktionen.

7 Arrays

Angenommen, Sie möchten in einem Programm 10 Werte vom Typ **int** speichern und mit diesen Werten dann weiterarbeiten. Sie könnten sich dazu 10 Variablen vom Typ **int** deklarieren und dann hintereinander einlesen.

> **Beispiel:**
> ```
> int Wert1 , Wert2 , ...... , Wert10;
> cout << "Ersten Wert eingeben:";
> cin >> Wert1;
>    :
>    :
> cout << "Letzten Wert eingeben:";
> cin >> Wert10;
> ```

Das ist nicht besonders effektiv. Nicht nur, dass es viel Schreibarbeit ist, sondern auch viele andere Problemstellungen wären schwer zu realisieren. Beispielsweise die Suche nach dem Minimum der eingegebenen Zahlen wäre mit Aufwand verbunden.

> **Beispiel:**
> ```
> int Wert1 , Wert2 , ...... , Wert10;
> int Minimum;
> cout << "Ersten Wert eingeben:";
> cin >> Wert1;
>    :
> cout << "Letzten Wert eingeben:";
> cin >> Wert10;
> Minimum = Wert1;
> if (Minimum < Wert2) Minimum = Wert2;
> if (Minimum < Wert3) Minimum = Wert3;
> if (Minimum < Wert4) Minimum = Wert4;
>    :
> if (Minimum < Wert8) Minimum = Wert8;
> if (Minimum < Wert9) Minimum = Wert9;
> if (Minimum < Wert10) Minimum = Wert10;
> ```

Es lässt sich erahnen, mit welchem Aufwand es verbunden wäre, wenn nicht nur 10 sondern 1000 oder 10000 Werte verarbeitet werden müssten. Um solche Vorgänge zu vereinfachen gibt es in C++ (und auch in allen anderen Sprachen) die so genannten Arrays, auch Felder genannt.

7.1 Ein- und mehrdimensionale Arrays

7.1.1 Eindimensionale Arrays

Möchte man (wie in den einführenden Bemerkungen zu Arrays) mehrere Werte eines Datentyps speichern, so lässt sich das mit einem (eindimensionalen) Array realisieren.

Statt:

```
int Wert1;
int Wert2;
:
:
int Wert10;
```

`int Werte[10];`

In den eckigen Klammern wird die Anzahl (Tiefe) des Feldes angegeben. Damit stehen 10 Werte vom Datentyp int zur Verfügung.

Beispiel:

Das Array *Werte* soll mit Zahlen gefüllt werden.

```
int Werte[10];
int i;

for ( i = 0; i < 10 ; i++ )  Werte[i] = i*10;
```

Die Elemente des Arrays werden mit dem so genannten **Indexoperator [ ]** angesprochen.

Wenn man ein spezielles Element ansprechen will, so geschieht das mithilfe des Indexoperators und der Angabe des Index.

Nach der Schleife ist das Array *Werte* so gefüllt:

Index i	0	1	2	3	4	5	6	7	8	9
Inhalt: Werte[i]	0	10	20	30	40	50	60	70	80	90

ACHTUNG:

In C++ wird zwar ein Array mit 10 Elementen erstellt, aber der Index läuft von 0 bis 9.

Das hat damit tun, dass in C++ die Arrays und die Zeiger bzw. die Zeigerarithmetik ein Konzept bilden. Im Kapitel Zeiger wird diese Problematik noch einmal aufgegriffen.

Die Problematik aus den einführenden Bemerkungen zu Arrays, dass ein Benutzer 10 Zahlen eingibt und das Programm den kleinsten Wert (Minimum) berechnet, kann nun mit den Arrays deutlich eleganter gelöst werden.

Beispiel:

```
#include <iostream>
using namespace std;
int main()
{
const int MAX = 10;
int Werte[MAX];
int Minimum;
int i;
for ( i = 0 ; i < MAX ; i++ )
{
   cout << "Integerwert Nr. " << i+1 << " eingeben:" ;
   cin >> Werte[i];
}
```

```
Minimum = Werte[0];   //Anfangsvergleichswert festsetzen
for ( i = 1 ; i < MAX ; i++ ) // Schleife ab Index 1
{
   if (Minimum > Werte[i]) Minimum = Werte[i];
}
cout << "Das Mimimum lautet: " << Minimum << endl;
system("PAUSE");
return 0;
}
```

Die Benutzung einer konstanten Variablen macht dieses Programm universeller. Man braucht nur den Wert für MAX zu ändern und das Programm berechnet dann für eine beliebige Anzahl von Werten das Minimum.

ACHTUNG:

Bei der Deklaration eines Arrays muss entweder ein fester Wert oder eine konstante Variable zur Festlegung der Arraygrenzen benutzt werden. Die dynamische Festlegung eines Arrays kann nur mit dynamischer Speicherverwaltung (siehe Kapitel Zeiger) umgesetzt werden.

Folgendes Beispiel ist deshalb nicht möglich:

```
int Tiefe;

cout << "Bitte Feldtiefe eingeben: ";

cin >> Tiefe;

int Werte[Tiefe];
```
Das geht so leider nicht.

Selbstverständlich können Arrays mit jedem Datentyp gebildet werden. Bislang sind nur die elementaren Datentypen bekannt (`char`, `int`, `float` ,`double` , `bool`). In den nächsten Kapiteln werden dann die komplexen Datentypen wie Strukturen und Klassen eingeführt. Wie man sehen wird, können von diesen Datentypen dann ebenso Arrays angelegt werden.

Beispiele für weitere Arrays:

```
char  Zeichenfolge [ 100 ];
float Messwerte [ 1200 ];
bool Wahrheitswerte [ 88 ];
```

Hinweis:

Arrays können bei der Deklaration auch initialisiert und damit auch definiert werden. Die Initialisierung erfolgt durch die Aufzählung der Arrayelemente in geschweiften Klammern.

Beispiele:

```
int Werte [ 5 ] = { 1 , 3 , 5 , 8 , 2 };
char Zeichen [ 3 ] = { 'A' , 'B' , 'C' };
float Messungen [ ] = { 0.5 , 1.6 , 3.3 , 6.5 , 4.44 , 9.77 }
```

Wenn keine Tiefe angegeben wird, so richtet sich die Tiefe automatisch nach der Anzahl der Elemente bei der Initialisierung – in diesem Fall 6.

7.1.2 Mehrdimensionale Arrays

Die Vorstellung von mehrdimensionalen Arrays ist gerade am Anfang relativ schwer. Deshalb ist es sinnvoll, zuerst eine Vorstellung von einem zweidimensionalen bzw. dreidimensionalen Array zu bekommen.

7.1 Ein- und mehrdimensionale Arrays

Die Vorstellung eines zweidimensionalen Array entspricht einer Tabelle. Tabellen sind allgemein bekannt - sie bestehen aus Zeilen und Spalten, die den entsprechenden Index des Arrays widerspiegeln.

> **Beispiel:**
>
> Es wird ein zweidimensionales Array angelegt.
>
> ```
> float  Tab  [ 3 ] [ 4 ];
> ```
> [3] entspricht der Anzahl der Zeilen
> [4] entspricht der Anzahl der Spalten
>
> | | Spalte 0 | Spalte 1 | Spalte 2 | Spalte 3 |
> |---------|----------|----------|----------|----------|
> | Zeile 0 | 1.5 | 7 | 12.33 | 77.5 |
> | Zeile 1 | 124 | 99.99 | 453 | 67.89 |
> | Zeile 2 | 12 | 90.2 | 2727.5 | 22 |
>
> ```
> Tab  [ 1 ] [ 2 ] == 453
> ```
> [1] Zeilenangabe
> [2] Spaltenangabe

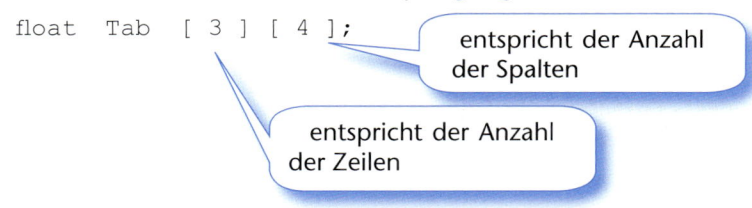

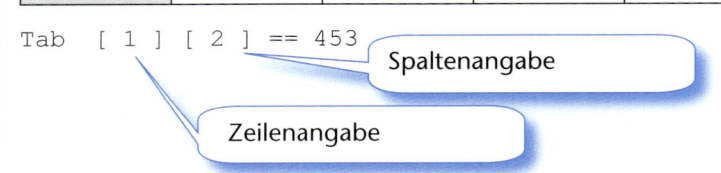

Dreidimensionale Arrays können sich als eine Sammlung von Tabellenblättern vorgestellt werden, die hintereinander angeordnet sind.

> **Beispiel:**
>
> Es wird ein dreidimensionales Array angelegt.
>
> ```
> float  Tab  [ 3 ] [ 3 ] [ 4 ];
> ```
>
> Blatt 2:
>
> | | Spalte 0 | Spalte 1 | Spalte 2 | Spalte 3 |
> |----------|----------|----------|----------|----------|
> | | | | | 25.3 |
> | | | | | 99.2 |
> | | | | | 10 |
>
> Blatt 1:
>
> | | Spalte 0 | Spalte 1 | Spalte 2 | Spalte 3 |
> |----------|----------|----------|----------|----------|
> | | | | | 45 |
> | | | | | 45.55 |
> | | | | | 78.6 |
>
> Blatt 0:
>
> | | Spalte 0 | Spalte 1 | Spalte 2 | Spalte 3 |
> |---------|----------|----------|----------|----------|
> | Zeile 0 | 1.5 | 7 | 12.33 | 77.5 |
> | Zeile 1 | 124 | 99.99 | 453 | 67.89 |
> | Zeile 2 | 12 | 90.2 | 2727.5 | 22 |
>
> ```
> Tab  [ 1 ] [ 1 ] [ 3 ] == 45.55
> ```
> [1] Tabellenblatt
> [1] Zeilenangabe
> [3] Spaltenangabe

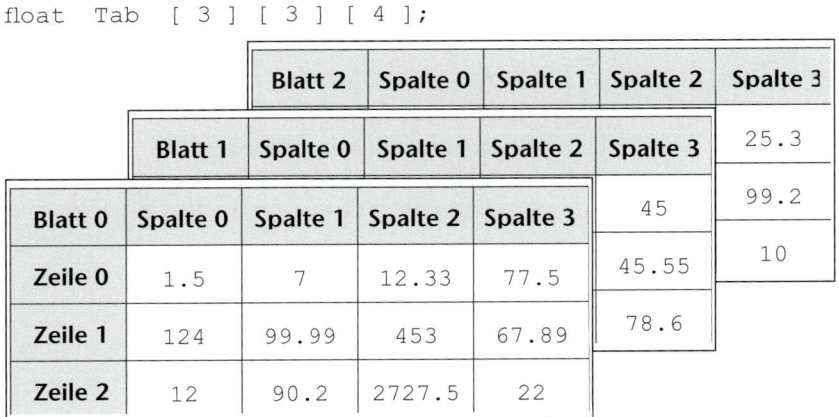

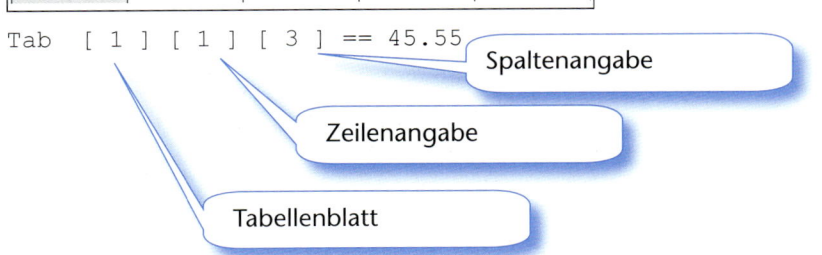

Nach der dritten Dimension hört die menschliche Vorstellungskraft auf. Die mehrdimensionalen Arrays mit mehr als 3 Dimensionen sind dann auch nicht mehr so konkret vorstellbar wie beispielsweise die Tabellen, aber dennoch sind sinnvolle Einsätze dieser Arrays denkbar.

> **Beispiel eines 5-dimensionalen Arrays:**
>
> Für ein psychologisches Experiment werden drei unterschiedliche Gruppen mit jeweils 15 Probanden festgelegt.
>
> Jeder Proband erhält 10 Fragebögen mit jeweils 12 Fragen. Jede Frage hat 3 Antworten, die angekreuzt werden können.
>
> Das Array, das diesen Versuch widerspiegelt könnte so aussehen:
>
> ```
> int Experiment [3][15][10][12][3];
> ```
>
> Es soll nun die Antwort des 5. Probanden aus Gruppe 2 für den 7. Fragebogen und die 4. Frage gespeichert werden. Die drei Antworten waren: Ja , Nein , Ja.
>
> Der Einfachheit halber wird ein Ja mit der Zahl 1 und ein Nein mit der Zahl 0 gespeichert.
>
> ```
> Experiment [1][4][6][3][0] = 1;
>
> Experiment [1][4][6][3][1] = 0;
>
> Experiment [1][4][6][3][2] = 1;
> ```

7.1.3 Übergabe von Arrays an Funktionen

Die Übergabe eines Arrays an eine Funktion gestaltet sich unproblematisch. Es wird nur der Array-Name als Parameter übergeben. In der Funktion kann dann wie gewohnt mit dem Indexoperator zugegriffen werden.

Beispiel einer Funktion, die ein Array von Integer-Werten übernehmen und auf dem Bildschirm ausgeben kann:

> Die Tiefe muss nicht angegeben werden. Damit ist die Funktion flexibel. Die Anzahl der Elemente wird mit einem weiteren Parameter übergeben.

```
void  Funk ( int  W [ ] , int anzahl )
{
     int i;
     for ( i = 0; i < anzahl ; i++ ) cout << W[i] << endl;
}
```

> Der Zugriff erfolgt wie gewohnt mit dem Indexoperator

Der Aufruf der oben definierten Funktion Funk geschieht wie folgt:
```
int main()
{
const int MAX = 10;
int Werte[MAX];
int i;
for ( i = 0 ; i < MAX ; i++ )
{
     cout << "Integerwert Nr. " << i+1 << " eingeben:" ;
     cin >> Werte[i];
}
Funk ( Werte , MAX );
```

> Die Übergabe geschieht allein durch die Angabe des Namens des Arrays.

```
system("PAUSE");
return 0;
}
```

Hinweis:

Bei der Übergabe eines Arrays an eine Funktion wird nicht das ganze Array kopiert, sondern nur die Anfangsadresse des Arrays im Speicher. Das wird allerdings noch deutlicher, wenn die Zeiger besprochen werden.

Die Übergabe von mehrdimensionalen Arrays ist ebenfalls einfach, allerdings muss ab der zweiten Dimension die Tiefe in der Deklaration festgelegt werden.

Beispiel:

```
void Funk ( int W [ ][ 5 ] )
{
   cout << W[2][3] << endl;
}
```

Es wäre deshalb sinnvoll zu Beginn des Programms die Tiefen des Arrays durch konstante Werte festzulegen. Eventuelle Änderungen der Tiefe müssen dann nur an einer Stelle vorgenommen werden.

Beispiel:

```
#include <iostream>
using namespace std;
const int Zeilen = 5;
const int Spalten = 3;
void Funk ( int W [Zeilen] [Spalten] )
{
    int i,j;
    for ( i=0; i < Zeilen; i++)
        for ( j=0; j < Spalten ; j++)
            W[i][j]= (i+1)*(j+1);
}
int main()
{
    int Werte[Zeilen][Spalten];
    int i,j;

    Funk(Werte);

    for ( i=0; i < Zeilen; i++)
    {
        for ( j=0 ; j < Spalten ; j++ )
            cout << Werte [i][j] << "  ";
    cout << endl;
    }
    system("PAUSE");
    return 0;
}
```

Die Bildschirmausgabe unter Dev-C++ sieht dann so aus:

```
C:\Dev-Cpp\Kapitel 7\Kapitel_7.exe
1    2    3
2    4    6
3    6    9
4    8    12
5    10   15
Drücken Sie eine beliebige Taste . . .
```

> **ACHTUNG:**
>
> Das obige Programm füllt mithilfe einer Funktion das Array mit Werten. Im Hauptprogramm ist das Array damit verändert. Dabei fällt auf, dass es sich bei der Übergabe des Arrays nicht um einen call by value handeln kann.
>
> In der Tat ist die Übergabe eines Arrays ein call by reference. Das bedeutet, dass die übergebene Variable eine nachhaltige Änderung erfahren kann und nicht nur ihren Wert gibt.
>
> Das Prinzip des call by reference wird im Kapitel Zeiger genauer betrachtet. Dann wird auch vollständig klar sein, warum eine Arrayübergabe keine Wertübergabe ist.

7.2 Zeichenketten in C++

Eine Zeichenkette ist nichts anderes als eine endliche Folge von Zeichen. In vielen Beispielprogrammen wurden Zeichenketten auch schon benutzt – zur Ausgabe von Text auf dem Bildschirm.

> **Beispiel:**
>
> ```
> cout << "Das ist ein Test.";
> ```
>
> Das Objekt cout gibt die Zeichenkette „Das ist ein Test." auf dem Bildschirm aus.

Zeichenketten können ganz verschieden aussehen. Folgende Beispiele sind ebenfalls Zeichenketten.

- `"das32jd8kjcncioeo2   dew90wek238)(jioj"`
- `"17128732171282138972378239"`
- `",:;:_'*`?=)(/&%$§!"`

Viele Programmiersprachen bieten für die Speicherung von Zeichenketten einen eingebauten Datentyp an. Beispielsweise gibt es in PASCAL und BASIC den Datentyp String.

In der Sprache C++ gibt es keinen elementaren Datentyp für Zeichenketten. Sie werden deshalb durch eindimensionale Arrays vom Typ char konstruiert.

7.2.1 Arrays vom Typ char

Das Speichern einer Zeichenkette in C++ erfolgt über ein Array vom Typ char. Für jedes Zeichen wird dann ein Element des Arrays reserviert.

Allerdings gibt es in C++ eine Besonderheit: Jede Zeichenkette muss durch eine Art Enderkennung für beendet erklärt werden. Diese Enderkennung nennt man **Nullterminierung**, das Zeichen dafür ist `'\0'`.

> **Beispiel:**
>
> ```
> char Kette [ 5 + 1 ] = "HALLO";
> ```

Es wird ein Array mit 6 (= 5 + 1) Elementen vereinbart, obwohl nur 5 Zeichen nötig sind. Die Reservierung eines weiteren Zeichens ist aber wichtig, da der Compiler automatisch die Nullerkennung an die Zeichenkette anhängt und dafür ist ein Element nötig.

■ Deshalb ist die Schreibweise 5 + 1 eine Art Gedächtnisstütze dafür, dass Platz für die Nullerkennung reserviert werden muss.

Im Speicher sieht das Array dann wie folgt aus:

Index i	0	1	2	3	4	5
Inhalt: Kette[i]	H	A	L	L	O	\0

■ **Hinweis:**
Das Zeichen '\0' besteht zwar auf den ersten Blick aus zwei Zeichen, allerdings ist der Backslash \ nur die Einleitung für ein Sonderzeichen und deshalb ist '\0' auch nur ein einzelnes Zeichen.

Besonderheiten bei Arrays vom Typ char:

Besonderheit 1:

Die Zuweisung einer Zeichenkette an ein char-Array kann nur bei der Definition geschehen. Eine Zuweisung im Programm ist nicht möglich.

```
char Kette [ 5 + 1 ] = "HALLO";
```
Hier kann die Zeichenkette dem Array zugewiesen werden. Der Compiler sorgt für die Nullerkennung.

```
Kette = "OLLAH";
```
Eine solche Zuweisung im Programm ist **nicht** möglich. Hier müssten Funktionen benutzt werden.

alternativ könnten die Elemente einzeln zugewiesen werden:

```
Kette [0] = 'H';
Kette [1] = 'A';
Kette [2] = 'L';
Kette [3] = 'L';
Kette [4] = 'O';
Kette [5] = '\0';
```

Besonderheit 2:

Die automatische Zuweisung der Nullerkennung durch den Compiler erfolgt nur bei der Definition eines char-Arrays wie in Besonderheit 1 dargestellt.

An allen anderen Stellen ist der Programmierer oder eine entsprechende Funktion dafür verantwortlich, die Nullerkennung korrekt zu setzen.

Wird die Nullerkennung bewusst überschrieben, so kann das nicht vorhersehbare Folgen haben wie im Folgenden dargestellt wird.

```
char Kette [ 5 + 1 ] = "HALLO";
cout << Kette;
Kette [ 5 ] = 'X';
cout << Kette;
```
Das Objekt cout gibt alle Zeichen des Arrays aus - bis zur Nullerkennung.

Die Nullerkennung wird bewusst überschrieben.

Das Objekt cout gibt nun solange Zeichen aus bis es zufällig auf eine Nullerkennung im Speicher stößt. Das kann einen fatalen Fehler verursachen.

7.2.2 Funktionen zur Zeichenkettenbearbeitung

Die Behandlung von Zeichenketten in C++ ist mühsam. Deshalb ist es sinnvoll, Funktionen zu schreiben, die die Arbeit erleichtern.

Ganz besonders wichtig ist, dass die Funktionen auf die korrekte Verwendung der Nullterminierung achten.

Ein elementares Beispiel für eine Zeichenkettenfunktion ist die Funktion Laenge, die die Länge einer Zeichenkette ermittelt und zurückgibt:

```
int Laenge( char K [ ] )
{
    int i;
    for (i=0; K[i]!='\0'; i++);
    return i;
}
```

> Solange die Nullerkennung nicht erreicht ist, wird die Schleifenvariable i inkrementiert.

```
int main()
{
char Kette[5+1] = "Hallo";
cout << Laenge(Kette); // gibt 5 auf dem Bildschirm aus
system("PAUSE");
return 0;
}
```

Ein weiteres Beispiel ist die Funktion Kopie, die eine Zeichenkette auf eine andere kopiert. Dadurch sind auch Zuweisungen von Zeichenketten im Programm möglich.

```
int Kopie( char Ziel [ ] , char Quelle [ ] )
{
    int i;
    for (i=0; Quelle[i]!='\0'; i++) Ziel[i] = Quelle[i];
    Ziel[i]='\0';
}
```

> **WICHTIG**: Nullerkennung nicht vergessen.

```
int main()
{
char Quelle[5+1] = "Hallo";
char Ziel[5+1];
Kopie (Ziel,Quelle);
cout << Ziel ; // gibt "Hallo" auf dem Bildschirm aus
Kopie (Ziel, "ollaH");
cout << Ziel ; // gibt " ollaH " auf dem Bildschirm aus
system("PAUSE");
return 0;
}
```

> **Hinweis:**
>
> Die Standardbibliothek bietet selbstverständlich eine Vielfalt von Funktionen zur Zeichenkettenbearbeitung. Die Benutzung der Funktionen setzt die Kenntnisse der Zeiger aus dem nächsten Kapitel voraus. Einen weiteren Überblick wird das Kapitel „Die C++-Standardbibliothek" verschaffen.

7.3 Sortieren von Arrays

In der Praxis werden Arrays oft zur Speicherung von Messwerten benutzt. Bei der Auswertung der Messwerte ist es oftmals sinnvoll, die Messwerte in sortierter Reihenfolge zu haben. Die Ermittlung des Medians (eines speziellen Mittelwertes) kann beispielsweise nur in einem sortierten Array durchgeführt werden.

Es gibt sehr viele Sortieralgorithmen, die unterschiedlich arbeiten und je nach Voraussetzung langsamer oder schneller sind. Beispielsweise sind die Art und die Vorsortierung der Messwerte wichtig, um den besten Algorithmus aussuchen zu können.

Solange es nicht auf Geschwindigkeit ankommt (was eher selten ist), könnte man mit einem Algorithmus auskommen.

In den folgenden Abschnitten werden zwei elementare Algorithmen vorgestellt, um eine Vorstellung über die Sortieralgorithmen zu erhalten.

7.3.1 Sortieren durch Auswahl

Das Prinzip dieses Algorithmus kann durch die folgenden Anweisungen beschrieben werden:

1. Suche in dem Array nach dem kleinsten bzw. größten Element.
2. Vertausche das Element mit dem ersten Element des Arrays.
3. Verschiebe den Startindex des Arrays um 1.
4. Wiederhole die Schritte 1-3, bis der Startindex am Ende des Arrays ist.

> **Beispiel: Ein Array mit 5 Werten**
>
> Nach jedem Schritt wird der Index erhöht, ab dem das Array betrachtet wird. Die Anfangselemente des Arrays, die dann nicht mehr betrachtet werden, sind in grau dargestellt.
>
> | Index | 0 | 1 | 2 | 3 | 4 |
> |-------|----|----|----|----|---|
> | Wert | 10 | 55 | 23 | 18 | 5 |
>
> **1. Schritt:**
>
> Suchen des Minimums → tauschen mit dem ersten Element
>
> | Index | 0 | 1 | 2 | 3 | 4 |
> |-------|---|----|----|----|----|
> | Wert | 5 | 55 | 23 | 18 | 10 |
>
> **2. Schritt:**
>
> Suchen des Minimums ab Index 1 → tauschen mit dem zweiten Element
>
> | Index | 0 | 1 | 2 | 3 | 4 |
> |-------|---|----|----|----|----|
> | Wert | 5 | 10 | 23 | 18 | 55 |
>
> **3. Schritt:**
>
> Suchen des Minimums ab Index 2 → tauschen mit dem zweiten Element
>
> | Index | 0 | 1 | 2 | 3 | 4 |
> |-------|---|----|----|----|----|
> | Wert | 5 | 10 | 18 | 23 | 55 |
>
> **4. Schritt:**
>
> Suchen des Minimums ab Index 3 → kein Tausch nötig
>
> | Index | 0 | 1 | 2 | 3 | 4 |
> |-------|---|----|----|----|----|
> | Wert | 5 | 10 | 18 | 23 | 55 |

Damit ist das Array aufsteigend sortiert.

Für die Umsetzung des Algorithmus in C++ werden zwei Funktionen geschrieben. Die Funktion Minimum liefert den Index des Minimums eines Arrays innerhalb von festgelegten Arraygrenzen. Die Funktion Sortiere führt dann die eigentliche Sortierung durch.

```cpp
#include <iostream>
using namespace std;
const int MAX = 10;
/* Die Funktion Minimum_Index liefert den Index des kleinsten Elementes
des Teilarrays */
int Minimum_Index(int W[], int anfang, int ende)
{
    int Min = W[anfang];
    int Min_Index=anfang;
    int i;
```

```cpp
       for (int i=anfang+1; i < ende;i++)
       {
          if (Min >W[i])
          {
                Min = W[i];   // Minimum merken
                Min_Index=i;  // Index dazu merken
          }
       }
return Min_Index;
}
/* Die Funktion Sortiere durchläuft das Array und tauscht gegebenenfalls
das jeweilige Arrayelement mit dem kleinsten Element des restlichen Teil-
arrays */
void Sortiere(int W[], int anzahl)
{
    int i;
    int Min_Index;
    int dummy;

    for (i=0;i<anzahl;i++)
    {
       Min_Index = Minimum_Index(W,i,anzahl);
       if ( i!=Min_Index) // nur tauschen, wenn verschieden
       {
          dummy = W[i];
          W[i]=W[Min_Index];
          W[Min_Index]=dummy;
       }
    }
}
int main ( )
{
int Werte[ MAX ] = {10, 55, 23, 18, 5, 99, 22, 33, 1, 38};
int i;
Sortiere(Werte,MAX);
for (i = 0; i < MAX ; i++)
{
     cout << Werte[i] << "   " ;
}
cout << endl;
system("PAUSE");
return 0;
}
```

Die Bildschirmausgabe unter Dev-C++ sieht dann so aus:

```
C:\Dev-Cpp\Kapitel 7\Kapitel_7.exe
1    5    10   18   22   23   33   38   55   99
Drücken Sie eine beliebige Taste . . .
```

7.3.2 Der Bubblesort

Ein weiteres einfaches Sortierverfahren ist der so genannte Bubblesort.

Das Verfahren hat seinen Namen, weil man sich die Elemente eines Array als Blasen (engl. bubbles) in einem Sprudelglas vorstellt. Größere Blasen (= Elemente des Feldes) steigen solange auf, bis sie durch noch größere Blasen aufgehalten werden, die ihrerseits weiter aufsteigen.

Die folgenden Grafiken verdeutlichen das Prinzip in anschaulicher Weise:

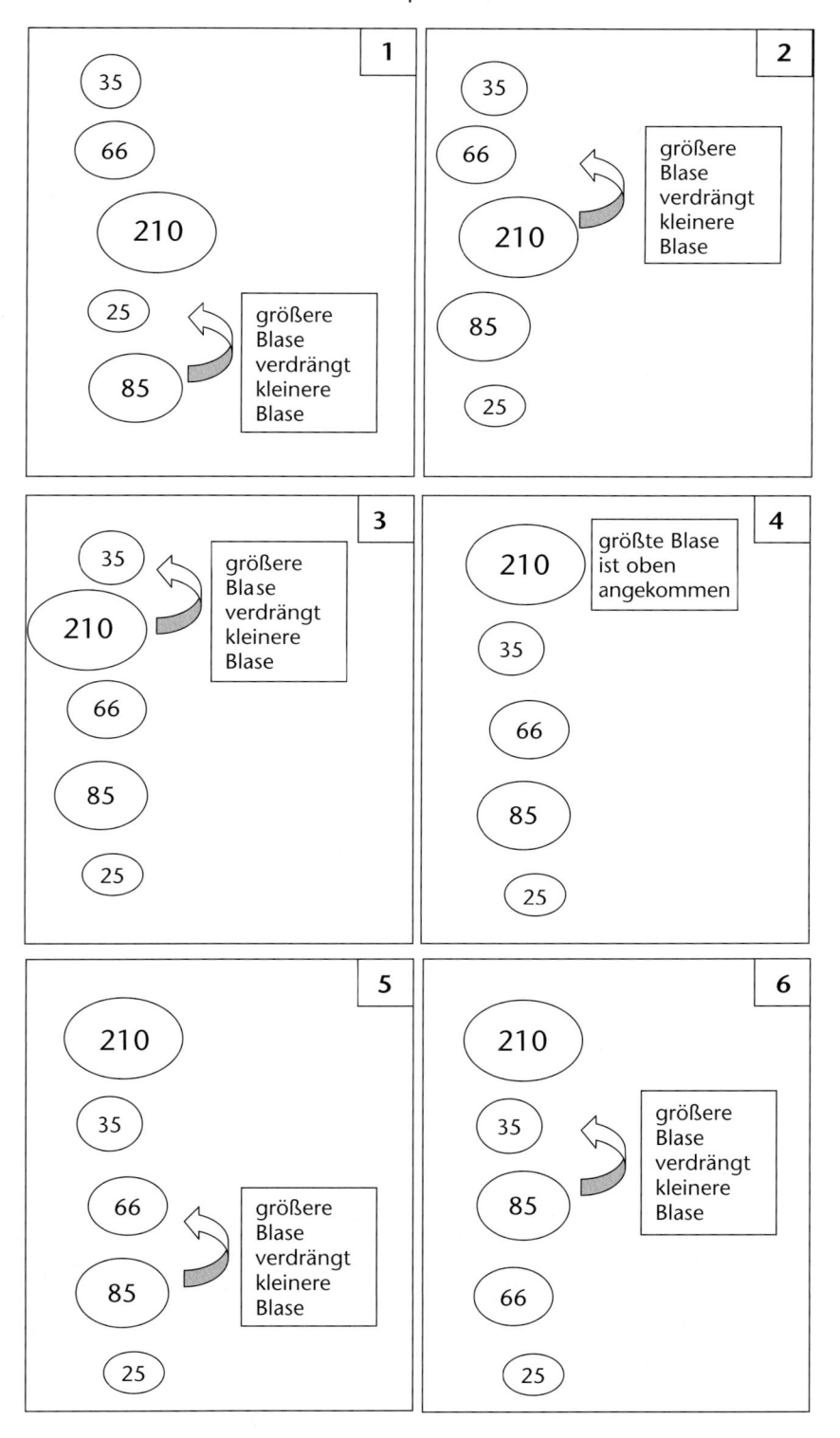

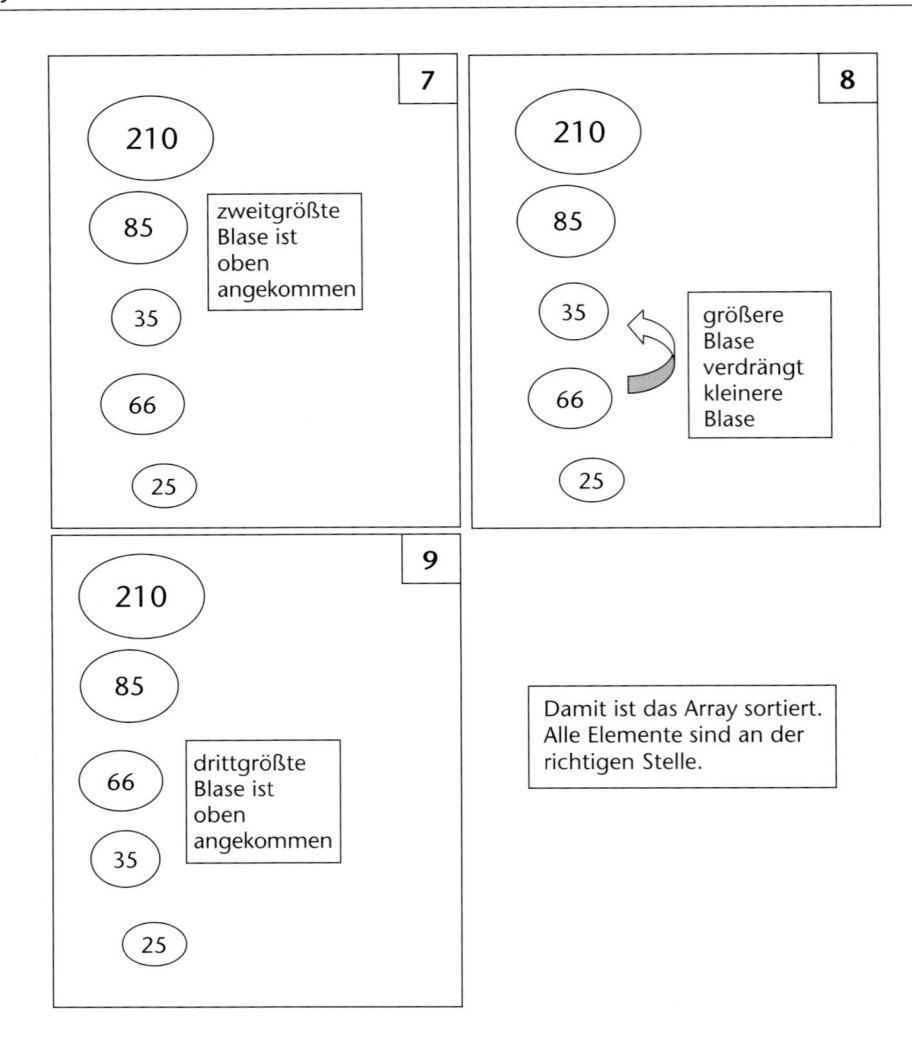

7 Arrays

7

210
85 — zweitgrößte Blase ist oben angekommen
35
66
25

8

210
85
35
66 — größere Blase verdrängt kleinere Blase
25

9

210
85
66 — drittgrößte Blase ist oben angekommen
35
25

Damit ist das Array sortiert. Alle Elemente sind an der richtigen Stelle.

Damit ist das Array sortiert. Alle Elemente sind an der richtigen Stelle.

Die Umsetzung des Algorithmus kann nun in knappen Worten beschrieben werden.

Das Array wird in einem ersten Schritt vom Anfang bis zum Ende durchlaufen. Das erste Element wird mit seinem Nachfolger verglichen und gegebenenfalls getauscht. Dann wird der Nachfolger mit dem nächsten Element verglichen und gegebenenfalls getauscht. Das geschieht bis zum Ende des Arrays. Dadurch ist das größte Element ans Ende des Arrays versetzt worden.

In den folgenden Schritten wird dasselbe Prinzip angewendet. Wenn ein Array beispielsweise 4 Elemente hat, so müssen diese Schritte dreimal durchgeführt werden. Allgemein braucht es (N-1) Schritte bei N Elementen.

Der erste Schritt läuft noch bis zum Ende des Arrays, der zweite braucht nur bis zum vorletzten Element laufen, da das größte Element bereits am Ende steht usw. usw.

Nach diesen Überlegungen kann der Algorithmus nun in C++ umgesetzt werden:

```
#include <iostream>
using namespace std;
const int MAX = 10;

void Bubblesort(int W[], int anzahl)
{
      int dummy;
      int i,j;
      for (i=anzahl-2 ; i >= 0 ; i--)
            for (j=0; j <= i; j++)
            {
            if (W[j] > W[j+1]) // Falls Nachfolger größer
                  {
                  dummy = W[j];   // dann tauschen
                  W[j]=W[j+1];
                  W[j+1]=dummy;
                  }
            }
}
int main ( )
{
int Werte[ MAX ] = {10, 55, 23, 18, 5, 99, 22, 33, 1, 38};
int i;
Bubblesort(Werte,MAX);
for (i = 0; i < MAX ; i++)
{
      cout << Werte[i] << "   " ;
}
cout << endl;
system("PAUSE");
return 0;
}
```

8 Zeiger

Die Systemnähe von C++ kommt vor allem durch das Zeigerkonzept in C++ zum Ausdruck. In den meisten anderen Programmiersprachen (beispielsweise Basic oder Java) werden Zeiger nicht verwendet. Zeiger waren auch schon elementarer Bestandteil der Programmiersprache C, auf der C++ bekanntermaßen aufbaut. In C war es beispielsweise nicht möglich, einen Referenzaufruf (das Gegenteil vom call by value) ohne Zeiger durchzuführen. In C++ gibt es dazu noch eine weitere Alternative (den Referenzoperator).

8.1 Zeigervariablen

Eine Zeigervariable ist (einfach gesagt) nichts anderes als eine Variable, die die Adresse einer anderen Variablen speichern kann. Mit Adresse ist die physikalische Adresse im Speicherbereich gemeint.

Anwendungen von Zeigervariablen folgen in Kapitel 8.2.

> **Experteninfo:**
>
> Die Größe einer Adresse im Speicher ist im Allgemeinen vom Betriebssystem abhängig. Die heutigen 32-Bit-Betriebssysteme haben Adressen der Größe 4 Byte (32 Bit).
>
> Zu Zeiten von Windows 3.1 oder DOS waren die Adressen in der Regel 2 Byte groß. Der Speicher war in Segmente geteilt, innerhalb der Segmente arbeitete man mit NEAR-Zeigern und segmentübergreifend mit FAR-Zeigern.

8.1.1 Deklaration eines Zeigers

Zeiger sind Variablen, die Adressen von anderen Variablen speichern können.

Um beispielsweise die Adresse einer Integer-Variablen zu speichern, muss eine Zeigervariable vom Typ int angelegt werden.

Dazu wird dem Namen der Zeigervariablen ein Stern vorangestellt.

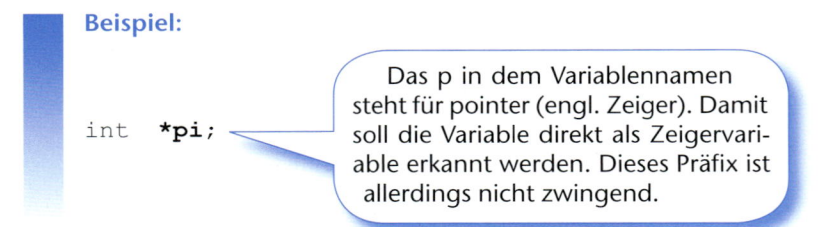

> **Beispiel:**
>
> ```
> int    *pi;
> ```
>
> Das p in dem Variablennamen steht für pointer (engl. Zeiger). Damit soll die Variable direkt als Zeigervariable erkannt werden. Dieses Präfix ist allerdings nicht zwingend.

Diese Variable ist nun in der Lage, die Adresse einer Integervariablen zu speichern.

Der Stern hat nun eine zweite Bedeutung erhalten. Bislang diente er als Multiplikations-Operator, jetzt dient er auch zur Deklaration von Zeigervariablen.

Zeigervariablen können selbstverständlich für alle Datentypen deklariert werden.

> **Beispiel:**
>
> ```
> char *pc;    float *pf;    double *pd;
> ```

8.1.2 Der Adressoperator

Eine Zeigervariable kann die Adresse einer anderen Variablen speichern. Die Adresse einer Variable erhält man mithilfe des **Adressoperators &**.

Das Voranstellen des &-Operators sorgt für die Bekanntgabe der Adresse der Variablen.

Beispiel:
```
int i;

int  *pi;
```
Deklaration einer Zeigervariablen `pi`.

```
pi = &i;
```
Die Zeigervariable `pi` erhält die Adresse der Variablen `i`.

ACHTUNG:

Es ist durchaus möglich einer Zeigervariablen direkt eine Adresse zuzuweisen.

Beispiel:
```
int * pi = reinterpret_cast <int*> (12345);
```
Die Zeigervariable hat nun eine „willkürliche" Adresse gespeichert. Arbeitet man jetzt mit dieser Variablen, indem man beispielsweise der Adresse einen neuen Inhalt zuweist, so führt das in der Regel zum Programmabsturz. Das zeigt, dass die Verwendung von Zeigern mit Vorsicht geschehen sollte. An dieser Stelle zeigt sich auch der Einsatz des Cast-Operators `reinterpret_cast < > ()`, der eine Konvertierung durchführt, die eigentlich nicht einer Standardkonvertierung entspricht.

8.1.3 Der Dereferenzierungsoperator

Eine Variable hat eine Adresse und einen Inhalt (Wert), der ab dieser Adresse gespeichert ist.

Erhält nun eine Zeigervariable die Adresse einer anderen Variablen, so ist es möglich, auf den Inhalt der Adresse zuzugreifen – und zwar mit dem **Dereferenzierungsoperator ***.

Der Stern erhält nun seine dritte Bedeutung, je nach Zusammenhang.

Beispiel:

Die Variable i ist ab der Adresse `00001` gespeichert.
```
int i = 555;
int * pi = &i;
```

Adresse
00001
00002
00003
00004
00005
:
:

Diese 4 Bytes sind für die Speicherung des Inhaltes (Wertes) von i reserviert. = 555

```
*pi = 999;
```
Mithilfe des **Dereferenzierungsoperators *** wird der Inhalt, der ab der Adresse gespeichert ist, neu zugewiesen. Der neue Inhalt ist 999. Die Variable i hat nun den Wert 999.

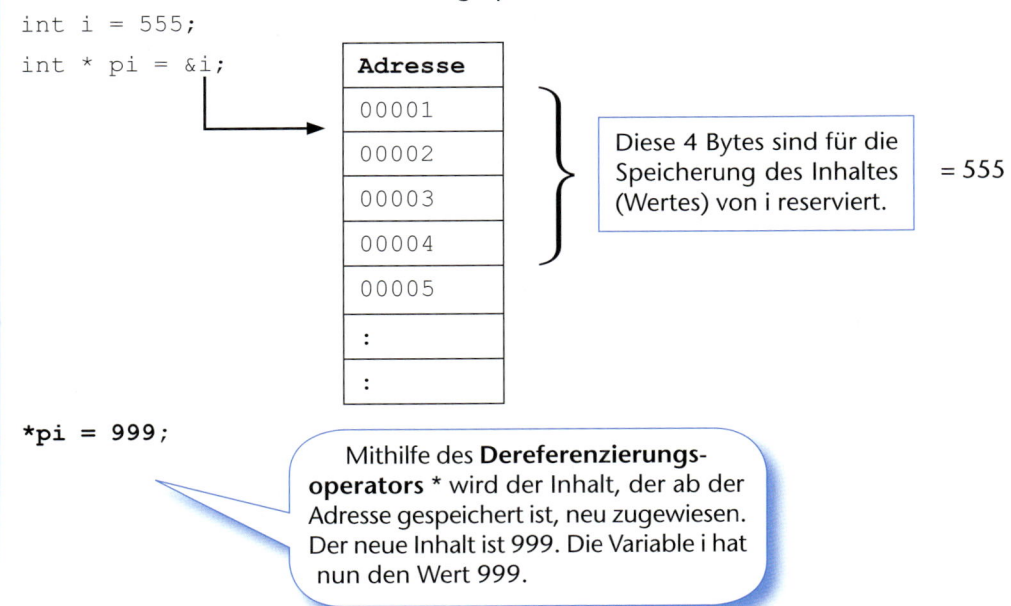

Weitere Beispiele für das Verständnis der neuen Operatoren:

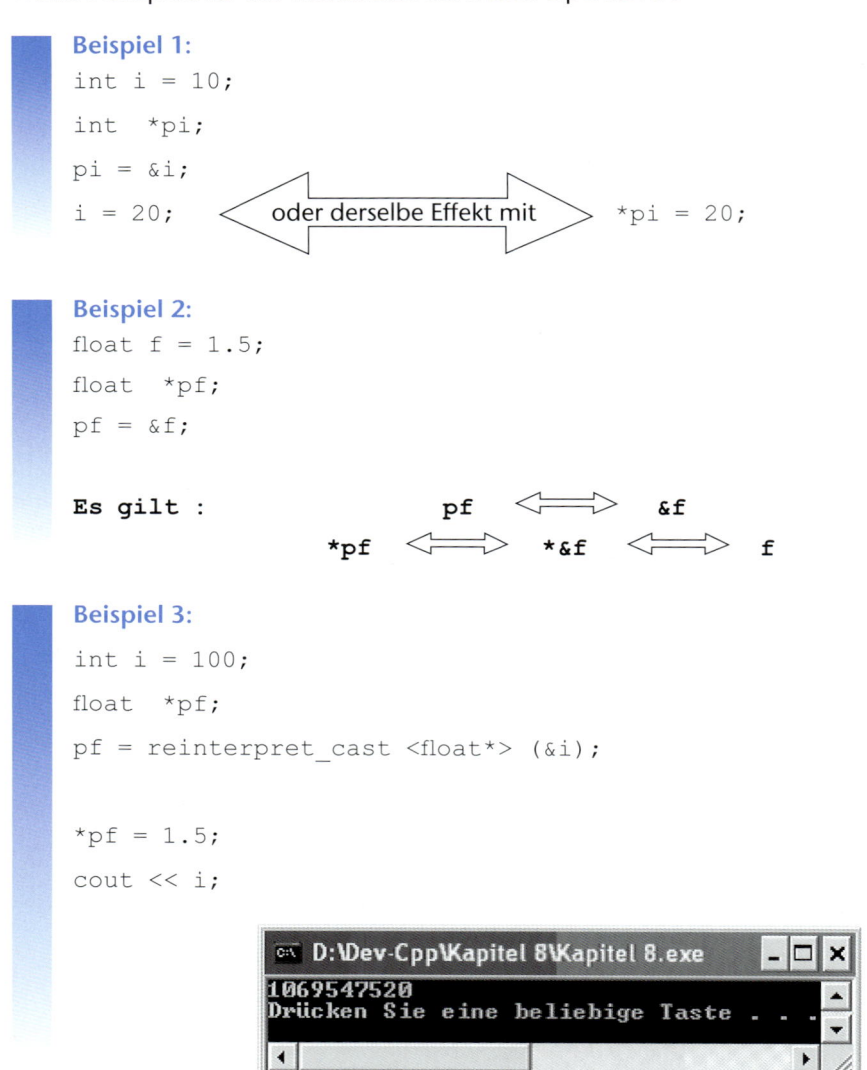

Beispiel 1:
```
int i = 10;
int *pi;
pi = &i;
i = 20;        oder derselbe Effekt mit        *pi = 20;
```

Beispiel 2:
```
float f = 1.5;
float *pf;
pf = &f;
```

Es gilt: pf ⟺ &f
              *pf ⟺ *&f ⟺ f

Beispiel 3:
```
int i = 100;
float *pf;
pf = reinterpret_cast <float*> (&i);

*pf = 1.5;
cout << i;
```

```
D:\Dev-Cpp\Kapitel 8\Kapitel 8.exe
1069547520
Drücken Sie eine beliebige Taste . . .
```

Dieses Beispiel zeigt eine erzwungene Konvertierung der Adresse einer Integervariablen in die Adresse einer float-Variablen. Mit dem Zeiger pf wird dann ein float-Wert 1.5 auf diese Adresse gespeichert. Die interne Speicherung eines float-Wertes unterscheidet sich total von der internen Speicherung eines int-Wertes (die Speicherung eines float-Wertes erfolgt in Mantisse und Exponent). Die Ausgabe von i zeigt ein „chaotisches" Ergebnis, da Mantisse und Exponent nun als Integer-Wert interpretiert werden.

Dieses Beispiel zeigt erneut, dass mit Zeigern sensibel umgegangen werden muss.

Hinweis:

Der Dereferenzierungsoperator wird auch als Inhaltsoperator bezeichnet, da er über eine Adresse auf den Inhalt einer Variablen zugreifen lässt.

8.2 Anwendungen von Zeigervariablen

8.2.1 Der call by reference

Die Zeiger in C++ sind gewöhnungsbedürftige Datentypen. Das liegt auch daran, dass im Zusammenhang mit Zeigern die Operatoren * und & drei neue Bedeutungen erhalten. Nach dem eher theoretischen Einführungskapitel 8.1 kann nun eine erste wichtige Anwendung der Zeiger besprochen werden – der call by reference wird mithilfe der Zeiger realisiert.

8.2 Awendungen von Zeigervariablen

Das folgende Beispiel veranschaulicht diese neue Parameterübergabe bei Funktionen:

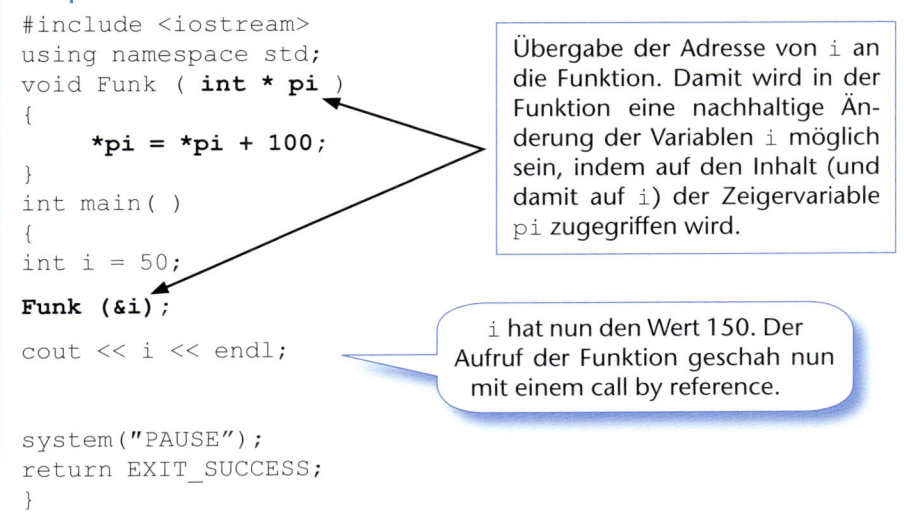

Beispiel:
```
#include <iostream>
using namespace std;
void Funk ( int * pi )
{
    *pi = *pi + 100;
}
int main( )
{
int i = 50;

Funk (&i);
cout << i << endl;


system("PAUSE");
return EXIT_SUCCESS;
}
```

Übergabe der Adresse von `i` an die Funktion. Damit wird in der Funktion eine nachhaltige Änderung der Variablen `i` möglich sein, indem auf den Inhalt (und damit auf `i`) der Zeigervariable `pi` zugegriffen wird.

`i` hat nun den Wert 150. Der Aufruf der Funktion geschah nun mit einem call by reference.

Hinweis:
Die englischen Bezeichnungen call by value und call by reference könnten am ehesten mit Wertübergabe und Referenzübergabe übersetzt werden. Die Parameter hießen dann Wertparameter und Referenzparameter.

8.2.2 Zeiger und Arrays
Zeiger und Arrays haben viele Gemeinsamkeiten. Ein Array ist eigentlich nichts anderes als ein reservierter Speicherbereich und der Arrayname steht für die Anfangsadresse dieses Bereiches.

Beispiel:
```
float  Feld [5] = { 1.5 , 3.2 , 0.6 , 55.3 , 8.1 };
```
Anfangsadresse

00000	00004	00008	00012	00016
1.5	3.2	0.6	55.3	8.1

Im Speicher wird Platz für 5 Elemente reserviert, also für 20 Byte, denn der float-Datentyp ist 4 Byte groß.

Der Name des Arrays steht nun für die Anfangsadresse des reservierten Bereiches. Der Datentyp des Arrays gibt vor, wie viele Byte ein Element groß ist. Der Zugriff über den Index kann deshalb auch so interpretiert werden:

`Feld[2]` → Gehe 2 * 4 Byte weiter und nehme den Inhalt

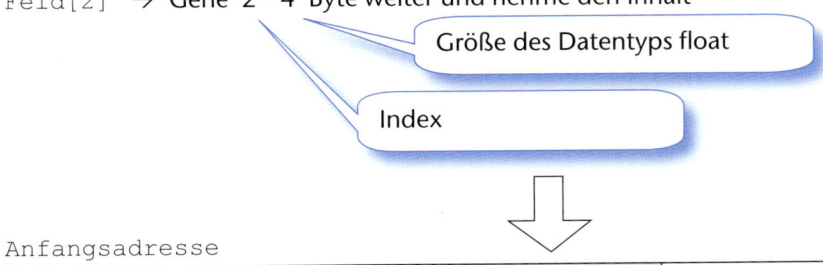

Größe des Datentyps float

Index

Anfangsadresse

00000	00004	00008	00012	00016
1.5	3.2	0.6	55.3	8.1

Aus diesen Gründen ist die Übergabe eines Arrays an eine Funktion nichts anderes als die Übergabe der Adresse des ersten Feldelementes an die Funktion.

Folgende Deklarationen einer Funktion sind deshalb identisch:
```
Funk ( int W [] );           Funk ( int * W );
```

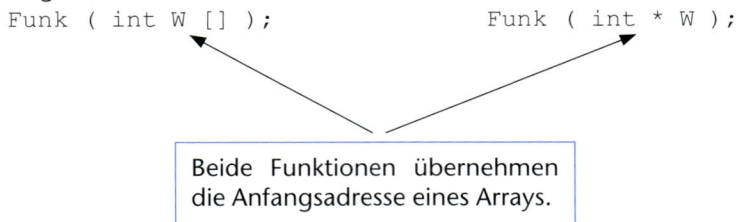

Beide Funktionen übernehmen die Anfangsadresse eines Arrays.

Die folgenden Aufrufe der o. a. Funktionen sind ebenfalls identisch:
```
int Werte[5]={ 2 , 4 , 8 , 3 , 7 };
Funk ( Werte );              Funk ( &Werte[0] );
```

In beiden Fällen wird die Adresse des ersten Elementes übergeben.

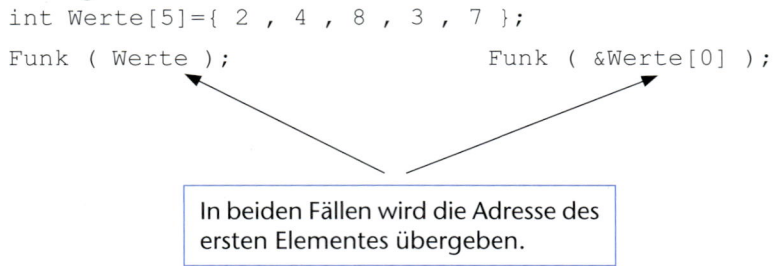

8.2.3 Zeigerarithmetik

Auch mit Zeigervariablen ist es möglich, gewisse Rechenoperationen durchzuführen.

Diese Rechenoperationen sind aber beschränkt auf die Addition und Subtraktion.

Addition bzw. Subtraktion einer Integer-Zahl:

Auf einen Zeiger kann eine Integer-Zahl addiert bzw. von einem Zeiger kann eine Integer-Zahl subtrahiert werden. Das Ergebnis dieser Operationen kann an folgendem Beispiel verdeutlicht werden.

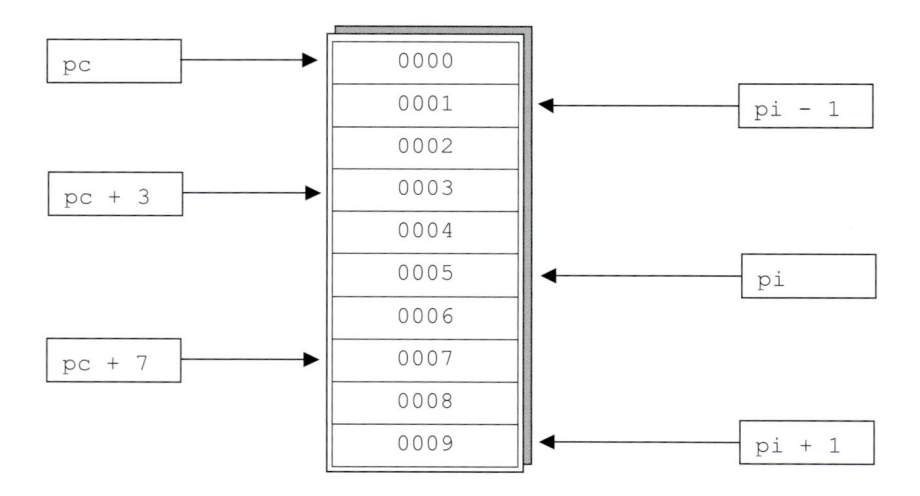

```
char * pc = 0001;  // Die Zuweisung der Adressen ist symbolisch
int * pi = 0005;
```

Die Addition einer Integerzahl erhöht die Adresse um den Wert

(Integerzahl)*(Bytegröße des Datentyps). Analog ist es bei der Subtraktion.

Subtraktion eines Zeigers von einem Zeiger

Die Subtraktion eines Zeigers von einem anderen liefert die Differenz der beiden Adressen, allerdings in der Größe des Datentyps des Zeigers gemessen.

Beispiel:

```
int * pi_1 = 0005;
int * pi_2 = pi_1 + 4;
int differenz;

differenz = pi_2 - pi_1;      // differenz == 4
```

ACHTUNG:

Zeiger mit verschiedenen Datentypen können nicht voneinander subtrahiert werden.

Die Zeigerarithmetik eröffnet eine neue Möglichkeit Arrays zu behandeln. Statt des Indexoperators können Zeigerarithmetik und Dereferenzierungsoperator den Zugriff steuern.

Beispiel:

```
int Werte[5]={ 2 , 4 , 8 , 3 , 7 };
int * pi;

pi = Werte;              // Zeiger erhält Anfangsadresse des Arrays
*pi = 10;                // identisch mit:  Werte[0]=10;
*(pi + 1) = 20;          // identisch mit:  Werte[1]=20;
*(pi + 4) = 50;          // identisch mit:  Werte[4]=50;
```

Diese vielfältigen Möglichkeiten sollen noch einmal anhand der bereits bekannten Funktion **Laenge** (Bestimmung der Länge einer Zeichenkette) aufgezeigt werden.

Alle folgenden Funktionen erfüllen denselben Zweck.

Beispiel 1: Deklaration und Zugriff mit Indexoperator

```
int Laenge( char K [ ] )
{
    int i;
    for (i=0; K[i]!='\0'; i++);
    return i;
}
```

Beispiel 2: Deklaration mit Zeiger und Zugriff mit Indexoperator

```
int Laenge( char *K )
{
    int i;
    for (i=0; K[i]!='\0'; i++);
    return i;
}
```

Beispiel 3: Deklaration mit Indexoperator und Zugriff mit Zeigerarithmetik

```
int Laenge( char K [ ] )
{
    int i;
    for (i=0; *(K+i)!='\0'; i++);
    return i;
}
```

Beispiel 4: Deklaration mit Zeiger und Zugriff mit Zeigerarithmetik

```
int Laenge(char * K)
{
    int i;
    for (i=0; *(K+i)!='\0'; i++);
    return i;
}
```

8.2.4 Zeiger auf Funktionen

Funktionen haben (ebenso wie jede Variable oder ein Array) eine Startadresse im Speicher.

Diese Startadresse ist der Einsprungpunkt für die Ausführung der Funktion. Wird von einer Funktion nur der Name angegeben, so wird dieser automatisch in die Startadresse konvertiert – genau so wie bei einem Array. Ein Zeiger auf eine Funktion muss allerdings besonders deklariert werden:

Rückgabedatentyp **(*pFunk)** (Parameterliste)

Durch die Klammerung wird deutlich gemacht, dass es sich um einen Zeiger auf eine Funktion handelt und nicht um eine Funktion, die als Rückgabedatentyp einen Zeiger hat.

Beispiel:
```
double Quadrat (double x)
{
   return x * x;
}
int main()
{
double (*pfunk) (double);
pfunk = Quadrat; //Zuweisung der Adresse von Quadrat
cout << "Das Quadrat von 9 ist:  " << (*pfunk)(9);
system("PAUSE");
return EXIT_SUCCESS;
}
```

Deklaration eines Zeigers auf eine Funktion, die einen double-Wert übernimmt und einen double-Wert zurückgibt.

Mithilfe des Dereferenzierungsoperators wird die Funktion Quadrat aufgerufen.

ACHTUNG:

Bei der Deklaration eines Funktionszeigers und beim Aufruf einer Funktion über den Funktionszeiger muss die Priorität des Stern-Operators durch Klammern deutlich gemacht werden.

Zeiger auf Funktionen kommen in der Praxis eher selten vor. Es gibt jedoch Anwendungsbeispiele, in denen dieses Konzept enorme Vorteile bietet. Als ein Beispiel dafür kann die Sortierfunktion `qsort` (Quicksort) betrachtet werden, die in der Standardbibliothek enthalten ist. Dieser sehr schnelle Algorithmus (basiert auf rekursiven Funktionen) wurde unter Einbeziehung von Zeigern auf Funktionen implementiert. Dadurch beschränkt sich die Sortierfunktion nicht auf einen bestimmten Datentyp, sondern kann beliebige Datentypen (sogar komplexe wie Strukturen oder Klassen) sortieren.

Das Prinzip ist relativ einfach. Man übergibt der Funktion qsort ein beliebiges Array, gibt weiterhin an, wie groß ein Arrayelement ist und wie viele Elemente in dem Array sind.

Zusätzlich wird der Funktion die Adresse einer Vergleichsfunktion übergeben, die selbst geschrieben werden muss. Die Deklaration dieser Vergleichsfunktion ist vorgegeben. Die Implementation richtet sich dann nach dem Datentyp des Arrays, das sortiert werden soll.

8.2 Awendungen von Zeigervariablen

Deklaration der Funktion qsort:

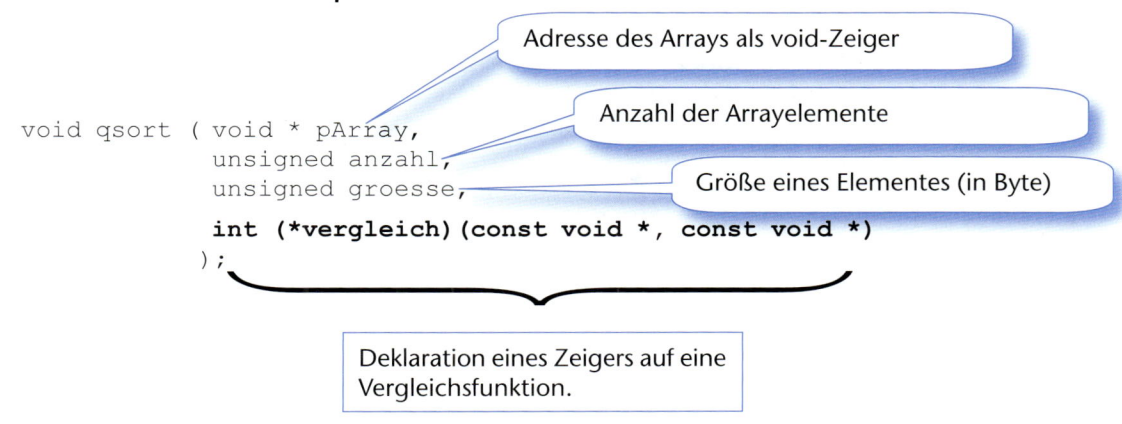

```
void qsort ( void * pArray,           // Adresse des Arrays als void-Zeiger
             unsigned anzahl,          // Anzahl der Arrayelemente
             unsigned groesse,         // Größe eines Elementes (in Byte)
             int (*vergleich)(const void *, const void *)
           );
```

Deklaration eines Zeigers auf eine Vergleichsfunktion.

> **Hinweis:**
>
> Die Funktion `qsort` benutzt `void`-Zeiger. Der Datentyp `void` ist (wie aus dem Kapitel 2.3.2 bekannt) ein „leerer" Datentyp. Er wird als Stellvertreter benutzt, der für einen beliebigen anderen Datentyp stehen kann. Damit wird die Funktion `qsort` universell einsetzbar.

Die von `qsort` genutzte Vergleichsfunktion muss dabei folgenden Aufbau haben:

`int `**`vergleich`**` (const void* A, const void * B);`

Diese Vergleichs-Funktion wird von der Funktion `qsort` aufgerufen und erhält zwei Zeiger auf zwei Elemente des zu sortierenden Feldes. Die Aufgabe der Vergleichsfunktion ist es nun, diese `void`-Zeiger explizit in die gewünschten Zeiger (die dem Datentyp des zu sortierenden Feldes entsprechen) umzuwandeln und einen Vergleich durchzuführen.

Die Funktion muss dann folgende Rückgabewerte haben:

Falls (A < B)	→	Rückgabe –1
Falls (A == B)	→	Rückgabe 0
Falls (A > B)	→	Rückgabe 1

Vorsicht: (A < B) ist nur symbolisch gemeint. Vor dem Vergleich müssen Zeiger erst dereferenziert werden.

> **Beispiel:**
> ```
> int vergleich (const void* A, const void* B)
> {
>         const int *pX;
>         const int *pY;
>
>         pX = reinterpret_cast <const int*> (A);    // Umwandeln
>         pY = reinterpret_cast <const int*> (B);    // Umwandeln
>
>         if (*pX < *pY) return -1; //Inhalt vergleichen
>         if (*pX > *pY) return 1;
>
>         return 0;
> }
> int main()
> {
> int Werte[10] = { 9, 5, 34, 20, 1, 100, 21, 16, 99, 55 };
> void * pv;
>
> pv = reinterpret_cast <void*> (Werte);
> qsort( pv , 10 , sizeof(int) , vergleich);
>
> for (int i=0; i< 10; i++)
>         cout << Werte[i] << endl;
>
> system("PAUSE");
> return EXIT_SUCCESS;
> }
> ```

Die Bildschirmausgabe unter Dev-C++ sieht dann so aus:

```
C:\Dev-Cpp\Kapitel 8\Kapitel 8.exe
1    5    9    16   20   21   34   55   99   100
Drücken Sie eine beliebige Taste . . .
```

Das Beispiel zeigt die Universalität der Funktion `qsort`. Mit dieser Funktion ist es also möglich, ein beliebiges Array zu sortieren. Die einzige Arbeit, die man leisten muss, ist die Implementierung der Vergleichsfunktion.

> **Experteninfo:**
>
> Die Universalität von `qsort` liegt intern daran, dass `qsort` einfach nur Speicherblöcke vertauscht und zwar entsprechend dem Rückgabewert der Vergleichsfunktion. Die Funktion `qsort` kennt also keine Datentypen, sondern nur Speicherblöcke, die in irgendeiner Art und Weise sortiert werden sollen. Deshalb ist es auch egal, ob es sich um ein int-Array, ein float-Array, ein Array von Zeichenketten oder sogar ein Array von Objekten handelt.
>
> Eine solche Funktion kann nur mit einer so systemnahen Programmiersprache wie C++ programmiert werden.

8.2.5 Arrays von Zeigern

Von allen elementaren Datentypen können Arrays angelegt werden, auch von Zeigern.

> **Beispiele:**
> ```cpp
> int*    piArray [ 10 ];
> char*   pcArray [ 10 ];
> float*  pfArray [ 10 ];
> ```

Eine besondere Stellung nimmt dabei das Array von char-Zeigern ein. Mit einem solchen Array können beliebig viele und unterschiedliche Zeichenketten gespeichert werden.

> **Beispiel:**
> ```cpp
> char*   pcArray [ 3 ]{
>                     "Zeichenkette Nr. 1",
>                     "Zeichenkette Nummer 2",
>                     "Zeichenkette Nr. drei"
>                     };
> cout << pcArray[1];  // gibt "Zeichenkette Nummer 2" aus
> ```

Bei einem solchen Array wird automatisch für jede Zeichenkette Platz im Speicher reserviert, und die Anfangsadresse wird dann dem entsprechenden Zeigerelement des Arrays zugewiesen. Die Nullerkennung wird ebenfalls automatisch gesetzt.

8.2.6 Dynamische Speicherreservierung

Die dynamische Speicherzuordnung erlaubt die Reservierung von Speicherplatz während der Laufzeit des Programms. Das war bislang nicht möglich. Alle Arrays, die bislang angelegt wurden, waren statisch – das bedeutet, dass der Platzbedarf des Arrays vor der Compilierung feststehen muss, und während des Programmlaufes keine Änderungen mehr möglich sind.

Die dynamische Reservierung in C++ geschieht mithilfe der Operatoren **new** und **delete**.

Der Speicherplatz kann mit **new** angefordert werden und muss mit **delete** freigegeben werden, wenn er nicht mehr benötigt wird. Ansonsten entstehen während der Laufzeit „Löcher" im Speicher.

8.2 Awendungen von Zeigervariablen

Experteninfo:

Die dynamische Reservierung von Speicher war vor allem bei den älteren Betriebssystemen wie Windows 3.1 nicht unproblematisch. Wurde beispielsweise durch einen Programmfehler der reservierte Speicher nicht mehr freigegeben, so war dieser Bereich auch nach Beendigung des Programms immer noch gesperrt. Hat das Programm viel Speicher reserviert, so hat es damit zwangsläufig das System blockiert bzw. verlangsamt. Dieses Problem der Speicherlöcher ist unter einem 32-Bit-Betriebssystem wie XP nicht mehr so gefährlich. Nach Programmende sorgt das Betriebssystem für die Freigabe der „Speicherlöcher".

Bei der Reservierung mit **new** wird die Anfangsadresse des Speicherbereiches zurückgegeben, der reserviert wurde. Diese Adresse muss in einem Zeiger gespeichert werden. Anschließend kann auf den reservierten Bereich wie auf ein statisches Array zugegriffen werden.

Beispiel 1:

Es soll dynamisch Platz für einen Integer-Wert geschaffen werden:

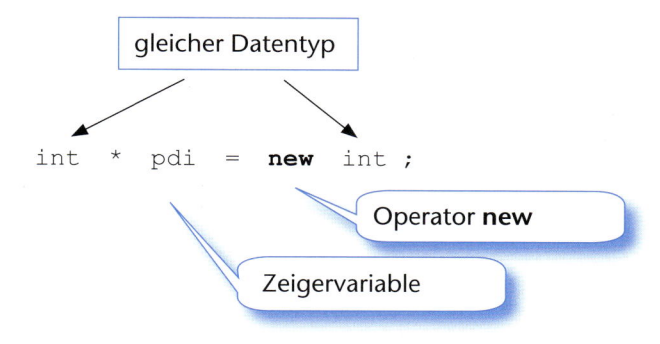

```
int * pdi = new int ;
```
(gleicher Datentyp; Operator **new**; Zeigervariable)

Der Zugriff erfolgt mit dem Dereferenzierungsoperator:

```
*pdi = 100;
```

Beispiel 2:

Es soll dynamisch Platz für 20 Integer-Werte geschaffen werden:

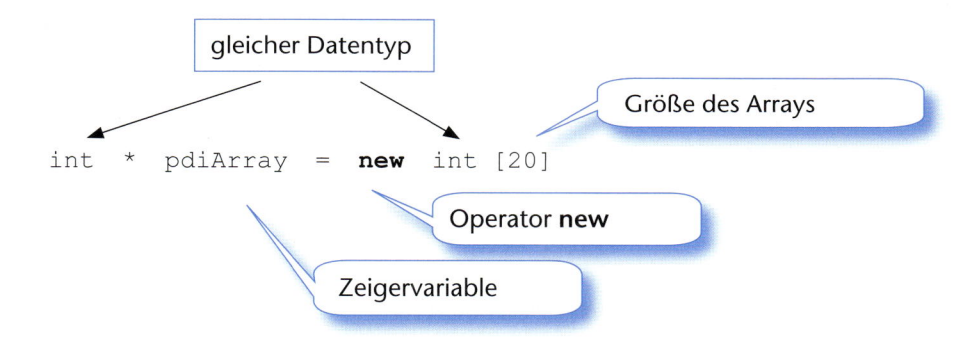

```
int * pdiArray = new int [20]
```
(gleicher Datentyp; Größe des Arrays; Operator **new**; Zeigervariable)

Der Zugriff erfolgt wie bei einem statischen Array: z. B.: `pdiArray [5] = 100;`

ACHTUNG:

Freigabe des Speichers:

Wenn der Speicherbereich nicht mehr benötigt wird, so muss er freigegeben werden.

Freigeben eines einzelnen dynamisch reservierten Wertes mit delete.

Freigeben eines dynamisch reservierten Bereiches mit delete [ ].

Beispiel:

```
float  *  pdf  =  new  float;
float  *  pdfArray  =  new  float[10];

*pdf = 1.57;
pdfArray[3]= 5.5;

delete pdf;
delete [ ] pdfArray;
```

Das folgende Beispiel zeigt ein typische Anwendung der dynamischen Speicherreservierung. Ein Benutzer gibt beliebig viele Integer-Werte ein, für die vorher Platz reserviert wurde.

Beispiel:

```
#include <iostream>
using namespace std;
int main()
{
    int * pdiArray;
    int anzahl;
    int i;
    cout << "Wie viele Werte moechten Sie eingeben: ";
    cin >> anzahl;
    pdiArray = new int [anzahl];
    for (i=0; i < anzahl; i++)
    {
        cout << "Bitte Wert Nr. " << i+1 << " eingeben: ";
        cin >> pdiArray[i];
    }
    delete [] pdiArray;
    system("PAUSE");
    return EXIT_SUCCESS;
}
```

Die dynamische Reservierung für mehrdimensionale Arrays ist nicht so einfach wie die Deklaration eines mehrdimensionalen statischen Arrays.

Die folgende Anweisung ist leider **nicht möglich**:

int ** pdiArray = new int [10][10];

Die folgende Anweisung wäre zwar korrekt, hätte aber den Nachteil, dass eine Dimension statisch sein muss. Damit wäre das Array nicht wirklich dynamisch.

int (* pdiArray)[10] = new int [10][10];

statisch

Bei der Erstellung eines echten zwei- oder mehrdimensionalen dynamischen Arrays kann deshalb so vorgegangen werden, wie das Beispiel jetzt zeigt.

Beispiel: zweidimensionales dynamisches Array

```cpp
#include <iostream>
using namespace std;

int main()
{
    int ** ppdiArray;
    int i,j,zeilen,spalten;

    cout << "Anzahl der Zeilen eingeben:";
    cin >> zeilen;

    cout << "Anzahl der Spalten eingeben:";
    cin >> spalten;

    // Platz reservieren
    ppdiArray = new int*[zeilen];
    for (i = 0; i < zeilen; i++) ppdiArray [i] = new int[spalten];

    // Fuellen mit Werten
    for (i = 0; i < zeilen ; i++)
        for (j = 0; j < spalten ; j++) ppdiArray [i][j] = i*j;

    // Ausgeben
    for (i = 0; i < zeilen ; i++)
    {
        for (j = 0; j < spalten ; j++)
        {
         cout << ppdiArray [i][j];
         cout << "\t";
        }
    cout << endl;
    }

    // Freigeben
    for (i = 0; i < zeilen ; i++) delete [] ppdiArray [i];
    delete [] ppdiArray;

    system("PAUSE");
    return EXIT_SUCCESS;
}
```

Die Bildschirmausgabe unter Dev-C++ sieht dann so aus:

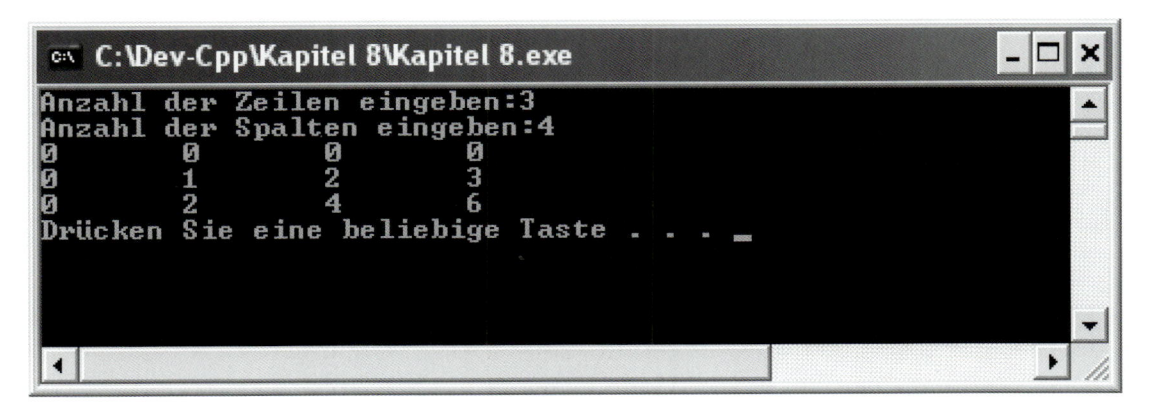

```
C:\Dev-Cpp\Kapitel 8\Kapitel 8.exe
Anzahl der Zeilen eingeben:3
Anzahl der Spalten eingeben:4
0       0       0       0
0       1       2       3
0       2       4       6
Drücken Sie eine beliebige Taste . . .
```

Das Beispiel verwendet einen Zeiger auf einen Zeiger. Das ist nichts anderes als eine Variable, die die Adresse einer Zeigervariablen erhält.

Dieser Zeiger auf einen Zeiger verwaltet im Prinzip ein dynamisches Array von Zeigern. Jedes dieser Elemente bekommt wiederum dynamisch Platz für Integerwerte zugewiesen.

Auf diese Art hat man ein zweidimensionales dynamisches Array konstruiert. Der Zugriff ist erfreulicherweise so wie bei den statischen Arrays mit den doppelten Indexklammern [ ][ ] – das liegt an den Gemeinsamkeiten von Zeigern und Arrays.

Mehrdimensionale Arrays höherer Ordnung sind nach demselben Prinzip zu konstruieren. Beispielsweise braucht man für ein dreidimensionales dynamisches Array dann einen

Zeiger auf einen Zeiger auf einen Zeiger.

```
int  ***  pppdiArray;
```

Hinweis:

Wenn die Anforderung von Speicher mit new nicht erfolgreich war, dann gibt new den so genannten NULL-Zeiger zurück. Dadurch ist das Programm in der Lage auf die fehlgeschlagene Reservierung zu reagieren.

Beispiel:

```
int *  pi = new int [10];

if  ( pi = = NULL ) cout << "FEHLER bei der Reservierung";
else {  // sonstige Operationen }
```

8.3 Die Referenz

Die Sprache C++ ist eine Obermenge der Sprache C. Deshalb hat sie auch das komplette Zeigerkonzept der Sprache C geerbt. Als zusätzliche (angenehme) Erweiterung hat die Sprache C++ die Referenz bzw. den Referenzoperator erhalten. In den folgenden Beschreibungen zeigen sich die Vorteile (aber auch ein Nachteil) dieses neuen Operators.

8.3.1 Der Referenzoperator

Eine Referenz kann als zweiter Name einer Variablen betrachtet werden. Eine Referenz ist demnach keine eigenständige Variable. Referenzen müssen bei der Deklaration initialisiert werden. Eine Referenz wird mit dem Operator & gebildet. Damit hat auch dieser Operator seine dritte Bedeutung, je nach Zusammenhang (bitweise Und-Verknüpfung, Adressoperator und nun noch Referenzoperator &).

Beispiel:
```
float y;
float &ry = y;
ry = 10.0;
```

ry ist nun eine Referenz auf y

Die Variable y hat nun ebenfalls den Wert 10.0

ACHTUNG:

Wie bei Zeigern, muss bei Referenzen auf die Gültigkeit der Referenzierung geachtet werden. Folgendes Beispiel hätte „katastrophale" Folgen:

```
int&  Funk ( int i )
{
     int x = i + 100;
     return x;
}
int main()
{
int z = Funk ( 10 );
}
```

Hier ist der Rückgabedatentyp der Funktion eine Referenz auf eine nicht mehr existente Variable x, wenn der Funktionsblock verlassen wird.

8.3.2 Anwendung des Referenzoperators

Die Übergabe von Variablen per Referenz musste bislang über den Umweg der Zeiger gemacht werden. Mit dem Referenzoperator kann das nun elegant umgangen werden.

Beispiel: Die „Tausche-Funktion"

Diese Funktion vertauscht die Werte von zwei (per Referenz) übergebenen Variablen.

Mit Zeigern

```
void Tausche(int *x ,int *y )
{
int dummy = *x;
*x = *y;
*y = dummy;
}
```

Ohne Zeiger

```
void Tausche(int &x ,int &y )
{
int dummy = x;
x = y;
y = dummy;
}
```

Der Aufruf der Funktionen gestaltet sich wie folgt:

```
int a = 10;
int b = 20;

Tausche (&a , &b);    // Zeigervariante
Tausche (a , b);      // Referenzvariante
```

Hinweis:

An dem Aufruf der Referenzvariante ist auch schon der Nachteil der Referenzübergabe zu erkennen. Es ist nicht mehr zu unterscheiden, ob es sich um einen call by value oder um einen call by reference handelt. Mit Zeigern ist der Unterschied deutlich, bei Referenzen muss man schon die Deklaration der Funktion kennen.

9 Strukturen

Unter Einsatz der elementaren Datentypen konnten in den bisherigen Kapiteln alle benötigten Werte in Variablen gespeichert werden. Man könnte meinen, dass damit alle Problemstellungen gelöst werden können. Das ist auch nicht ganz falsch, allerdings gibt es Aufgabenstellungen, bei denen die zu speichernden Daten sehr stark zusammenhängen. Bei solchen zusammenhängenden Daten wäre ein neuer, komplexer Datentyp für die Umsetzung von Vorteil. Vor der Betrachtung der Syntax des neuen Typs sollen einige Beispiele den Sachverhalt veranschaulichen.

Beispiele für zusammenhängende Daten:

- Ein Automobil hat bestimmte Eigenschaften (Attribute) wie Hersteller, Modell, Hubraum, Leistung in kW, Anzahl der Türen, Farbe und Kennzeichen. Diese Daten gehören zusammen – sie bilden eine Einheit zur Beschreibung eines konkreten Automobils.

- Ein Bruch in der Mathematik besteht aus einem Zähler und einem Nenner. Beide sind ganzzahlige Werte. Es macht jedoch keinen Sinn, sie getrennt zu betrachten.

- Die Bankverbindung für ein Girokonto einer Person besteht aus den Komponenten Kontoinhaber, Kontonummer, Bankleitzahl und Name der Bank. Nur in dieser Einheit macht die Verwendung der Daten Sinn.

9.1 Die Struktur in C++

Würde eines der einführenden Beispiele für zusammenhängende Daten in C++ umgesetzt werden, so könnte für das Automobil beispielsweise so aussehen

Daten eines Automobils:

```
char    Hersteller[50+1];
char    Modell[50+1];
float   Leistung;
int     Tueren;
char    Farbe[30+1];
char    Kennzeichen[10+1];
```

Zusammenfassung zu einem Verbund.

Die Zusammenfassung dieser Daten geschieht in C++ durch eine Struktur. In anderen Programmiersprachen gibt es dafür beispielsweise die Records.

9.1.1 Deklaration einer Struktur
Die Umsetzung in C++ geschieht mit dem Schlüsselwort `struct`.

Syntax: **struct**   *Strukturname*   { Datenelemente };

- Schlüsselwort struct
- Name für die Struktur
- Komponenten der Struktur
- Das Semikolon ist zwingend

Beispiel:

```
struct      TAutomobil
{
char        Hersteller[50+1];
char        Modell[50+1];
float       Leistung;
int         Tueren;
char        Farbe[30+1];
char        Kennzeichen[10+1];
};
```

Das T vor dem Namen der Struktur soll verdeutlichen, dass es sich um einen neuen Typ handelt. Die Angabe ist natürlich nicht zwingend.

Das Anlegen einer Variablen dieser neuen Struktur kann entweder sofort im Anschluss an die Deklaration erfolgen oder so, wie man es von den bisherigen Variablen gewohnt ist.

Beispiel:

```
struct    TAutomobil
{
char      Hersteller[50+1];
char      Modell[50+1];
float     Leistung;
int       Tueren;
char      Farbe[30+1];
char      Kennzeichen[10+1];
} Auto1 , Auto2, Auto3;

TAutomobil Auto4;
```

Es werden drei Variablen dieser neuen Struktur angelegt.

Es wird eine Variable dieser neuen Struktur deklariert.

ACHTUNG:

Bei der Deklaration einer Strukturvariablen können den Komponenten der Struktur sofort Werte zugewiesen werden:

```
TAutomobil Auto = { "Cigeot", "R14", 75.5, 4, "rot", "XX-1234" };
```

Innerhalb der Strukturdeklaration ist keine Initialisierung möglich.

```
struct    TAutomobil
{
char      Hersteller[50+1] = "Cigeot";     nicht möglich!!!
:
};
```

9.1.2 Zugriff mit Operatoren

Nachdem eine Variable einer Struktur angelegt wurde, kann mithilfe von Operatoren auf die Komponenten der Strukturvariablen zugegriffen werden.

Der Zugriff bei einer Strukturvariable geschieht mit dem so genannten Punktoperator „.". Bei Zeigern auf eine Struktur kann der Pfeiloperator „->" genutzt werden.

Beispiel 1: Variable einer Struktur

```
struct    TBruch
{
int            Zaehler;
int            Nenner;
};


TBruch B;

B.Zaehler = 10;
```

Zugriff mit dem **Punktoperator**

```
B.Nenner = 20;

cout << B.Zaehler << " / " << B.Nenner;  // gibt 10 / 20 aus
```

Beispiel 2: Zeiger auf eine Struktur

```
struct    TBruch
{
int       Zaehler;
int       Nenner;
};
TBruch B;

TBruch * pB;

pB = &B;

(*pB).Zaehler = 10;
```

> Achtung: Hier ist die Klammersetzung zwingend, um die gewünschte Priorität zu erreichen.

```
cout << (*pB).Zaehler;   // gibt 10 aus
pB->Zaehler = 20;
```

> Der Pfeiloperator ist die Alternative zu der Variante mit der Klammersetzung.

```
cout << pB->Zaehler;     // gibt 20 aus
```

Hinweis:

Der Pfeiloperator wurde aus Gründen der Bequemlichkeit eingeführt. Der Zugriff auf den Inhalt eines Strukturzeigers mithilfe des Dereferenzierungsoperators, der Klammer wegen der Priorität und des Punktoperators war den damaligen C-Programmierern zu umständlich – der Pfeiloperator ist eine angenehme Alternative dazu.

9.1.3 Strukturen in Strukturen

Die Komponente einer Struktur kann durchaus eine Variable einer anderen Struktur sein. Diese könnte wiederum eine Variable einer weiteren Struktur enthalten.

Beispiel:

Ein Dreieck ist durch drei Punkte im Koordinatensystem festgelegt. Jeder Punkt hat eine X- und eine Y-Koordinate.

```
#include <iostream>
using namespace std;

struct    TPunkt
{
double    X;
double    Y;
};

struct    TDreieck
{
TPunkt    P1;
TPunkt    P2;
TPunkt    P3;
};

int main()
{
TDreieck D;

D.P1.X = 5;
D.P1.Y = 2;
D.P2.X = 10;
```

```
D.P2.Y = 2
D.P3.X = 7;
D.P3.Y = 6;

system("PAUSE");
return EXIT_SUCCESS;
}
```

An dem obigen Beispiel sieht man, dass der Zugriff auf die Komponenten immer komplexer werden kann, desto mehr Strukturvariablen innerhalb von Strukturen angelegt sind. Werden dann auch noch Zeiger und dynamische Speicherverwaltung benutzt, so kann man leicht den Überblick verlieren. Das folgende Beispiel zeigt den korrekten Zugriff auf einen komplexen Strukturzeiger.

Beispiel: komplexer Zugriff:

```
#include <iostream>

using namespace std;

struct TElement
{
      char * pc;
      float f;
};
struct TBasis
{
      TElement * pE;
      int x;
};
int main()
{
TBasis * pB = new TBasis;

pB->pE = new TElement;
pB->pE->pc = new char[5+1];

(pB->pE->pc)[0]='H';
(*((pB->pE->pc)+1))='A';
pB->pE->pc[2]='L';
(*((pB->pE->pc)+3))='L';
(pB->pE->pc)[4]='O';
(*((pB->pE->pc)+5))='\0';

cout << pB->pE->pc << endl; // gibt HALLO aus

delete [] pB->pE->pc; // nicht vergessen: Speicher freigeben!
delete pB->pE;
delete pB;

system("PAUSE");
return EXIT_SUCCESS;
}
```

> Diese Zugriffe erscheinen zu Recht als kryptisch. Wenn es geht, sollten solche Konstrukte vermieden werden.

Hinweis:

Die Deklaration einer Struktur ist sowohl innerhalb einer Funktion (lokale Gültigkeit) als auch außerhalb (globale Gültigkeit) möglich. In der Regel werden Strukturen vor den Funktionen deklariert, von denen sie benutzt werden. Die beste Lösung ist jedoch die Auslagerung in eine eigene Header-Datei. Diese wird immer dann eingebunden, wenn die Struktur benötigt wird.

9.1.4 Arrays von Strukturen

Ebenso wie bei den elementaren Datentypen können auch von Strukturen Arrays gebildet werden. Der Zugriff ist wie gewohnt mit dem Indexoperator. Die dynamische Speicherreservierung funktioniert analog.

Beispiel:

```
#include <iostream>
using namespace std;
struct TWerte
{
        int i;
        float f;
};
int main()
{
TWerte Werte[100];

TWerte * pW;
pW = new TWerte[100];

Werte[0].i = 10; // Zugriff mit Index- und Punktoperator

pW[0].i = 20; // analog

cout << Werte[0].i << endl; // gibt 10 aus

cout << pW[0].i << endl; // gibt 20 aus

delete [] pW;

system("PAUSE");
return EXIT_SUCCESS;
}
```

9.2 Höhere Datenstrukturen

Zu den höheren Datenstrukturen gehören Listen und Bäume. Listen zeichnen sich dadurch aus, dass sie beliebig viele Elemente speichern können und jedes Element seinen Vorgänger und seinen Nachfolger kennt. Das letzte Element einer Liste wird mit einer NULL gekennzeichnet. Listen verwenden Strukturen und die dynamische Speicherreservierung.

Grafische Skizzierung einer Liste:

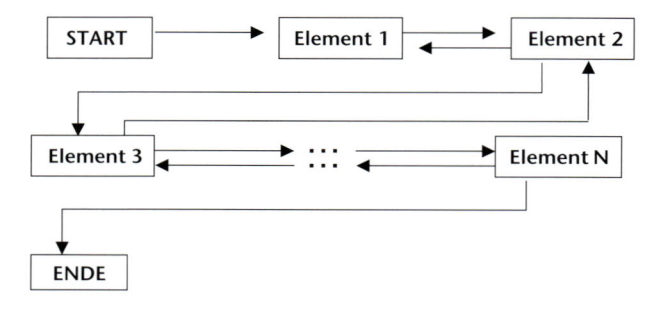

START → Element 1 ⇄ Element 2 → Element 3 ⇄ ::: ⇄ Element N → ENDE

Hinweis:

Man spricht von einer doppelt-verketteten Liste, wenn jedes Element seinen Vorgänger und seinen Nachfolger kennt. Bei einer einfach-verketteten Liste kennt jedes Element nur seinen Nachfolger.

Bäume sind Datenstrukturen, die sich von der Liste dadurch unterscheiden, dass jedes Element (**Knoten**) beliebig viele Nachfolger haben kann. Bei einem Baum gibt es ein ausgezeichnetes Element und zwar die **Wurzel**. Von der Wurzel werden dann alle weiteren **Knoten** gebildet. Bäume verwenden ebenso wie Listen die Strukturen und die dynamische Speicherreservierung.

Grafische Skizzierung eines Baumes:

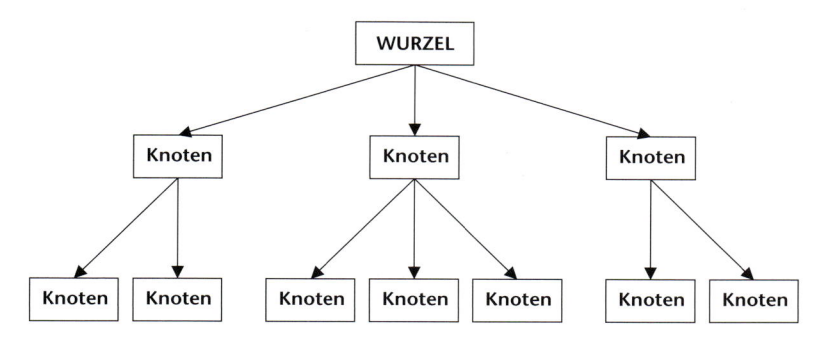

```
                    WURZEL
          ┌───────────┼───────────┐
        Knoten      Knoten      Knoten
        ┌─┴─┐     ┌─┬─┴─┐       ┌─┴─┐
     Knoten Knoten Knoten Knoten Knoten Knoten Knoten
```

Um eine Vorstellung von der Umsetzung dieser höheren Datenstrukturen zu bekommen, werden in den folgenden Abschnitten die doppelt-verkettete Liste und der Binärbaum (ein spezieller Baum) anhand von praktischen Beispielen umgesetzt.

9.2.1 Die doppelt-verkettete Liste
Ausgangsproblematik:

In einer Applikation sollen die Adressen von Personen erfasst werden. Da vorher nicht bekannt ist, wie viele Adressen gespeichert werden sollen, wird die Erfassung der Daten mithilfe einer doppelt-verketteten Liste durchgeführt.

Umsetzung in C++:

1. Festlegen der Struktur:

Hier ist zu beachten, dass innerhalb der Struktur ein Zeiger auf den Vorgänger und auf den Nachfolger des gleichen Typs angelegt wird. Das geht nur mit Zeigern, eine Variable des eigenen Strukturtyps kann innerhalb einer Struktur nicht angelegt werden.

```cpp
struct TListe
    {
    char Name[50+1];
    char Vorname[50+1];
    char Ort[50+1];

    TListe   *vor;  // Das ist das Besondere der Struktur
    TListe   *nach; // Das ist das Besondere der Struktur
    };
```

2. Verankerung der Liste (START-Element bilden):

Das START-Element hat keinen Vorgänger. Deshalb wird der Zeiger **vor** auf NULL gesetzt. Es gibt auch noch keinen Nachfolger, deshalb wird auch der **nach**-Zeiger vorerst auf NULL gesetzt.

```cpp
TListe *START;
START = new TListe; // Element dynamisch anlegen
START->vor = NULL;  // noch kein Vorgänger
START->nach = NULL; // noch kein Nachfolger
strcpy ( START->Name , "Maier" );      // Namen kopieren
strcpy ( START->Vorname, "Hans" );     // Vornamen kopieren
strcpy ( START->Ort, "Regensburg" );   // Ort kopieren
```

> **Hinweis:**
>
> Die Funktion `strcpy` ist eine Zeichenkettenfunktion, die eine Zeichenkette auf eine andere kopiert. Damit wird die Zuweisung von Zeichenketten simuliert. Falls der Compiler die Funktion nicht kennt, dann sollte die Header-Datei `<string>` eingebunden werden. Weitere Funktionen aus der Standardbibliothek sind in dem Kapitel *Die C++-Standardbibliothek* beschrieben.

3. Füllen der Liste:

Für das Füllen der Liste brauchen wir einen Läufer, der die Liste „durchläuft". Eine dummy-Variable dient zur Sicherung einer Adresse. Der Trick beim Erstellen eines neuen Elementes ist die dynamische Speicherreservierung auf dem **nach**-Zeiger.

```
TListe * Laeufer;
TListe * dummy;
Laeufer = START;   // Laeufer startet
do
{
Laeufer->nach = new TListe;      // TRICK: neues Element auf nach
dummy = Laeufer;                 // Adresse sichern
Laeufer = Laeufer->nach;         // Laeufer geht weiter
Laeufer->vor = dummy;            // vor-Zeiger korrekt setzen
// Weitere Daten kopieren
strcpy (Laeufer->Name , "XXXX" );        // Namen kopieren
strcpy (Laeufer ->Vorname, "XXXX" );     // Vornamen kopieren
strcpy (Laeufer ->Ort, "XXXX" );         // Ort kopieren
Laeufer->nach = NULL;            // Noch kein Nachfolger
}
while (1);  // der Einfachheit halber eine Endlosschleife
```

Beispielhaft wird jetzt noch das Einfügen und Löschen eines Listenelementes vorgestellt.

4. Einfügen eines Elementes:

Ein Element soll an der Stelle x der Liste eingefügt werden. Dazu muss erst das Element x gesucht werden, anschließend wird das neue Element eingefügt.

```
int zaehler;
// Suchen nach Element x
Laeufer = START;
for ( zaehler = 1; zaehler < x ; zaehler++)
          Laeufer = Laeufer->nach;
// Einfügen
dummy = Laeufer->nach;
Laeufer->nach = new TListe;
// Nachfolger und Vorgänger setzen
dummy->vor = Laeufer->nach;
Laeufer->nach->nach = dummy;
Laeufer->nach->vor = Laeufer;
// Daten kopieren
strcpy (Laeufer->nach->Name, "NEU" );
strcpy (Laeufer->nach->Vorname, "NEU" );
strcpy (Laeufer->nach->Ort, "NEU" );
```

5. Löschen eines Elementes:

Ein Element soll an der Stelle x der Liste gelöscht werden. Dazu muss erst das Element x gesucht werden, anschließend wird das Element gelöscht.

```
// Suchen nach Element x
Laeufer = START;
for ( zaehler = 1; zaehler < x ; zaehler++)
          Laeufer = Laeufer->nach;
```

```
// Verbiegen der Zeiger
Laeufer->vor->nach = Laeufer->nach;
Laeufer->nach->vor = Laeufer->vor;
```
```
// Löschen
delete Laeufer;
```

Die Umsetzung der doppelt-verketteten Liste ist im Prinzip abgeschlossen. Das Programm wäre lauffähig. Sinnvollerweise würde man für Aufgaben wie Einfügen und Löschen von Elementen Funktionen schreiben und zusätzlich den modularen Programmaufbau beachten.

Es fällt allerdings auf, dass in der Umsetzung der Liste mit den Zeigern einige *Kunststücke* vollbracht werden. Wenn diese Umsetzung deshalb beim ersten Lesen nicht wirklich verstanden wurde, so ist das ganz normal. Man braucht schon eine gewisse Zeit, um das *Verbiegen* der Zeiger nachvollziehen zu können.

9.2.2 Der Binärbaum
Ausgangsproblematik:

Es soll ein Programm geschrieben werden, das jeweils eine Person sowie ihre Eltern auf dem Bildschirm darstellt.

Wahlweise kann dann zum Vater oder zur Mutter der Person übergegangen werden. Sollte ein Elternteil noch nicht bekannt sein, kann der Benutzer dessen Daten eingeben.

Das Programm soll menügesteuert sein.

Beispiel einer Bildschirmausgabe:

```
                  Andrea Meier

        Vater?             Cordula Meier


<0> Zur Wurzel gehen
<1> Eingabe des Vaters
<2> Weitergehen zur Mutter
<3> Ende
Ihre Eingabe:  1
Bitte den Namen eingeben:  Hans Meier


                  Andrea Meier

        Hans Meier         Cordula Meier


<0> Zur Wurzel gehen
<1> Weitergehen zum Vater
<2> Weitergehen zur Mutter
<3> Ende
Ihre Eingabe:  2


                  Cordula Meier

        Vater?             Mutter?


<0> Zur Wurzel gehen
<1> Eingabe des Vaters
<2> Eingabe der Mutter
<3> Ende
Ihre Eingabe:  3

Auf Wiedersehen!!
```

1. Festlegen der Struktur:

Hier ist zu beachten, dass innerhalb der Struktur jeweils ein Zeiger auf den linken nachfolgenden und auf den rechten nachfolgenden Knoten deklariert wird. Da es immer nur zwei Nachfolger gibt, wird der Baum **Binärbaum** genannt.

```
struct TKnoten
{
        char Inhalt[50+1];
        TKnoten * Rechts;
        TKnoten * Links;
};
```

2. Wurzel anlegen:

Die linken und rechten Nachfolger werden vorerst auf NULL gesetzt.

```
TKnoten *Wurzel;
Wurzel = new TKnoten;

Wurzel->Rechts = NULL;
Wurzel->Links = NULL;

cout << "Bitte Wurzelinhalt eingeben: ";
cin >> Wurzel->Inhalt;
```

3. Neue Knoten anlegen:

In einer Schleife werden neue Knoten angelegt. Die Funktion **menu** zeigt das Auswahlmenü an, entsprechend dem Inhalt des aktuellen Knotens.

```
TKnoten *Knoten;
int wahl;

//Starten bei der Wurzel
Knoten = Wurzel;
do
{
wahl = menu(Knoten);

switch (wahl)
{
        case 0:         Knoten = Wurzel;
                        break;
        case 1:         if (Knoten->Links!= NULL)
                                Knoten = Knoten->Links;
                        else
                        {
                                Knoten->Links = new TKnoten;
                                cout << "Eingabe des Vaters: ";
                                cin >> Knoten->Links->Inhalt;
                                Knoten->Links->Links = NULL;
                                Knoten->Links->Rechts = NULL;
                        }
                        break;
        case 2:         if (Knoten->Rechts != NULL)
                                Knoten = Knoten->Rechts;
                        else
                        {
                                Knoten->Rechts= new TKnoten;
                                cout << "Eingabe der Mutter: ";
```

```
                        cin >> Knoten->Rechts->Inhalt;
                        Knoten->Rechts->Links = NULL;
                        Knoten->Rechts->Rechts = NULL;
            }
                break;
    }
}while (wahl != 3);
```

4. Die Funktion `menu`:

Je nachdem, ob es bereits einen Eintrag bei Vater bzw. Mutter gibt, wird die Bildschirmausgabe gestaltet.

```
int menu(TKnoten * Aktuell)
{
        cout << "\t\t" << Aktuell->Inhalt;
        cout << endl;
        if (Aktuell->Links != NULL)
            cout <<"\t" << Aktuell->Links->Inhalt;
        else cout << "\t Vater?";
        if (Aktuell->Rechts != NULL)
            cout <<"\t\t" << Aktuell->Rechts->Inhalt;
        else cout << "\t\t Mutter?";
        cout << endl;
        cout << "<0> Zur Wurzel gehen" << endl;
        if (Aktuell->Links != NULL)
        cout <<"<1> Weitergehen zum Vater"    << endl;
        else cout <<"<1> Eingabe des Vaters" << endl;
        if (Aktuell->Rechts != NULL)
            cout <<"<2> Weitergehen zur Mutter" << endl;
        else cout <<"<2> Eingabe der Mutter" << endl;
        cout << "<3> Ende" << endl;
        cout << "Ihre Eingabe bitte: " << endl;
        int wahl;
        cin >> wahl;
        return wahl;
}
```

> **Hinweis:**
>
> Die höheren Datenstrukturen wie Liste und Baum haben Vorteile bezüglich der beliebigen Speicherung von Daten. Das Einfügen und Löschen ist bei der Liste besonders einfach. Das Suchen hingegen ist aufwändig, da die Liste immer sequenziell durchlaufen werden muss. Bei einem Baum ist die Suche nach einem Element schneller, allerdings muss der Baum dann auch weiteren Bedingungen genügen – das führt schnell zu komplexeren Theorien wie dem AVL-Baum, auf die hier nicht weiter eingegangen wird.
>
> Bevor man in einem Programm eine Liste oder einen Baum implementiert, sollte man prüfen, ob ein gewöhnliches Array mit dynamischer Speicherverwaltung nicht ausreicht, um die Daten zu speichern. Der Zugriff ist jedenfalls deutlich schneller und die Handhabung über den Indexoperator weniger mühsam.

10 Das Klassenkonzept in C++

Die Sprache C++ ist eine Hybridsprache. Sie ist sowohl zur strukturierten Programmierung als auch zur objektorientierten Programmierung geeignet. Die ersten neun Kapitel dieses Buches waren eine Einführung in die strukturierte Programmierung mit C++. Diese Grundlagen sind wichtig, um das Konzept der objektorientierten Programmierung verstehen und umzusetzen zu können.

Unter objektorientierter Programmierung kann eine spezielle Art der Programmierung verstanden werden, die versucht, gewisse Gegebenheiten möglichst realitätsnah umzusetzen.

Im Mittelpunkt der objektorientierten Programmierung steht das Objekt bzw. die Klasse. Eine Klasse kann als eine Art Bauplan betrachtet werden, mit dem Objekte gebildet werden können. Die Begriffe Objekt und Klasse werden nun näher betrachtet.

> **Was ist ein Objekt?**
>
> Ein Objekt ist eine softwaretechnische Repräsentation eines realen oder gedachten, klar abgegrenzten Gegenstandes oder Begriffes.
>
> Das Objekt erfasst alle Aspekte des Gegenstandes durch Attribute (Eigenschaften) und Methoden.
>
> **Was sind Attribute und Methoden?**
>
> Attribute sind die Eigenschaften des Objektes. Sie beschreiben den Gegenstand vollständig. Attribute sind geschützt gegen Manipulation von außen (das nennt man Kapselung).
>
> Methoden beschreiben die Operationen, die mit dem Objekt (bzw. seinen Attributen) durchgeführt werden können. Von außen erfolgt der Zugriff auf Attribute durch die Methoden.
>
> **Was ist eine Klasse?**
>
> Unter einer Klasse versteht man die softwaretechnische Beschreibung eines Bauplanes für ein Objekt.
>
> Aus einer Klasse können dann Objekte abgeleitet (gebildet) werden.

Diese etwas abstrakten aber wichtigen Begriffsdefinitionen sollen nun anhand von Beispielen veranschaulicht werden.

> **Beispiel:**
>
> Diese Rennwagen sind konkrete Objekte. Sie haben Attribute wie Farbe, Leistung in KW oder Hubraum.

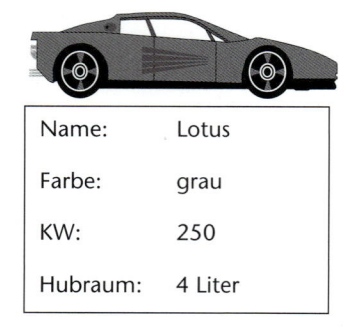

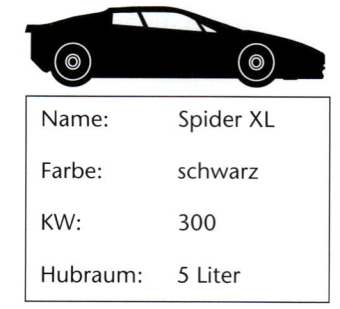

Name:	Lotus
Farbe:	grau
KW:	250
Hubraum:	4 Liter

Name:	Spider XL
Farbe:	schwarz
KW:	300
Hubraum:	5 Liter

Beide Rennwagen haben dieselben Attribute. Sie unterscheiden sich nur in den Attributwerten. Der Spider XL hat beispielsweise eine höhere Leistung als der Lotus.

Man könnte sagen, dass beide Rennwagen mithilfe desselben Bauplanes hergestellt worden sind. Der zugrunde liegende Bauplan könnte als **Klasse** Rennwagen bezeichnet werden.

Die Darstellung der Klassen und Objekte entspricht schon ungefähr der Form, die die formale Sprache UML benutzt, um Klassen und Objekte darzustellen.

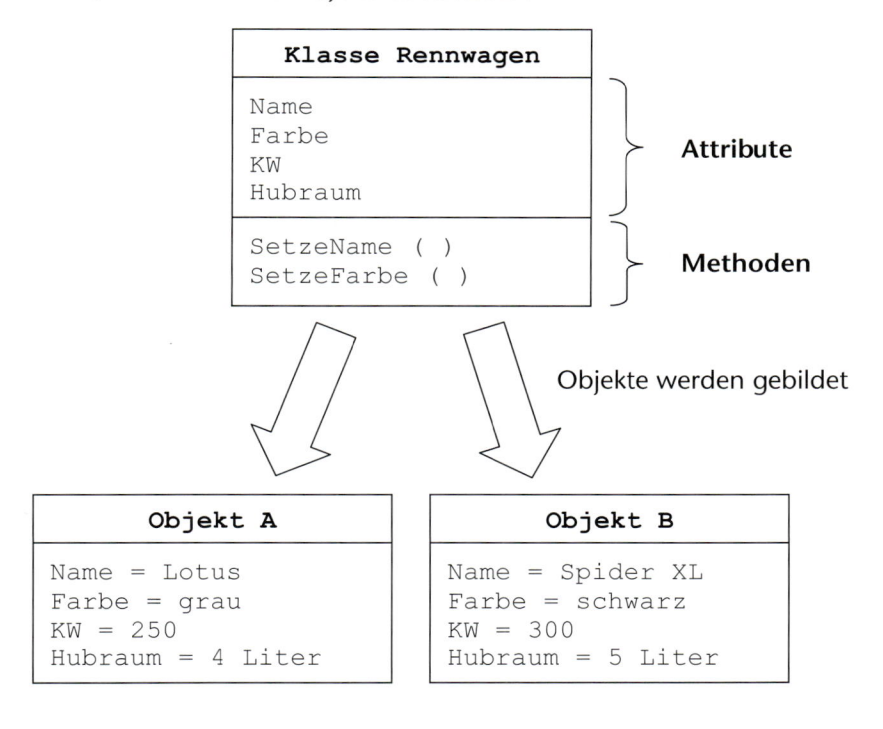

```
Klasse Rennwagen
Name
Farbe                      }  Attribute
KW
Hubraum

SetzeName ( )              }  Methoden
SetzeFarbe ( )
```

Objekte werden gebildet

```
Objekt A                        Objekt B
Name = Lotus                    Name = Spider XL
Farbe = grau                    Farbe = schwarz
KW = 250                        KW = 300
Hubraum = 4 Liter               Hubraum = 5 Liter
```

Weitere Beispiele für Klassen und Objekte:

Klasse	Objekte
Person	Herr Maier, Frau Müller, Klein-Peter, ….
Kunde	Firma Soger, Firma Geber , ….
Lieferant	Hansen GbR, Müller GmbH , ….
Rechnung	Rechnung Nr. 111 , Rechnung Nr. 112 , ….
Rechteck	Rechteck 1, Rechteck 2, ….
Buch	Einführung C++ , Mathematik III , ….

Hinweise:

- Die Objektorientierung und die neuen Begriffe erscheinen gerade am Anfang recht abstrakt und es scheint nur wenig vorstellbar, wie eine neue Software objektorientiert programmiert werden soll. Dagegen hilft nur eins: Schritt für Schritt die Aspekte der objektorientierten Programmierung (OOP) kennenlernen und an konkreten Beispielen umsetzen. Gute objektorientierte Programmentwicklung hat auch viel mit Erfahrung und dem konsequenten Einsatz einer modellgebenden Sprache wie UML zu tun.

- Neben der veränderten Sichtweise der Programmierung hat die OOP auch ganz praktische Vorteile gegenüber der strukturierten oder prozeduralen Programmierung. Diese Vorteile sind beispielsweise die Kapselung von Daten in den Objekten oder die Vererbung. Kapselung von Daten bedeutet, dass der Zugriff auf die Attribute eines Objektes kontrolliert abläuft. Dieser kontrollierte Zugriff geschieht über die Methoden eines Objektes. Dadurch wird beispielsweise verhindert, dass ein wichtiges Attribut eines Objektes aus Versehen überschrieben wird. Die Vererbung erspart dem Programmierer ungemein viel Arbeit, weil er einmal geschriebene Klassen an andere Klassen vererben kann.

- Das komplette Konzept der OOP wird allerdings dann erst richtig deutlich, wenn die Kapitel Klassenkonzept, UML, Vererbung und Polymorphismus bearbeitet wurden.

10.1 Die Klasse in C++

In diesem Kapitel geht es hauptsächlich um die konkrete Umsetzung einer Klasse in C++. Zuerst wird der allgemeine Aufbau einer Klasse in C++ beschrieben. Dabei stehen vor allem die Attribute und Methoden im Vordergrund und deren Sichtbarkeit. Das steht im unmittelbaren Zusammenhang mit einem wichtigen Aspekt der OOP, der Kapselung.

Anschließend werden spezielle Methoden betrachtet, die für jede Klasse von Bedeutung sind – die Konstruktoren und der Destruktor.

10.1.1 Aufbau einer Klasse in C++

Eine Klasse in C++ wird mit dem Schlüsselwort `class` eingeleitet. Der Aufbau ähnelt dem einer Struktur. In einer Klasse gibt es zwei Sichtbarkeitsbereiche, den privaten Bereich (`private:`) und den öffentlichen Bereich (`public:`). Bei der Vererbung wird auch noch ein dritter Bereich relevant werden (`protected:`).

Der private Bereich einer Klasse:

Alle Attribute (und auch Methoden), die in diesem Bereich deklariert werden, sind von außen nicht zugreifbar. Der Zugriff kann nur über geeignete (öffentliche) Methoden erfolgen.

Der öffentliche Bereich einer Klasse:

Alle Methoden (und auch Attribute), die in diesem Bereich deklariert werden, sind von außen zugreifbar. Dieser Teil der Klasse dient als Schnittstelle nach außen. Die Kommunikation mit der Klasse (bzw. mit einem Objekt dieser Klasse) findet über die öffentlichen Methoden statt.

Syntax in C++:

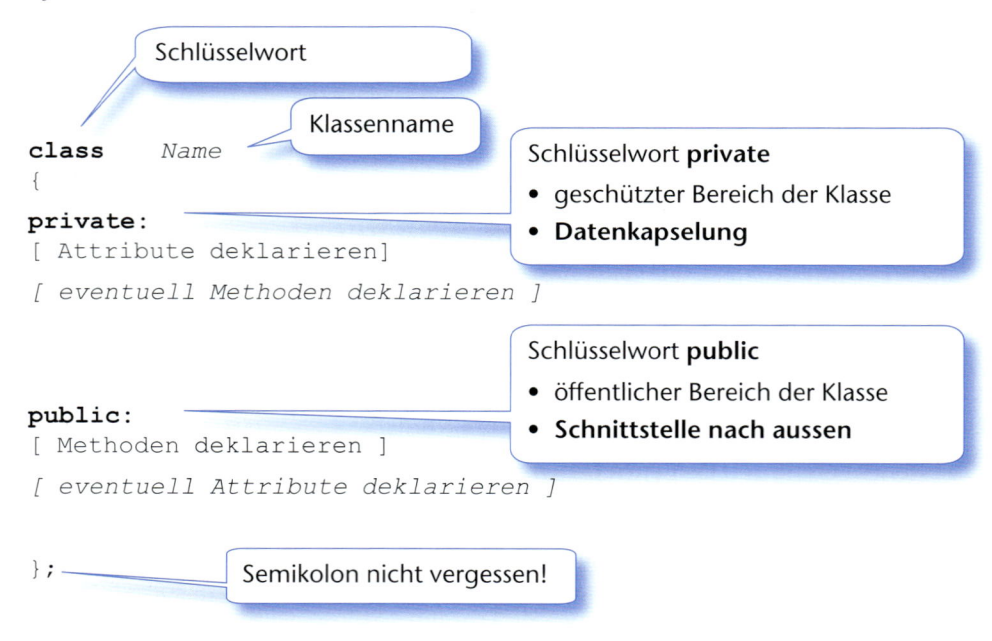

```
class    Name
{
private:
[ Attribute deklarieren]
[ eventuell Methoden deklarieren ]

public:
[ Methoden deklarieren ]
[ eventuell Attribute deklarieren ]

};
```

- `class` — Schlüsselwort
- `Name` — Klassenname
- Schlüsselwort **private**
  - geschützter Bereich der Klasse
  - **Datenkapselung**
- Schlüsselwort **public**
  - öffentlicher Bereich der Klasse
  - **Schnittstelle nach aussen**
- Semikolon nicht vergessen!

Das erste Beispiel einer Klasse :

```
class CTest
{
private:
      int Wert;
public:
      void WertSetzen(int);
      int WertGeben();
};
```

> Die Klasse **CTest** wird deklariert. Das 'C' als Präfix ist nicht zwingend, sondern nur eine Vereinbarung zu besseren Identifikation.

> Ein Attribut wird deklariert.

> Methoden für den kontrollierten Zugriff auf das Attrribut.

Die Klasse **CTest** kapselt das Attribut **Wert** vom Datentyp `int`. Der Zugriff auf das Attribut soll mit geeigneten Methoden geschehen. In der Klassendeklaration werden die Attribute und Methoden nur deklariert. Die Implementation der Methoden findet außerhalb der Klasse statt. Aus diesem Grund müssen Methoden durch das Voranstellen des Klassennamens qualifiziert werden, also zugeordnet werden.

Hinweis:

Attribute sind nichts anderes als Variablen. Methoden sind nichts anderes als Funktionen, nur im Zusammenhang mit Klassen.

Implementierung der Methoden:
```
void CTest::WertSetzen (int W)
{
      if (W < 0 || W > 999) cout << "Fehler - keine Zuweisung";
      else Wert = W;
}
```

> Qualifizierung der Methode durch Voranstellen des Klassennamens.

```
int CTest::WertGeben()
{
      return Wert;
}
```

Die Methode `WertSetzen()` soll dem Attribut Wert einen neuen (übergebenen) Wert zuweisen. Im Sinne der Kapselung erhält das Attribut nur einen neuen Wert, wenn der bestimmte Voraussetzungen erfüllt. Damit läuft der Zugriff auf das Attribut kontrolliert ab. Fehlerhafte Zustände des Attributes sind ausgeschlossen.

Objekte der Klasse bilden:

Objekte werden so gebildet, wie man es von Variablen gewohnt ist. Die Klasse kann als neuer Datentyp (wie bei den Strukturen) betrachtet werden. Das Bilden von Objekten wird auch Instantiieren genannt. Ein Objekt ist dann eine Instanz der Klasse.

Die Methoden eines Objektes werden mit dem Punktoperator angesprochen (ebenso wie bei den Strukturen).

Beispiel:

```
#include <iostream>
using namespace std;

int main()
{
CTest Objekt;   // Anlegen eines Objektes der Klasse

Objekt.Wert = 500;          // FEHLER: kein Zugriff auf private Elemente möglich.

Objekt.WertSetzen(500);     // KORREKT: Zugriff über die Methode.

Objekt.WertSetzen(1500);    // KONTROLLE: Methode verhindert die Zuweisung.

cout << Objekt.WertGeben(); // Würde 500 ausgeben

system("PAUSE");
return EXIT_SUCCESS;
}
```

Hinweise:

- Die Voreinstellung der Sichtbarkeitsbereiches in einer Klasse ist `"private:"`. Gibt man nichts an, so wird automatisch `"private:"` gesetzt.

- Eine Struktur ist eigentlich auch eine Klasse, nur mit der Voreinstellung des Sichtbarkeitsbereiches auf `"public:"`. Aus historischen Gründen und wegen der Kompatibilität zur Sprache C wurden die Strukturen allerdings in traditioneller Weise in Kapitel 9 beschrieben.

10.1.2 Die Konstruktoren einer Klasse

Bei den Strukturen war bereits festzustellen, dass Elemente einer Struktur nicht innerhalb der Strukturdeklaration mit einem Wert initialisiert werden können. Bei Klassen ist es genauso.

Beispiel:

```
struct TTest
{
   int x = 10;      // Initialisierung hier nicht möglich.
};


class CTest
{
private:
   int x = 10;      // Initialisierung hier nicht möglich.
};
```

Das Initialisieren der Attribute geschieht mithilfe spezieller Methoden, den Konstruktoren.

Ein Konstruktor ist eine Methode, die automatisch bei der Bildung eines Objektes aufgerufen wird. Ein Konstruktor ist nicht explizit aufrufbar und gibt auch keinen Wert zurück. Konstruktoren dienen zur Initialisierung der Attribute und können auch schon weitere Anweisungen ausführen, die für das Objekt wichtig sind. Konstruktoren heißen so wie die Klasse.

Beispiel: der Standardkonstruktor

```
class CTest
{
private:
   int x;


public:
   CTest();          ← Deklaration des Standardkonstruktors
};


CTest::CTest()      ← Implementierung des Standardkonstruktors
{
   x = 100;         ← Attribut x erhält den Startwert 100
}
```

Neben dem **Standardkonstruktor** kann es weitere Konstruktoren geben – die so genannten **Parameterkonstruktoren**. Diese haben ihren Namen, weil sie Übergabeparameter enthalten, die bei der Bildung eines Objektes gesetzt werden können.

Durch das Überladen von Funktionen können beliebig viele Parameterkonstruktoren angelegt werden, die dann je nach Parametern automatisch aufgerufen werden.

Das folgende Beispiel zeigt eine Klasse mit mehreren Konstruktoren und deren Aufruf bei der Bildung von Objekten.

Beispiel: Parameterkonstruktoren

```cpp
#include <iostream>
using namespace std;
class CPerson
{
private:
   char Name[30+1];
   float Groesse;
public:
   CPerson();                          //Standardkonstruktor
   CPerson(char*);                     //Parameterkonstruktor 1
   CPerson(char*, float);              //Parameterkonstruktor 2

   void AusgabeDaten();                //Ausgabe-Methode
};
CPerson::CPerson()
{
   strcpy (Name, "noch kein Name");
   Groesse = 0.0;
}

CPerson::CPerson(char * pN)
{
   strcpy (Name, pN);
   Groesse = 0.0;
}

CPerson::CPerson(char * pN , float G)
{
   strcpy (Name, pN);
   if (G > 0.0 && G < 2.5) Groesse = G;
}
```

> **Hinweis:**
>
> Die Funktionen `strcpy` ist eine Zeichenkettenfunktionen der Standardbibliothek.
>
> Sie kopiert eine Quellzeichenkette auf eine Zielzeichenkette. Der Rückgabewert ist das Ziel oder der Nullzeiger, wenn die Operation fehlgeschlagen ist.
>
> `char* strcpy (char * Ziel, const char * Quelle);`

```cpp
void CPerson::AusgabeDaten()
{
cout << "Name    der Person: " << Name <<endl;
cout << "Groesse der Person: " << Groesse <<endl;
cout << endl;
}
int main()
{
//Aufruf Standardkonstruktor
CPerson A;
A.AusgabeDaten();
//Aufruf Parameterkonstruktor 1
CPerson B("Kaiser");
B.AusgabeDaten();
//Aufruf Parameterkonstruktor 2
CPerson C("Maier", 1.85);
C.AusgabeDaten();
system("PAUSE");
return EXIT_SUCCESS;
}
```

An der Bildung der Objekte sieht man den Aufruf der Konstruktoren. Je nachdem, welche Parameter angegeben werden, wird der entsprechende Parameterkonstruktor aufgerufen und die Attribute werden initialisiert.

Die Bildschirmausgabe unter Dev-C++ sieht dann so aus:

```
C:\Dev-Cpp\Kapitel 10\Kapitel_10.exe
Name    der Person: noch kein Name
Groesse der Person: 0

Name    der Person: Kaiser
Groesse der Person: 0

Name    der Person: Maier
Groesse der Person: 1.85

Drücken Sie eine beliebige Taste . . .
```

> **ACHTUNG:**
>
> Werden in einer Klasse keine Konstruktoren angelegt, so wird automatisch ein impliziter Standardkonstruktor angelegt. Dieser Konstruktor führt allerdings keine Initialisierungen durch. Die Attribute eines Objektes haben damit keinen definierten Wert – genau so wie lokale Variablen.

Alternative Initialisierung:

Eine Alternative zur Initialisierung von Attributen wie im obigen Beispiel

```cpp
CPerson::CPerson()
{
    strcpy (Name, "noch kein Name");
    Groesse = 0.0;
}
```

ist die direkte Angabe einer **Initialisierungsliste** hinter dem Methodenkopf des Konstruktors:

```
CPerson::CPerson(): Groesse (0.0)
{
      strcpy (Name, "noch kein Name");
}
```

Der Vorteil dieser Methode ist die Schnelligkeit. Das Anlegen des Attributes und die Zuweisung des Wertes wird in einem Schritt vollzogen. Bei der vorigen Methode wird zuerst das Attribut angelegt und dann im zweiten Schritt (beim Eintritt in den Methodenrumpf) wird der Wert zugewiesen.

> **Hinweis:**
>
> Die Initialisierungsliste wird durch einen Doppelpunkt eingeleitet und kann beliebige Initialisierungen von Attributen enthalten, die durch Kommata getrennt werden. Der Wert wird direkt hinter dem Attribut in Klammern angegeben. Bei Attributen wie der Zeichenkette funktioniert das nicht, da die Zuweisung mit einer Funktion geschieht.

> **Weiteres Beispiel:**
>
> ```
> class CTest
> {
> private:
>    int a;
>    float b;
>    char c;
> public:
>    CTest();
> };
>
> CTest::CTest: a(1) , b(1.0) , c('1')
> {
> // nichts mehr zu tun
> }
> ```

10.1.3 Der Destruktor einer Klasse

Beim Anlegen von Objekten einer Klasse dienen die Konstruktoren für die Initialisierungen der Attribute oder auch für weitere initialisierende Anweisungen.

Das Gegenstück zu den Konstruktoren ist der Destruktor. Diese Methode wird automatisch aufgerufen, wenn ein Objekt seine Gültigkeit verliert, also aus dem Speicher gelöscht wird.

Der Destruktor sieht so aus wie der Standardkonstruktor, wird aber durch das Voranstellen der Tilde ~ gekennzeichnet.

> **Beispiel: der Destruktor**
>
> ```
> #include <iostream>
> using namespace std;
> class CTest
> {
> private:
>    char Kennung[20+1];
> public:
>    CTest();
>    CTest(char *);
>    ~CTest();          ← Deklaration des Destruktors
> };
> ```

```cpp
CTest::CTest()
{
  strcpy(Kennung, "Standardobjekt");
  cout << "Erzeugung von: " << Kennung << endl;
}
CTest::CTest(char* K)
{
  strcpy(Kennung, K);
  cout << "Erzeugung von: " << Kennung << endl;
}
CTest::~CTest()          // Implementierung des Destruktors
{
  cout << "Zerstoerung von: " << Kennung << endl;
}
void Testfunktion()
{
CTest A;
CTest B("Objekt B");
CTest C("Objekt C");
}
```

```cpp
int main()
{
Testfunktion();
system("PAUSE");
return EXIT_SUCCESS;
}
```

Die Bildschirmausgabe unter Dev-C++ zeigt den Ablauf der Erzeugung und Zerstörung der Objekte. Das zuerst erstellte Objekt wird zuletzt zerstört. Das ist wichtig zu wissen, wenn es darauf ankommt, dass ein Objekt im Destruktor auf ein anderes Objekt zugreifen muss. Dann sollte dieses andere Objekt noch existieren.

```
Erzeugung von: Standardobjekt
Erzeugung von: Objekt B
Erzeugung von: Objekt C
Zerstoerung von: Objekt C
Zerstoerung von: Objekt B
Zerstoerung von: Standardobjekt
Drücken Sie eine beliebige Taste . . .
```

10.1.4 Get- und Set-Methoden

Jede Klasse sollte über geeignete Konstruktoren und einen Destruktor verfügen. Je nach Aufgabe der Klasse kann auf den Destruktor verzichtet werden. Sobald aber dynamische Speicherreservierung angewandt wird, ist der Destruktor unerlässlich. Ein Beispiel dazu wird im nächsten Unterkapitel behandelt.

Sobald eine Klasse über Attribute verfügt (das natürlich die Regel ist), dann sind auch weitere Methoden unerlässlich – die so genannten Get- und Set-Methoden. Diese Methoden dienen dazu, die Attribute mit geeigneten Werten zu füllen bzw. die Werte von Attributen abzufragen.

Die Set-Methoden übernehmen dazu Parameter, mit deren Werten dann die Attribute gefüllt werden sollen. Im Sinne der Kapselung wird die Zuweisung auf das Attribut mit einer entsprechenden Überprüfung stattfinden.

10.1 Die Klasse in C++

Beispiel: Set-Methoden

```cpp
#include <iostream>
using namespace std;
class CKunde
{
private:
   char Name[30+1];
   int Kunden_ID;
public:
   CKunde();
   void SetName(char* );
   void SetID(int);
};
CKunde::CKunde() {}
void CKunde::SetName(char* N)
{
int laenge = strlen(N);
if (laenge < 1 || laenge > 30) cout << "Keine Zuweisung";
else strcpy (Name, N);
}
void CKunde::SetID(int I)
{
if (I < 0 || I > 9999) cout << "Keine Zuweisung";
else Kunden_ID = I;
}
int main()
{
CKunde K;

K.SetName("Hansen");
K.SetID(100);

system("PAUSE");
return EXIT_SUCCESS;
}
```

> Die Set-Methoden können genauso in Deutsch benannt werden:
> `SetzeName(char *);`
> `SetzeID(int);`
> Der Standard ist allerdings das englische Präfix `Set` bzw. `Get`.

kontrollierte Zuweisung

Bei den Get-Methoden ist allerdings Vorsicht geboten. Die Rückgabe von Attributwerten ist solange unproblematisch, solange keine Adressen zurückgegeben werden.

Das folgende Beispiel zeigt eine Get-Methode, die die Kapselung aufhebt, da sie die Adresse des Attributes zurückgibt und damit den direkten Zugriff ohne die Methoden ermöglicht.

Beispiel: eine gefährliche Get-Methode

```cpp
char* CKunde::GetName()
{
return Name;
}
```

> Die Adresse des Attributes wird zurückgegeben. Damit ist die Kapselung aufgehoben.

Dieses Problem kann auf zwei Arten gelöst werden. Entweder wird durch das Schlüsselwort const bei der Rückgabe der Zugriff auf das Attribut gesperrt, oder es wird eine Get-Methode geschrieben, die eine Zeichenkette als Parameter übernimmt und darauf dann eine Kopie des Attributes anlegt.

Beispiel: ungefährliche Get-Methoden

```cpp
// Variante 1
void CKunde::GetName (char* Kopie)
{
strcpy (Kopie, Name);
}
```

> Eine Kopie des Attributes wird angefertig. Damit ist die Kapselung nicht aufgehoben.

```cpp
// Variante 2
const char* CKunde::GetName()
{

return Name;
}
int main()
{
CKunde K;
char dummy[30+1];
K.SetName("Hansen");
//Variante 1
K.GetName(dummy);
cout << dummy;              //Ausgabe von "Hansen"
//Variante 2
cout << K.GetName();        //Ausgabe von "Hansen"
system("PAUSE");
return EXIT_SUCCESS;
}
```

> Die Zeichenkette wird als konstant festgelegt. Damit ist die Kapselung nicht aufgehoben.

10.2 Dynamische Speicherreservierung in Klassen

Die Konstruktoren einer Klasse sind immer sinnvoll, um die Attribute der Klasse zu initialisieren. Wenn die Attribute mit dynamischer Speicherreservierung arbeiten, dann bietet es sich an, die Reservierung in einem Konstruktor vorzunehmen. Wenn das Objekt seine Gültigkeit verliert, dann muss der reservierte Speicher wieder freigegeben werden. Das geschieht dann im Destruktor.

Das folgende Beispiel zeigt eine typische Anwendung von dynamischer Speicherreservierung in einer Klasse. Die Klasse CKette soll die Behandlung von Zeichenketten in C++ vereinfachen und reserviert je nach Bedarf Speicher für eine Zeichenkette.

10.2.1 Die Klasse CKette

Die Klasse CKette soll die Basis für einen Datentyp darstellen, der eine komfortable Zeichenkettenbehandlung in C++ erlaubt. Die Klasse wird im Kapitel *Überladen von Operatoren* noch weiter entwickelt.

Die Klasse „kapselt" ein Attribut vom Typ `char`-Zeiger, mit dem je nach Bedarf der Platz für eine Zeichenkette reserviert wird.

> **Hinweis:**
> Die im folgenden Beispiel verwendete Funktionen `strlen` ist eine Zeichenkettenfunktionen der Standardbibliothek. Sie liefert die Anzahl der Zeichen einer übergebenen Zeichenkette zurück.
>
> ```
> unsigned int strlen (const char * Kette);
> ```

Beispiel: Die Klasse CKette

```cpp
#include <iostream>
using namespace std;
class CKette
{
private:
   char * Str;
public:
CKette ();
   CKette ( char *);
   ~CKette ();
   void SetStr ( char *);
   const char* GetStr ();
};
```

```cpp
CKette::CKette ( )
{
Str = NULL;      // Wichtig: Initialisierung
}
CKette::CKette ( char * S )
{
   Str = new char[strlen ( S ) + 1 ]; // Speicher reservieren
   strcpy ( Str, S ); // Zeichenkette kopieren
}
CKette::~CKette ( )
{
   if ( Str != NULL ) // Speicher freigeben
   {
        if (strlen (Str) > 1) delete [] Str;
        else delete Str;
   }
}
void CKette::SetStr ( char * S )
{
   if ( Str != NULL ) // Speicher freigeben
   {
        if (strlen (Str) > 1) delete [] Str;
        else delete Str;
   }
   Str = new char[strlen ( S ) + 1 ]; // Speicher reservieren
   strcpy ( Str, S ); // neue Zeichenkette kopieren
}
const char* CKette::GetStr () //kontrollierte Rückgabe
{
        return Str;
}
int main()
{
CKette A;
CKette B("Zeichenkette fuer B");
A.SetStr("Zeichenkette fuer A");
cout << A.GetStr() << endl;
cout << B.GetStr() << endl;
A.SetStr("Neue Zeichenkette fuer A");
B.SetStr("Neue Zeichenkette fuer B");
cout << A.GetStr() << endl;
cout << B.GetStr() << endl;
system("PAUSE");
return EXIT_SUCCESS;
}
```

Die Bildschirmausgabe unter Dev-C++ sieht dann so aus:

```
C:\Dev-Cpp\Kapitel 10\Kapitel_10.exe
Zeichenkette fuer A
Zeichenkette fuer B
Neue Zeichenkette fuer A
Neue Zeichenkette fuer B
Drücken Sie eine beliebige Taste . . .
```

ACHTUNG:

Das Freigeben des Speichers ist wichtig, sonst entstehen Speicherlöcher während der Laufzeit des Programmes. Würde man beispielsweise ein großes Array von Objekten der Klasse **CKette** anlegen und der Speicher würde nicht korrekt freigegeben, wenn diese Objekte ihre Gültigkeit verlieren, so könnte das zu ernsten Problemen führen.

10.2.2 Call by value und der Copy-Konstruktor

Die Übergabe eines Objektes an eine Funktion geschieht genau so wie bei den elementaren Datentypen. Das folgende Beispiel zeigt die Übergabe eines Objektes der Klasse CKette an eine Funktion.

Beispiel:

```cpp
#include <iostream>
using namespace std;
void Funk ( CKette K )
{
    cout << "Hallo, hier passiert nichts weiter";
}
int main()
{
CKette A("Zeichenkette");
cout << A.GetStr();      //gibt "Zeichenkette" aus
Funk(A);                 //Übergabe mit call by value
cout << A.GetStr();      //keine Ausgabe - kein Inhalt mehr
system("PAUSE");
return EXIT_SUCCESS;
}
```

Was ist hier passiert?

Das Objekt A wurde an die Funktion übergeben. Dabei wurde der Wert (eine Adresse im Speicher) des Attributes von Objektes A auf das Attribut des temporären Übergabeobjektes K aus der Funktion kopiert.

Nach Beenden der Funktion wird K zerstört und löscht ordnungsgemäß den reservierten Speicherbereich – allerdings hat das auch direkte Auswirkungen auf das Objekt A aus dem Hauptprogramm. Da beide Objekte auf dieselbe Speicheradresse zugreifen, hat jetzt Objekt A keinen Inhalt mehr. Das ist natürlich ein Effekt, der absolut unerwünscht ist.

Hinweis:

Wird bei Zeigern nur die Adresse kopiert, dann spricht man von einer **flachen Kopie**, die solche Nebenwirkungen wie oben beschrieben haben kann.

Wird hingegen eine echte Kopie des Inhaltes, der ab dieser Adresse gespeichert ist vorgenommen, so spricht man von einer **tiefen Kopie**.

Aus diesen Gründen wird ein weiterer spezieller Konstruktor benötigt, der **Copy-Konstruktor**. Dieser Konstruktor wird immer dann aufgerufen, wenn eine Kopie eines Objektes angefertigt wird. Innerhalb dieses Konstruktors kann dann auch die Realisierung einer tiefen Kopie erfolgen.

Umsetzung des Copy-Konstruktors:

> Der Copy-Konstruktor zeichnet sich dadurch aus, dass er die Referenz eines Objektes derselben Klasse übernimmt. Damit ist der Copy-Konstruktor eindeutig festgelegt. Nur dieser Konstruktor wird automatisch aufgerufen, wenn eine Kopie erfolgen soll.

```
CKette::CKette ( CKette &K )
{
    Str = NULL;
    SetStr(K.Str);
}
```

> Der Aufruf der Methode SetStr und die Übergabe des Attributes von K sorgen für eine **tiefe Kopie** der Zeichenkette.

Hinweis:

Auf die Attribute von Objekten derselben Klasse darf direkt zugegriffen werden. Deshalb kann in der obigen Definition des Copy-Konstruktors auch direkt auf das Attribut Str des Objektes K zugegriffen werden. Das verstößt nicht gegen die Regeln der Kapselung, da es innerhalb der eigenen Klasse kontrolliert abläuft.

Weiteres Beispiel:

Eine Methode Test legt temporär ein Objekt derselben Klasse an. Der Zugriff auf die Attribute ist direkt.

```
void CKette::Test ( )
{
   CKette A("Hallo");
   cout << A.Str;      //direkter Zugriff möglich
}
```

Mit dem Copy-Konstruktor erledigt sich auch das Problem mit der flachen Kopie. Nun läuft das Programm einwandfrei.

Beispiel:

```
int main()
{
CKette A("Zeichenkette");

cout << A.GetStr(); //gibt "Zeichenkette" aus

Funk(A); //Übergabe mit call by value und Copy-Konstruktor

cout << A.GetStr(); //gibt "Zeichenkette" aus - alles ok!

system("PAUSE");
return EXIT_SUCCESS;
}
```

10.3 Weitere Elemente einer Klasse

Zur vollständigen Betrachtung des Grundaufbaus einer Klasse in C++ gehören noch zwei weitere wichtige Aspekte – der this-Zeiger und statische Klassen-Attribute bzw. Methoden.

10.3.1 Der this-Zeiger

Der `this`-Zeiger ist ein Zeiger, der beim Aufruf einer Methode eines Objektes implizit (also automatisch) mitgeliefert wird. Der this-Zeiger zeigt dabei auf das Objekt, von welchem die Methode aufgerufen wurde. Damit kann innerhalb einer Methode ein Selbstbezug zu dem zugehörigen Objekt hergestellt werden.

Beispiel:

```
class CTest
{
private:
   int x;
public:
   CTest();
};
CTest::CTest()
{
   x = 10;
   this->x = 10; // dasselbe wie x = 10;
   (*this).x = 10; // dasselbe wie x = 10;
}
```

Mithilfe des this-Zeigers kann eine Methode das Objekt als Ganzes zurückgeben. Das folgende Beispiel zeigt eine prinzipielle Anwendung dieser Rückgabemöglichkeit.

Beispiel:

```
#include <iostream>
using namespace std;
class CTest
{
private:
   int x;
public:
   CTest();
   int Getx();

   CTest& Methode_1();
   CTest& Methode_2();
   CTest& Methode_3();
};
```

> Rückgabedatentyp ist eine Referenz der eigenen Klasse.

```
CTest::CTest()
{
   x = 10;
}
int CTest::Getx()
{
   return x;
}
CTest& CTest:: Methode_1()
{
   x = x + 20;
   return *this; // das eigene Objekt wird zurückgegeben
}

CTest& CTest:: Methode_2()
{
   x = x + 30;
   return *this; // das eigene Objekt wird zurückgegeben
}
```

```
CTest& CTest:: Methode_3()
{
   x = x + 40;
   return *this; // das eigene Objekt wird zurückgegeben
}
int main()
{
CTest A;
A.Methode_1().Methode_2().Methode_3();
```

- steht nach Rückgabe für das Objekt A selbst.
- steht nach Rückgabe wieder für das Objekt A selbst.

```
cout << A.Getx();      // gibt 100 aus
system("PAUSE");
return EXIT_SUCCESS;
}
```

10.3.2 Statische Klassenelemente

Bei der Instantiierung eines Objektes erhält jedes Objekt separaten Speicherplatz für seine Attribute. Dadurch können beliebig viele Objekte parallel zueinander existieren. Manchmal kann es jedoch sinnvoll sein, dass es ein gemeinsames Attribut für alle Objekte gibt. Die Objekte teilen sich dieses Attribut. Ein solches Attribut nennt sich **statisches Klassenattribut** oder auch kurz **Klassenattribut**.

Ein solches Attribut kann beispielsweise die Anzahl der Instanzen (Objekte) einer Klasse zählen. Die Initialisierung eines solchen Attributes geschieht außerhalb der Klasse.

Eine Methode kann ebenfalls statisch sein. Dadurch ist sie ohne ein konkretes Objekt aufrufbar, nur unter Angabe der Klasse.

Beispiel:

```
#include <iostream>
using namespace std;
class CTest
{
private:
   static int Anzahl; //Deklaration mit static
public:
   CTest();
   static int GetAnzahl();//Deklaration mit static
};
CTest::CTest()
{
   Anzahl++; //Instanz bzw. Objekt - Zähler
}
int CTest::GetAnzahl()
{
   return Anzahl;
}
```

```
int CTest::Anzahl = 0; // Initialisierung des Attributes
int main()
{
CTest A;
CTest B;
CTest C;
cout << CTest::GetAnzahl(); //gibt 3 aus
system("PAUSE");
return EXIT_SUCCESS;
}
```

10.4 Deklaration und Implementation bei Klassen

In Sinne der modularen Programmgestaltung werden bei Klassen die Deklaration und Implementation getrennt und in separaten Dateien gespeichert. Die Implementation bezieht sich bei Klassen auf die Implementierung der Methoden. Die Deklaration der Attribute und Methoden findet innerhalb der Klasse statt. Die Klasse wird deshalb auch in einer Header-Datei deklariert und die Methoden werden in einer cpp-Datei realisiert.

10.4.1 Header- und cpp-Datei

Die Namensgebung der Header- bzw. cpp-Dateien orientiert sich an dem Klassennamen. Das ist natürlich keine zwingende Vorschrift, vereinfacht aber die Arbeit innerhalb eines Projektes, wenn sehr viele Klassen beteiligt sind.

Beispiel:

Deklaration einer Klasse in einer Header-Datei „CTest.h"

```
# ifndef CTest_h
# define CTest_h
class CTest
{
private:
   int x;
public:
   CTest();
   void Setx(int)
   int Getx();
};
# endif
```

Implementierung der Methoden in einer cpp-Datei „CTest.cpp"

```
# include "CTest.h"
CTest::CTest()
{
   x = 10;
}
void CTest::Setx(int a)
{
   if ( a > 0 ) x = a;
}
int CTest::Getx()
{
   return x;
}
```

11 Die Unified Modeling Language (UML)

Die Entwicklung von Software bzw. von Softwaresystemen ist ein schwieriger Prozess. Von der Problemstellung über die Planung bis zur Realisierung und dem Testen gibt es viele Klippen zu umschiffen.

In der objektorientierten Programmierung kristallisieren sich drei wichtige Phasen bei der Entwicklung von Software heraus:

- **Objektorientierte Analyse (OOA)**
  Analyse der Objekte und deren Beziehung.
- **Objektorientiertes Design (OOD)**
  Konzeption der entsprechenden Klassen aus den Vorgaben der Analyse
- **Objektorientierte Programmierung (OOP)**
  Implementierung der Klassen in einer Sprache wie C++

In allen Phasen unterstützt die **Unified Modeling Language (UML)** die Entwicklung der Software. Vor allem in der Planungsphase, der objektorientierten Analyse, hilft die UML bei der Beschreibung des zu erstellenden Softwaresystems. Ein solches Softwaresystem kann beispielsweise eine Datenbankanwendung, ein Grafikprogramm oder eine Workflow-Anwendung sein.

Die UML stellt dazu verschiedene Diagramme zur Verfügung, die wiederum verschiedene graphische Elemente enthalten. Innerhalb der UML gibt es allerdings für ein und denselben Sachverhalt manchmal mehrere Darstellungsarten.

In der professionellen Softwareentwicklung unterstützen heutzutage die so genannten **CASE-Tools** (Computer Aided Software Engineering-Tools) die Arbeit der Entwickler. Mit diesen Tools werden beispielsweise in der Planungsphase (OOA) die UML-Diagramme erstellt und auf Wunsch direkt in das Design der Klassen umgesetzt.

Die folgenden Kapitel sollen nicht nur eine Einführung in die grundlegenden Aspekte der UML und die Darstellung mithilfe des CASE-Tools **objectiF** bieten, sondern vor allem auch die konkrete Umsetzung in die Sprache C++. Im Vordergrund steht deshalb in diesem Kapitel ein spezielles Diagramm der UML, das Klassendiagramm. Weitere Diagrammtypen werden dann in den späteren Kapiteln beleuchtet, immer dann, wenn es eine sinnvolle Anwendung und Umsetzung in C++ gibt.

11.1 Die UML

Aus dem ersten Kapitel ist bereits bekannt, dass es die ersten Ansätze für objektorientierte Programmiersprachen schon Ende der 60er-Jahre gab. Die Sprachen SIMULA67 und ALGOL68 sind deshalb auch Grundlagen für die Konzeption der Sprache C++.

Es dauerte allerdings relativ lange, bis sich die objektorientierte Programmierung (OOP) in der Welt der Software-Entwicklung durchsetzte. Eigentlich erst in den 90er-Jahren gewann die OOP richtig an Bedeutung. Zu diesem Zeitpunkt gab es noch viele unterschiedliche Methoden zur Planung von objektorientierter Programmierung. Die UML war die Antwort auf die Vereinheitlichung der Planungsmethoden für die OOP.

11.1.1 Historische Entwicklung der UML

Bei den vielen Modellen zur Planung von objektorientierter Programmierung, die Anfang der 90er-Jahre existierten, gab es zwei besonders wichtige – das Modell von **Grady Booch** und die *Object Modeling Technique (OMT)* von **James Rumbaugh**.

Im Jahr 1995 wurden die beiden Modelle zur Unified Method (UM) zusammengefasst.

Ein Jahr später wurde die erste Version der UML herausgegeben. Die Unified Method wurde dabei um die Methode von **Ivar Jacobson**, die *Object-Oriented Software Engineering (OOSE)*, ergänzt.

11 Die Unified Modeling Language (UML)

Diese drei Modelle sind die Grundlage der UML. Neben den drei wichtigen „Gründern" der UML arbeiten heute viele große Software-Unternehmen daran, die Sprache UML weiterzuentwickeln und zu standardisieren.

Kleiner Stammbaum der UML-Entwicklung

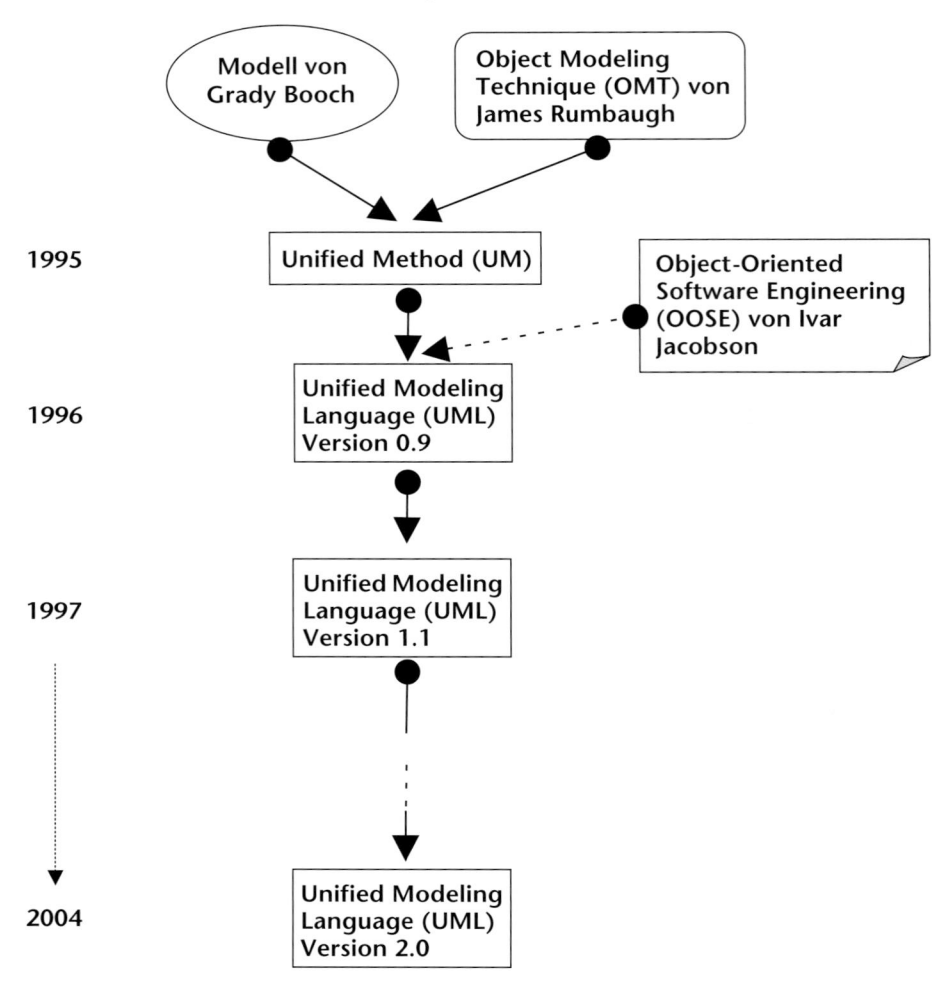

```
                    ┌─────────────┐      ┌──────────────────┐
                    │ Modell von  │      │ Object Modeling  │
                    │ Grady Booch │      │ Technique (OMT)  │
                    │             │      │ von James Rumbaugh│
                    └─────────────┘      └──────────────────┘
                            \                  /
                             \                /
1995                    ┌─────────────────────┐      ┌──────────────────┐
                        │ Unified Method (UM) │      │ Object-Oriented  │
                        └─────────────────────┘◄─────│ Software Engineering
                                  │                  │ (OOSE) von Ivar  │
                                  ▼                  │ Jacobson         │
                        ┌─────────────────────┐      └──────────────────┘
1996                    │ Unified Modeling    │
                        │ Language (UML)      │
                        │ Version 0.9         │
                        └─────────────────────┘
                                  │
                                  ▼
                        ┌─────────────────────┐
1997                    │ Unified Modeling    │
                        │ Language (UML)      │
                        │ Version 1.1         │
                        └─────────────────────┘
                                  │
                                  ▼
                        ┌─────────────────────┐
2004                    │ Unified Modeling    │
                        │ Language (UML)      │
                        │ Version 2.0         │
                        └─────────────────────┘
```

Die drei Gründer der UML wurden auch als die drei *Amigos* bezeichnet. Booch arbeitete seit den 80er-Jahren bei der Firma **Rational Software** in Kalifornien. Rational Software ist ein Unternehmen mit dem Schwerpunkt Systemanalyse und -design. Ein besonderer Schwerpunkt war die objektorientierte Analyse und das objektorientierte Design. Dafür entwickelte die Firma auch spezielle Tools wie das Produkt **Rational Rose** (ein mächtiges Software-Design-Werkzeug, das auf der UML basiert).

1994 trat James Rumbaugh in die Firma ein und entwickelte mit Grady Booch zusammen die Unified Method. Ein Jahr später kam wegen der Übernahme der Firma **Objectory AB** durch Rational Software auch der Besitzer dieser Firma, Ivar Jacobson, zu Rational Software.

Damit war das Trio komplett und die drei *Amigos* entwickelten die erste Version der UML.

Die Firma Rational Software wurde 2003 von **IBM** übernommen, die Produkte laufen aber weiter unter den bekannten Namen.

11.1.2 Diagrammtypen der UML

Die UML in der aktuellen Fassung Version 2.0 enthält viele Diagrammtypen für die unterschiedlichen Anforderungen der objektorientierten Softwareentwicklung. Dabei können die Diagramme in zwei große Bereiche eingeteilt werden – die Strukturdiagramme und die Verhaltensdiagramme.

Strukturdiagramme:

Diese Diagrammtypen beschreiben das zu entwickelnde System in statischer Hinsicht. Die Elemente des Systems werden zeitunabhängig (also nicht dynamisch, sondern statisch) beschrieben. Das wichtigste Diagramm dieser Gruppe ist das **Klassendiagramm**. Daneben gibt es noch die Diagrammtypen **Objektdiagramm**, **Kompositionsstrukturdiagramm**, **Komponentendiagramm**, **Verteilungsdiagramm** und **Paketdiagramm**.

Verhaltensdiagramme:

Diese Diagrammtypen modellieren das zu entwickelnde System in dynamischer Hinsicht. Das Verhalten des Systems wird beschrieben. Das wichtigste Diagramm dieser Gruppe ist das **Anwendungsfalldiagramm**. Daneben gibt es noch die Diagrammtypen **Aktivitätsdiagramm, Zustandsdiagramm, Sequenzdiagramm** und **Kommunikationsdiagramm**.

> **ACHTUNG:**
>
> Die obige Auflistung der Diagrammtypen erhebt nicht den Anspruch der Vollständigkeit. Es wurden allerdings die wichtigsten Diagrammtypen aufgeführt. Das Ziel der weiteren Kapitel wird aber **keinesfalls** eine Einführung in alle diese Diagrammtypen sein – das alleine würde ein komplettes Buch füllen. Es werden im Gegenteil nur einige ausgewählte Diagrammtypen vorgestellt. Die Vorstellung dieser Diagramme wird aber sofort mit der konkreten Umsetzung in die Sprache C++ gekoppelt. Damit sollen Theorie und Praxis anschaulich verbunden und die Grundlage für eine weitere vertiefte Auseinandersetzung mit den Aspekten der UML gelegt werden.

11.2 CASE-Tools

Die Computer-gestützte Software-Entwicklung bedeutet, dass es Programme gibt, mit denen möglichst professionell und effizient Software (also auch Programme) entwickelt werden können. Solche Programme nennen sich (in Englisch) CASE-Tools für **Computer-Aided-Software-Engineering**.

Das Problem der CASE-Tools ist der Zeitaufwand, mit dem sich der Entwickler in dieses Programm einarbeiten muss. Dieser Aufwand macht sich jedoch bei allen weiteren Projekten bezahlt, da das Tool dann die Entwicklung strukturierter und effizienter gestalten kann.

Auch die Dokumentation eines Software-Systems wird einfacher durch den Einsatz von CASE-Tools.

11.2.1 Aspekte von CASE-Tools

Es gibt die unterschiedlichsten CASE-Tools für die unterschiedlichsten Anforderungen an die Software-Entwicklung. Es gibt Tools für die strukturierte Softwareentwicklung, Tools für die Entwicklung von Datenbanken und natürlich die Tools für die objektoriertierte Softwareentwicklung, die dann meistens auf der UML basieren.

Viele Tools können an die Entwicklungsumgebungen der verwendeten Programmiersprache angebunden werden. Dadurch ist eine automatische Code-Generierung möglich. Beispielsweise kann ein Klassendiagramm von dem CASE-Tool direkt in den adäquaten Quell-Code übersetzt werden. Die Code-Generierung ist auch nicht auf eine Sprache beschränkt – ein Tool wie **objectiF** der Firma **microTOOL** kann den Code in Java, C++ oder auch C# generieren.

Auch der umgekehrte Weg ist möglich, das so genannte **Reverse-Engineering**. Dabei wird aus bestehendem Quellcode das zugrunde liegende Modell (beispielsweise ein Klassendiagramm) generiert. Auf diese Art können bestehende Programme noch einmal auf den Prüfstand der Konzeption.

Eine Entwicklung der letzten Jahre sind die so genannten **Entwurfsmuster (engl.: Pattern)**. Diese Muster sind vorgefertigte Musterlösungen für bestimmte Problemstellungen. Bei der Entwicklung von neuer Software kann dann ein passendes Muster ausgewählt werden und dient als Basis für die neue Entwicklung. Dadurch wird die Entwicklung effizienter und auch fehlerfreier, da auf bereits geprüftem Quellcode aufgebaut wird. CASE-Tools unterstützen die Möglichkeiten der Entwurfsmuster – das Programm **objectiF** hat beispielsweise ein eigenes Manager-Tool für die Verwaltung der Muster. Natürlich ist es auch möglich, neue Muster selbst anzulegen, und damit den Vorrat an Mustern zu erhöhen.

11.2.2 Ein System anlegen mit objectiF

Als Beispiel für die Verwendung von CASE-Tools wird in den nächsten Kapiteln das Programm **objectiF** von **microTOOL** verwendet. Dieses Tool ist für die private Nutzung kostenfrei und kann über die Internet-Seite *http://www.microtool.de* kostenfrei angefordert werden.

Es werden nun einige grundlegende Schritte für die Nutzung von objectiF dargestellt.

11 Die Unified Modeling Language (UML)

Ein neues System anlegen

Am Anfang der Entwicklung eines neuen Software-Systems steht bei objectiF das Anlegen eines neuen Systems:

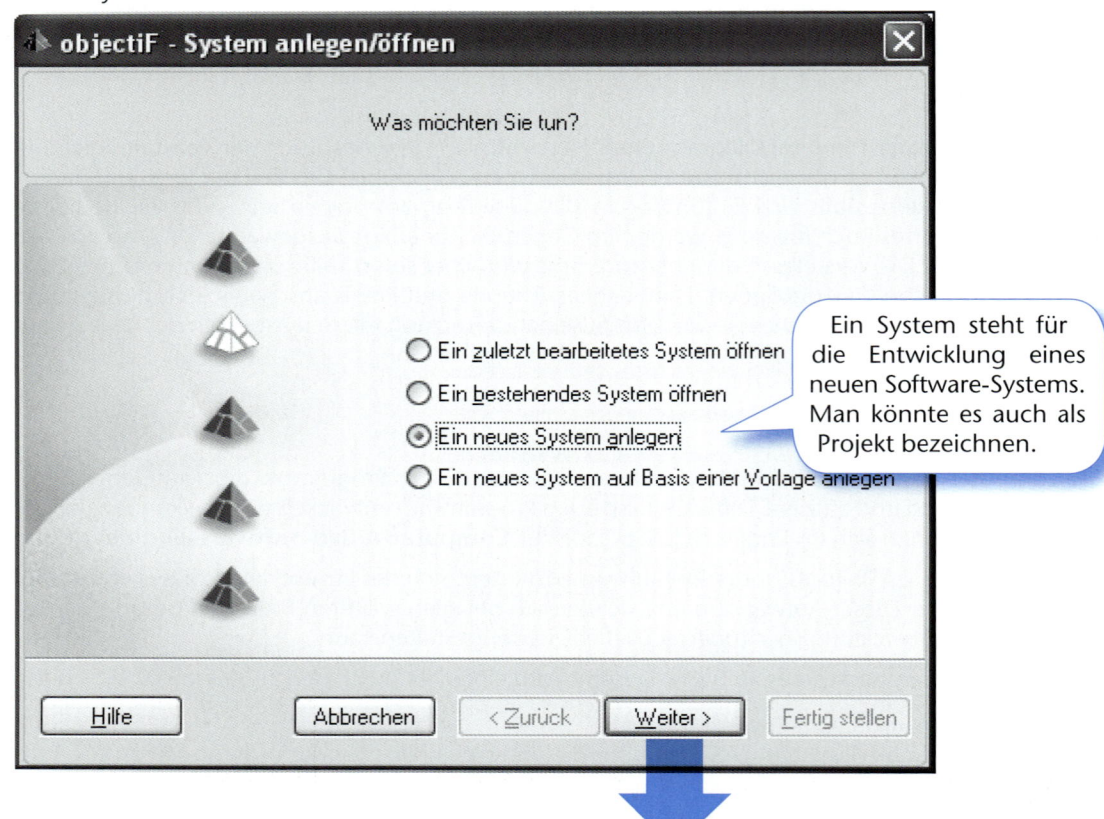

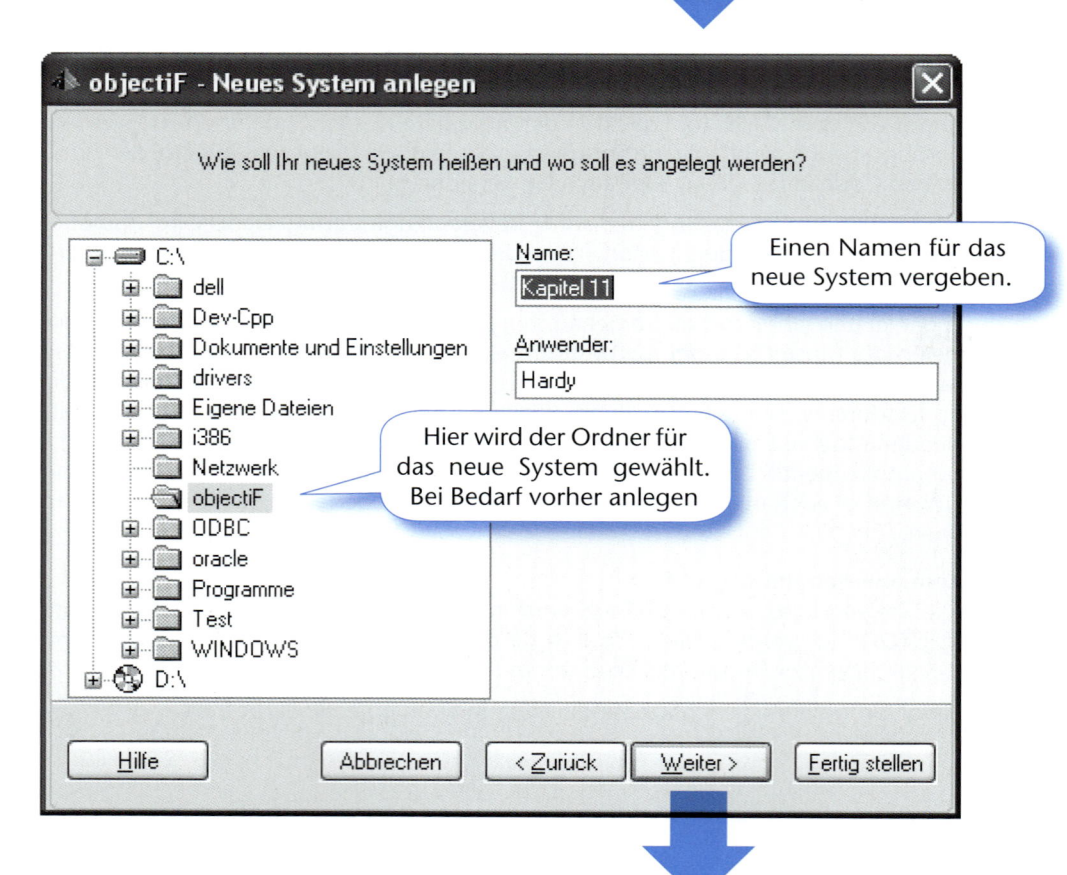

Ein System steht für die Entwicklung eines neuen Software-Systems. Man könnte es auch als Projekt bezeichnen.

Einen Namen für das neue System vergeben.

Hier wird der Ordner für das neue System gewählt. Bei Bedarf vorher anlegen

11.2 CASE-Tools

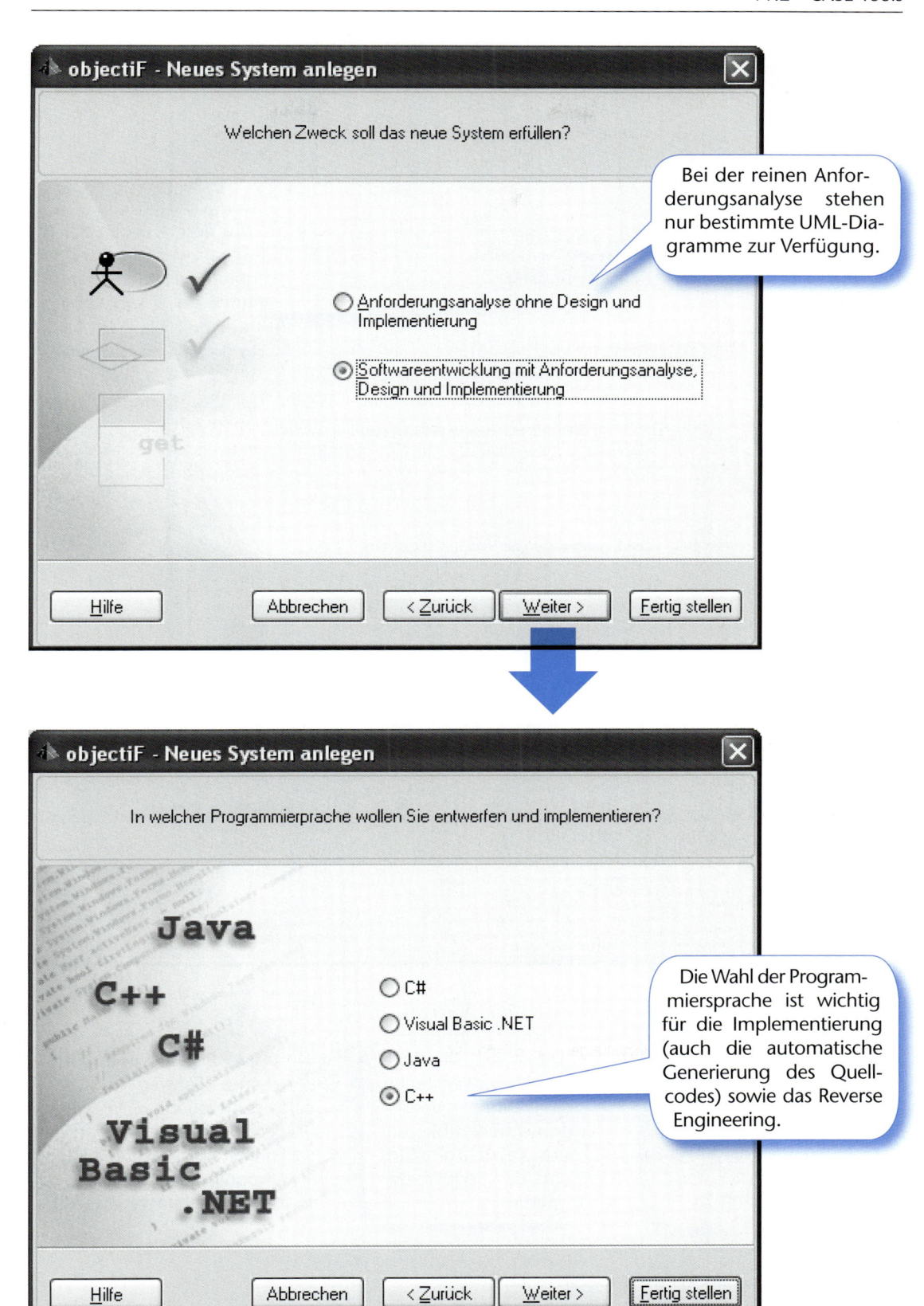

objectiF - Neues System anlegen

Welchen Zweck soll das neue System erfüllen?

○ Anforderungsanalyse ohne Design und Implementierung

◉ Softwareentwicklung mit Anforderungsanalyse, Design und Implementierung

> Bei der reinen Anforderungsanalyse stehen nur bestimmte UML-Diagramme zur Verfügung.

[Hilfe] [Abbrechen] [< Zurück] [Weiter >] [Fertig stellen]

⬇

objectiF - Neues System anlegen

In welcher Programmiersprache wollen Sie entwerfen und implementieren?

○ C#
○ Visual Basic .NET
○ Java
◉ C++

> Die Wahl der Programmiersprache ist wichtig für die Implementierung (auch die automatische Generierung des Quellcodes) sowie das Reverse Engineering.

[Hilfe] [Abbrechen] [< Zurück] [Weiter >] [Fertig stellen]

⬇

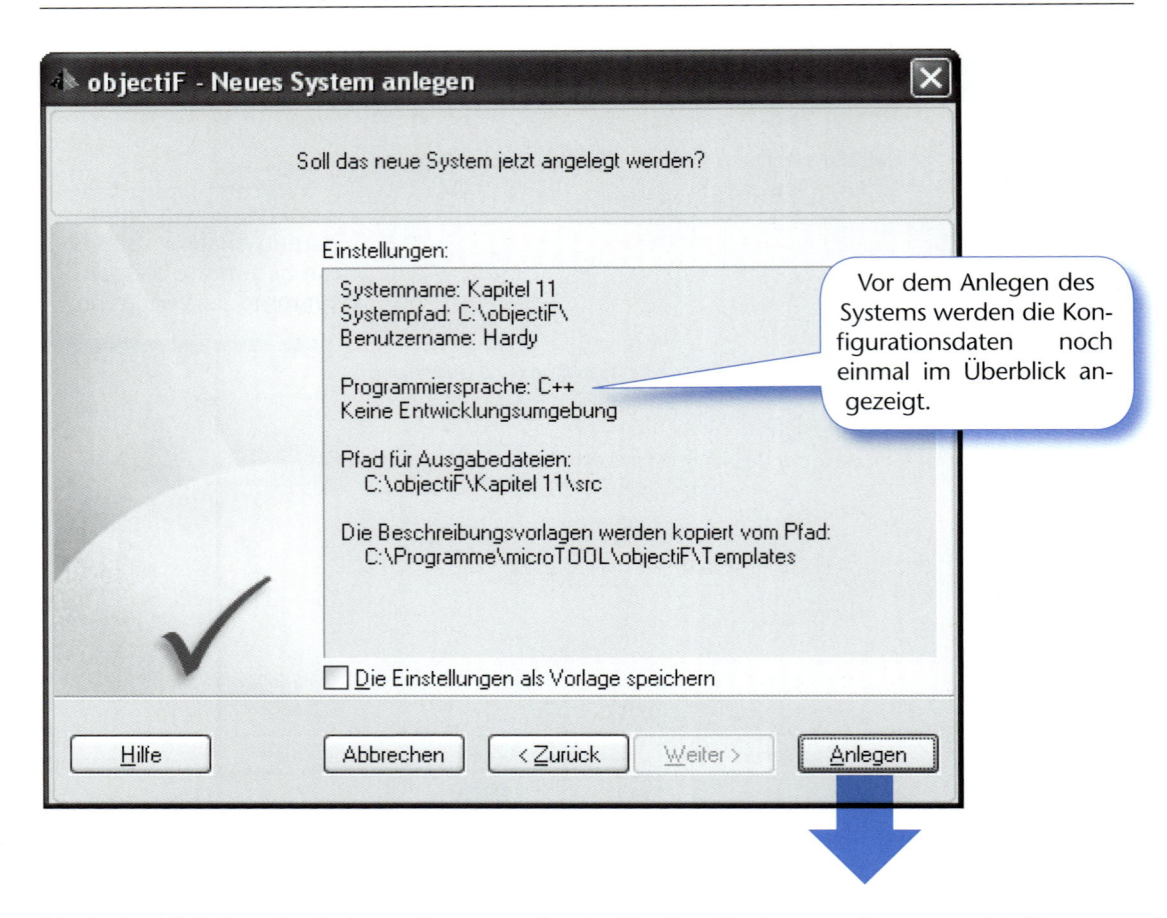

11 Die Unified Modeling Language (UML)

[Screenshot: objectiF - Neues System anlegen Dialog]

Einstellungen:
- Systemname: Kapitel 11
- Systempfad: C:\objectiF\
- Benutzername: Hardy
- Programmiersprache: C++
- Keine Entwicklungsumgebung
- Pfad für Ausgabedateien: C:\objectiF\Kapitel 11\src
- Die Beschreibungsvorlagen werden kopiert vom Pfad: C:\Programme\microTOOL\objectiF\Templates

> Vor dem Anlegen des Systems werden die Konfigurationsdaten noch einmal im Überblick angezeigt.

Nach dem Drücken des Anlegen-Buttons steht eine Toolbar für das neue System zur Verfügung.

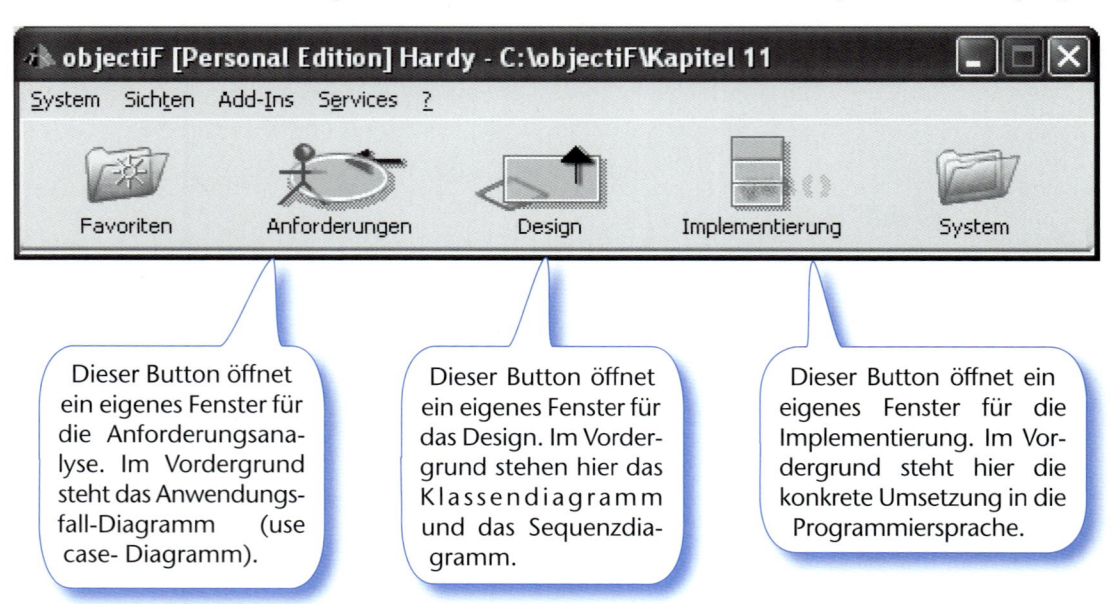

[Screenshot: objectiF [Personal Edition] Hardy - C:\objectiF\Kapitel 11 – Toolbar mit Favoriten, Anforderungen, Design, Implementierung, System]

> Dieser Button öffnet ein eigenes Fenster für die Anforderungsanalyse. Im Vordergrund steht das Anwendungsfall-Diagramm (use case- Diagramm).

> Dieser Button öffnet ein eigenes Fenster für das Design. Im Vordergrund stehen hier das Klassendiagramm und das Sequenzdiagramm.

> Dieser Button öffnet ein eigenes Fenster für die Implementierung. Im Vordergrund steht hier die konkrete Umsetzung in die Programmiersprache.

Es wird nun das Design-Fenster ausgewählt.

Mit der rechten Maustaste öffnet sich in den jeweiligen Fenstern ein Kontextmenü, das die passenden Diagrammtypen und weitere relevante Aspekte zu der Phase anbietet.

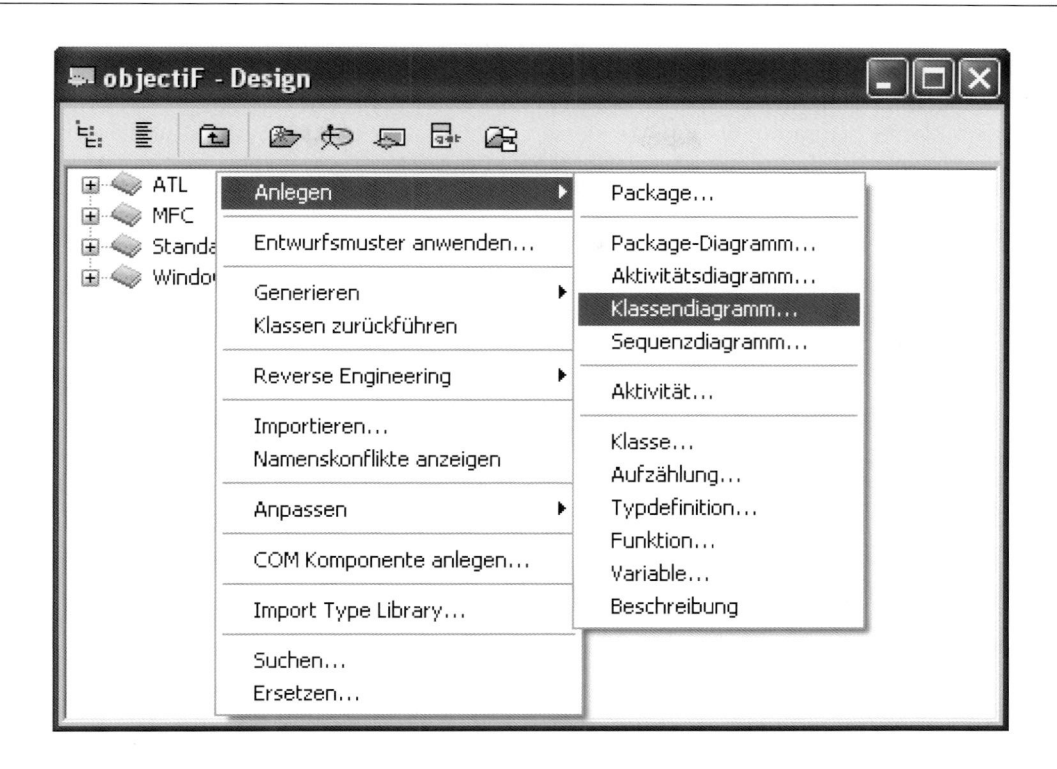

Nach der Auswahl *Anlegen eines Klassendiagrammes* öffnet sich ein eigenes Fenster, in dem ein Klassendiagramm entwickelt werden kann.

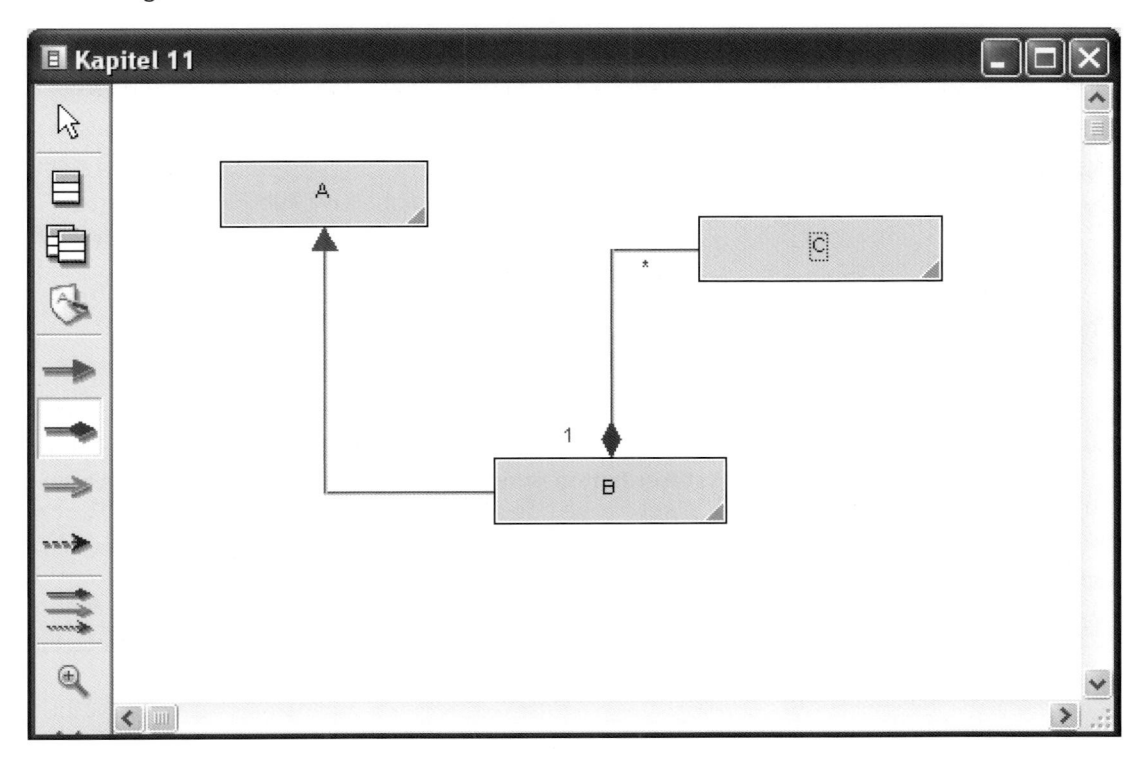

Die nächsten Kapitel werden das Klassendiagramm näher beleuchten. Die Darstellung der Diagramme wird dann mithilfe von objectiF geschehen.

11.3 Das Klassendiagramm und die Umsetzung in C++

Das Klassendiagramm ist das wichtigste Diagramm für die Analyse und das Design von Softwaresystemen. Im Klassendiagramm werden die Klassen des zu entwickelnden Systems und deren Beziehungen untereinander dargestellt. Das Klassendiagramm ist statisch, es zeigt keinen zeitabhängigen Ablauf von Operationen.

Wer bereits Erfahrungen mit der Entwicklung einer Datenbank und dem **Entity-Relationship-Modell (ERM)** gesammelt hat, wird viele Analogien zwischen Klassendiagramm und ERM erkennen.

> **Hinweis:**
>
> Das Entity-Relationship-Modell (ERM) ist ein Hilfsmittel zur Datenmodellierung bei der Entwicklung von relationalen Datenbanken. Ausgehend von dem ERM kann dann sehr einfach das Datenmodell in der Datenbank implementiert werden – also die Tabellen in der Datenbank angelegt und die Beziehungen zwischen den Tabellen durch Primär- und Fremdschlüssel modelliert werden.

11.3.1 Die Darstellung der Klasse

Die Darstellung einer Klasse im Klassendiagramm besteht im Wesentlichen aus drei Teilen: dem Klassennamen, den Attributen und den Methoden. Die weiteren Details der Symbolik für die Attribute und Methoden werden in den nachfolgenden Unterkapiteln behandelt. Danach wird ein Beispieldiagramm in C++ umgesetzt.

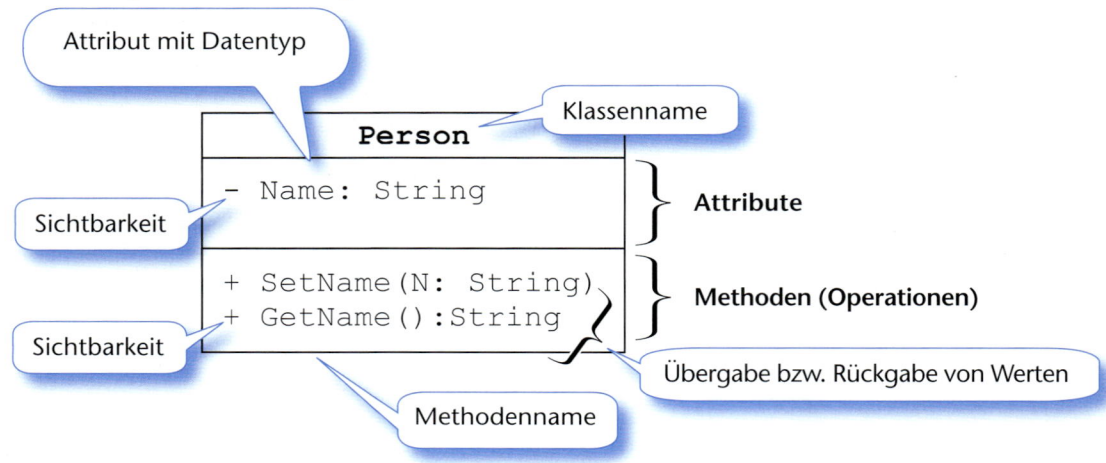

```
              Person
   - Name: String

   + SetName(N: String)
   + GetName():String
```

- Attribut mit Datentyp
- Klassenname
- Sichtbarkeit
- Attribute
- Methoden (Operationen)
- Übergabe bzw. Rückgabe von Werten
- Methodenname

> **Hinweis:**
>
> In der UML-Fachsprache spricht man bei **Methoden** auch von **Operationen**.

11.3.2 Beschreibung der Attribute

Die Attribute einer Klasse können sehr unterschiedlich sein. Sie können privat oder öffentlich sein. Sie können mit einem Wert initialisiert werden oder nicht. Sie können ein Instanz- oder Klassenattribut sein. Das Klassendiagramm bietet für alle diese Fälle die entsprechende Symbolik bzw. Bezeichnung.

Sichtbarkeit:

Symbol	Beschreibung
-	private (geschütztes Attribut)
+	public (öffentliches Attribut)
#	protected (geschütztes Attribut) – spielt bei der Vererbung eine Rolle

> **Beispiel:**
>
> ```
> - Name
> + Gehalt
> ```

Datentyp und Multiplizität:

Möchte man das Attribut spezifizieren, so ist der Datentyp nach einem Doppelpunkt anzugeben. Es gibt keine Vorgaben für die Verwendung von Datentypnamen. Am sinnvollsten ist es jedoch, allgemein gültige Bezeichnungen für Datentypen zu verwenden oder sich an die Bezeichnungen der Implementierungssprache zu halten.

Die Multiplizität gibt an, wie viele Exemplare von diesem Attribut angelegt werden sollen. Das entspricht nichts anderem als einem Array in C++.

> **Beispiel:**
> ```
> - Name:    char [0..10]      // Arraygrenzen [von . . . bis]
> - Gehalt:      double
> ```

Initialisierung des Attributes:

Soll ein Attribut initialisiert werden, so kann das mit der Zuweisung eines Wertes kenntlich gemacht werden.

> **Beispiel:**
> ```
> - Gehalt:      double = 1850.50
> ```

Besondere Eigenschaften:

Sollen Attribute über weitere besondere Eigenschaften verfügen, so wird die Eigenschaft in geschweiften Klammern dem Attribut nachgestellt.

Eigenschaft	Beschreibung
{readonly}	Das Attribut darf nach der Initialisierung nur noch gelesen werden
{ordered}	Die Werte eines Attribute müssen geordnet sein. Ein Wert darf nur einmal vorkommen.
{bag}	Die Werte eines Attribute müssen nicht geordnet sein. Ein Wert darf mehrmals vorkommen.

> **Beispiel:**
> ```
> - Gehalt:     double = 1850.50 {readonly}
> - Werte: int [1..3] = { 1 , 2 , 3 } {ordered}
> ```

Klassen- oder Instanzattribut:

Die Unterscheidung eines Klassen- oder Instanzattributes erfolgt über die Unterstreichung. Ein unterstrichenes Attribut ist ein Klassenattribut.

> **Beispiel:**
> ```
> -Gehalt: double = 1850.50 {readonly}
> -Klassenattr:   int
> ```

11.3.3 Beschreibung der Methoden

Die Methoden einer Klasse unterscheiden sich im Sichtbarkeitbereich, in den verschiedenen Übergabeparametern und einem möglichen Rückgabewert.

Sichtbarkeit:

Symbol	Beschreibung
-	private (Methode ist nicht von außen aufrufbar)
+	public (Methode ist von außen aufrufbar)
#	protected - spielt bei der Vererbung eine Rolle

Beispiel:

```
- Private_Methode()
+ SetGehalt(G: int)
```

Übergabeparameter:

Bei den Funktionen in C++ wurde bislang der call by value und der call by reference unterschieden. Dieses Prinzip wird hier beibehalten, jedoch noch etwas verfeinert.

Modus	Beschreibung
in	Der Parameter darf nur gelesen werden (call by value)
out	Der Parameter darf nur geschrieben werden (spezieller call by reference bzw. mit einem Rückgabewert vergleichbar)
inout	Der Parameter darf gelesen und geschrieben werden (call by reference)

Beispiel:

```
+ Methode_CBV(in X : int)
+ Methode_CBR_1(out X : int)
+ Methode_CBR_2(inout X : int)
```

Hinweis:

Wird kein Modus angegeben, so wird der Modus **in** vorausgesetzt.

Rückgabewert:

Der Rückgabewert einer Methode wird durch die Angabe des Rückgabedatentyps nach einem Doppelpunkt kenntlich gemacht.

Beispiel:

```
+ GetGehalt () : double
```

11.3.4 Umsetzung eines Klassendiagrammes in C++

Nach den eher theoretischen Beschreibungen der Notation einer Klasse in UML, soll nun ein konkretes Beispiel in C++ umgesetzt werden.

Beispiel einer Klasse im UML-Klassendiagramm:

```
                  Test
-----------------------------------
- zaehler: int

- Wert: int = 50
- Readwert: int = 100 {readonly}
-----------------------------------
+ Test()
+ Test(W: int)
+ ~Test()
+ SetWert(W: int)
+ GetWert(): int
+ GetReadwert(): int
```

Die Klasse Test verfügt über drei Attribute, von dem eines ein Klassenattribut ist. Ein weiteres Attribut darf nur gelesen werden. Neben den Standard-Get und Set-Methoden gibt es einen Parameterkonstruktor, der einen Wert übernimmt.

11.3 Das Klassendiagramm und die Umsetzung in C++

Beispiel der Klasse mit objectiF umgesetzt:

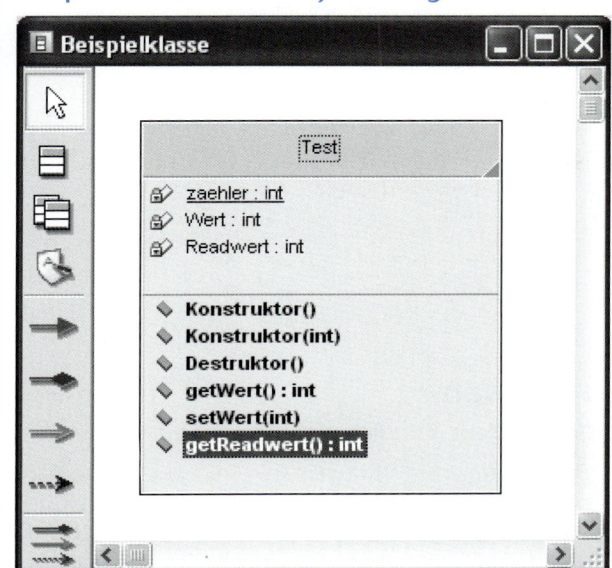

Mit dem Programm objectiF wurde die Klasse ebenfalls entworfen. Es zeigen sich kleine Unterschiede in der Umsetzung:

Die Symbole für die Sichtbarkeit unterscheiden sich. Private Attribute und Methoden werden mit einem Schloss gekennzeichnet. Die öffentlichen Elemente werden ohne das Schloss dargestellt. Es ist weiterhin nicht möglich, Initialisierungswerte und weitere Eigenschaften der Attribute anzugeben. Dafür wird ein eigenes Beschreibungsdokument geöffnet, in dem dann diese Eigenschaften eingetragen werden.

Beispiel: Auszug aus der Beschreibung von Readwert mit objectiF

Default-Wert	⇨ Gibt es einen festen Vorgabewert für das Attribut? Dokumentieren Sie ihn hier. 100
Restriktionen	⇨ Beschreiben Sie hier Einschränkungen und Randbedingungen, die beim Anlegen und Zugreifen auf das Attribut zu berücksichtigen sind. {readonly}

Umsetzung der Klasse in C++:

```
class CTest
{
private:
        static int zaehler;      // Deklaration des Klassenattributes
        int Wert;                // Attribut Wert
const int Readwert;              // Attribut Readwert
                                 // mit {readonly}
public:
        CTest();
        CTest(int);
        ~CTest();
        void SetWert(int);
        int GetWert();
        int GetReadwert();
};
int CTest::zaehler = 0;  // Initialisierung des
                         // Klassen-Attributes

CTest::CTest() :Readwert(100)
{
        Wert = 50;
}
CTest::CTest(int W):Readwert(100)
{
        SetWert(W);
}
CTest::~CTest(){ }
```

Hier erfolgen die Initialisierungen der Attribute. Bei dem konstanten Attribut muss in jedem Konstruktor eine Initialisierung erfolgen, da ein konstantes Attribut initialisiert werden muss. Die Initialisierung darf nur in der Initialisierungsleiste erfolgen.

```
void CTest::SetWert(int W)
{
     if ( W > 0 && W < 9999 ) Wert = W;
}
int CTest::GetWert()
{
     return Wert;
}
int CTest::GetReadwert()
{
     return Readwert;
}
```

11.4 Die Beziehungen von Klassen

Das Klassendiagramm für ein Softwaresystem besteht natürlich nicht nur aus einer Klasse.

Bei komplexen Systemen können es schon 20 oder mehr Klassen sein, die auch miteinander in Beziehung stehen können. Das wichtige Ziel der objektorientierten Softwareentwicklung ist es ja gerade, die „Realität" bzw. die Problemstellung in ein adäquates softwaretechnisches Modell abzubilden. Zwischen den Klassen bestehen deshalb auch unterschiedliche Beziehungen, die aus diesem Abbildungsprozess entstanden sind.

Das folgende Beispiel zeigt die Umsetzung einer Problemstellung (Realität) in ein Klassendiagramm. Auf Attribute und Methoden wird zuerst verzichtet. Es geht erst einmal um die Klassen und deren Beziehungen.

Beispiel einer Problemstellung:

Die Filiale einer großen deutschen Bank möchte ihre Kunden und Mitarbeiter EDV-technisch erfassen. Die Kunden können bis zu 5 Konten bei der Bank haben. Weiterhin haben die Kunden einen Mitarbeiter der Filiale als Betreuer.

Umsetzung in ein Klassendiagramm:

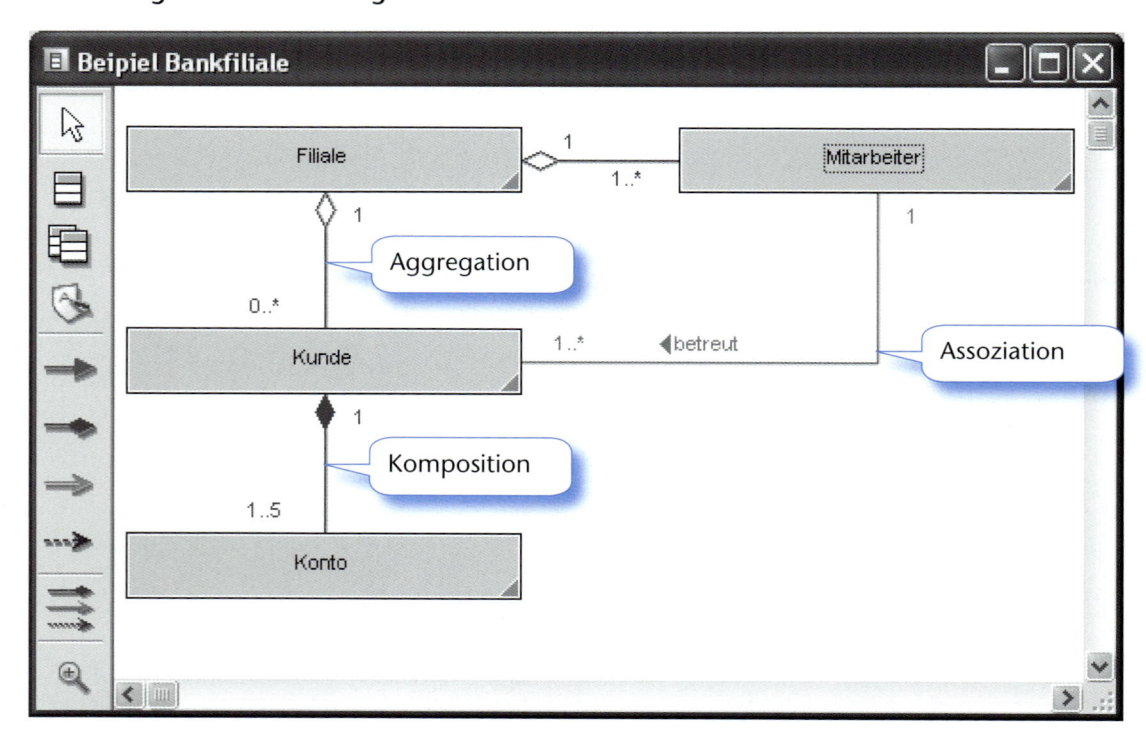

Das obige Beispiel zeigt die Umsetzung der Problemstellung. Die nötigen Klassen wurden identifiziert und die Beziehungen der Klassen untereinander wurden angelegt. Es handelt sich um die Beziehungen **Assoziation**, **Aggregation** und **Komposition**. Diese verschiedenen Beziehungen werden in den nächsten Unterkapiteln beleuchtet. Dabei werden auch jeweils konkrete Beispiele in C++ umgesetzt.

11.5 Die Assoziation und die Umsetzung in C++

Die Assoziation ist eine Beziehung zwischen zwei Klassen. Beide Klassen sind auf eine bestimmte Weise miteinander verknüpft, so dass die eine Klasse die andere kennt und die andere Klasse die eine Klasse kennt (das kann allerdings auch explizit durch die so genannte **Navigierbarkeit** eingeschränkt werden).

Ebenso kann aber auch sein, dass eine Klasse zu sich selbst eine Beziehung hat. Neben dem „Kennen" der anderen Klasse kann aber auch das Aufrufen einer Methode (Operation) der anderen Klasse die Beziehung ausmachen.

Es folgen jetzt einige Beispiele für Assoziationen, die die obigen etwas theoretischen Ausführungen veranschaulichen sollen.

Beispiel 1:
Ein Angestellter eine Firma betreut die Lieferanten der Firma. Jeder Lieferant hat genau einen Angestellten als Ansprechpartner.

| Angestellter | 1 — 1..* | Lieferant |

Beispiel 2:
Eine Schulklasse hat einen Klassensprecher. Der Klassensprecher ist nur für diese eine Klasse zuständig.

| Klassensprecher | 1 — 1 | Schulklasse |

Beispiel 3:
Die Mitarbeiter einer Firma sind Untergebene und teilweise auch Vorgesetzte.

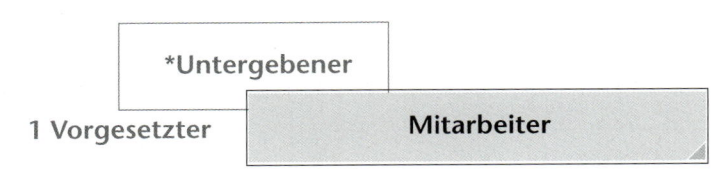

*Untergebener
1 Vorgesetzter — Mitarbeiter

11.5.1 Allgemeiner Aufbau einer Assoziation

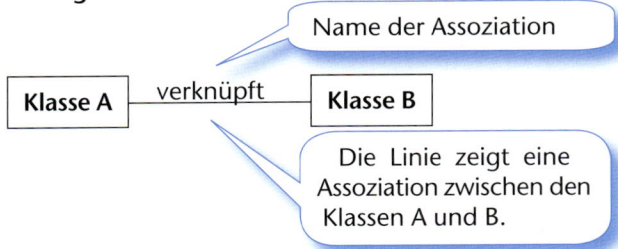

Klasse A — verknüpft — Klasse B

- Name der Assoziation
- Die Linie zeigt eine Assoziation zwischen den Klassen A und B.

11.5.2 Leserichtung einer Assoziation
Um eine Assoziation näher zu spezifizieren, kann eine Leserichtung hinzugefügt werden.

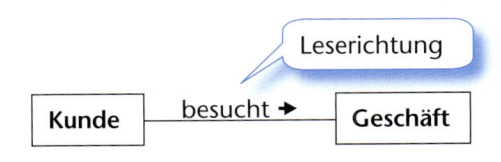

Kunde — besucht ▶ — Geschäft

(Leserichtung)

11.5.3 Multiplizitäten einer Assoziation

Die Multiplizitäten einer Assoziation geben an, wie viele Objekte der einen Klasse mit wie vielen der anderen Klasse in Verbindung stehen.

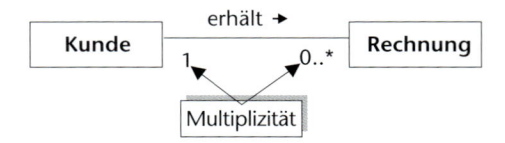

```
Kunde  ──erhält→──  Rechnung
       1        0..*
          Multiplizität
```

Die Multiplizität ist so zu lesen: Ein Kunde erhält keine oder beliebig viele Rechnungen. Eine Rechnung gehört genau zu einem Kunden.

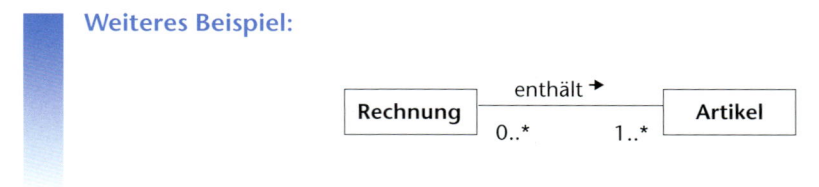

Weiteres Beispiel:

```
Rechnung ──enthält→── Artikel
   0..*           1..*
```

Diese Multiplizität ist so zu lesen: Eine Rechnung enthält mindestens einen Artikel, der verkauft wurde. Es können beliebige viele weitere Artikel enthalten sein. Ein Artikel kann in beliebig vielen Rechnungen auftreten. Es kann aber auch sein, dass der Artikel noch in keiner Rechnung aufgetreten ist.

Mögliche Multiplizitäten:

Multiplizität	Beschreibung
0	keins
1	genau eins
*	beliebig viele
0..*	keins oder beliebig viele
1..*	eins oder beliebig viele
1..3	eins, zwei oder drei
4..20	4 bis 20
1,5,7	eins, fünf oder sieben

11.5.4 Rollen einer Assoziation

Es ist möglich, dass eine Klasse mit mehreren anderen Klassen verknüpft ist. In jeder Assoziation spielt die Klasse jedoch eine andere Rolle.

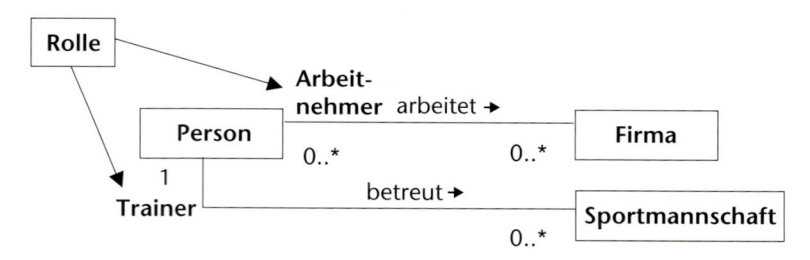

```
         Rolle
           │
           ▼
        Arbeit-
        nehmer   arbeitet →
Person ─────────────────── Firma
  │    0..*          0..*
  │ 1         betreut →
Trainer ───────────────── Sportmannschaft
                     0..*
```

11.5.6 Navigierbarkeit

Mit Navigierbarkeit ist die Kenntnis der anderen Klasse gemeint. Man spricht dann von einer **gerichteten Assoziation**.

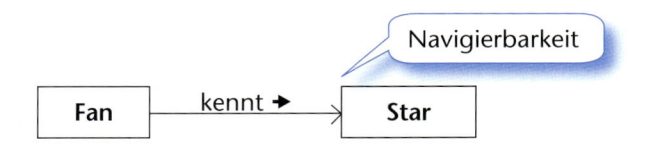

Fan — kennt → Star (Navigierbarkeit)

Der Fan kennt seinen Star, aber der Star kennt seinen Fan in der Regel nicht. Man spricht in diesem Fall von einer **unidirektionalen Navigierbarkeit**.

Kind ← kennt → Mutter

Ein Kind kennt seine Mutter, die natürlich auch ihr Kind kennt. Man spricht in diesem Fall von einer **bidirektionalen Navigierbarkeit**.

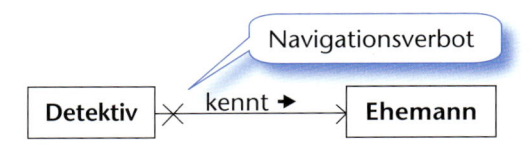

Detektiv ⨯— kennt → Ehemann (Navigationsverbot)

Der Detektiv kennt den Ehemann, den er im Auftrag seiner Frau beschatten soll. Der Ehemann darf aber den Detektiv nicht kennen (**Navigationsverbot**).

> **Hinweis:**
> Wird weder eine Navigierbarkeit noch ein Verbot angegeben, so wird von einer bidirektionalen Navigierbarkeit ausgegangen. Beide Klassen kennen sich dann.

11.5.7 Umsetzung in C++: eine bidirektionale 1 : 1-Assoziation

Der Klassensprecher kennt seine Klasse und umgekehrt.

Klassensprecher 1 —— 1 Schulklasse

Die Umsetzung erfolgt mithilfe von **Beziehungsattributen**. Es wird in jeder Klasse ein Attribut mit dem Namen der anderen Klasse der Assoziation angelegt. Das Attribut wird als Zeiger auf die andere Klasse deklariert.

CKlassensprecher.h:

```
#ifndef KLASSENSPRECHER_H
#define KLASSENSPRECHER_H
class CSchulklasse; //Bekanntgabe der Klasse

class CKlassensprecher
{
private:
     CSchulklasse * pSchulklasse;
public:
     CKlassensprecher();
     void SetpSchulklasse(CSchulklasse *);
};
#endif
```

CKlassensprecher.cpp:

```cpp
#include "CKlassensprecher.h"
CKlassensprecher::CKlassensprecher()
{
      pSchulklasse = NULL; // noch keine Kenntnis
}
void CKlassensprecher:: SetpSchulklasse(CSchulklasse * pS)
{
      pSchulklasse = pS; // kennt jetzt die Schulklasse
}
```

CSchulklasse.h:

```cpp
#ifndef SCHULKLASSE_H
#define SCHULKLASSE_H
class CKlassensprecher; //Bekanntgabe der Klasse
class CSchulklasse
{
private:
      CKlassensprecher * pKlassensprecher;
public:
      CSchulklasse ();
      void SetpKlassensprecher (CKlassensprecher *);
};
#endif
```

CSchulklasse.cpp:

```cpp
#include "CSchulklasse.h"
CSchulklasse::CSchulklasse()
{
      pKlassensprecher = NULL; // noch keine Kenntnis
}
void CSchulklasse::SetpKlassensprecher(CKlassensprecher * pK)
{
      pKlassensprecher = pK;   // kennt jetzt den Sprecher
}
```

Hauptprogramm:

```cpp
#include <iostream>
#include "CKlassensprecher.h"
#include "CSchulklasse.h"
using namespace std;
int main()
{
CSchulklasse IT_Klasse;
CKlassensprecher Christian;
IT_Klasse.SetpKlassensprecher (&Christian);
Christian.SetpSchulklasse(&IT_Klasse);
system("PAUSE");
return EXIT_SUCCESS;
}
```

Im Hauptprogramm werden zwei konkrete Objekte IT_Klasse und Christian instanziert. Nach dem Aufruf der Methoden und der Übergabe der Adressen der Objekte kennen die Objekte sich nun. Die beiden Objekte könnten nun miteinander kommunizieren. Dazu müssten noch entsprechende

Methoden implementiert werden. Es wäre vorstellbar, dass der Klassensprecher der Schulklasse den neuen Stand der Klassenkasse mitteilt. Dazu sendet er der Schulklasse eine Botschaft mit dem neuen Stand, das in der Umsetzung der Aufruf einer geeigneten Methode ist.

> **Hinweis:**
> Das **Senden von Botschaften** soll die Kommunikation zwischen Klassen bzw. Objekten beschreiben. Dahinter stehen entsprechende Methodenaufrufe des Objektes, an welches eine Botschaft gesendet werden soll.

Die Klassen werden nun modifiziert, um eine Kommunikation zu ermöglichen.

CKlassensprecher.h:

```
#ifndef KLASSENSPRECHER_H
#define KLASSENSPRECHER_H
class CSchulklasse;

class CKlassensprecher
{
private:
        CSchulklasse * pSchulklasse;
public:
        CKlassensprecher();
        void SetpSchulklasse(CSchulklasse *);
        void Klassenkasse(double);
};
#endif
```

CSchulklasse.h:

```
#ifndef SCHULKLASSE_H
#define SCHULKLASSE_H
class CKlassensprecher;

class CSchulklasse
{
private:
        CKlassensprecher * pKlassensprecher;
        double Kasse;
public:
        CSchulklasse ();
        void SetpKlassensprecher (CKlassensprecher *);
        void SetKasse(double);
        double GetKasse();
        void Alarm();
};
#endif
```

Weitere neue Methoden:

```
void CKlassensprecher::Klassenkasse(double Ausgabe)
{
        double Kassenstand = pSchulklasse->GetKasse();    // Kassenstand erfragen.
        Kassenstand = Kassenstand - Ausgabe;
        pSchulklasse->SetKasse(Kassenstand);              // Botschaft an Schulklasse:
}                                                          // aktueller Kassenstand

void CSchulklasse::SetKasse(double K)
{
        if (K<=0)
        {
        K = 0;
```

```cpp
        Alarm();
    }
    else Kasse = K;
}
double CSchulklasse::GetKasse()
{
    return Kasse;
}
void CSchulklasse::Alarm()
{
    cout << "ACHTUNG:" << endl;
    cout << "Klassenkasse ist leer - bitte einzahlen";
    cout << endl;
    cout << endl;
}
```

Hauptprogramm:

```cpp
#include <iostream>
#include "CKlassensprecher.h"
#include "CSchulklasse.h"

using namespace std;

int main()
{
CSchulklasse IT_Klasse;
CKlassensprecher Christian;

IT_Klasse.SetpKlassensprecher (&Christian);

Christian.SetpSchulklasse(&IT_Klasse);

IT_Klasse.SetKasse(50);   //Die Klassenkasse enthält 50 EUR

Christian.Klassenkasse(55); //Der Sprecher hat 55 EUR ausgegeben
system("PAUSE");
return EXIT_SUCCESS;
}
```

Die Bildschirmausgabe unter Dev-C++ sieht dann so aus:

```
C:\Dev-Cpp\Kapitel 11\Kapitel 11.exe
ACHTUNG:
Klassenkasse ist leer - bitte einzahlen

Drücken Sie eine beliebige Taste . . .
```

Die Methode Klassenkasse() des Klassensprechers fragt den Kassenstand der Schulklasse mithilfe des Beziehungsattributes ab. Danach werden die neuen Ausgaben verrechnet und eine Botschaft an die Schulklasse gesendet, die den neuen Kasseninhalt übermittelt. Die Schulklasse erkennt den niedrigen Stand der Kasse und fordert zur Einzahlung der Kassenbeiträge auf.

> **Hinweis: unidirektionale 1:1 Assoziation**
>
> Die einseitig gerichtete Assoziation wird genau so wie die bidirektionale Assoziation umgesetzt. Es entfällt dann nur in einer Klasse das Beziehungsattribut.

11.5.8 Umsetzung in C++: eine unidirektionale 1 : *-Assoziation

Der Kunde einer Bücherei darf beliebig viele Bücher ausleihen. Jeder Kunde hat einen Büchereiausweis mit einer Ausweis-Nummer.

11.5 Die Assoziation und die Umsetzung in C++

| Buch | * ausgeliehen 1 | Bücherei-Kunde |

Die Umsetzung in C++ ist nun ähnlich dem Primär-Fremdschlüssel-Prinzip bei der Entwicklung von relationalen Datenbanken bzw. deren Tabellen.

Der Bücherei-Kunde hinterlässt seine Ausweis-Nummer bei dem Buch, das er ausleiht. Das Objekt Buch merkt sich also selbst seinen Ausleiher.

CBuch.h:

```
#ifndef CBUCH_H
#define CBUCH_H
class CBuch
{
private:
      char Titel[100+1];
      int Ausweis;          //ähnlich einem Fremdschlüssel
public:
      CBuch();
      void SetAusweis(int);
      int GetAusweis();
      void SetTitel(char*);
      const char* GetTitel();
      void Zurueck();
};
#endif
```

CBuch.cpp:

```
#include "CBuch.h"
#include <iostream>
using namespace std;
CBuch::CBuch ()
{
      Ausweis = -1 ; // nicht ausgeliehen
}
void CBuch::SetAusweis(int A)
{
      if ( A >= 0  && A <= 9999 ) Ausweis = A;
}
int CBuch::GetAusweis()
{
      return Ausweis;
}
void CBuch::SetTitel(char* T)
{
      strcpy(Titel,T);
}
const char* CBuch::GetTitel()
{
      return Titel;
}
void CBuch::Zurueck()
{
      Ausweis = -1;
}
```

CBuecherei_Kunde.h:

```
#ifndef CBUECHEREI_KUNDE_H
#define CBUECHEREI_KUNDE_H
class CBuecherei_Kunde
{
private:
      char Name[100+1];
      int Ausweis;        // ähnlich dem Primärschlüssel
      static int zaehler;// eine Art auto_increment
public:
      CBuecherei_Kunde ();
      int GetAusweis();
      void SetName(char*);
      const char* GetName();
};
#endif
```

CBuecherei_Kunde.cpp:

```
#include "CBuecherei_Kunde.h"
#include <iostream>
using namespace std;
int CBuecherei_Kunde::zaehler = 0;//Primärschlüssel-Simulation
CBuecherei_Kunde::CBuecherei_Kunde ()
{
      Ausweis = zaehler;   // automatische Ausweis-Nr.
      zaehler++;
}
int CBuecherei_Kunde::GetAusweis()
{
      return Ausweis;
}
void CBuecherei_Kunde::SetName(char* N)
{
      strcpy(Name,N);
}
const char* CBuecherei_Kunde::GetName()
{
      return Name;
}
```

Hauptprogramm:

```
#include <iostream>
#include "CBuecherei_Kunde.h"
#include "CBuch.h"
using namespace std;
int main()
{
const int MAX_KUNDEN = 3;
const int MAX_BUECHER = 5;
int i,j;

CBuecherei_Kunde Kunden[MAX_KUNDEN];
CBuch Buecher[MAX_BUECHER];

Kunden[0].SetName("Hansen");
Kunden[1].SetName("Maier");
Kunden[2].SetName("Mueller");
```

```
Buecher[0].SetTitel("Einfuehrung in C++");
Buecher[1].SetTitel("Einfuehrung in C#");
Buecher[2].SetTitel("Datenbanken");
Buecher[3].SetTitel("Einfuehrung in UML 2.0");
Buecher[4].SetTitel("OOA und OOP");
Buecher[0].SetAusweis(Kunden[0].GetAusweis());
Buecher[1].SetAusweis(Kunden[0].GetAusweis());
Buecher[2].SetAusweis(Kunden[1].GetAusweis());
Buecher[3].SetAusweis(Kunden[2].GetAusweis());
Buecher[4].SetAusweis(Kunden[2].GetAusweis());
```
} Realisierung der Assoziation

```
cout << "Buecherliste:" << endl <<endl;
for (i=0; i < MAX_BUECHER ; i++)
{
    cout << "Das Buch: " << Buecher[i].GetTitel() << endl;
    cout << "wurde ausgeliehen von: " << endl;
    for (j=0; j < MAX_KUNDEN; j++)
    {
      if (Buecher[i].GetAusweis() == Kunden[j].GetAusweis())
      {
          cout << "Kunde: " << Kunden[j].GetName();
      }
    }
    cout << endl << endl;
}
for (i=0; i < MAX_BUECHER ; i++)
{
    Buecher[i].Zurueck(); //Alle Bücher wieder zurueck
}
system("PAUSE");
return EXIT_SUCCESS;
}
```

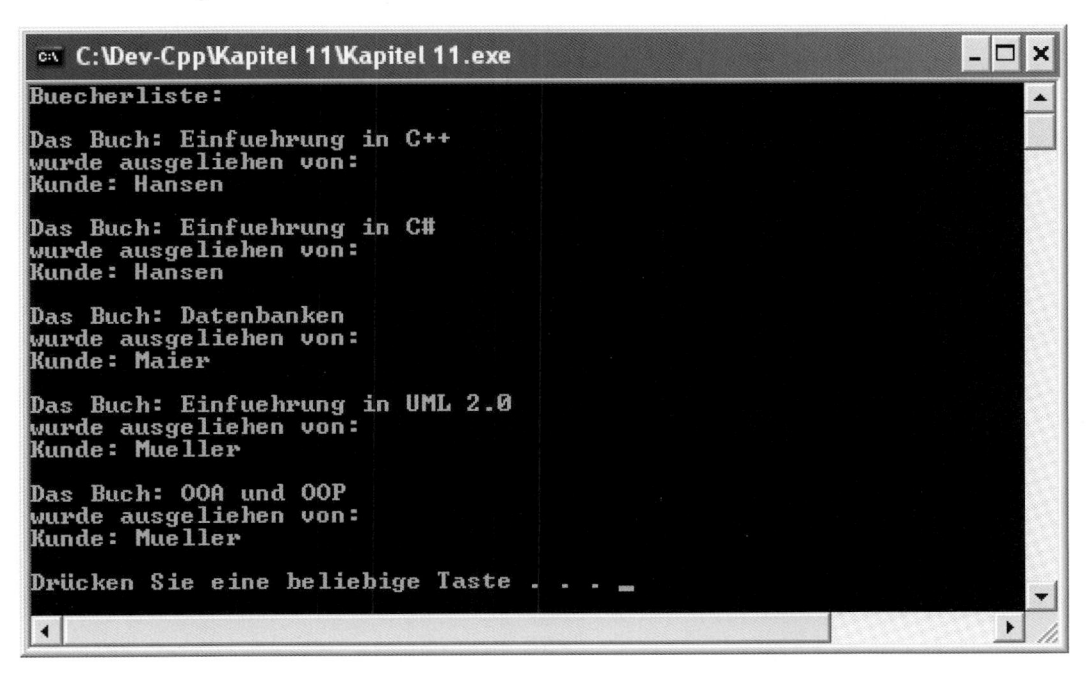

Die Bildschirmausgabe unter Dev-C++ sieht dann so aus:

```
C:\Dev-Cpp\Kapitel 11\Kapitel 11.exe

Buecherliste:

Das Buch: Einfuehrung in C++
wurde ausgeliehen von:
Kunde: Hansen

Das Buch: Einfuehrung in C#
wurde ausgeliehen von:
Kunde: Hansen

Das Buch: Datenbanken
wurde ausgeliehen von:
Kunde: Maier

Das Buch: Einfuehrung in UML 2.0
wurde ausgeliehen von:
Kunde: Mueller

Das Buch: OOA und OOP
wurde ausgeliehen von:
Kunde: Mueller

Drücken Sie eine beliebige Taste . . .
```

Die Realisierung der Assoziation geschieht im Prinzip durch die Weitergabe der Ausweis-Nummer des Kunden an das Buchobjekt. Dadurch wird eine Art Primärschlüssel-Fremdschlüssel-Prinzip umgesetzt. Ein Nachteil dieses Beispiels ist, dass beispielsweise alle Kunden überprüft werden müssen, wenn nach dem Namen des Ausleihers eines Buches gefragt wird.

11.5.9 Umsetzung in C++: eine reflexive 1 : *-Assoziation
Die Mitarbeiter einer Firma sind Untergebene und teilweise auch Vorgesetzte.

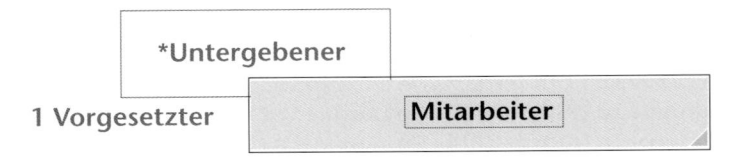

```
                    *Untergebener
     1 Vorgesetzter        Mitarbeiter
```

Das Besondere dieser Assoziation ist der Selbstbezug. Ein Mitarbeiter kann die Rollen Untergebener und Vorgesetzter haben (manche sind allerdings nur Untergebene). Diese Assoziation wird ähnlich wie im vorigen Beispiel umgesetzt.

CMitarbeiter.h:

```cpp
#ifndef CMITARBEITER_H
#define CMITARBEITER_H
class CMitarbeiter
{
private:
      char Name[100+1];
      int U_ID;    // eine Art Primärschlüssel
      int V_ID; //  eine Art Fremdschlüssel
      static int zaehler;
public:
      CMitarbeiter();

      int GetU_ID();
      int GetV_ID();
      void SetV_ID(int);
      void SetName(char*);
      const char* GetName();
};
#endif
```

CMitarbeiter.cpp:

```cpp
#include <iostream>
#include "CMitarbeiter.h"
using namespace std;
int CMitarbeiter::zaehler = 0;
CMitarbeiter::CMitarbeiter ()
{
      U_ID = zaehler;   // automatische U_ID
      zaehler++;
      V_ID = -1; //noch keinen Vorgesetzten
}
int CMitarbeiter::GetU_ID()
{
      return U_ID;
}
int CMitarbeiter::GetV_ID()
{
      return V_ID;
}
```

```cpp
void CMitarbeiter::SetV_ID(int V)
{
    if (V > 0 && V < zaehler) V_ID = V;
}
void CMitarbeiter::SetName(char* N)
{
    strcpy(Name,N);
}
const char* CMitarbeiter::GetName()
{
    return Name;
}
```

Hauptprogramm:

```cpp
#include <iostream>
#include "CMitarbeiter.h"
using namespace std;
int main()
{
const int MAX_MITARBEITER = 3;
int i;
CMitarbeiter Mitarbeiter[MAX_MITARBEITER];

Mitarbeiter[0].SetName("Maier");
Mitarbeiter[1].SetName("Hansen");
Mitarbeiter[2].SetName("Mueller");

Mitarbeiter[0].SetV_ID(Mitarbeiter[1].GetU_ID());
Mitarbeiter[2].SetV_ID(Mitarbeiter[1].GetU_ID());

for (i=0; i < MAX_MITARBEITER; i++)
{
    cout << "Name: " << Mitarbeiter[i].GetName() << endl;
    if (Mitarbeiter[i].GetV_ID() == -1 )
    {
    cout << "Kein Vorgesetzter";
    }
    else
    {
    cout << "Vorgesetzter: ";
    cout << **Mitarbeiter[Mitarbeiter[i].GetV_ID()].GetName();**
    }
    cout << endl << endl;
}
system("PAUSE");
return EXIT_SUCCESS;
}
```

> Hier wird ausgenutzt, dass der Index mit der U_ID übereinstimmt.

Die Bildschirmausgabe unter Dev-C++ sieht dann so aus:

```
C:\Dev-Cpp\Kapitel 11\Kapitel 11.exe
Name: Maier
Vorgesetzter: Hansen

Name: Hansen
Kein Vorgesetzter

Name: Mueller
Vorgesetzter: Hansen

Drücken Sie eine beliebige Taste . . .
```

Die Umsetzung der reflexiven Assoziation scheint auf den ersten Blick etwas verwirrend. Nach der genauen Analyse wird aber klar, dass es das gleiche Prinzip wie in dem Beispiel vorher ist, nur dass das Primärschlüssel-Fremdschlüssel-Prinzip innerhalb einer Klasse realisiert wurde.

11.6 Die Aggregation und die Umsetzung in C++

Die Aggregation ist eine spezielle Assoziation. Die miteinander verknüpften Klassen beschreiben dabei eine **Ganzes-Teile-Beziehung**. Das bedeutet, dass eine Klasse das Ganze verkörpert und die andere Klasse einen Teil davon. Das Ganze hat den Teil als Komponente. Man spricht auch von einer **Hat-Beziehung**. Im Gegensatz dazu wird bei der noch folgenden Vererbung (Kapitel 13) eine **Ist-Beziehung** modelliert.

Die Aggregation kennzeichnet den Teil, indem sie eine Raute an das Ende der Beziehungslinie (also an dem Ganzen) zeichnet.

11.6.1 Allgemeiner Aufbau einer Aggregation

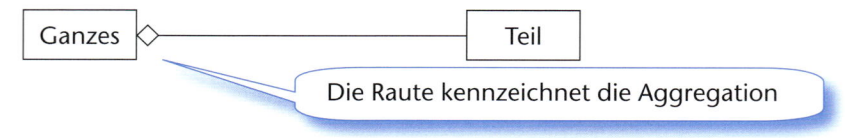

Ganzes ◇——— Teil

Die Raute kennzeichnet die Aggregation

Hinweis:

Sowohl das Ganze als auch die Teile können unabhängig voneinander existieren. Auch wenn Teile enfernt werden, kann das Ganze existieren. Ebenso können die Teile für sich existieren.

Teile können auch in verschiedenen Ganzen verwendet werden.

Dieser Sachverhalt wird sich vor allem bei der Umsetzung in C++ auswirken.

11.6.2 Multiplizitäten

Ebenso wie bei einer Assoziation kann die Aggregation mit Multiplizitäten versehen werden.

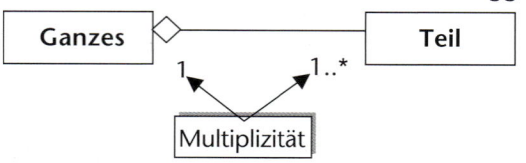

Ganzes ◇———1 1..*——— Teil
       Multiplizität

Beispiel 1:

Ein Notebook **hat** eine Festplatte. Es ist davon auszugehen, dass wirklich nur eine Festplatte in dem Notebook verwendbar ist.

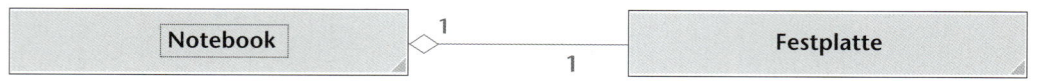

Notebook ———◇ 1   1 ——— Festplatte

> **Beispiel 2:**
> Eine Firma hat Mitarbeiter. Die Mitarbeiter sind vertraglich verpflichtet, nur bei der Firma tätig zu sein.

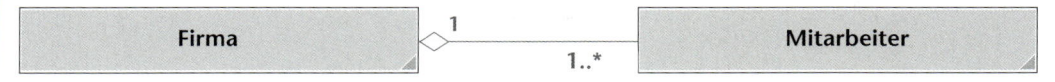

```
┌─────────┐ 1       ┌─────────────┐
│  Firma  │◇────────│ Mitarbeiter │
└─────────┘      1..*└─────────────┘
```

11.6.3 Umsetzung in C++: eine 1 : 1-Aggregation

```
┌──────────┐ 1     ┌────────────┐
│ Notebook │◇──────│ Festplatte │
└──────────┘    1  └────────────┘
```

Bei der Umsetzung ist zu beachten, dass sowohl das Ganze als auch die Teile für sich existent sein müssen. Das bedeutet, dass in der Ganzes-Klasse entsprechende Methoden zur Verfügung stehen müssen, um Teile temporär aufzunehmen. Die Aufnahme erfolgt mittels Verweisen auf die Teile, das in der Umsetzung in C++ mit Zeigern geschieht.

Die Umsetzung der Notebook-Festplatte-Aggregation ähnelt der Umsetzung der Assoziation mit einem Beziehungsattribut. Eine Aggregation ist ja auch eine spezielle Assoziation.

CNotebook.h:

```cpp
#ifndef CNOTEBOOK_H
#define CNOTEBOOK_H

#include "CFestplatte.h"

class CNotebook
{
private:
      CFestplatte * pFestplatte;
public:
      CNotebook();
      void EinbauFestplatte (CFestplatte *);
      void AusbauFestplatte();
};

#endif
```

CNotebook.cpp:

```cpp
#include "CNotebook.h"
#include <iostream>
using namespace std;
CNotebook::CNotebook ()
{
      pFestplatte = NULL; // noch keine Festplatte
}
void CNotebook::EinbauFestplatte (CFestplatte * pF)
{
      if (pF->GetStatus() == false)
      {
      pFestplatte = pF; // Festplatte eingebaut
      pFestplatte ->Einbau(); //Botschaft an Festplatte
      cout << "Festplatte eingebaut" << endl;
      }
      else cout << "Kein Einbau moeglich" << endl;
}
void CNotebook::AusbauFestplatte ()
{
      pFestplatte->Ausbau();
      pFestplatte = NULL; // Festplatte ausgebaut
}
```

CFestplatte.h:

```cpp
#ifndef CFESTPLATTE_H
#define CFESTPLATTE_H
class CFestplatte
{
private:
      bool eingebaut;
public:
      CFestplatte ();
      void Einbau();
      void Ausbau();
      bool GetStatus();
};
#endif
```

CFestplatte.cpp:

```cpp
#include "CFestplatte.h"
CFestplatte::CFestplatte ()
{
      eingebaut = false;
}
void CFestplatte::Einbau ()
{
      eingebaut = true;
}
void CFestplatte::Ausbau ()
{
      eingebaut = false;
}
bool CFestplatte::GetStatus ()
{
      return eingebaut;
}
```

Hauptprogramm:

```cpp
#include "CFestplatte.h"
#include "CNotebook.h"
#include <iostream>
using namespace std;
int main()
{
CNotebook N1;
CNotebook N2;
CFestplatte F;
N1.EinbauFestplatte(&F);
N2.EinbauFestplatte(&F); //das sollte nicht funktionieren
N1.AusbauFestplatte();
N2.EinbauFestplatte(&F); //jetzt aber
N2.AusbauFestplatte();
system("PAUSE");
return EXIT_SUCCESS;
}
```

In dem Hauptprogramm wird die Festplatte in das Notebook N1 eingebaut. Das gleichzeitige Einbauen in N2 wird verhindert durch eine Statusabfrage. Erst nach dem Ausbau aus N1 darf der Einbau in N2 erfolgen. Ein- und Ausbau werden der Festplatte durch Botschaften mitgeteilt.

Die Bildschirmausgabe unter Dev-C++ sieht dann so aus:

```
C:\Dev-Cpp\Kapitel 11\Kapitel 11.exe
Festplatte eingebaut
Kein Einbau moeglich
Festplatte eingebaut
Drücken Sie eine beliebige Taste . . .
```

11.6.4 Umsetzung in C++: eine 1 : *-Aggregation

```
Firma  1  1..*  Mitarbeiter
```

Die Umsetzung dieser Aggregation ist aufwändiger. In der Firmenklasse wird eine dynamische Liste verwaltet, die in der Lage ist, Mitarbeiter aufzunehmen und auch wieder abzugeben. Die Aufnahme geschieht ebenfalls durch Verweise, in C++ wieder mit Zeigern umgesetzt.

CFirma.h:

```cpp
#ifndef CFIRMA_H
#define CFIRMA_H
#include "CMitarbeiter.h"
class CFirma
{
private:
       CMitarbeiter** pListe, **pListeDummy;
       int anzahl;
public:
       CFirma();
       ~CFirma();
       void Einfuegen(CMitarbeiter* );
       void Loeschen(int);
       void Ausgabe();
};
#endif
```

CFirma.cpp

```cpp
#include "CFirma.h"
#include <iostream>
using namespace std;
CFirma::CFirma()
{
       anzahl=0;
}
CFirma::~CFirma()
{
       if (anzahl > 1) delete [] pListe;
       else if (anzahl == 1) delete pListe;
}
```

```cpp
void CFirma::Einfuegen(CMitarbeiter *M)
{
int i;
      if (anzahl == 0)
      {
            pListe = new CMitarbeiter*;
            pListe[0] = M;
            anzahl = 1;
      }
      else
      {
            pListeDummy = pListe;
            pListe = new CMitarbeiter*[anzahl+1];
            for (i=0; i<anzahl; i++)
                  pListe[i]=pListeDummy[i];
            if (anzahl>1) delete [] pListeDummy;
            else delete pListeDummy;
            pListe[anzahl]=M;
            anzahl++;
      }
}
void CFirma::Ausgabe()
{
cout << "Auflistung der Mitarbeiter:" << endl;
for (int i = 0 ; i < anzahl ; i++)
      {
            cout << "Mitarbeiter " << i+1 << ": ";
            cout << pListe[i]->GetName();
            cout << endl;
      }
}
void CFirma::Loeschen(int Nummer)
{
      if ((anzahl>1) && (Nummer <=anzahl))
      {
            pListeDummy = new CMitarbeiter*[anzahl-1];
            for (int i=0,j=0; i<anzahl; i++)
            {
                  if ((i+1) != Nummer)
                  {
                        pListeDummy[j]=pListe[i];
                        j++;
                  }
            }
      delete [] pListe;
      anzahl--;
      pListe = pListeDummy;
      }
      else
      {
       if (anzahl == 1 && Nummer == 1)
       delete pListe;
       anzahl = 0;
      }
}
```

CMitarbeiter.h:
```
#ifndef CMITARBEITER_H
#define CMITARBEITER_H
class CMitarbeiter
{
private:
      char Name[100+1];
      int U_ID;      // eine Art Primärschlüssel
      static int zaehler;
public:
      CMitarbeiter();
      int GetU_ID();
      void SetName(char*);
      const char* GetName();
};
#endif
```

CMitarbeiter.cpp:
```
#include "CMitarbeiter.h"
#include <iostream>
using namespace std;
int CMitarbeiter::zaehler = 0;
CMitarbeiter::CMitarbeiter ()
{
      U_ID = zaehler;   // automatische U_ID
      zaehler++;
}
int CMitarbeiter::GetU_ID()
{
      return U_ID;
}
void CMitarbeiter::SetName(char* N)
{
      strcpy(Name,N);
}
const char* CMitarbeiter::GetName()
{
      return Name;
}
```

Hauptprogramm:
```
#include "CFirma.h"
#include "CMitarbeiter.h"
#include <iostream>
using namespace std;
int main()
{
const int MAX_MITARBEITER = 3;
int i;
CFirma Firma;
CMitarbeiter Mitarbeiter[MAX_MITARBEITER];
Mitarbeiter[0].SetName("Maier");
Mitarbeiter[1].SetName("Hansen");
Mitarbeiter[2].SetName("Mueller");
```

```
for (i=0; i < MAX_MITARBEITER; i++)
{
        Firma.Einfuegen(&Mitarbeiter[i]);
}
Firma.Ausgabe();

cout << endl;

cout << "Mitarbeiter Nr.2 verlaesst die Firma.";
cout << endl << endl;
Firma.Loeschen(2);

Firma.Ausgabe();

cout << endl;
system("PAUSE");
return EXIT_SUCCESS;
}
```

Die Bildschirmausgabe unter Dev-C++ sieht dann so aus:

```
Auflistung der Mitarbeiter:
Mitarbeiter 1: Maier
Mitarbeiter 2: Hansen
Mitarbeiter 3: Mueller

Mitarbeiter Nr.2 verlaesst die Firma.

Auflistung der Mitarbeiter:
Mitarbeiter 1: Maier
Mitarbeiter 2: Mueller

Drücken Sie eine beliebige Taste . . .
```

11.7 Die Komposition und die Umsetzung in C++

Die Komposition ist eine Aggregation, die zusätzliche besondere Eigenschaften hat. Es gibt eine starke Abhängigkeit zwischen dem Ganzen und den Teilen, so dass die Teile nicht ohne das Ganze existieren können. Dieser Umstand muss bei der Umsetzung in C++ besonders beachtet werden.

11.7.1 Allgemeiner Aufbau einer Komposition

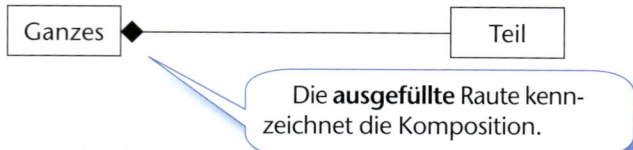

Ganzes ◆―――――――― Teil

Die **ausgefüllte** Raute kennzeichnet die Komposition.

11.7.2 Multiplizitäten

Ebenso wie bei einer Assoziation und Aggregation kann die Komposition mit Multiplizitäten versehen werden.

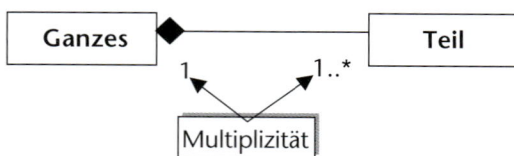

Ganzes ◆―――――――― Teil
         1   1..*
           Multiplizität

ACHTUNG:

Die Multiplizität auf der Seite des Ganzen darf immer nur 1 sein, sonst würde das der starken Bindung des Teils an das Ganze widersprechen. Wenn das Ganze gelöscht wird, so werden auch automatisch alle Teile gelöscht. Teile können auch gelöscht werden, bevor das Ganze seine Gültigkeit verliert.

> **Beispiel:**
> Eine Bankfiliale verwaltet die Konten der Kunden. Die Konten können ohne die Filiale nicht existieren.

```
┌─────────────┐  1        1..*  ┌─────────┐
│ Bankfiliale │◆────────────────│  Konto  │
└─────────────┘                 └─────────┘
```

11.7.3 Umsetzung in C++: eine 1 : *-Komposition

Das Beispiel der Bankfiliale und den Konten wird nun in C++ umgesetzt. Dabei werden zwei Varianten angeboten – eine ohne dynamische Speicherverwaltung und eine mit dynamischer Speicherverwaltung. Die Umsetzung ähnelt natürlich der Aggregation, allerdings gibt es einen entscheidenden Unterschied – die Konten können ohne die Bankfiliale nicht existieren.

Variante 1: ohne dynamische Speicherverwaltung

Die Konten werden ganz einfach als statisches Array in der Klasse angelegt. Diese Variante ist relativ einfach umzusetzen, aber auch unflexibel.

CKonto.h

```cpp
#ifndef CKONTO_H
#define CKONTO_H
class CKonto
{
private:
int Nummer;
public:
    CKonto();
    void SetNummer(int);
    int GetNummer();
};
#endif
```

CKonto.cpp

```cpp
#include "CKonto.h"
CKonto::CKonto()
{
    Nummer = -1;  //noch nicht benutzt
}
void CKonto::SetNummer(int N)
{
    if (N > 0 && N < 9999) Nummer = N;
}
int CKonto::GetNummer()
{
    return Nummer;
}
```

CBankfiliale.h

```cpp
#ifndef CBANKFILIALE_H
#define CBANKFILIALE_H
#include "CKonto.h"
const int MAX_KONTEN = 5;
```

```cpp
class CBankfiliale
{
private:
      char Name[100+1];
      CKonto Konten[MAX_KONTEN];
public:
      CBankfiliale();

      CKonto GetKonto(int);
      void SetKonto(int);
      void SetName(char*);
      const char* GetName();
};
#endif
```

CBankfiliale.cpp

```cpp
#include "CBankfiliale.h"
#include <iostream>
using namespace std;
CBankfiliale::CBankfiliale()
{
      strcpy(Name,"Standardbank");
}
void CBankfiliale::SetKonto(int Index)
{
    int Nummer;

    if (Index > 0 && Index <= MAX_KONTEN)
    {
      cout << "Einrichtung des Kontos Nr. ";
      cout << Index << endl;
      cout << "Bitte die Kontonummer angeben: ";
      cin >> Nummer;
      Konten[Index-1].SetNummer(Nummer);
      cout << endl;
    }
    else cout << "Fehler: unbekanntes Konto";
}
CKonto CBankfiliale::GetKonto(int Index)
{
    if (Index > 0 && Index <= MAX_KONTEN)
    {
            return Konten[Index-1];
    }
    else
    {
            cout << "Fehler: unbekanntes Konto - ";
            cout << "Rueckgabe eines leeren Kontos";
            return CKonto();
    }
}
void CBankfiliale::SetName(char* N)
{
      strcpy(Name,N);
}
```

```
const char* CBankfiliale::GetName()
{
      return Name;
}
```

Hauptprogramm:
```
#include "CBankfiliale.h"
#include <iostream>
using namespace std;

int main()
{
CBankfiliale Bank;
Bank.SetKonto(2);
cout << "Konto 2 hat Nummer: ";
cout << Bank.GetKonto(2).GetNummer();
cout << endl << endl;
system("PAUSE");
return EXIT_SUCCESS;
}
```

Die Bildschirmausgabe unter Dev-C++ sieht dann so aus:

```
C:\Dev-Cpp\Kapitel 11\Kapitel 11.exe

Einrichtung des Kontos Nr. 2
Bitte die Kontonummer angeben: 1234

Konto 2 hat Nummer: 1234

Drücken Sie eine beliebige Taste . . .
```

Variante 2: mit dynamischer Speicherverwaltung

Die Klasse CKonto bleibt unverändert. Es ändert sich nur die Klasse CBankfiliale.

Neue Konten werden in der Klasse CBankfiliale dynamisch erstellt. Der Destruktor der Klasse löscht alle Konten, wenn das Bankobjekt seine Gültigkeit verliert.

CBankfiliale.h
```
#ifndef CBANKFILIALE_H
#define CBANKFILIALE_H

#include "CKonto.h"

class CBankfiliale
{
private:
      char Name[100+1];
      CKonto *pKonten , *pKontendummy;
      int anzahl;
public:
      CBankfiliale();
      ~CBankfiliale();
      CKonto GetKonto(int);
      void SetKonto(int);
```

```
        void NeuesKonto();
        void SetName(char*);
        const char* GetName();
};
#endif
```

CBankfiliale.cpp

```cpp
#include "CBankfiliale.h"
#include <iostream>
using namespace std;
CBankfiliale::CBankfiliale()
{
strcpy(Name,"Standardbank"); anzahl = 0;
}
```

CBankfiliale::~CBankfiliale()
```
{
    if (anzahl > 1) delete [] pKonten;
    else if (anzahl == 1) delete pKonten;
}


void CBankfiliale::NeuesKonto()
{
    int i;
    if (anzahl > 0)
    {
            pKontendummy = pKonten;
            pKonten = new CKonto[anzahl];
            for (i=0 ; i < anzahl ; i++)
                    pKonten[i] = pKontendummy[i];
            anzahl++;
            SetKonto(anzahl);
            if (anzahl>1) delete [] pKontendummy;
            else delete pKontendummy;
    }
    else
    {
            pKonten = new CKonto;
            anzahl++;
            SetKonto(anzahl);
    }
}
void CBankfiliale::SetKonto(int Index)
{
    int Nummer;
    if (Index > 0 && Index <= anzahl)
    {
            cout << "Einrichtung des Kontos Nr. ";
            cout << anzahl << endl;
            cout << "Bitte die Kontonummer angeben: ";
            cin >> Nummer;
            pKonten[Index-1].SetNummer(Nummer);
            cout << endl;
    }
    else cout << "Fehler: unbekanntes Konto";
}
```

```
CKonto CBankfiliale::GetKonto(int Index)
{
    if (Index > 0 && Index <= anzahl)
    {
            return pKonten[Index-1];
    }
    else
    {
            cout << "Fehler: unbekanntes Konto - ";
            cout << "Rueckgabe eines leeren Kontos";
            return CKonto();
    }
}
void CBankfiliale::SetName(char* N)
{
     strcpy(Name,N);
}
const char* CBankfiliale::GetName()
{
     return Name;
}
```

Hauptprogramm:

```
#include "CBankfiliale.h"
#include <iostream>
using namespace std;

int main()
{
CBankfiliale Bank;
Bank.NeuesKonto();   //Zwei neue Konten anlegen
Bank.NeuesKonto();
cout << "Konto 1 hat Nummer: ";
cout << Bank.GetKonto(1).GetNummer();

cout << endl << endl;
system("PAUSE");
return EXIT_SUCCESS;
}
```

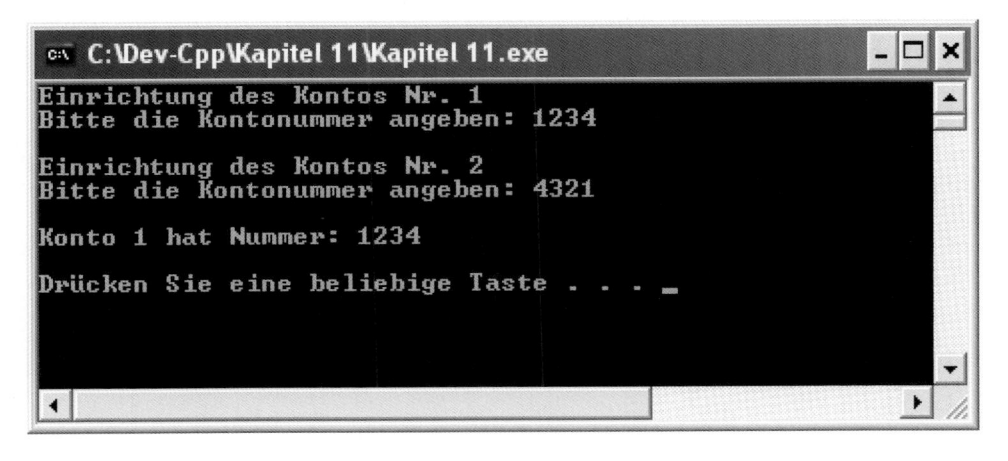

Die Bildschirmausgabe unter Dev-C++ sieht dann so aus:

```
Einrichtung des Kontos Nr. 1
Bitte die Kontonummer angeben: 1234

Einrichtung des Kontos Nr. 2
Bitte die Kontonummer angeben: 4321

Konto 1 hat Nummer: 1234

Drücken Sie eine beliebige Taste . . .
```

12 Das Überladen von Operatoren

Ein Ziel der objektorientierten Programmierung ist die realitätsnahe Abbildung einer Problematik, beispielsweise eines Geschäftsprozesses in ein Softwaresystem.

Die Technik des Überladens von Operatoren ist ein wichtiger Bestandteil für diesen Abbildungsprozess, da die Operatoren sich an das Wesen eines Objektes anpassen können. Diese Anpassung ist nichts anderes als die Programmierung einer entsprechenden (Operator-) Methode innerhalb der Klasse oder einer so genannten globalen Operator-Funktion.

Dieselben Operatoren haben dann unterschiedliche Bedeutungen bzw. Auswirkungen, je nachdem, für welches Objekt sie benutzt werden.

Genau genommen gibt es diese Anpassung auch schon bei den Operatoren, die bislang behandelt wurden. Die arithmetischen Operatoren können für alle elementaren Datentypen benutzt werden. Im Hintergrund passieren allerdings verschiedene Aktionen, je nachdem, welcher Datentyp benutzt wird.

Beispiel:

```
#include <iostream>
using namespace std;

int main()
{
int x = 10;
int y = 20;
int z;
double d = 1.2;
double e = 2.8;
double f;
z = x + y;
f = d + e;
system("PAUSE");
return EXIT_SUCCESS;
}
```

Die Addition von Integerzahlen ist intern ein anderer Prozess als die Addition von Gleitpunktzahlen. Die interne Darstellung der Zahlen unterscheidet sich ja auch sehr.

Diese implizite Anpassung der Operatoren an den jeweiligen Datentyp ist eigentlich schon eine Überladung von Operatoren. Je nachdem, welcher Datentyp benutzt wird, hat der Operator eine andere Funktionalität. Überladen heißt also, dem Operator eine neue Bedeutung geben.

ACHTUNG:

Das Überladen von Operatoren kann immer nur im Zusammenhang mit einer Klasse geschehen. Die Operatoren für die elementaren Datentypen können nicht überladen werden. Das wäre auch nicht sinnvoll, denn wenn beispielsweise der Additionsoperator für den Datentyp int eine neue Bedeutung erhielte, wäre kein Programm mehr lauffähig. Denn die Programmierer müssen sich darauf verlassen können, dass diese Operatoren immer gleich arbeiten.

12.1 Globale überladene Operator-Funktion

12.1.1 Die globale Operator-Funktion

Die Sprache C++ hat keinen eigenen Datentyp für die Zeichenkettenbehandlung. Eine Zeichenkette wird deshalb als Array von `char`-Elementen gespeichert. Dadurch ist der Umgang mit Zeichenketten erschwert. Folgendes Beispiel ist deshalb auch nicht lauffähig, obwohl es wünschenswert wäre.

> **Beispiel:**
>
> ```
> #include <iostream>
> using namespace std;
> int main()
> {
> char Kette1[5+1]= "Hallo";
> char Kette2[4+1]= " C++";
> cout << Kette1 + Kette2;   //das geht leider nicht!!!
> system("PAUSE");
> return EXIT_SUCCESS;
> }
> ```

Eine komfortable Zeichenkettenbearbeitung würde die obige Addition ermöglichen. Aus diesem Grund ist es sinnvoll einen neuen Datentyp (Klasse) für die Zeichenkette zu schaffen, mit dem solche Operationen möglich sind.

Grundlage der weiteren Beispiele ist die bereits in Kapitel 10 entwickelte Klasse `CKette`, die eine Zeichenkette verwalten kann.

Deklaration von CKette:

```
#ifndef CKETTE_H
#define CKETTE_H
class CKette
{
private:
      char * Str;
public:
      CKette ();
      CKette ( char *);
      CKette ( CKette& );
      ~CKette ();
      void SetStr ( char *);
      const char* GetStr ();
};
#endif
```

12.1.2 Addition von Zeichenketten

Das Ziel ist nun die Addition zweier Zeichenketten zu ermöglichen. Damit soll dann folgendes möglich sein:

> **Beispiel:**
>
> ```
> #include <iostream>
> #include "CKette.h" // Header-Datei für CKette einbinden
> using namespace std;
> int main()
> {
> CKette A("Das Ueberladen ");
> CKette B("von Operatoren");
> //Ausgabe der "addierten" Zeichenketten
> cout <<  (A + B).GetStr();
> system("PAUSE");
> return EXIT_SUCCESS;
> }
> ```

Der Compiler übersetzt einen Ausdruck wie A + B in eine Operator-Funktion. Die Funktion erhält die Operanden als Übergabewerte.

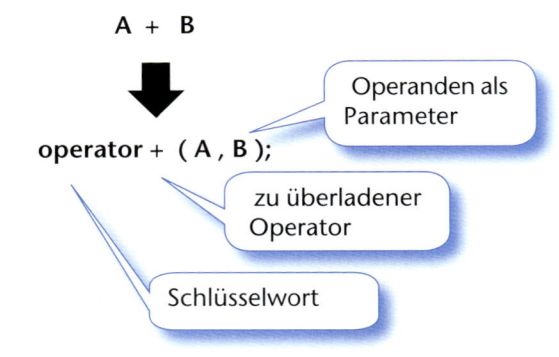

12 Das Überladen von Operatoren

```
A + B
   ↓
operator + ( A , B );
```

- Operanden als Parameter
- zu überladener Operator
- Schlüsselwort

Die Deklaration einer solchen Funktion sieht dann so aus:

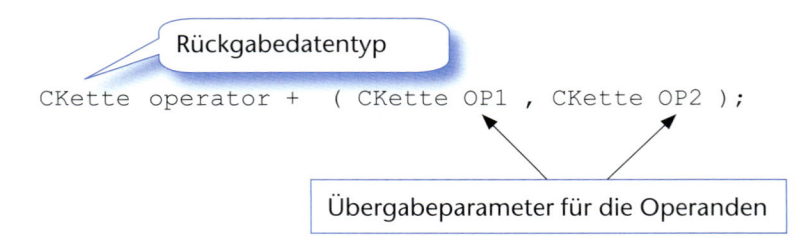

```
CKette operator + ( CKette OP1 , CKette OP2 );
```

- Rückgabedatentyp
- Übergabeparameter für die Operanden

Nach diesen Erläuterungen kann nun das vollständige Programm erstellt werden, das die Addition von zwei Zeichenketten erlaubt:

```cpp
#include <iostream>
#include "CKette.h" // Header-Datei für CKette einbinden
using namespace std;

CKette operator + ( CKette OP1 , CKette OP2 )
{
    char * dummy;
    int gesamt;
    CKette Temp;

    gesamt = strlen(OP1.GetStr());
    gesamt += strlen(OP2.GetStr());

    if (gesamt > 0)
    {
    dummy = new char[gesamt+1];

    // 1. Zeichenkette kopieren
    strcpy (dummy , OP1.GetStr() );
    // 2. Zeichenkette anhängen
    strcat (dummy , OP2.GetStr() );

    // temporäres Objekt mit der neuen Zeichenkette
    Temp.SetStr(dummy);
    delete [] dummy;

    // Rückgabe des Objektes
    return Temp;
    }
// ansonsten Rückgabe eines leeren Objektes
return Temp;
}

int main()
{
CKette A("Das Ueberladen ");
CKette B("von Operatoren");
```

```
//gibt "Das Überladen von Operatoren" aus
cout << (A+B).GetStr();
system("PAUSE");
return EXIT_SUCCESS;
}
```

ACHTUNG:

Die Funktion `operator + ( )` ist eine globale Operator-Funktion und keine Methode der Klasse `CKette`. Eine solche Funktion kann immer nur im Zusammenhang mit einer Klasse implementiert werden. Das bedeutet, dass mindestens ein Operand (also ein Übergabeparameter) ein Objekt einer Klasse sein muss.

12.1.3 Weitere Beispiele für globale Operator-Funktionen

Beispiel 1: Addition einer Standard - C++ - Zeichenkette

```
#include <iostream>
#include "CKette.h" // Header-Datei für CKette einbinden
using namespace std;

CKette operator + ( CKette OP , char * S )
{
   char * dummy;
   int gesamt;
   CKette Temp;

   gesamt = strlen(OP.GetStr());
   gesamt += strlen(S);

   if (gesamt > 0)
   {
   dummy = new char[gesamt+1];
   strcpy (dummy , OP.GetStr() );
   strcat (dummy , S );
   Temp.SetStr(dummy);
   delete [] dummy;
   return Temp;
   }
return Temp;
}

int main()
{
CKette A("Das Ueberladen ");

//gibt "Das Überladen von Operatoren" aus
cout << ( A + "von Operatoren").GetStr();
system("PAUSE");
return EXIT_SUCCESS;
}
```

Hinweis:

Eigentlich könnte die bereits vorhandene Operator-Funktion für die Implementierung benutzt werden. Das funktioniert nur leider mit Dev-C++ nicht, aber mit einem anderen Compiler wie Visual-C++ 6.0 durchaus.

```
CKette operator + ( CKette OP , char * S )
{
   CKette Temp(S);
   return OP1 + Temp;  //Ausnutzen der existierenden Funktion
}
```

Beispiel 2: Addition einer Integer-Zahl

```cpp
#include <iostream>
#include "CKette.h" // Header-Datei für CKette einbinden
using namespace std;
CKette operator + ( CKette OP , int I )
{
  char * dummy;
  int laenge_1 = 0;
  int laenge_2 = 0;
  int gesamt;
  CKette Temp;
  int x = I;

  while ( x > 0 ) //Wie viele Stellen?
  {
  x /= 10;
  laenge_1++;
  }

  laenge_2 = strlen(OP.GetStr());
  gesamt = laenge_1 + laenge_2;
  if (gesamt > 0)
  {
  dummy = new char[gesamt+1];
  strcpy (dummy , OP.GetStr() );
  dummy[gesamt]='\0';
  x = I;
  while ( x > 0 )
  {
        dummy[--gesamt]= (x % 10) + 48; //ANSI-Wert der Ziffer
        x /= 10;
  }
  Temp.SetStr(dummy);
  delete [] dummy;
  return Temp;
  }
return Temp;
}

int main()
{
CKette A("Die Zahl lautet: ");
```
//gibt " Die Zahl lautet: 2457" aus
```cpp
cout << ( A + 2457 ).GetStr();

system("PAUSE");
return EXIT_SUCCESS;
}
```

12.2 Überladene Operatorfunktion als Methode

12.2.1 Überladener Operator als Methode

Das Überladen von Operatoren kann auch als Methode einer Klasse implementiert werden. Damit ist allerdings festgelegt, dass der linke Operand des Operators ein Objekt der Klasse sein muss.

Beispiel:

```cpp
CKette A("Das Ueberladen ");
CKette B("von Operatoren");

cout << (A + B).GetStr();
```

Der Compiler übersetzt diesen Ausdruck A + B in eine Operator-Methode. Die Methode erhält den rechten Operanden als Übergabewert.

Der linke Operand ist das Objekt selbst, von dem die Methode aufgerufen wird.

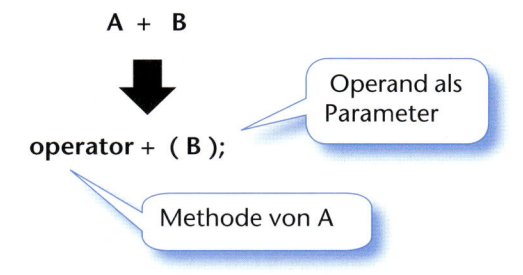

A + B

⬇

operator + (B);

Operand als Parameter

Methode von A

12.2.2 Addition von Zeichenketten

Die Implementierung einer Methode, die Zeichenketten addiert, ist ähnlich aufgebaut wie die globale Operator-Funktion. Der Zugriff auf die Attribute ist nur etwas einfacher.

```
CKette CKette::operator + ( CKette OP )
{
    char * dummy;
    int gesamt;
    CKette Temp;
    gesamt = strlen(Str);
    gesamt += strlen(OP.Str);
    if (gesamt > 0)
    {
    dummy = new char[gesamt+1];
    strcpy (dummy , Str );
    strcat (dummy , OP.Str);
    Temp.SetStr(dummy);
    delete [] dummy;
    return Temp;
    }
return Temp;
}
```

Hinweis:

Da nun zwei Varianten zur Überladung von Operatoren zur Verfügung stehen, stellt sich die Frage, wann welche eingesetzt werden soll. Das hängt vom Zusammenhang ab. Beim überladenen Operator als Methode steht links vom Operator immer ein Objekt der Klasse. Aus diesem Grund könnte die folgende Überladung nur mit einer globalen Operator-Funktion umgesetzt werden:

```
        CKette A(" Welt");
        "Hallo" + A;     // nur mit globaler Funktion
```

Deshalb könnte diese Regel bei der Umsetzung helfen: Alle überladenen Operatoren werden als Methoden implementiert. Nur die Fälle, in denen links vom Operator kein Objekt der Klasse steht, werden als globale Operator-Funktionen umgesetzt.

12.2.3 Weitere Beispiele für überladene Operatoren als Methoden

Beispiel 1: Überladen des Zuweisungsoperators

```
#include <iostream>
#include "CKette.h" // Header-Datei für CKette einbinden
using namespace std;

CKette CKette::operator = ( CKette OP )
{
   SetStr( OP.Str ); // Aufgabe delegieren an Methode SetStr
}
```

```
int main()
{
CKette A("Das ist ein Text");
CKette B;
B = A;
cout << B.GetStr();          //gibt "Das ist ein Text" aus
system("PAUSE");
return EXIT_SUCCESS;
}
```

> **Hinweis:**
>
> Das Überladen des Zuweisungsoperators kann nur als Methode implementiert werden. Eine globale Operator-Funktion würde der Compiler (zu Recht) als Fehler deklarieren. Wie schon zu Beginn des Kapitels erwähnt wurde, dürfen die Operatoren für elementare Datentypen nicht verändert werden. Wäre die globale Operator-Funktion in diesem Fall erlaubt, so könnte damit die Zuweisung auf einen elementaren Datentyp verändert werden. Das darf nicht geschehen.

> **Beispiel 2: Überladen des Indexoperators**
>
> ```
> #include <iostream>
> #include "CKette.h" // Header-Datei für CKette einbinden
> using namespace std;
> 
> char CKette::operator [] ( int Index )
> {
>    if (Index >= 0 && Index < strlen(Str) )
>    return Str[Index];
> 
>    return 'X'; //Falls der Index nicht stimmt
> }
> int main()
> {
> CKette A("Das ist ein Text");
> int i;
> for ( i = 12; i < 16; i++)
> cout << A[i];    //gibt "Text" aus
> system("PAUSE");
> return EXIT_SUCCESS;
> }
> ```

Damit der Zugriff auf einzelne Zeichen der Zeichenkette wie gewohnt ist, muss der Indexoperator überladen werden.

Der Compiler übersetzt den Aufruf so: A[i]   ➡   A.operator [] (i);

> **ACHTUNG:**
>
> Es können alle Operatoren überladen werden, bis auf die folgenden Ausnahmen:
>
> .   .*   ::   ?:

12.3 Überladen der Ein- und Ausgabeoperatoren

12.3.1 Überladene Operatoren der iostream-Klassen

Seit dem zweiten Kapitel werden zwei Objekte benutzt, um die Ein- und Ausgabe zu ermöglichen. Das Objekt `cin` und das Objekt `cout`.

Beide Objekte arbeiten problemlos mit allen elementaren Datentypen zusammen. Dieser Komfort für den Programmierer hat natürlich einen komplexeren Hintergrund. Die zugrunde liegenden Klassen `istream` für `cin` und `ostream` für `cout` haben viele überladene Operatoren implementiert, um diese Aufgaben erledigen zu können.

Ein Auszug aus der Header-Datei <istream> zeigt beispielsweise die (leicht modifizierten) Überladungen für die Klasse istream:

```
istream& operator>>(char *);
istream& operator>>(unsigned char *);
istream& operator>>(signed char *);
istream& operator>>(char &);
istream& operator>>(unsigned char &);
istream& operator>>(signed char &);
istream& operator>>(short &);
istream& operator>>(unsigned short &);
istream& operator>>(int &);
:
:
```

Der Rückgabedatentyp aller Methoden ist eine Referenz auf die eigene Klasse. Mit diesem „Trick" wird es ermöglicht, dass mehrere Werte hintereinander ausgegeben werden bzw. mehrere Variable hintereinander eingelesen werden können.

Beispiel:

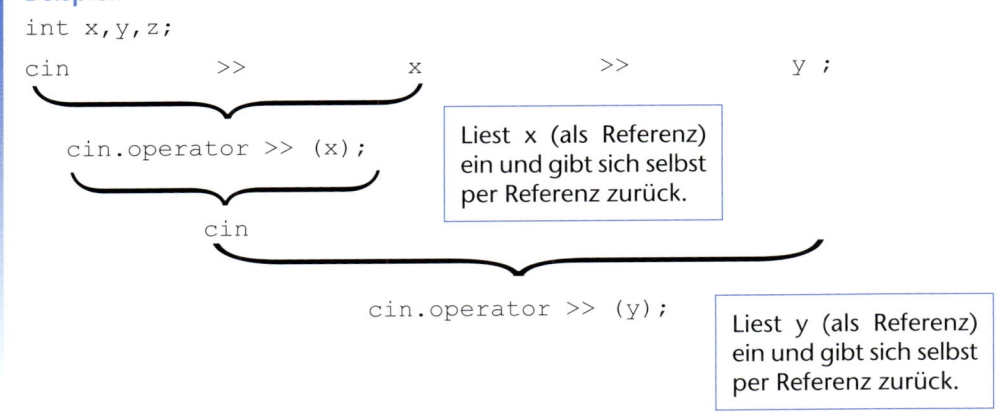

```
int x,y,z;
cin          >>         x           >>          y ;
```

cin.operator >> (x);   Liest x (als Referenz) ein und gibt sich selbst per Referenz zurück.

cin

cin.operator >> (y);   Liest y (als Referenz) ein und gibt sich selbst per Referenz zurück.

12.3.2 Überladen des Eingabeoperators für eigene Klassen

Das Überladen des Eingabeoperators für eigene Klassen wird nun als globale Operator-Funktion implementiert. Dadurch kann die Funktion zusammen mit der jeweiligen Klasse gespeichert werden, und es muss keine Methode in der Klasse istream ergänzt werden.

Das Prinzip ist ähnlich wie bei den oben gezeigten Methoden der Klasse istream. Das Eingabeobjekt cin muss per Referenz übernommen werden und auch wieder zurückgegeben werden. Dadurch ist das Einlesen verschiedener Variablen und Objekte möglich.

Beispiel:

```
#include <iostream>
#include "CKette.h" // Header-Datei für CKette einbinden
using namespace std;
const int MAX = 256;

istream& operator >> ( istream& in , CKette & K )
{
   char dummy[MAX+1];
   in >> dummy;
   K.SetStr(dummy);
   return in;  // Rückgabe des cin-Objektes
}

int main()
{
CKette A;
CKette B;

cin >> A >> B;
```

```
    cout << A.GetStr();
    cout << endl;
    cout << B.GetStr();
    system("PAUSE");
    return EXIT_SUCCESS;
}
```

12.3.3 Überladen des Ausgabeoperators für eigene Klassen

Das Überladen des Ausgabeoperators verläuft analog zur Überladung des Eingabeoperators. Das cout-Objekt wird ebenfalls als Referenz zurückgegeben.

```
#include <iostream>
#include "CKette.h" // Header-Datei für CKette einbinden
using namespace std;

ostream& operator << ( ostream& out , CKette K )
{
    out << K.GetStr();
    return out;  // Rückgabe des cout-Objektes
}
int main()
{
CKette A("Ausgabe mit ");

cout << A << " Operator";
system("PAUSE");
return EXIT_SUCCESS;
}
```

13 Vererbungskonzept in C++ und UML-Darstellung

Das Konzept der Vererbung ist ein zentrales Thema in der OOP. Durch Vererbung können einerseits Situationen aus der „realen" Welt besser in die Programmiersprache umgesetzt werden, und andererseits kann bereits existierender Programmcode (in Form von Klassen) wiederverwendet werden. Dadurch ergeben sich mehr Effizienz und Sicherheit in der Softwareentwicklung durch bereits vorhandenen und geprüften Programmcode.

Bei der Vererbung spricht man von einer so genannten `Ist-Beziehung`. Bei der Aggregation oder Komposition hingegen handelt es sich um die `Hat-Beziehung`.

Beispiel 1:

Die Basisklasse Boot vererbt an die Klassen Segelboot und Motorboot. Das Segelboot ist ein Boot bzw. das Motorboot ist ein Boot (Ist-Beziehung).

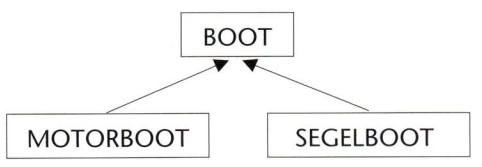

```
        BOOT
        /  \
MOTORBOOT  SEGELBOOT
```

Die Klasse Motorboot bzw. Segelboot ist eine spezielle Klasse Boot. Die Klasse Boot ist eine Verallgemeinerung der Klasse Motorboot bzw. Segelboot. Aus diesem Grund spricht man auch von Generalisierung und Spezialisierung.

Beispiel 2:

Der Schüler ist eine Spezialisierung einer Person. Eine Person ist eine Generalisierung eines Schülers.

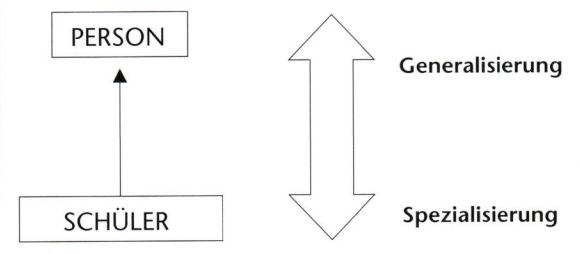

```
PERSON
  ↑       ↑ Generalisierung
  |       |
SCHÜLER   ↓ Spezialisierung
```

Hinweis:

Die Klasse, die vererbt (Person), wird in der Regel **Basisklasse** oder **Oberklasse** genannt. Die Klasse, die erbt (Schüler), wird **abgeleitete Klasse** oder **Unterklasse** genannt.

13.1 Die einfache Vererbung

Solange eine Klasse immer nur von einer Klasse erbt, spricht man von `einfacher Vererbung`. Sobald eine Klasse von mehreren Klassen erbt, spricht man von `Mehrfachvererbung` (siehe 13.2).

Die einfache Vererbung bedeutet aber nicht, dass nicht mehrere Klassen hintereinander erben können. Die folgenden Beispiele sind einfache Vererbungen.

> **Beispiele: einfache Vererbung**
>
> ```
> BOOT              VIELECK
>   ↑                 ↑
> MOTORBOOT         RECHTECK
>   ↑                 ↑
> RENNBOOT          QUADRAT
> ```

13.1.1 Umsetzung einer einfachen Vererbung in C++

Das obige Beispiel mit den Bootsklassen wird nun in C++ umgesetzt. Als Basisklasse dient die Klasse Boot. Die Deklaration der Klasse könnte so aussehen.

Deklaration der Klasse Boot:

```
class CBoot
{
private:
      int Laenge;
public:
      CBoot();
      CBoot(int);
      void SetLaenge(int);
      int GetLaenge();
};
```

Die Vererbung an die Klasse Motorboot geschieht einfach durch die Angabe der Basisklasse nach dem Namen der Klasse. Zusätzlich wird noch festgelegt, mit welchen Zugriffsrechten vererbt wird (`public, private oder protected`).

Vererbung an die Klasse Motorboot:

```
class CMotorboot: public CBoot      ← öffentliche (public) Vererbung
{
private:
int PS;
public:
      CMotorboot();
      CMotorboot( int, int );
      void SetPS(int);
      int GetPS();
};
```

> **Hinweis:**
>
> Nach der Vererbung stehen der Klasse Motorboot alle Elemente der Basisklasse zur Verfügung. Die Klasse Motorboot hat nun also die Attribute Laenge und PS sowie die entsprechenden Get- und Set-Methoden.
>
> Allerdings darf in der abgeleiteten Klasse nicht auf die privaten Elemente der Basisklasse zugegriffen werden. Es müssen die entsprechenden öffentlichen Methoden genutzt werden.

Beispiel: Implementation eines Parameter-Konstruktors

```
CMotorboot::CMotorboot( int L, int P)
{
    if ( L > 0 && L < 155 ) Laenge = L;
    if ( P > 0 && P < 800 ) PS = P;
}
```

> Auf das Attribut der Basisklasse kann **nicht** zugegriffen werden.

```
CMotorboot::CMotorboot( int L, int P)
{
    if ( L > 0 && L < 155 ) SetLaenge(L);
    if ( P > 0 && P < 800 ) PS = P;
}
```

> Der Aufruf der Methode ist hingegen problemlos.

13.1.2 Attribute als protected deklarieren

Die oben aufgeführte Problematik mit dem Zugriff auf die Attribute in den Methoden der abgeleiteten Klasse kann durch die Einführung eines neuen Sichtbarkeitsbereiches gelöst werden – durch den so genannten **protected**-Bereich. Dieser Bereich schützt die Attribute vor dem Zugriff ebenso wie der private-Bereich, allerdings können abgeleitete Klassen direkt auf das Attribut der Oberklasse zugreifen, das für die Programmierung der Methoden von Vorteil ist.

Neue Deklaration der Klasse Boot:

```
class CBoot
{
protected:
    int Laenge;
public:
    :
    :
};
```

> Der Sichtbarkeitsbereich **protected** bewahrt die Kapselung. Die abgeleiteten Klassen können aber nun direkt auf das Attribut zugreifen.

Implementation des Parameter-Konstruktors der Klasse CMotorboot

```
CMotorboot::CMotorboot( int L, int P)
{


    if ( L > 0 && L < 155 ) Laenge = L;
    if ( P > 0 && P < 800 ) PS = P;
}
```

> Auf das Attribut der Basisklasse kann direkt zugegriffen werden.

13.1.3 Aufruf der Basisklassenkonstruktoren

Die Vererbung hat den großen Vorteil, dass die erbende Klasse alle Funktionalitäten der Basisklasse erbt. Es gibt jedoch Methoden, die nur bei der Instantiierung der Objekte automatisch aufgerufen werden, und danach nicht mehr aufrufbar sind – die Konstruktoren.

Damit die Konstruktoren der Basisklasse in der abgeleiteten Klasse nutzbar sind, müssen sie in der Initialisierungsleiste der Konstruktoren explizit aufgerufen werden.

Beispiel: der Parameterkonstruktor von Motorboot nutzt den Parameterkonstruktor von Boot

```
CMotorboot::CMotorboot( int L, int P): CBoot(L)
{
    if ( P > 0 && P < 800 ) PS = P;
}
```

> Der Übergabeparameter L wird an den Basisklassenparameterkonstruktor weitergereicht.

Hinweis:
Wird kein Basisklassenkonstruktor explizit angegeben, so wird automatisch der Standardkonstruktor der Basisklasse aufgerufen.

13.1.4 Darstellung der Vererbung im UML-Klassendiagramm
Die Darstellung der Vererbung in einem UML-Klassendiagramm wird durch einen Pfeil gekennzeichnet, der von der abgeleiteten Klasse zu der Oberklasse oder Basisklasse gerichtet ist. Das folgende Beispiel zeigt die Vererbung der Boot-Klasse an die Motorboot-Klasse mit dem neuen Sichtbarkeitsbereich protected.

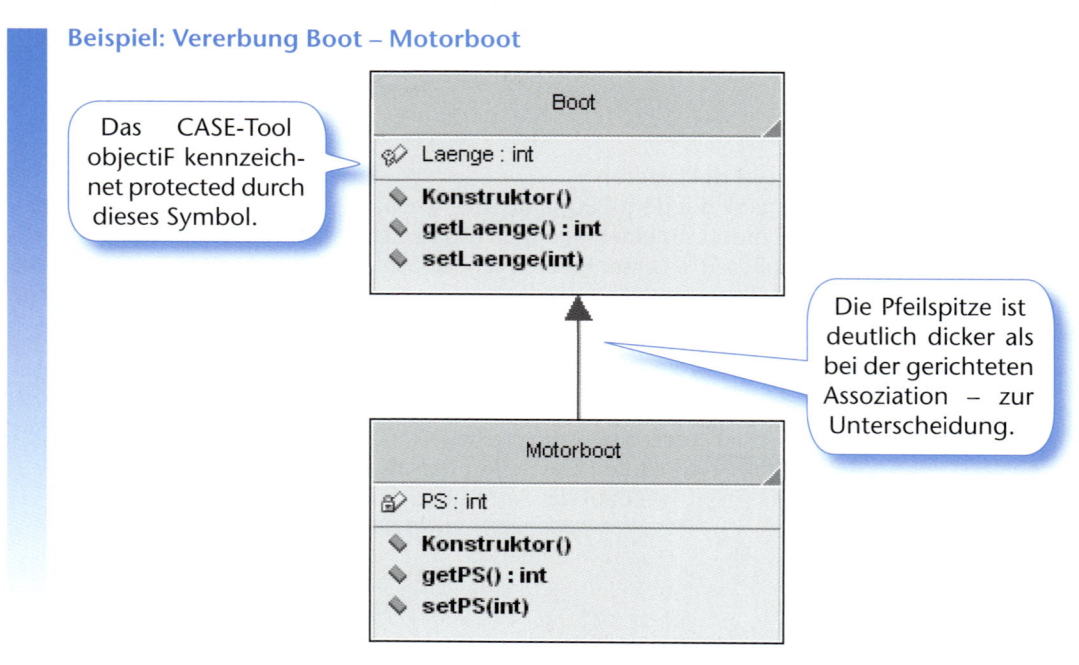

Beispiel: Vererbung Boot – Motorboot

Das CASE-Tool objectiF kennzeichnet protected durch dieses Symbol.

Boot
- Laenge : int
- Konstruktor()
- getLaenge() : int
- setLaenge(int)

Motorboot
- PS : int
- Konstruktor()
- getPS() : int
- setPS(int)

Die Pfeilspitze ist deutlich dicker als bei der gerichteten Assoziation – zur Unterscheidung.

ACHTUNG:
In der UML-Darstellung wird ein protected-Attribut durch eine Raute # gekennzeichnet.

Beispiel: # Laenge: int

13.1.5 Weitere Formen der Vererbung
Neben der public-Vererbung können auch die protected- und private-Vererbung eingesetzt werden. Diese Formen der Vererbung ändern die Zugriffsrechte der abgeleiteten Klasse auf die Elemente der Oberklasse. Die folgende Tabelle zeigt die Zugriffsrechte bei den einzelnen Vererbungstypen.

Vererbung \ Zugriffsrechte	public	protected	private
public	public	protected	private
protected	protected	protected	private
private	private	private	private

Die Auswirkungen der Einschränkung der Zugriffsrechte werden nun durch drei Beispiele dargestellt.

Beispiel 1: Zugriff bei public-Vererbung

```
class CBoot
{
protected:
   int Laenge;
public: .......  // wie vorher
};
class CMotorboot: public CBoot
{
public:
   void Test();  // Eine Methode, um den Zugriff zu testen
};
void CMotorboot::Test()
{
   Laenge = 10; // OK, da Attribut in Basisklasse protected
}
int main()
{
CMotorboot M;
M.SetLaenge(45);     // OK, da Methode in Basisklasse public
M.Test();
cout << M.GetLaenge();    // Gibt dann 10 aus
system("PAUSE");
return EXIT_SUCCESS;
}
```

Beispiel 2: Zugriff bei protected-Vererbung

```
class CMotorboot: protected CBoot
{
public:
   void Test();  // Eine Methode, um den Zugriff zu testen
};
void CMotorboot::Test()
{
   Laenge = 10; // OK, protected bleibt protected
}
int main()
{
CMotorboot M;
M.SetLaenge(45);     // Nicht OK, public wird protected
system("PAUSE");
return EXIT_SUCCESS;
}
```

Beispiel 3: Zugriff bei private-Vererbung

```
class CMotorboot: private CBoot
{
public:
   void Test();  // Eine Methode, um den Zugriff zu testen
};
void CMotorboot::Test()
{
   Laenge = 10; // OK, protected wird private
}
```

```cpp
class CKabinenboot: public CMotorboot    //weitere Ableitung
{
public:
   void Test_2();   // 2. Methode, um den Zugriff zu testen
};
void CKabinenboot::Test_2()
{
   Laenge = 10; // Nicht OK, da nun private in CMotorboot
}
int main()
{
CKabinenboot K;
K.Test();              // OK, da public-Vererbung bei CKabinenboot
system("PAUSE");
return EXIT_SUCCESS;
}
```

Hinweis:

An den Beispielen ist erkennbar, dass die `protected`- und `private`-Vererbung die Rechte immer stärker einschränken. Es mag durchaus sinnvolle Anwendungen für diese beiden Vererbungsarten geben, doch wird in der Regel die `public`-Vererbung eingesetzt.

13.2 Die Mehrfachvererbung

Die Mehrfachvererbung unterscheidet sich von der einfachen Vererbung dadurch, dass eine Klasse direkt von mehreren Klassen erbt. Dadurch kann ein Softwaresystem noch realitätsnäher umgesetzt werden. Die Mehrfachvererbung hat aber den Nachteil, dass sie deutlich komplexer als die einfache Vererbung ist. Bei der Umsetzung müssen deshalb mehr Aspekte beachtet werden. Eine Programmiersprache wie JAVA wurde aus diesem Grund ohne die Technik der Mehrfachvererbung entworfen. Das schränkt zwar den Entwickler etwas ein, führt aber zu mehr Sicherheit bei der Programmentwicklung.

Beispiel: Mehrfachvererbung

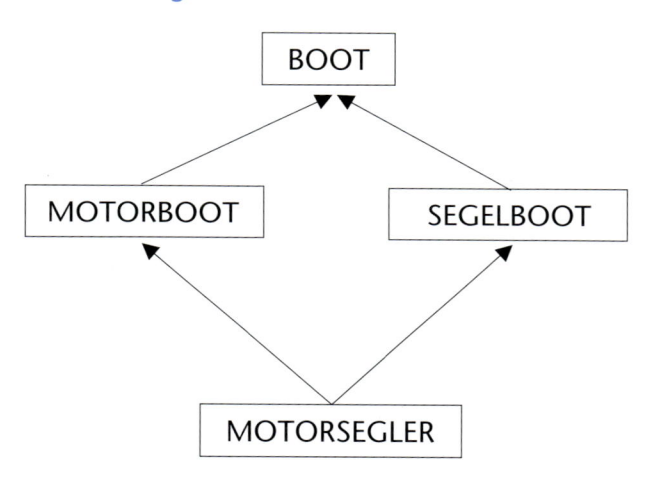

```
            BOOT
           ▼   ▼
          /     \
   MOTORBOOT   SEGELBOOT
          ▲     ▲
           \   /
         MOTORSEGLER
```

13.2.1 Umsetzung der Mehrfachvererbung in C++

Das obige Beispiel mit den Bootsklassen wird nun in C++ umgesetzt. Die Basisklasse Boot und die abgeleitete Klasse Motorboot sind bereits aus Kapitel 13.1 bekannt.

Die Klasse Segelboot wird analog deklariert. Das Attribut Flaeche soll die Segelfläche in m² repräsentieren. Die Klasse Motorsegler ist ein Motorboot und ein Segelboot, erbt deshalb von beiden Klassen. Diese Klasse braucht keine weiteren Attribute. Die geerbten Attribute aus den beiden Oberklassen sind ausreichend. Daran ist ein Vorteil der Mehrfachvererbung erkennbar.

13.2 Die Mehrfachvererbung

Deklaration der Klasse Segelboot:

```
class CSegelboot: public CBoot
{
private:
int Flaeche;
public:
      CSegelboot ();
      CSegelboot ( int, int );
      void SetFlaeche(int);
      int GetFlaeche();
};
```

Deklaration der Klasse Motorsegler:

```
class CMotorsegler: public CMotorboot , public CSegelboot
{
private:

public:
      CMotorsegler ();
      CMotorsegler ( int, int, int );
};
```

> Die Oberklassen und die Art der Vererbung (public) werden mit Kommata getrennt aufgeführt.

13.2.2 Virtuelle Vererbung

Die Mehrfachvererbung ist nicht ganz unproblematisch: die Klasse Motorsegler erbt von Motorboot und von Segelboot. Damit hat die Klasse Motorsegler auch zwei Boote geerbt. Ein Boot von der Klasse Motorboot und ein Boot von der Klasse Segelboot.

Um dieses Problem zu beheben, müssen die Klassen Motorboot und Segelboot virtuell von der Klasse Boot abgeleitet werden. Das ändert an den Klassen Motorboot und Segelboot nichts, verhindert aber die doppelte Vererbung von Boot an Motorsegler.

Beispiel: virtuelle Vererbung

```
class CMotorboot: virtual public CBoot
{....}




class CSegelboot: virtual public CBoot
{....}
```

Schlüsselwort `virtual`

13.2.3 Aufruf der Basisklassenkonstruktoren

Bei der Mehrfachvererbung müssen die Basisklassenkonstruktoren immer explizit aufgerufen werden. Bei der Klasse Motorsegler muss deshalb zusätzlich der **Basisklassenkonstruktor** von Boot aufgerufen werden, da der Compiler nicht entscheiden kann, ob er den Basisklassenkonstruktoraufruf von Motorboot oder von Segelboot nimmt.

Beispiel: Konstruktor der Klasse Motorsegler

```
CMotorsegler::CMotorsegler(): CBoot(),CMotorboot(),CSegelboot()
{}
```

> Der explizite Aufruf des Konstruktors der Klasse Boot ist zwingend. Die Reihenfolge der Konstruktoren richtet sich nach der Vererbungshierarchie. Basisklassen-Konstruktoren immer zuerst.

Beispiel: Parameterkonstruktor der Klasse

```
CMotorsegler::CMotorsegler( int L , int P , int F):
CBoot( L ) , CMotorboot( L , P ) , CSegelboot(L , F)
{ }
```

> Die Parameterkonstruktoren aller Klassen, von der Motorsegler geerbt hat, werden aufgerufen.

Hinweis:

Es erscheint auf den ersten Blick merkwürdig, dass alle Parameterkonstruktoren aufgerufen werden müssen, vor allem, weil die Länge des Bootes damit an 3 Konstruktoren übergeben wird. Es würde eigentlich ein Aufruf reichen, um die Länge zu setzen.

Die Übergabe der Länge an die Parameterkonstruktoren von Motorboot und Segelboot haben allerdings keine Auswirkung auf das Setzen des Attributes Laenge. Das geschieht nur durch den Aufruf des Parameterkonstruktors von Boot. Es sind also rein syntaktische Gründe für diese „mehrfache" Übergabe.

14 Polymorphismus und virtuelle Methoden

Nur eine Programmiersprache, die den Polymorphismus umsetzt, darf sich objektorientierte Programmiersprache nennen. Ansonsten wäre sie nur eine *objektbasierte* Programmiersprache.

Ganz allgemein betrachtet bedeutet Polymorphismus, dass ein Zeiger während der Laufzeit des Programmes auf verschiedene Objekte zeigen kann und trotzdem die korrekten Methoden der Objekte über den Zeiger aufrufbar sind.

Diese etwas komplex scheinende Erklärung soll nun anhand eines konkreten Beispiels erläutert werden. Dazu werden in einem ersten Schritt die Zuweisungen von Objekten und Zeigern auf Objekte innerhalb einer Vererbungshierachie besprochen.

Anschliessend kann das Wesen des Polymorphismus genauer beleuchtet werden.

14.1 Zuweisungen innerhalb einer Vererbungshierarchie

Die Ausgangslage der folgenden Erläuterungen ist die Vererbungshierarchie der Basisklasse Person und der abgeleiteten Klassen Kunde und Mitarbeiter.

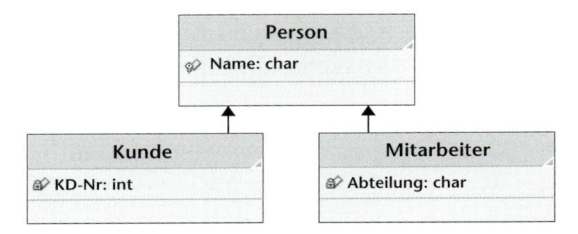

```
           Person
           Name: char

    Kunde              Mitarbeiter
    KD-Nr: int         Abteilung: char
```

Die Umsetzung in C++ ist mit einer einfachen public-Vererbung durchführbar.

```
class CKunde: public CPerson { …. };
class CMitarbeiter: public CPerson { …. };
```

14.1.1 Zuweisung von Objekten

Innerhalb dieser Vererbungshierarchie sind Zuweisungen zwischen den Objekten möglich. Allerdings müssen dazu bestimmte Regeln beachtet werden, wie die nächsten Beispiele verdeutlichen.

```
CPerson P("Hansen");
CKunde K("Maier" , 12345);'
CMitarbeiter M("Mueller" , "EDV");
Beispiel 1: Zuweisungen an Objekte der Basisklasse
P = K;      // OK
P = M;      // OK
```

Ein Objekt einer abgeleiteten Klasse kann immer einem Objekt der Oberklasse (Basisklasse) zugewiesen werden. Es werden nur die relevanten Daten kopiert. Das Objekt P erhält den Namen von K bzw. M. Die KD-Nr von K bzw. die Abteilungsbezeichnung von M werden ignoriert.

> **Beispiel 2: Zuweisungen an andere Objekte der Vererbungshierarchie**
>
> ```
> M = K;   // Nicht OK
> ```

Bei dieser Zuweisung fehlen Daten für den Mitarbeiter M (die Abteilungsbezeichnung) bzw. die vorhandenen Daten von Objekt K sind nicht kompatibel mit den Daten von M. Deshalb kann keine Zuweisung erfolgen.

> **Beispiel 3: Zuweisungen an Objekte von abgeleiteten Klassen**
>
> ```
> M = P;   // Nicht OK
> ```

Bei dieser Zuweisung fehlen Daten für den Mitarbeiter M (die Abteilungsbezeichnung). Deshalb kann keine Zuweisung erfolgen.

14.1.2 Zeiger auf Basisklassen

Ebenso wie bei den elementaren Datentypen können Zeiger auf Objekte deklariert werden.

Auch zwischen diesen Zeigern sind Zuweisungen möglich, aber es gelten Einschränkungen wie bei den Zuweisungen zwischen den Objekten.

```
CPerson P("Hansen");
CKunde K("Maier" , 12345);
CMitabeiter M("Mueller" , "EDV");


CPerson * pP;          Basisklassenzeiger
CKunde * pK;
CMitarbeiter * pM;
```

Beispiel 1: Zuweisungen an einen Basisklassenzeiger

```
pP = &K;       // OK
pP = &M;       // OK
```

Einem Basisklassenzeiger kann immer die Adresse eines Objektes einer abgeleiteten Klasse zugewiesen werden.

Beispiel 2: Zuweisungen zwischen Zeigern anderer Klassen der Vererbungshierarchie

```
pM = &K;       // Nicht OK
```

Bei dieser Zuweisung fehlen Daten für den Mitarbeiter M (die Abteilungsbezeichnung) bzw. die vorhandenen Daten von Objekt K sind nicht kompatibel mit den Daten von M. Deshalb kann auch keine Zuweisung per Zeiger erfolgen.

Beispiel 3: Zuweisungen an Zeiger von abgeleiteten Klassen

```
pM = &P;       // Nicht OK
```

Bei dieser Zuweisung fehlen Daten für den Mitarbeiter M (die Abteilungsbezeichnung). Deshalb kann auch keine Zuweisung per Zeiger erfolgen.

14.2 Polymorphismus

Die Beispielklassen Person, Kunde und Mitarbeiter werden nun um eine Methode ergänzt, die die Attributwerte (Daten) auf dem Bildschirm anzeigt.

```
void CPerson::ZeigDaten()
{
      cout << "Name der Person: " << Name << endl;
}
void CKunde::ZeigDaten()
{
      cout << "Name des Kunden: " << Name << endl;
      cout << "Kundennummer   : " << KD_Nr << endl;
}
void CMitarbeiter::ZeigDaten()
{
      cout << "Name des Mitarbeiters: " << Name << endl;
      cout << "Abteilung            : " << Abteilung << endl;
}
```

Es werden einige Objekte und Zeiger angelegt.

```
CPerson P("Hansen");
CKunde K("Maier" , 12345);
CMitabeiter M("Mueller" , "EDV");

CPerson * pP = &K;
CKunde * pK = &K;
```

Nun werden die Aufrufe der Methode `ZeigDaten()` betrachtet und daran dann die Problematik des Polymorphismus erklärt.

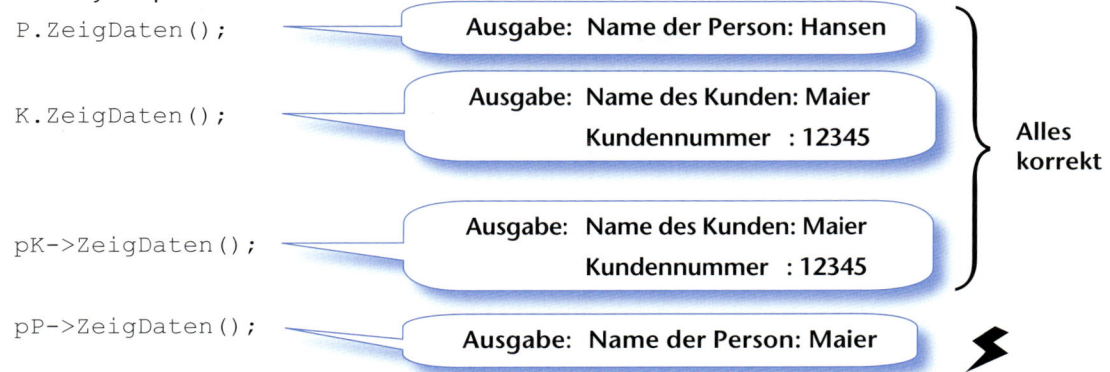

`P.ZeigDaten();` → Ausgabe: Name der Person: Hansen

`K.ZeigDaten();` → Ausgabe: Name des Kunden: Maier
Kundennummer : 12345

} Alles korrekt

`pK->ZeigDaten();` → Ausgabe: Name des Kunden: Maier
Kundennummer : 12345

`pP->ZeigDaten();` → Ausgabe: Name der Person: Maier ⚡

Obwohl der Zeiger pP auf den Kunden K zeigt, wird nicht die korrekte Methode `ZeigDaten()` des Kunden K aufgerufen. Stattdessen wird die Basisklassenmethode verwendet. Dieses Problem kann behoben werden, wenn eine Programmiersprache den Polymorphismus einsetzen kann. Dieser Mechanismus würde dann dafür sorgen, dass die korrekte Methode (also die Methode der Klasse Kunde) aufgerufen wird.

In C++ wird der Polymorphismus durch **virtuelle Methoden** umgesetzt.

14.2.1 Virtuelle Methoden

Eine virtuelle Methode wird durch das Schlüsselwort virtual vor der Methode gekennzeichnet. Damit kann die oben aufgeführte Problematik beseitigt werden. Auch bei einem Basisklassenzeiger würde dann die korrekte Methode aufgerufen werden. Damit wäre der Polymorphismus in C++ umgesetzt.

class CPerson
{
:
virtual void ZeigDaten();
:
};

`pP->ZeigDaten();` → Ausgabe: Name des Kunden: Maier
Kundennummer : 12345

} Alles korrekt

> **Hinweis:**
> Es reicht aus, das Schlüsselwort `virtual` in der Basisklasse anzugeben. In den abgeleiteten Klassen ist es nicht mehr zwingend, das Schlüsselwort anzugeben. Alle Methoden (so wie `ZeigDaten()`) sind dann automatisch virtuell. Es ist allerdings besser, auch in den abgeleiteten Klassen das Schlüsselwort anzugeben. Damit weiß der Programmierer immer, ob es sich um eine virtuelle Methode handelt oder nicht.

14.2.2 Regeln im Umgang mit virtuellen Methoden

Bei der Verwendung von virtuellen Methoden sollten die folgenden Regeln beachtet werden, damit der Polymorphismus einwandfrei umgesetzt wird.

> **Regel 1:**
> Virtuelle Methoden haben den gleichen Rückgabedatentyp und die gleichen Parameter. Ansonsten würden sich die Methoden unterscheiden und es wäre nichts anderes als eine einfache Überladung.
>
> **Regel 2:**
> Falls der Rückgabedatentyp einer virtuellen Methode eine Referenz (Zeiger) auf die eigene Klasse ist, dann darf der Rückgabedatentyp der virtuellen Methoden der abgeleiteten Klasse eine Referenz (Zeiger) auf die abgeleitete Klasse sein.
>
> Achtung: das kann von Compiler zu Compiler verschieden sein.
>
> **Regel 3:**
> Nicht virtuelle Methoden sollten nicht in abgeleiteten Klassen überschrieben werden, damit es unabhängig ist, ob über das Objekt selbst oder einen Zeiger auf die entsprechende Methode zugegriffen wird.

> **Beispiel:**
> ```
> class CBasis
> {
>     :
>     virtual void Regel_1_Methode ( int );
>     virtual CBasis* Regel_2_Methode ();
>     void Regel_3_Methode ();
>     :
>     :
> };
>
> class CAbgeleitet: public CBasis
> {
>     :
>     void Regel_1_Methode ( int , int );
>     virtual CAbgeleitet* Regel_2_Methode ();
>     void Regel_3_Methode ();
>     :
>     :
>     :
>     :
> };
> ```

- `void Regel_1_Methode ( int , int );` — Keine virtuelle Methode, sondern nur einer einfache Überladung.
- `virtual CAbgeleitet* Regel_2_Methode ();` — Rückgabedatentyp zeigt auf die entsprechende Klasse.
- `void Regel_3_Methode ();` — Die Methode überschreibt die Basisklassenmethode.

14.2.3 Arrays von Basisklassenzeigern

Mithilfe des Polymorphismus bzw. der virtuellen Funktionen können einem Array von Basisklassenzeigern die verschiedensten Objekte (als Zeiger) aus der Klassenhierarchie zugewiesen werden, und es sind immer die korrekten Methoden aufrufbar.

Das folgende Beispiel zeigt die Vorteile eines solchen Arrays:
```
CPerson P("Hansen");
CKunde K("Maier" , 12345);
CMitarbeiter M("Mueller" , "EDV");
CPerson * pFeld[ 4 ] = { &P, &K, &M , NULL};
```

> Ein Array von Basisklassenzeigern.

> Ende des Arrays mit dem NULL-Zeiger kennzeichnen.

```
int i = 0;
while (pFeld[i]) pFeld[i++]-> ZeigDaten();
```

> Es wird immer die korrekte Methode aufgerufen.

Hinweis:
Solche Arrays von Basisklassenzeigern sind die Grundlage von so genannten **Container-Klassen**. Diese Klassen verwalten in der Regel ein dynamisches Array von Basisklassenzeigern und können dadurch beliebig viele verschieden Objekte (per Zeiger) speichern, die aus derselben Vererbungshierarchie stammen bzw. von derselben Basisklasse abgeleitet sind.

ACHTUNG:
Wird in den Klassen einer Hierarchie dynamische Speicherreservierung verwendet, so müssen die Destruktoren der Klassen virtuell sein. Ansonsten würde der Speicher nicht korrekt freigegeben, wenn ein Objekt über einen Basisklassenzeiger gelöscht wird.

```
class CTest
{
:
virtual ~CTest();
};
```

Prinzipiell spricht nichts dagegen, einen Destruktor immer als virtuell zu deklarieren, wenn bekannt ist, dass von der Klasse vererbt wird.

14.2.4 Abstrakte Basisklassen
Eine abstrakte Basisklasse ist eine Klasse, von der keine Objekte instantiiert werden können. Sie dient als Grundlage für die weiteren Klassen einer Vererbungshierarchie. Eine solche Klasse wird durch mindestens eine rein virtuelle Methode gekennzeichnet. Der Aufbau einer solchen Methode ist vorgegeben:

```
virtual   Rückgabedatentyp   Name   ( Parameter ) = 0 ;
```

> Kennzeichnung als rein virtuell.

Beispiel:
```
virtual int Methode ( int ) = 0;
```

Ein Anwendungsbeispiel für abstrakte Basisklassen ist beispielsweise eine Klassenhierarchie zur Speicherung von grafischen Objekten (Kreise, Dreiecke, Rechtecke usw.). Jedes Objekt soll auf dem Bildschirm gezeichnet werden können. Deshalb ist es sinnvoll, eine abstrakte Basisklasse CGraphObjekt zu entwerfen, die über die rein virtuelle Methode Zeichnen() verfügt. Alle Klassen, die von dieser Klasse abgeleitet werden, müssen die virtuelle Methode Zeichnen() implementieren. Damit ist der Polymorphismus automatisch umgesetzt.

Beispiel:
```
class CGraphObjekt
{
virtual void Zeichnen ( ) = 0;
:
};
CGraphObjekt Objekt;   // das ist verboten, da abstrakt!
```

15 Softwareentwicklung mit UML-Diagrammtypen

Neben dem bisherigen Schwerpunktdiagramm, dem Klassendiagramm, sollen nun zwei weitere wichtige Diagrammtypen betrachtet werden.

Das Anwendungsfall-Diagramm (Use-Case-Diagramm) und das Sequenzdiagramm.

Das Anwendungsfall-Diagramm ist ein wichtiger Diagrammtyp für die Planungsphase einer objektorientierten Softwareentwicklung. Das Sequenzdiagramm gibt hingegen Aufschluss über die dynamischen Abläufe zwischen Objekten.

Mithilfe dieser beiden neuen Diagrammtypen sollen dann exemplarisch die Schritte einer Softwareentwicklung beleuchtet werden. Wie in Kapitel 11 bereits dargestellt, gliedert sich die objektorientierte Softwareentwicklung in drei Hauptphasen. In diesen Phasen können UML-Diagramme die Entwicklung unterstützen bzw. die Grundlage für die weitere Entwicklung sein. Die folgende Abbildung zeigt eine Zuordnung von Phasen sowie Diagrammtypen und weiteren Aspekten der Softwareentwicklung.

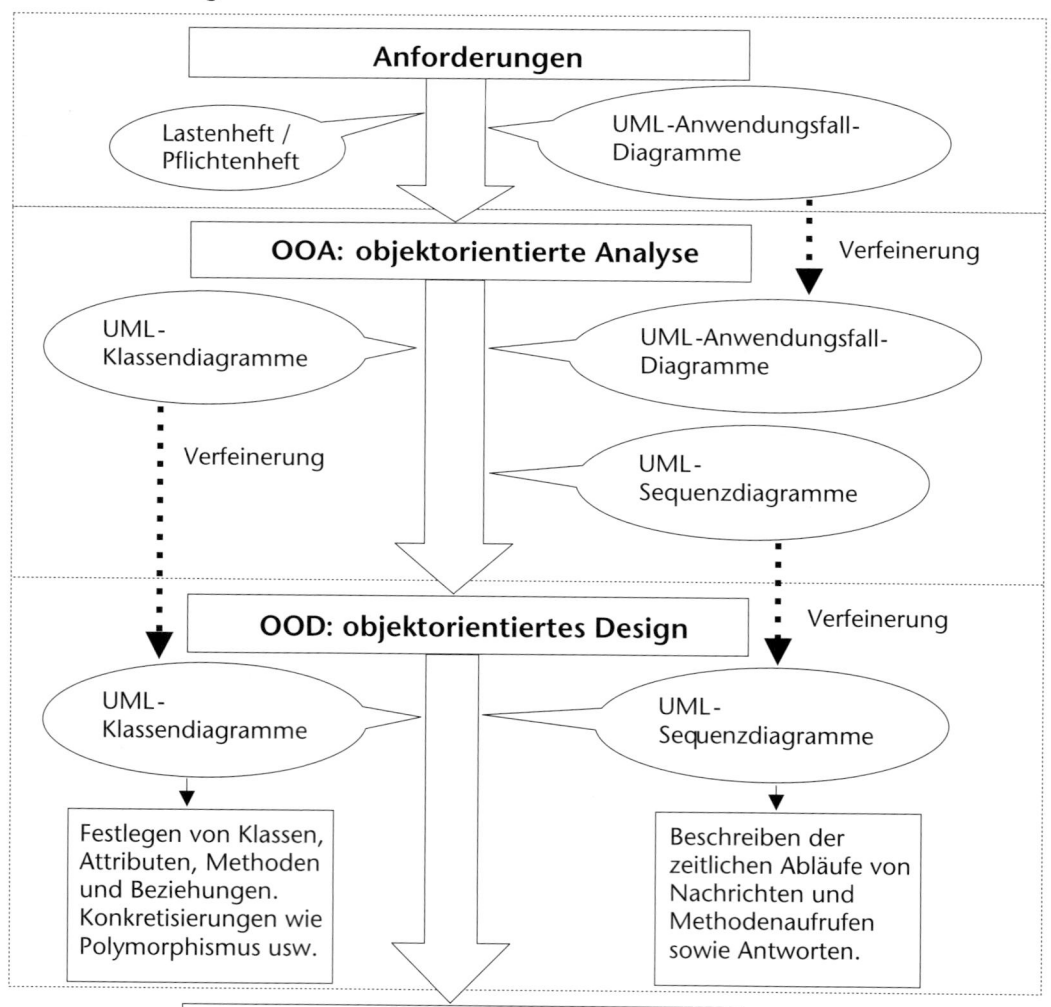

Die Darstellung erhebt nicht den Anspruch auf Vollständigkeit. Zu den einzelnen Phasen können noch viele weitere Elemente gehören. Es sollen nur die hier dargestellten wichtigen Diagrammtypen und Techniken in den Kontext der Entwicklung gebracht werden.

15.1 Anwendungsfälle (Use Cases)

Anwendungsfälle beschreiben die Funktionalitäten eines Systems. Sie werden in der Regel in einer frühen Phase der Entwicklung, bei der Formulierung der Anforderungen, eingesetzt und dann in den späteren Phasen wie der OOA weiter spezifiziert. Sie dienen dann auch als Grundlage für die Identifizierung der beteiligten Klassen an dem Softwaresystem.

15.1.1 Systemgrenze

Das zu beschreibende System wird durch die so genannte Systemgrenze symbolisiert. Innerhalb dieser Grenzen werden die Anwendungsfälle aufgeführt.

Systemname

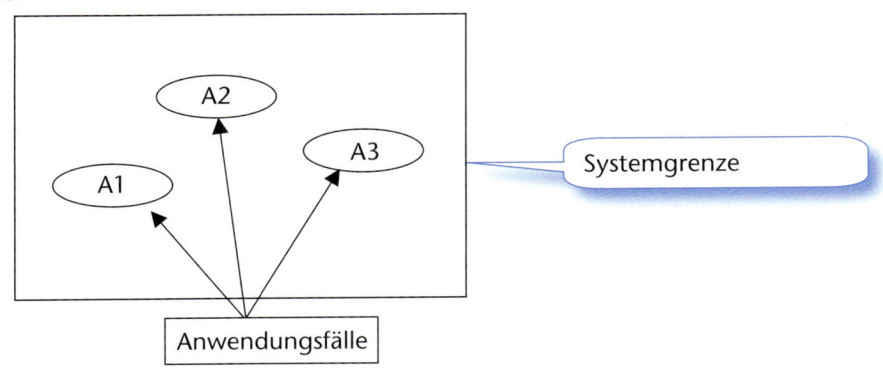

15.1.2 Anwendungsfall

Ein Anwendungsfall beschreibt eine Funktionalität eines Systems, die durch eine bestimmte Anzahl von Aktionen durchgeführt werden kann. Es wird nur beschrieben, welche Funktionalität bereitgestellt wird. Es wird nicht beschrieben, in welcher Form das System die Funktion realisiert.

Anwendungsfälle werden in Ellipsen dargestellt. Ein Anwendungsfall gehört zu einem System und wird deshalb innerhalb der Systemgrenzen dargestellt.

> **Beispiel:**
>
> In einer Firma werden Rechnungen und Lieferscheine gedruckt. Das System ist die Firma bzw. die Buchhaltungsabteilung. Die Anwendungsfälle sind Rechnungsdruck und das Schreiben von Mahnungen.
>
> **Buchhaltung**

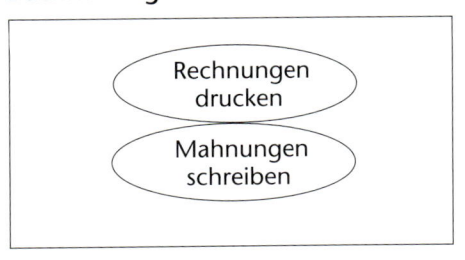

15.1.3 Akteure

In den seltensten Fällen kommt ein System ohne Kommunikation mit Benutzern oder anderen Systemen aus. Diese Kommunikation oder Interaktion mit den Anwendungsfällen wird durch die so genannten Akteure dargestellt.

Ist der Akteur ein Mensch, so kann er durch ein Strichmännchen dargestellt werden. Ist der Akteur ein System, so wird das durch ein Rechteck oder ein geeignetes anderes Symbol dargestellt. Akteure liegen immer außerhalb der Systemgrenzen.

Beispiel:
Die Rechnungen werden in der Buchhaltungsabteilung vom Sachbearbeiter auf einem Laserdrucker ausgedruckt. Er schreibt ebenfalls die Mahnungen.

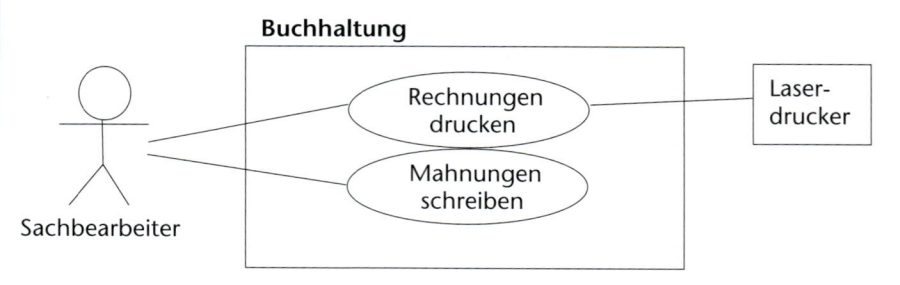

15.1.4 Beziehungen zwischen Akteur und Anwendungsfall

Die Beziehungen zwischen Akteuren und Anwendungsfällen können durch Assoziationen genauer spezifiziert werden. Dabei können wie im Klassendiagramm Richtungen und Kardinalitäten angegeben werden.

Beispiel: ungerichtete und gerichtete Assoziationen

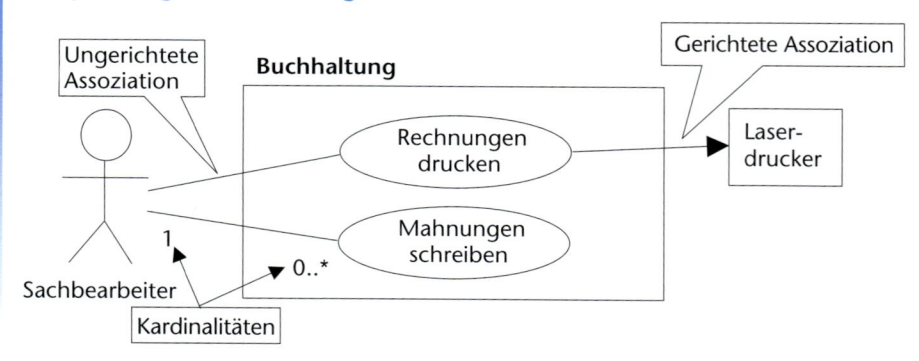

Der Unterschied zwischen gerichteter und ungerichteter Assoziation ist die Kommunikationsrichtung. Im obigen Beispiel ist der Laserdrucker zwar mit dem Anwendungsfall assoziiert und kann Druckaufträge erhalten, kann aber selbst nicht den Anwendungsfall initialisieren.

15.1.5 Beziehungen zwischen Akteuren

Die Beziehungen zwischen Akteuren können durch Generalisierungen bzw. Spezialisierungen ausgedrückt werden.

Beispiel: Generalisierung/Spezialisierung

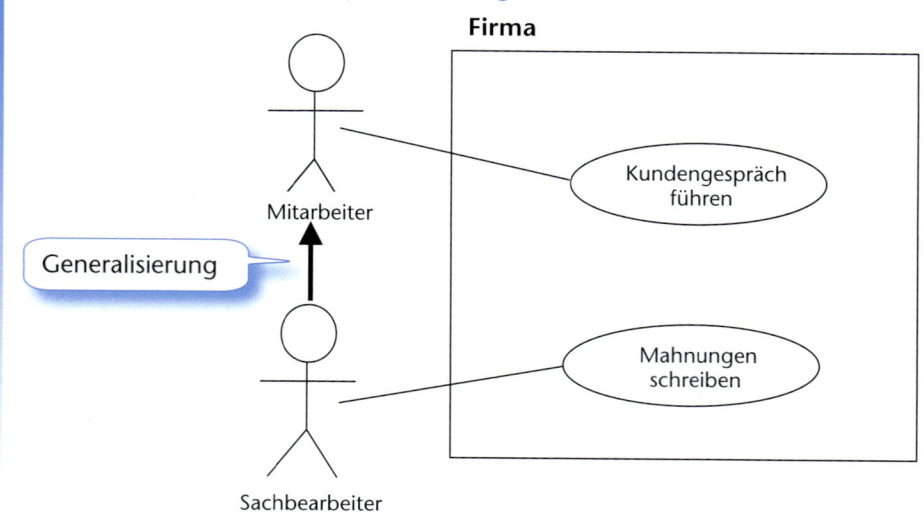

Der Sachbearbeiter kann zu einem Mitarbeiter der Firma generalisiert werden. Umgekehrt kann ein Mitarbeiter zu einem Sachbearbeiter spezialisiert werden.

15.1.6 Beziehungen zwischen Anwendungsfällen
Die Beziehungen zwischen Anwendungsfällen können ebenfalls durch Generalisierungen bzw. Spezialisierungen ausgedrückt werden. Weiterhin sind die so genannten include- bzw. extend-Beziehungen möglich.

Beispiel: Generalisierung/Spezialisierung

Die Gespräche des Abteilungsleiters sind Generalisierungen von Kunden- bzw. Mitarbeitergesprächen.

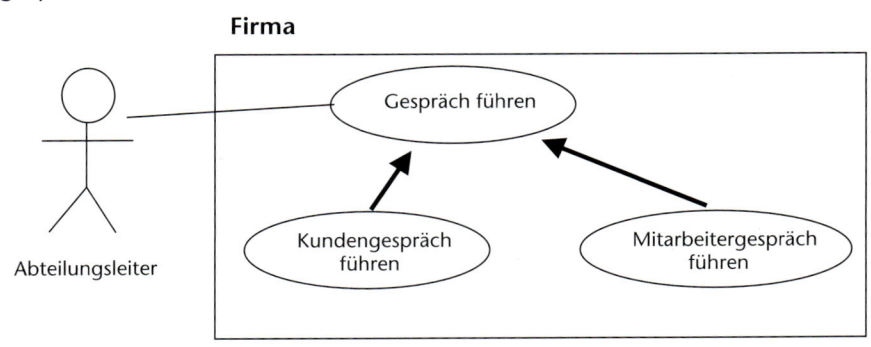

Beispiel: include–Beziehung

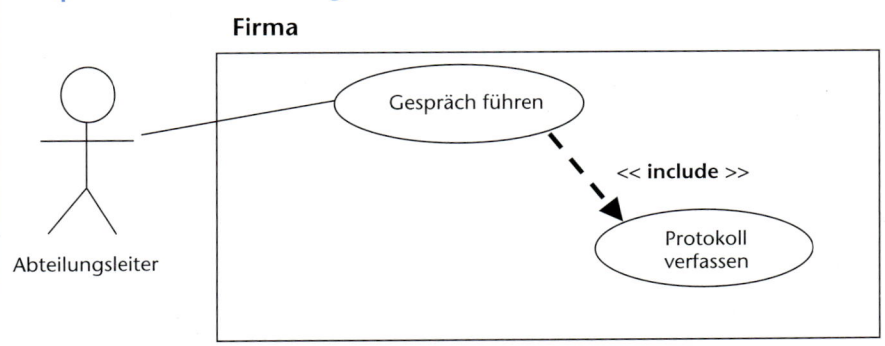

Der Anwendungsfall „Gespräch führen" hat zur unbedingten Folge, dass ein Protokoll verfasst wird. Der Anwendungsfall „Protokoll verfassen" ist in den Anwendungsfall „Gespräch führen" eingebunden (inkludiert).

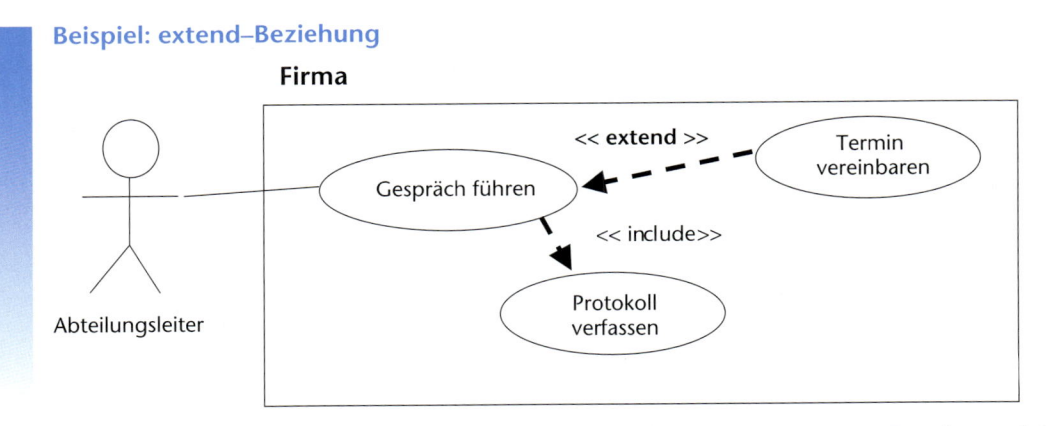

Beispiel: extend–Beziehung

Der Anwendungsfall „Gespräch führen" kann zur Folge haben, dass ein neuer Termin vereinbart wird. Das ist aber nicht zwingend. Der Anwendungsfall „Termin vereinbaren" ist auch ohne den Anwendungsfall „Gespräch führen" ausführbar.

15.2 Sequenzdiagramme
Mit Sequenzdiagrammen wird die Kommunikation zwischen Objekten eines Softwaresystems dargestellt. Diese Kommunikation besteht in der Regel aus Nachrichten, die ein Objekt an ein anderes sendet. Sequenzdiagramme werden auch schon in der frühen Planungsphase eines Softwaresystems eingesetzt, um beispielsweise die Kommunikation eines Benutzers mit einer Benutzeroberfläche dar-

zustellen. Ebenso können Sequenzdiagramme als zusätzliche Beschreibungen zu Anwendungsfällen und Klassendiagrammen dienen. Die Beschreibung eines Softwaresystems mit UML-Diagrammen ist deshalb auch ein Zusammenspiel der verschiedenen Diagrammtypen, die sich gegenseitig ergänzen. Das statische Klassendiagramm ist eine hervorragende Basis für die Umsetzung in eine Programmiersprache, bietet jedoch wenig Informationen über dynamische Abläufe zwischen den Klassen bzw. Objekten. Diese Lücke kann das Sequenzdiagramm schliessen.

15.2.1 Lebenslinien

Jedes Objekt in einem Sequenzdiagramm hat eine Lebenslinie, die durch eine gestrichelte Linie dargestellt wird. Die verschiedenen Objekte sind nebeneinander angeordnet. Wie im Anwendungsfalldiagramm werden Menschen als Strichmännchen und Systeme als Rechtecke dargestellt. Der Typ des Objektes (in der Regel die Klasse) wird unter der Objektbezeichnung mit einem vorangestellten Doppelpunkt angegeben.

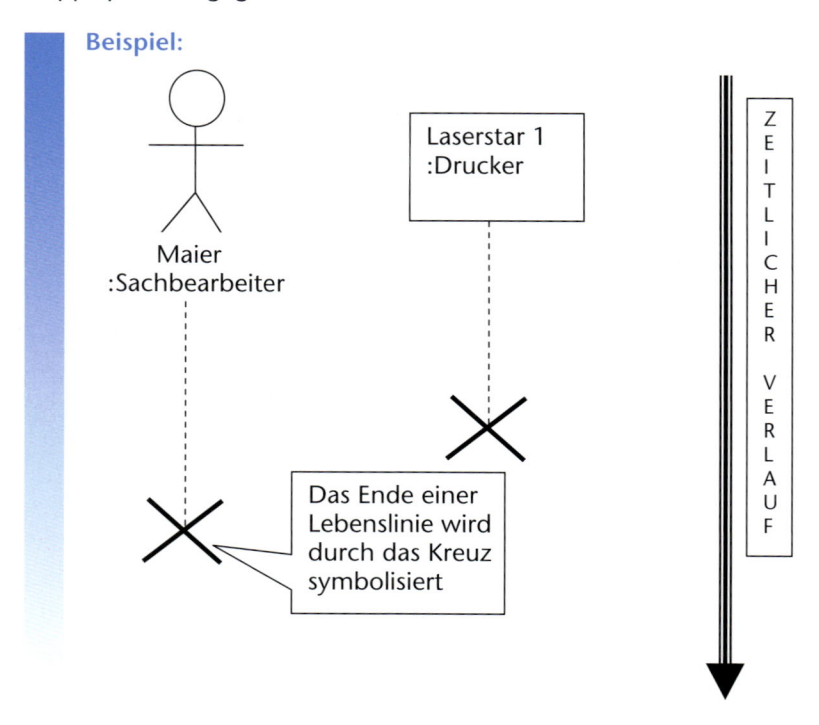

Beispiel:

15.2.2 Aktivitäten

Ein Objekt hat solange Gültigkeit, wie seine Lebenslinie nicht durch das Stoppzeichen (Kreuz) beendet wird. Wenn das Objekt allerdings Aktivitäten durchführt, dann ist das durch so genannte Aktivitätsbalken kenntlich zu machen.

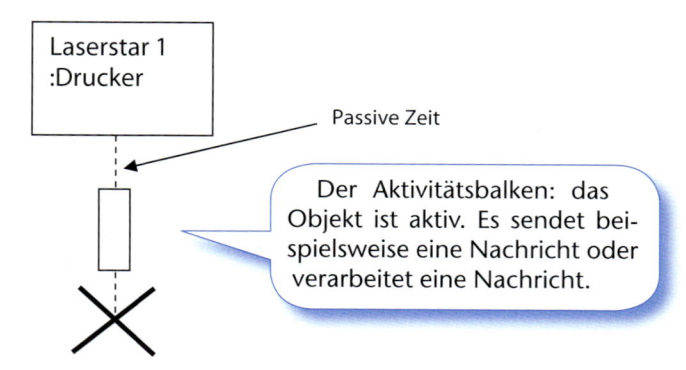

15.2.3 Nachrichten

Die Kommunikation zwischen den Objekten geschieht durch Nachrichten. Die Nachricht hat dabei eine Richtung. Das bedeutet, dass es eindeutig ist, von welchem Objekt eine Nachricht gesendet wird und wer der Empfänger der Nachricht ist.

Man unterscheidet die Nachrichten weiterhin in synchrone und asynchrone Nachrichten. Bei den synchronen Nachrichten wartet der Sender auf eine Antwort bevor er in seinen Aktionen fortfährt. Bei der asynchronen Nachricht wartet der Sender nicht auf die Antwort, sondern führt seine Aktivitäten weiter durch.

Beispiel: synchrone und asynchrone Nachrichten

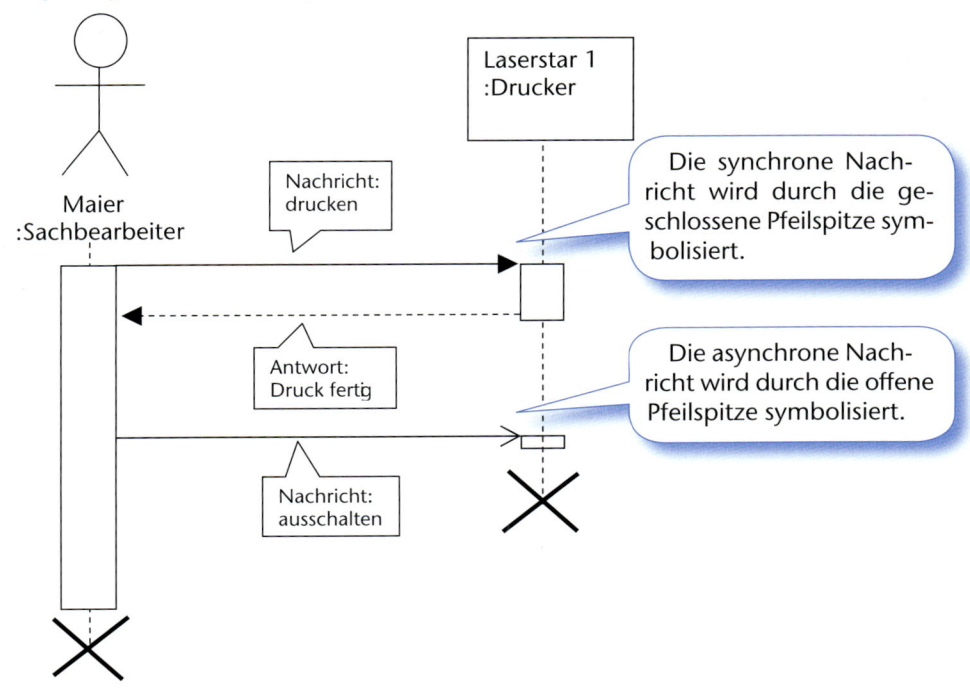

Die synchrone Nachricht wird durch die geschlossene Pfeilspitze symbolisiert.

Die asynchrone Nachricht wird durch die offene Pfeilspitze symbolisiert.

Hinweis:

Nachrichten können weiter spezifiziert werden, indem Übergabeparameter angeben werden. Auch die Antworten können Rückgabewerte enthalten.

Beispiel:

Es sollen die Seiten 1 bis 10 gedruckt werden. Bei erfolgreichem Druck wird „true" zurückgegeben, ansonsten „false".

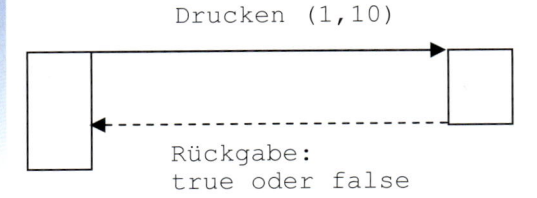

```
         Drucken (1,10)

         Rückgabe:
         true oder false
```

15.3 Beispiel einer Softwareentwicklung

An dieser Stelle sollen nun die bisher gezeigten UML-Diagrammtypen Klassendiagramm, Anwendungsfall-Diagramm und Sequenzdiagramm in den Prozess einer objektorientierten Softwareentwicklung eingebunden werden. Alle wichtigen Schritte werden exemplarisch beschrieben – ein Schwerpunkt liegt dabei auf der Identifizierung der beteiligten Klassen des zu entwickelnden Softwaresystems.

Ausgangslage des Beispiels:

Für eine Bank soll eine Software entwickelt werden, die die Geschäftsprozesse mit den Privatkunden in einem EDV-System abbildet. In erster Linie geht es darum, dass Aktionen wie „Bargeld abheben" oder „Kredit beantragen" sowie „Beratungen durchführen" EDV-technisch erfasst und verwaltet werden

Die Diagramme werden mit dem Programm objectiF erstellt.

15.3.1 Anforderungen mit einem Anwendungsfall-Diagramm beschreiben

In einem ersten Schritt werden die Anforderungen an das System durch ein Anwendungsfall-Diagramm beschrieben. In der Phase der Anforderungen wird das Diagramm noch allgemein gehalten. Weitere Details und Verfeinerungen werden dann in der OOA ergänzt bzw. durchgeführt.

Bank

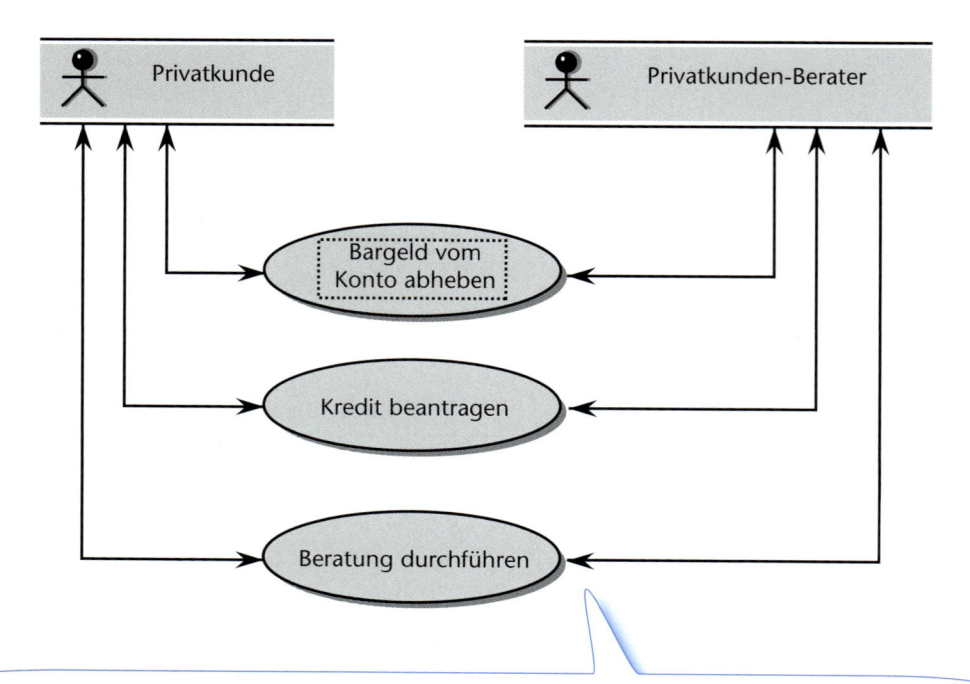

Anwendungsfall-Diagramm mit den Akteuren „Privatkunde" und „Privatkunden-Berater" sowie den Anwendungsfällen „Bargeld vom Konto abheben", „Kredit beantragen" und „Beratung durchführen".

Die Linie mit Pfeilspitzen an den Enden stellt die Assoziation unter objectiF dar.

Die Anwendungsfälle „Bargeld vom Konto abheben", „Kredit beantragen" und „Beratung durchführen" sind angelegt worden. Die beiden Akteure „Privatkunde" und „Privatkunden-Berater" sind mit den Anwendungsfällen assoziiert.

> **Hinweis:**
> Die Systemgrenzen können unter objectiF nicht dargestellt werden.

15.3.2 Objektorientierte Analyse (OOA)

Das Ziel der objektorientierten Analyse ist das möglichst vollständige Erfassen der Anforderungen an das System. Dazu wird beispielsweise das Anwendungsfall-Diagramm weiter spezifiziert. Die Beziehungen zwischen den Akteuren und Anwendungsfällen sowie mögliche Generalisierungen werden analysiert und ergänzt.

Bank

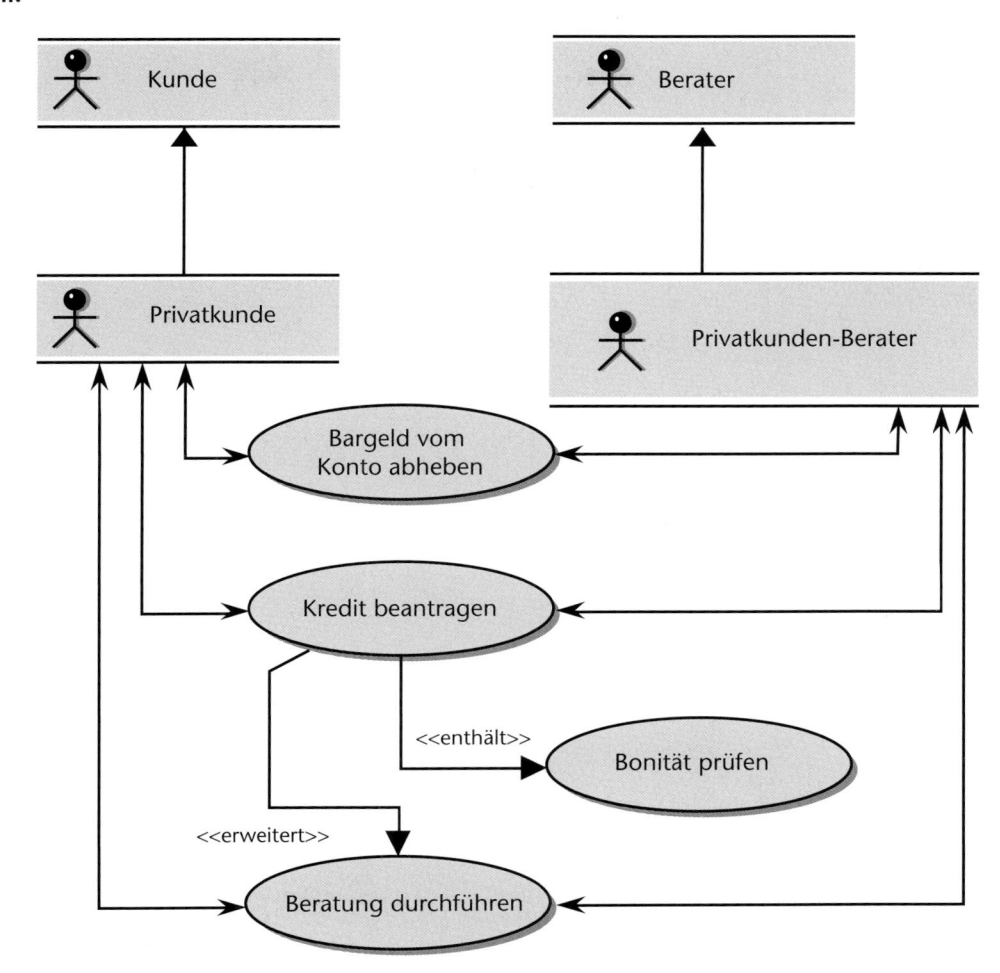

[Anwendungsfall-Diagramm: Akteure "Kunde" und "Berater" als Generalisierungen von "Privatkunde" bzw. "Privatkunden-Berater". Anwendungsfälle: "Bargeld vom Konto abheben", "Kredit beantragen", "Bonität prüfen" (<<enthält>>), "Beratung durchführen" (<<erweitert>>).]

Kunden und Berater können als Generalisierungen von Privatkunden bzw. Privatkunden-Berater identifiziert werden. Das ist sinnvoll, denn das System könnte zu einem späteren Zeitpunkt auch um Geschäftskunden erweitert werden.

Der Anwendungsfall „Bonität prüfen" wurde als weiterer Anwendungsfall angelegt und hat eine <<include>>- bzw. <<enthält>>-Beziehung zum Anwendungsfall „Kredit beantragen". Bei jedem Kreditantrag muss die Bonität geprüft werden.

Der Anwendungsfall „Kredit beantragen" hat eine <<extend>>- bzw. <<erweitert>>-Beziehung zum Anwendungsfall „Beratung durchführen". Es ist nicht zwingend eine Beratung anzusetzen, nachdem ein Kunde einen Kreditantrag gestellt hat, aber durchaus möglich.

Identifizierung der Klassen
Mithilfe des Anwendungsfall-Diagrammes sollen nun die beteiligten Klassen ermittelt, und es soll daraus ein erstes einfaches Klassendiagramm erstellt werden.

Dieser Prozess ist relativ schwierig und hängt stark von der Erfahrung und dem Weitblick der Entwickler ab. Das bedeutet, dass es keine allgemein gültige und immer anwendbare Methode gibt, um die beteiligten Klassen zu ermitteln. An dieser Stelle soll deshalb ein einfaches Verfahren dargestellt werden.

Einfache Regeln zur Identifikation von Klassen:

- Zuerst werden alle Akteure als Kandidaten für Klassen aufgenommen.
- Die Anwendungsfälle und deren zusätzliche Beschreibungen werden nach Substantiven durchsucht. Alle Substantive sind mögliche Klassenkandidaten.
- Kandidaten, die mehrere Attribute haben, sind mögliche Klassen. Kandidaten, die keine Attribute haben, sind oftmals selbst nur ein Attribut einer anderen Klasse.

Mithilfe dieser einfachen Regeln werden nun die Kandidaten für Klassen aufgelistet und anschließend in einem ersten Klassendiagramm festgehalten.

Kandidaten für die Klassen:
Privatkunde   Kunde   Privatkunden-Berater   Berater
Bargeld   Konto   Kredit   Bonität   Beratung

Ein erstes Klassendiagramm:

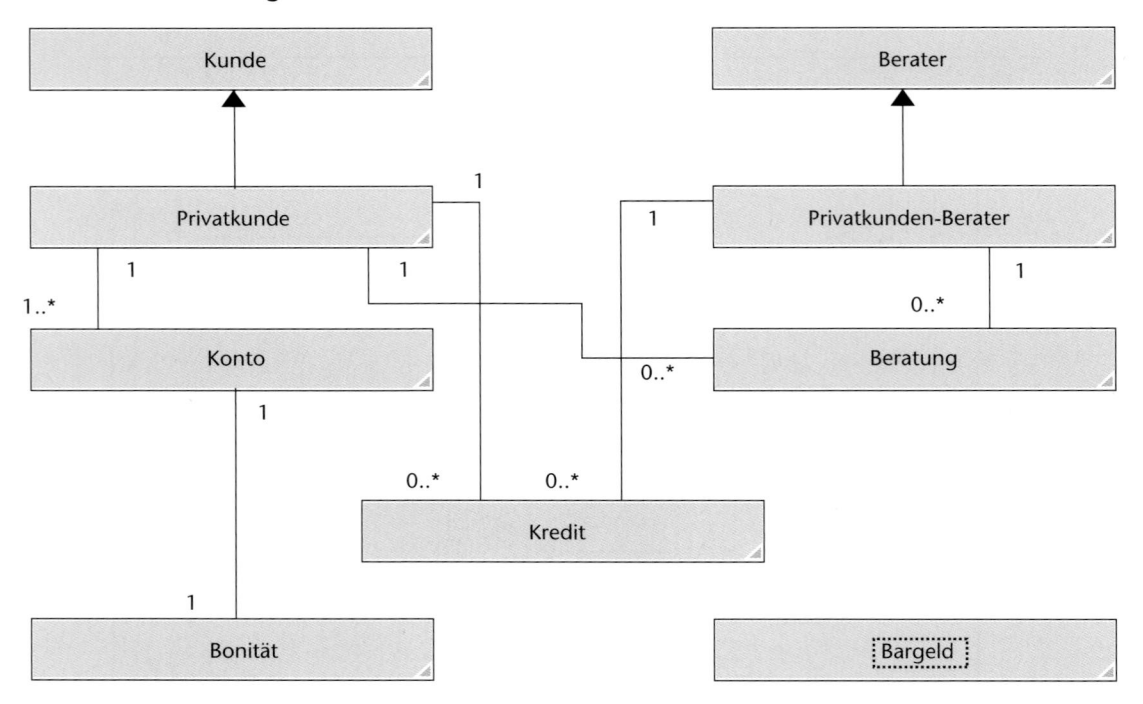

Es zeigt sich, dass die Kandidaten Bonität und Bargeld sich nicht wirklich in das Klassendiagramm einfügen. Die Bonität könnte als Attribut der Klasse Kunde angelegt werden und das Bargeld könnte als Attribut oder als Methode in der Klasse Konto eingefügt werden. Diese Arbeit wird dann im nächsten Schritt, dem Objektorientierten Design, erledigt.

Einsatz des Sequenzdiagramms:
Mithilfe des Sequenzdiagramms wird nun exemplarisch der Prozess „Kredit beantragen" näher beleuchtet. Die beteiligten Objekte werden in ihrem Kommunikationsverhalten untereinander beschrieben.

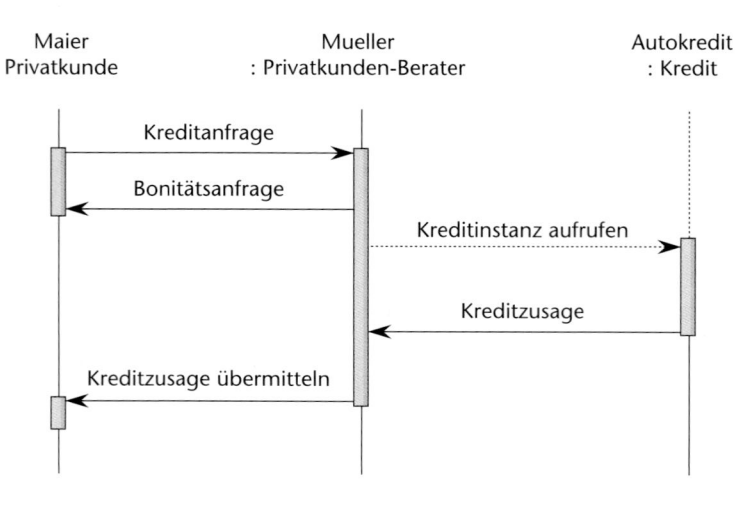

15.3 Beispiel einer Softwareentwicklung

> **Hinweis:**
> Asynchrone und synchrone Nachrichten werden in objectiF nicht unterschieden. Das Kreuz am Ende der Lebenslinien kann auch nicht eingezeichnet werden.

15.3.3 Objektorientiertes Design (OOD)

Das Ziel des objektorientierten Designs ist der Entwurf einer grundlegenden Architektur eines Softwaresystems. Wenn es sich in der Analysephase um das *Was* des Systems dreht, so dreht es sich in der Designphase um das *Wie*.

In der Designphase hat der Entwickler folgende Fragen zu berücksichtigen:

- Welche Plattform wird für die Umsetzung gewählt?
- Welche Entwicklungsumgebung wird eingesetzt?
- Welche Kosten sind in Betracht zu ziehen?

Weiterhin müssen folgende Aspekte beachtet werden:

- Schnittstellen zwischen Teilsystemen festlegen.
- Voraussetzungen für die Entwicklung (Programmierung) im Team schaffen.
- Konkrete Voraussetzungen für die Implemetierung schaffen.

Gerade der letzte Aspekt soll an dieser Stelle weiter vertieft werden, und zwar durch die Verfeinerung des Klassendiagrammes aus der Analysephase.

Teilverfeinerung des Klassendiagrammes:

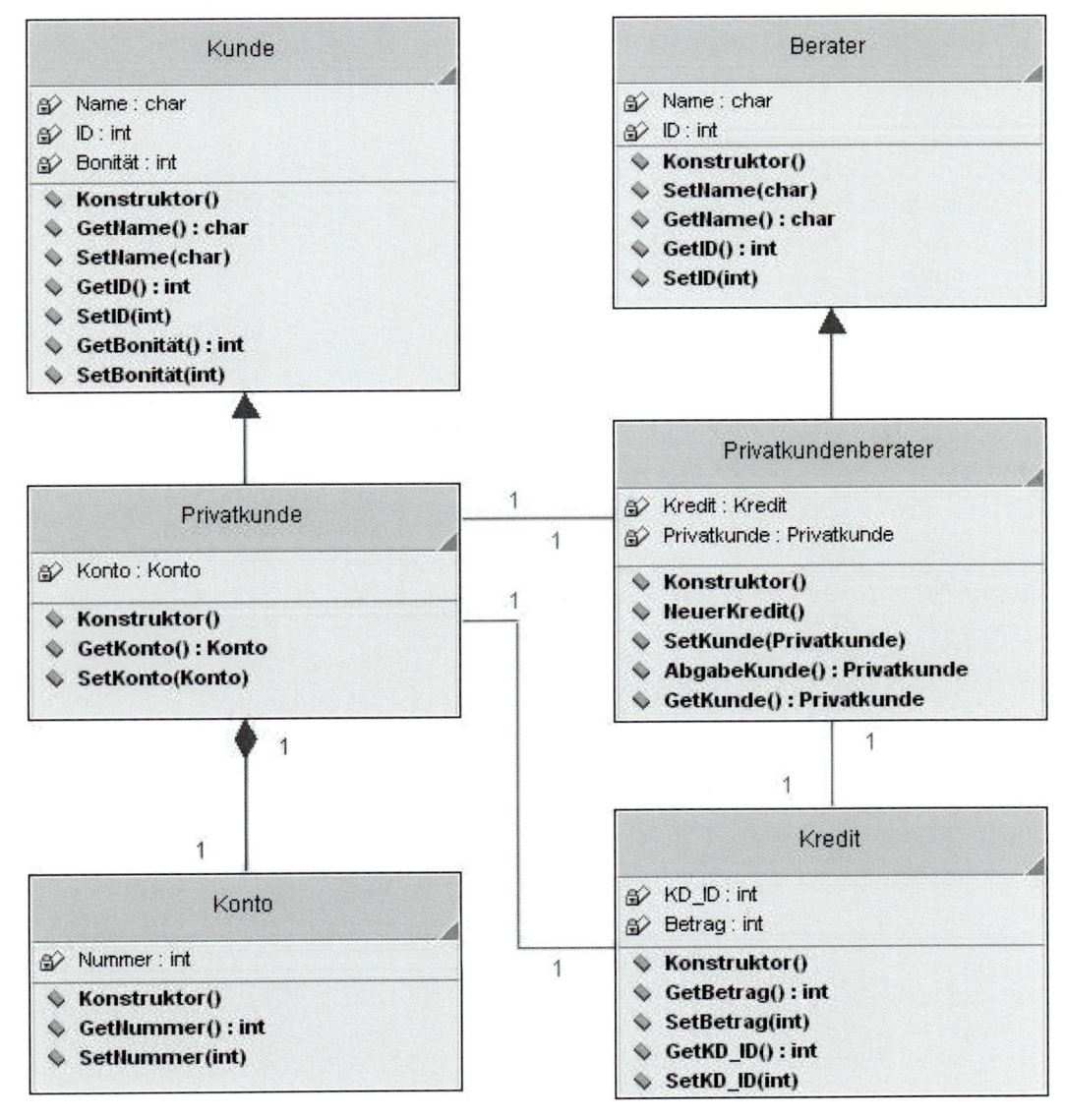

Kunde
- Name : char
- ID : int
- Bonität : int
• Konstruktor()
• GetName() : char
• SetName(char)
• GetID() : int
• SetID(int)
• GetBonität() : int
• SetBonität(int)

Berater
- Name : char
- ID : int
• Konstruktor()
• SetName(char)
• GetName() : char
• GetID() : int
• SetID(int)

Privatkunde
- Konto : Konto
• Konstruktor()
• GetKonto() : Konto
• SetKonto(Konto)

Privatkundenberater
- Kredit : Kredit
- Privatkunde : Privatkunde
• Konstruktor()
• NeuerKredit()
• SetKunde(Privatkunde)
• AbgabeKunde() : Privatkunde
• GetKunde() : Privatkunde

Konto
- Nummer : int
• Konstruktor()
• GetNummer() : int
• SetNummer(int)

Kredit
- KD_ID : int
- Betrag : int
• Konstruktor()
• GetBetrag() : int
• SetBetrag(int)
• GetKD_ID() : int
• SetKD_ID(int)

Das Klassendiagramm zeigt nur eine exemplarische Teilverfeinerung des Diagramms aus der Analyse. Einige Klassen wurden konkretisiert und mit Attributen und Methoden versehen. Die Beziehungen wurden detaillierter festgelegt – beispielsweise die Aggregationen bei Privatkunde und Konto. Die Klasse Beratung wurde ausgeblendet und die Beziehungen alle auf 1:1-Beziehungen reduziert – ansonsten wäre die Umsetzung in C++ (siehe Kapitel 15.3.4) zu komplex und würde den Rahmen sprengen.

> **ACHTUNG:**
>
> Die bisherige Darstellung zeigt einen exemplarischen Entwicklungsprozess einer objektorientieren Softwareentwicklung. In den einzelnen Phasen können noch weitere UML-Diagrammtypen oder auch Elemente der strukturierten Programmierung wie der Programmablaufplan oder das Struktogramm zum Einsatz kommen. Es geht also in erster Linie darum, eine erste Vorstellung von der Entwicklung eines objektorientierten Softwaresystems zu schaffen. Die Perfektionierung des Entwicklungsprozesses kann dann nur durch das Sammeln weiterer Erfahrungen und das Hinzuziehen entsprechender Fachliteratur erreicht werden.

15.3.4 Implementierung mit C++

Nach der objektorientierten Analyse und der Designphase kommt die konkrete Umsetzung in eine objektorientierte Programmiersprache wie C++.

Diese Implementierung soll nun beispielhaft anhand des teilverfeinerten Klassendiagramms aus der Designphase und des Sequenzdiagramms aus der Analysephase geschehen. Damit soll der **Anwendungsfall „Kredit beantragen"** EDV-technisch umgesetzt werden.

Umsetzung der nötigen Klassen:

CKonto.h :

```
#ifndef CKONTO_H
#define CKONTO_H
class CKonto
{
private:
     int Nummer;
public:
     CKonto();
     ~CKonto();
     int GetNummer();
     void SetNummer(int);
};
#endif
```

CKonto.cpp :

```
#include "CKonto.h"
CKonto::CKonto(){}
CKonto::~CKonto(){}
int CKonto::GetNummer(){ return Nummer; }
void CKonto::SetNummer(int N)
{
     if (N > 0 && N < 99999) Nummer = N;
}
```

CKredit.h :

```
#ifndef CKREDIT_H
#define CKREDIT_H
class CKredit
{
private:
   int KD_ID;
   double Betrag;
```

```
public:
    CKredit();
    ~CKredit();
    int GetKD_ID();
    void SetKD_ID(int);
    double GetBetrag();
    void SetBetrag(double);
};
#endif
```

CKredit.cpp :
```
#include "CKredit.h"
CKredit::CKredit(){}
CKredit::~CKredit(){}
int CKredit::GetKD_ID(){ return KD_ID; }
void CKredit::SetKD_ID(int K)
{
    if (K > 0 && K < 999) KD_ID = K;
}
double CKredit::GetBetrag(){ return Betrag; }
void CKredit::SetBetrag(double B)
{
    if (B > 0.0 && B < 10000.0) Betrag = B;
}
```

> **Hinweis:**
>
> Die Klasse CKredit erhält ein Attribut KD_ID, das die Kundennummer des Kunden aufnehmen soll, der den Kredit beantragt. Damit wird die Assoziation zwischen Kunde und Kredit realisiert.

CKunde.h :
```
#ifndef CKUNDE_H
#define CKUNDE_H
class CKunde
{
protected:
    char Name[40+1];
    int KD_ID;
    bool Bonitaet;
public:
    CKunde();
    ~CKunde();
    const char* GetName();
    void SetName(char*);
    int GetKD_ID();
    void SetKD_ID(int);
    bool GetBonitaet();
    void SetBonitaet (bool);
};
#endif
```

CKunde.cpp :
```
#include <iostream>
using namespace std;
#include "CKunde.h"
CKunde::CKunde(){}
```

```
CKunde::~CKunde(){}
const char* CKunde::GetName(){ return Name; }
void CKunde::SetName(char* N){ strcpy(Name,N); }
int CKunde::GetKD_ID(){ return KD_ID; }
void CKunde::SetKD_ID(int K)
{
      if (K > 0 && K < 999) KD_ID = K;
}
bool CKunde::GetBonitaet(){ return Bonitaet; }
void CKunde::SetBonitaet(bool B){ Bonitaet = B; }
```

CPrivatkunde.h :

```
#ifndef CPRIVATKUNDE_H
#define CPRIVATKUNDE_H
#include "CKunde.h"
#include "CKonto.h"
class CPrivatKunde: public CKunde
{
private:
      CKonto* pKonto;
public:
      CPrivatKunde();
      ~CPrivatKunde();
      CKonto* GetKonto();
      void SetKonto(CKonto*);
};
#endif
```

CPrivatkunde.cpp :

```
#include "CPrivatkunde.h"
CPrivatKunde::CPrivatKunde(){}
CPrivatKunde::~CPrivatKunde(){}
CKonto* CPrivatKunde::GetKonto(){ return pKonto; }
void CPrivatKunde::SetKonto(CKonto* pK){ pKonto = pK; }
```

> **Hinweis:**
> Die Klasse CPrivatKunde erhält ein Attribut pKonto, das die Adresse des zugehörigen Kontos aufnehmen kann. Damit wird die Aggregation zwischen Kunde und Konto umgesetzt.

CBerater.h :

```
#ifndef CBERATER_H
#define CBERATER_H
class CBerater
{
protected:
      char Name[40+1];
      int ID;
public:
      CBerater();
      ~CBerater();
      const char* GetName();
      void SetName(char*);
      int GetID();
      void SetID(int);
};
```

CBerater.cpp :

```cpp
#include "CBerater.h"
#include <iostream>
using namespace std;
CBerater::CBerater(){}
CBerater::~CBerater(){}
const char* CBerater::GetName(){ return Name; }
void CBerater::SetName(char* N){ strcpy(Name,N); }
int CBerater::GetID(){ return ID; }
void CBerater::SetID(int I) { if (I > 0 && I < 999) ID = I; }
```

CPrivatkundenberater.h :

```cpp
#ifndef CPRIVATKUNDENBERATER_H
#define CPRIVATKUNDENBERATER_H
#include "CBerater.h"
#include "CKredit.h"
#include "CPrivatkunde.h"
class CPrivatKundenBerater: public CBerater
{
private:
      CKredit* pKredit;
      CPrivatKunde *pKunde;
public:
      CPrivatKundenBerater();
      ~CPrivatKundenBerater();
      void NeuerKredit();
      void SetKunde(CPrivatKunde*);
      CPrivatKunde * AbgabeKunde();
      CPrivatKunde* GetKunde();
};
#endif
```

CPrivatkundenberater.cpp :

```cpp
#include "CPrivatkundenberater.h"
#include <iostream>
using namespace std;
CPrivatKundenBerater::CPrivatKundenBerater(){}
CPrivatKundenBerater::~CPrivatKundenBerater(){}
void CPrivatKundenBerater::NeuerKredit()
{
      double B;
      cout << endl;
      cout << "Neuen Kredit beantragen:" << endl;
      cout << "Bitte den Betrag angeben: ";
      cin >> B;
      cout << endl;
      //Bonitaet prüfen
      if (pKunde->GetBonitaet()==true)
      {
      pKredit = new CKredit;
      pKredit->SetBetrag(B);
```

```
        //Kunden zuweisen
        pKredit->SetKD_ID( pKunde->GetKD_ID() );
        cout << "Kunde " << pKunde->GetName();
        cout << " hat nun einen Kredit ";
        cout << "in Hoehe von: " << pKredit->GetBetrag();
        cout << " Euro" << endl;
        }
        else
        {
        cout << "Leider ist kein Kredit moeglich - ";
        cout << "fehlende Bonitaet" << endl;
        }
}
void CPrivatKundenBerater::SetKunde(CPrivatKunde* pK)
{ pKunde = pK; }
CPrivatKunde* CPrivatKundenBerater::GetKunde()
{ return pKunde; }
CPrivatKunde * CPrivatKundenBerater::AbgabeKunde()
{
        CPrivatKunde * pDummy = pKunde;
        pKunde = NULL;
        return pDummy;
}
```

> **Hinweis:**
>
> Die Klasse CPrivatKundenBerater erhält das Attribut pKunde, das die Adresse des zugehörigen Kunden aufnehmen kann. Damit wird die Assoziation zwischen Kunde und Berater umgesetzt. Der Berater kann dann über die entsprechende Methode die Bonität des Kunden erfragen, das für den Kreditantrag wichtig ist.
>
> Das Attribut pKredit dient zur dynamischen Erzeugung eines Kreditobjektes. Das Objekt wird aber nur erzeugt, wenn die Bonität des Kunden vorhanden ist. Die Kunden-ID wird dann in das Kreditobjekt eingetragen. Damit ist die Assoziation zwischen Kredit und Kunde hergestellt. Falls der Kunde seinen Berater wechselt, muss die Adresse des Kreditobjektes an den neuen Berater weitergegeben werden.

Hauptprogramm:

```
#include <iostream>
using namespace std;

#include "CPrivatkunde.h"
#include "CPrivatkundenberater.h"

int main()
{
cout << "Kreditverwaltung Version 1.0" << endl;
        CPrivatKunde K;
        CPrivatKundenBerater B;
        CPrivatKundenBerater C;

        K.SetName("Hansen");
        K.SetBonitaet(false);

        B.SetKunde(&K);
        B.NeuerKredit();

        K.SetBonitaet(true);
        B.NeuerKredit();

        C.SetKunde(B.AbgabeKunde());
```

```
if (C.GetKunde()->GetBonitaet() == true)
    {
            cout << "Kunde " << C.GetKunde()->GetName();
            cout << " hat Bonitaet" << endl;
    }
    system("PAUSE");
    return EXIT_SUCCESS;
}
```

> **Hinweis:**
>
> Im Hauptprogramm erhält der Kunde „Hansen" einen Kredit, nachdem er seine Bonität nachgewiesen hat.
>
> Anschließend wechselt er zum Kundenberater C, und dieser stellt eine Anfrage bzgl. der Bonität.

Die Bildschirmausgabe unter Dev-C++ sieht dann so aus:

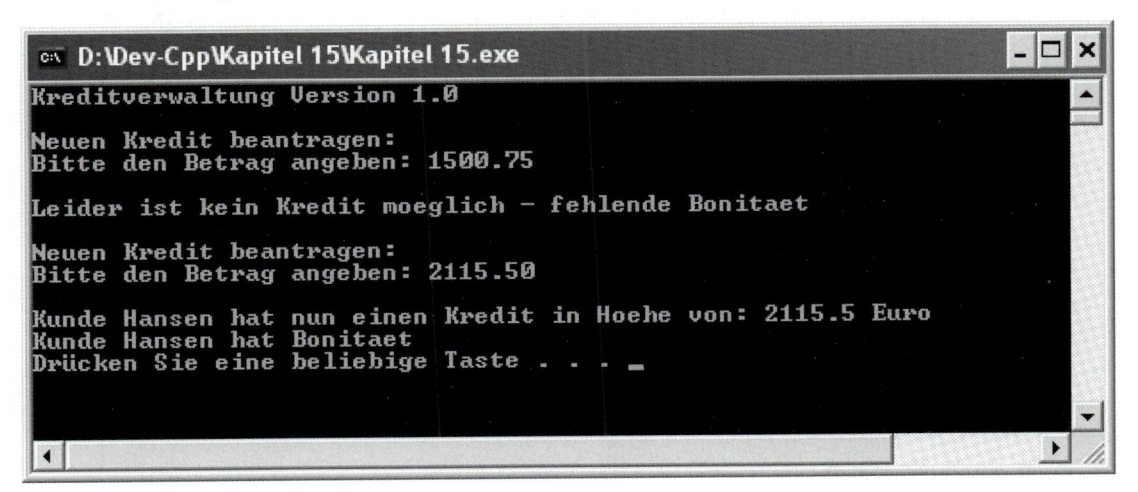

```
D:\Dev-Cpp\Kapitel 15\Kapitel 15.exe

Kreditverwaltung Version 1.0

Neuen Kredit beantragen:
Bitte den Betrag angeben: 1500.75

Leider ist kein Kredit moeglich - fehlende Bonitaet

Neuen Kredit beantragen:
Bitte den Betrag angeben: 2115.50

Kunde Hansen hat nun einen Kredit in Hoehe von: 2115.5 Euro
Kunde Hansen hat Bonitaet
Drücken Sie eine beliebige Taste . . .
```

> **ACHTUNG:**
>
> Der Quellcode zeigt eine mögliche Umsetzung des Klassendiagrammes und des Sequenzdiagrammes. Es sind durchaus andere Implementierungen denkbar. Das Ziel dieses Beispiels ist es, eine Anregung für die Umsetzung einer solchen Problemstellung zu geben. Es soll keinesfalls dazu verleiten, andere Problemstellungen immer nach diesem Schema zu implementieren. Beispielsweise wäre es sinnvoll, Arrays von Kunden bzw. Krediten in der Klasse CPrivatkundenBerater zu verwalten - das ist hier der Einfachheit halber nicht durchgeführt worden.

16 Dateioperationen

In den Anfängen der Computergeschichte erfolgte die Datensicherung auf Lochkarten. Später wurden dann Magnetbänder eingesetzt, um die Daten zu sichern.

Auch in den Anfängen der Homecomputer in den 80er-Jahren war das Standard-Datensicherungsgerät eine Art Kassettenrekorder, auf den die Computerdaten in akustischer Form übertragen wurden. Diese Art der Datensicherung war nicht nur unkomfortabel, sondern auch relativ fehleranfällig. Die problemlose Datensicherung heutzutage auf CD, DVD oder externe Festplatten und Memory-Sticks hat nicht mehr viel gemeinsam mit diesen überholten Techniken.

Trotzdem ist das Grundprinzip der Datensicherung gleich geblieben. Mit einer Programmiersprache wie C++ können Daten so wie früher auf einem Magnetband sequenziell in eine Datei geschrieben werden.

Das kann man sich so vorstellen, dass mithilfe der so genannten Stream-Objekte in C++ die Daten hintereinander in die Datei geschrieben werden und auch so ausgelesen werden können.

> **Hinweis:**
>
> Eine Datei (engl. *file*) ist eine Sammlung von Daten bzw. Datensätzen. Jeder Datensatz kann aus mehreren Komponenten zusammengesetzt sein.
>
> Das Sichern von Daten auf externen Speichern (Festplatte usw.) erfolgt in Form von solchen Dateien. Die Verwaltung der Dateien übernimmt dabei das Betriebssystem.

Grundsätzlich können zwei Organisationen von Dateien unterschieden werden. Die **sequenzielle Organisation** und die **direkte Organisation**. Weiterhin gibt es noch Mischformen wie die indexsequenzielle Organisation.

Bei der sequenziellen Organisation ist die Vorstellung eines Magnetbandes treffend. Die Daten werden hintereinander in die Datei geschrieben und können auch nur in dieser Reihenfolge gelesen werden. Diese Form des Dateizugriffes ist sehr einfach zu programmieren. Der entscheidende Nachteil ist die Schnelligkeit. Bei einer großen Datei müssen beispielsweise erst enorm viele Datensätze eingelesen werden, um den gesuchten Datensatz zu erhalten.

Die folgende Grafik zeigt den Zugriff auf eine sequenzielle Datei. Dabei bewegt sich ein so genanntes Dateifenster (Dateizeiger) nach jedem Lesezugriff auf den nächsten Datensatz.

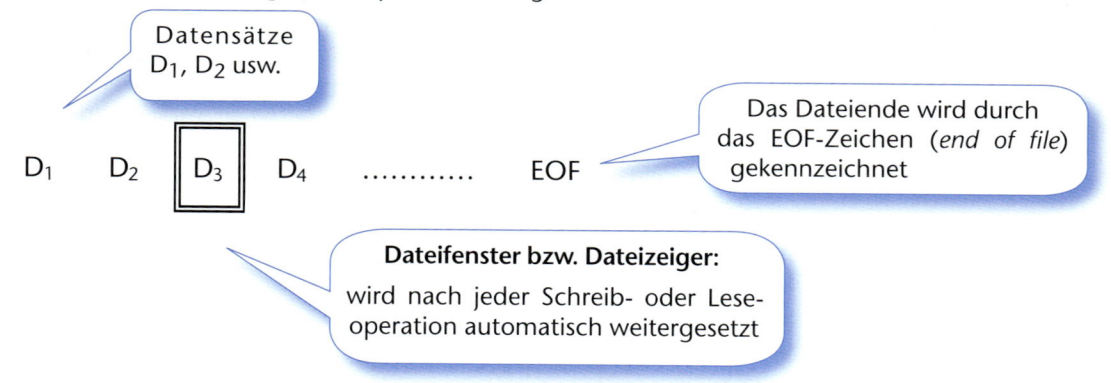

Datensätze D_1, D_2 usw.

D_1 D_2 D_3 D_4 .... EOF

Das Dateiende wird durch das EOF-Zeichen (*end of file*) gekennzeichnet

Dateifenster bzw. Dateizeiger: wird nach jeder Schreib- oder Leseoperation automatisch weitergesetzt

Die direkte Organisation erlaubt einen wahlfreien Zugriff auf die Datensätze. Das Dateifenster kann positioniert werden und es können Datensätze an einer bestimmten Stelle aus der Datei gelesen werden. Um eine direkte Organisation umzusetzen, sind aber Schlüssel oder Indizes nötig. Das Programm muss mithilfe solcher Schlüssel oder Indizes die Zugriffsstelle innerhalb der Datei berechnen und anschliessend den Datensatz auslesen. Aus diesem Grund sind diese Organisationen deutlich aufwändiger zu programmieren. Der entscheidende Vorteil ist natürlich die Schnelligkeit.

> **Hinweis:**
>
> Die Programmierung des Zugriffes auf einen Datensatz über einen Schlüssel geschieht mithilfe bestimmter Algorithmen, der **Hash-Verfahren**. Dabei berechnet eine Hash-Funktion den Speicherort (Index) des Datensatzes in der Datei, indem sie den gesuchten Datensatz mit einem ganz bestimmten Algorithmus aus einer Indextabelle ermittelt.

16.1 Ein- und Ausgabeströme

Bereits zu Beginn dieses Buches wurden Ein- und Ausgabeströme behandelt – und zwar die Eingaben über eine Tastatur mit dem Objekt `cin` und die Ausgaben auf den Bildschirm mit dem Objekt `cout`.

Beide Objekte stammen aus einer Klassenhierachie, die von der Basisklasse ios abgeleitet wurden. Da es nun relativ ähnlich ist, ob ein Datenstrom auf den Bildschirm oder in eine Datei geschrieben wird, ist es nicht verwunderlich, dass die Stream-Objekte für die Dateioperationen von diesen Klassen abgleitet wurden.

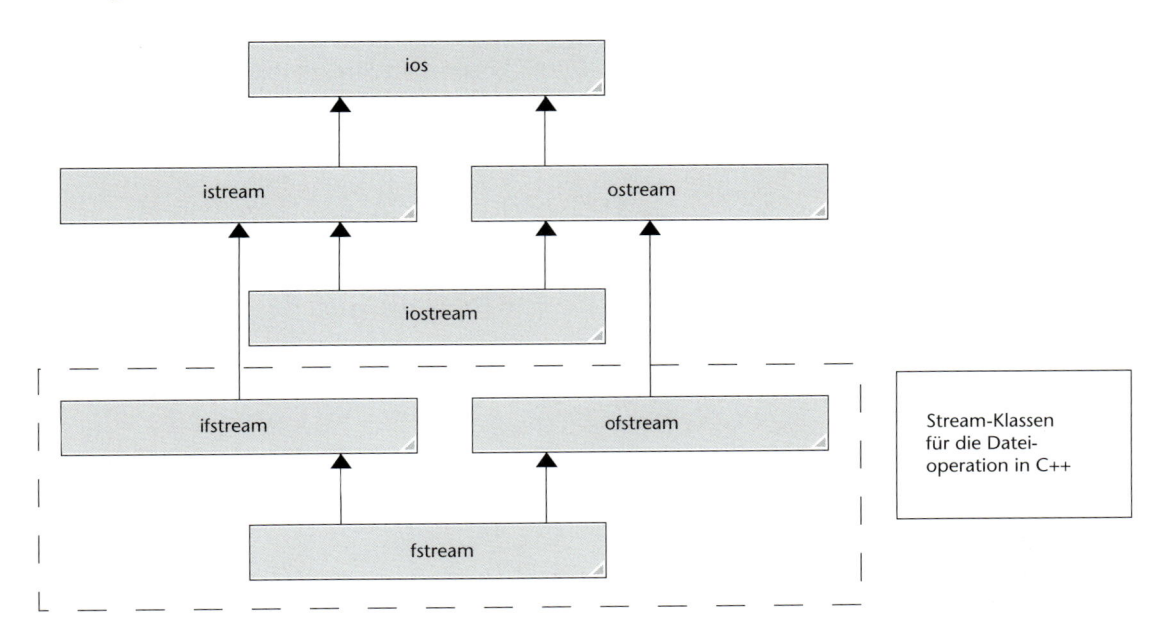

```
                    ios
                   ↑   ↑
            ↑              ↑
        istream           ostream
          ↑  ↑             ↑  ↑
             ↑           ↑
              iostream
          ↑                   ↑
      ifstream             ofstream     Stream-Klassen
          ↑                   ↑         für die Datei-
                                        operation in C++
              fstream
```

Der große Vorteil der Stream-Klassen ist es, dass die Umsetzung der Dateioperationen sehr vertraut erscheint, wenn man bereits intensiv mit den Stream-Objekten `cin` und `cout` gearbeitet hat.

16.1.1 Eine Datei im Textmodus öffnen

Bevor eine Operation wie Lesen oder Schreiben durchgeführt werden kann, muss eine Datei geöffnet werden. Dazu wird ein Objekt der Klasse `ifstream` oder `ofstream` benötigt. Dieses Objekt erhält dann den Dateinamen (eventuell mit Pfadangabe) und den Modus, in dem die Datei geöffnet werden soll. Wenn nicht explizit der Binärmodus angegeben wird, so wird die Datei im Textmodus geöffnet. Das Besondere des Textmodus ist die Umwandlung des Zeilenumbruches ' \n' beim Schreiben in zwei Sonderzeichen – entsprechend werden diese Sonderzeichen beim Lesen in den Zeilenumbruch zurückverwandelt.

> **Erstes Beispiel:**
> ```
> #include <iostream>
> #include <fstream>
>
> using namespace std;
>
> int main()
> {
> ofstream Ausgabe;
>
> Ausgabe.open ("Test.txt", ios::out );
> Ausgabe << "Die erste Datei";   //wie gewohnt bei cout
> Ausgabe.close();
>
> system("PAUSE");
> return EXIT_SUCCESS;
> }
> ```

Ein Objekt der Klasse `ofstream` (output-file-stream) wird instantiiert. Mit der Methode `open()` wird ein Dateiname festgelegt. Der Modus `ios::out` wird angegeben und steht dafür, dass eine neue Datei erstellt und zum Schreiben geöffnet werden soll.

16 Dateioperationen

So wie es mit `cout` gewohnt ist, wird einfach eine Zeichenkette mithilfe der überladenen Ausgabeoperatoren in die Datei geschrieben. Anschliessend wird die Datei geschlossen.

> **Hinweis:**
>
> Eine Datei sollte immer geschlossen werden, wenn sie nicht mehr gelesen oder geschrieben wird. Dadurch können Fehler vermieden werden. Außerdem werden die Ressourcen des Computers nicht unnötig belastet – jede geöffnete Datei bedeutet Belastung für das System.
>
> **Das Schließen einer Datei geschieht bei den Stream-Objekten automatisch in dem Destruktor** – allerdings schadet es nicht, die Datei vorher explizit zu schließen. Es ist allerdings zwingend, die Datei mit `close()` zu schließen, bevor dem Streamobjekt eine neue Datei zugewiesen wird.
>
> **Das Arbeiten mit Datei-Streamobjekten erfordert das Einbinden der Header-Datei** `<fstream>`.

> **Zweites Beispiel:**
>
> ```cpp
> #include <iostream>
> #include <fstream>
>
> using namespace std;
>
> int main()
> {
>    ifstream Einlesen;
>    char dummy[256+1];
>
>    Einlesen.open ("Test.txt", ios::in );
>    while (!Einlesen.eof())
>    {
>         Einlesen >> dummy;         //wie gewohnt bei cin
>         cout<< dummy << " ";
>    }
>    Einlesen.close();
>
>    system("PAUSE");
>    return EXIT_SUCCESS;
> }
> ```

Ein Objekt der Klasse `ifstream` (*input-file-stream*) wird instantiiert. Mit der Methode `open()` wird der Dateiname angegeben. Der Modus `ios::in` steht dafür, dass eine bestehende Datei zum Lesen geöffnet werden soll.

So wie es mit `cin` gewohnt ist, wird nun Zeichenkette für Zeichenkette eingelesen (in die Hilfsvariable dummy) und dann auf dem Bildschirm ausgegeben. Mithilfe der Methode `eof()` wird das Dateiende erkannt.

> **Drittes Beispiel:**
>
> ```cpp
> #include <iostream>
> #include <fstream>
>
> using namespace std;
>
> int main()
> {
>    ofstream Ausgabe;
>    ifstream Einlesen;
>
>    float x = 3278.5;
>    int n = 200;
>
>    Ausgabe.open("Test.txt",ios::out );
>    Ausgabe << n << endl;
>    Ausgabe << x << endl;
>    Ausgabe.close();
>    Einlesen.open ("Test.txt", ios::in );
> ```

```
    Einlesen >> n >> x;
    cout << n << endl << x;
    system("PAUSE");
    return EXIT_SUCCESS;
}
```

In diesem Beispiel werden zwei Variablen vom Typ `float` bzw. `int` in eine Datei geschrieben. Hierbei ist besonders wichtig, dass nach dem Schreiben eines Wertes ein Zeilenumbruch geschrieben wird (alternativ wäre auch ein Leezeichen oder ein Tabulator möglich). Das Lesen der Variablen geschieht dann problemlos.

Die Bildschirmausgabe unter Dev-C++ sieht dann so aus:

```
D:\Dev-Cpp\Kapitel 16\Kapitel 16.exe
200
3278.5
Drücken Sie eine beliebige Taste . . .
```

ACHTUNG:

Es wäre ebenso möglich, die Variablen in der falschen Reihenfolge einzulesen.

```
Einlesen >> x >> n;
```

Das Programm läuft trotzdem fehlerfrei, nur die Werte sind nicht mehr korrekt. Der float-Wert würde der Integer-Variablen zugewiesen und damit wären die Nachkommastellen verloren.

Die Bildschirmausgabe unter Dev-C++ würde dann so aussehen:

```
D:\Dev-Cpp\Kapitel 16\Kapitel 16.exe
3278
200
Drücken Sie eine beliebige Taste . . .
```

16.1.2 Fehler bei Dateioperationen

Bei jeder Dateioperation können Fehler auftreten. Beispielsweise können Dateien nicht geöffnet werden, wenn der Dateiname oder der Pfad falsch angegeben wurde. Oder das System ist kurzzeitig nicht in der Lage in eine Datei zu schreiben, weil sie parallel geöffnet ist. Um solche Fehler abzufangen, ist in den Stream-Klassen der Negations-Operator überladen. Mithilfe dieses Operators können Fehler einfach erkannt werden.

16 Dateioperationen

Beispiel:

```cpp
#include <iostream>
#include <fstream>

using namespace std;

int main()
{
  ifstream Einlesen;
  float x;
  int n;

  Einlesen.open ("Test.txt", ios::in );
  if (!Einlesen)
  {
      cout << "Fehler beim Oeffnen der Datei" << endl ;
  }
  else
  {
      Einlesen >> n >> x;
      if (!Einlesen)
      {
          cout << "Fehler beim Lesen" << endl ;
      }
      else
      cout << n << endl << x << endl;
  }
  system("PAUSE");
  return EXIT_SUCCESS;
}
```

Sobald eine Dateioperation durchgeführt wurde (Öffnen der Datei oder Lesen aus der Datei), kann mit dem Negationsoperator auf Fehler getestet werden. Ist der Rückgabewert diese Operators `true`, dann liegt ein Fehler vor. Das Programm kann entsprechend reagieren.

16.1.3 Methoden der File-Streamklassen

Methoden der Klasse `ifstream`:

Deklaration	Bedeutung
`void open(const char* Name, int modus);`	Zum Öffnen einer Datei wird ein Dateiname und der Modus angegeben: Folgende Modi sind möglich: `ios::in` Zum Lesen öffnen. `ios::nocreate` Überprüft, ob die Datei vorhanden ist. **Achtung:** mehrere Modi können durch bitweises ODER verknüpft werden: **Beispiel:** `ios::in	ios::nocreate`
`int is_open();`	Liefert `true`, falls die Datei geöffnet ist.
`close ();`	Schließt eine Datei.
`int eof ();`	Liefert `true`, falls `EOF` (end of file).
Operator `>>`	Einlesen bei Dateien wie bei `cin`.
`int get();`	Liest ein Zeichen und gibt den ASCII (ANSI)-Wert zurück.

Deklaration	Bedeutung
`istream& get (char* pK, int Anzahl, char Endzeichen = '\n');`	Liest Maximal-Anzahl der Zeichen aus der Datei und speichert in der Zeichenkette `pK`. Falls vorher `'\n'` gefunden wird, so stoppt der Lesevorgang. Es können auch andere Endzeichen verwendet werden.

Methoden der Klasse `ofstream`:

Deklaration	Bedeutung
`void open(const char* Name, int modus);`	Zum Öffnen einer Datei wird ein Dateiname und der Modus angegeben: Folgende Modi sind möglich: `ios::out` — Zum Schreiben öffnen. `ios::app` — Anhängen. `ios::nocreate` — Überprüft, ob die Datei vorhanden ist. **Achtung:** mehrere Modi können durch bitweises ODER verknüpft werden: **Beispiel:** `ios::app	ios::nocreate`
`int is_open();`	Liefert `true`, falls die Datei geöffnet ist.
`close ();`	Schließt eine Datei.
`int eof ();`	Liefert `true`, falls `EOF` (end of file).
`Operator <<`	Ausgabe in Dateien wie bei cout.
`ostream& put( char c );`	Schreibt ein Zeichen in die Datei.

Beispiel:

In dem folgenden Beispiel werden einige der oben angeführten Methoden angewendet. Es werden einige Zeichenketten in eine Datei geschrieben, die dann mit drei Methoden wieder ausgelesen werden.

```cpp
#include <iostream>
#include <fstream>
using namespace std;

int main()
{
ifstream Einlesen;
ofstream Ausgabe;
char* Zeichenketten[4]={"Das","ist","ein","Test"};
int i = 0;
char dummy[32+1];

Ausgabe.open("Text.txt",ios::out);
while ( i < 4 ) Ausgabe << Zeichenketten[i++] << '\t';
Ausgabe.close();
```

```cpp
    Einlesen.open("Text.txt",ios::in);
    if (!Einlesen)
    {
    cout << "Fehler";
    }
    else
    {
       i=0;
       while( i < 4 )
          {
              Einlesen.getline(dummy, 256 , '\t');
              cout << dummy << '\t';
              i++;
          }

       Einlesen.close();
       cout << endl;
    }
    Einlesen.open("Text.txt",ios::in);
    if (!Einlesen)
    {
    cout << "Fehler";
    }
    else
    {
       i = 0;
       while( i < 4 )
          {
              Einlesen >> dummy;
              cout << dummy << '\t';
              i++;
          }

       Einlesen.close();
       cout << endl;
    }
    Einlesen.open("Text.txt",ios::in);
    if (!Einlesen)
    {
    cout << "Fehler";
    }
    else
    {
       while( !Einlesen.eof() )
          {
              cout << static_cast<char>(Einlesen.get());
          }

       Einlesen.close();
       cout << endl;
    }
    system("PAUSE");
    return EXIT_SUCCESS;
    }
```

– Einlesen mit der Methode `getline()`.

– Einlesen mit dem Operator `>>`.

– Einlesen mit der Methode `get()`.

Die Bildschirmausgabe unter Dev-C++ sieht so aus:

```
D:\Dev-Cpp\Kapitel 16\Kapitel 16.exe
Das     ist     ein     Test
Das     ist     ein     Test
Das     ist     ein     Test
Drücken Sie eine beliebige Taste . . .
```

16.1.4 Eine Datei im Binärmodus öffnen

Das Lesen und Schreiben im Textmodus hat den Vorteil, dass Zeilenumbrüche und andere Begrenzungszeichen wie der Tabulator automatisch erkannt werden. Solange mit reinen Textdateien gearbeitet wird, ist das auch der beste Modus.

Möchte man hingegen ein Programm schreiben, das eine Datei kopiert, so kommt es darauf an, dass jedes Byte korrekt von der einen in die andere Datei geschrieben wird. Dazu ist es nötig, die Dateien im so genannten Binärmodus zu öffnen. Dieser Modus sorgt dafür, dass die Daten so gelesen werden, wie sie binär in der Datei vorhanden sind.

Beispiel:

```
#include <iostream>
#include <fstream>
using namespace std;

int main()
{
ofstream Ausgabe;

Ausgabe.open("Test.bin",ios::out | ios::binary );
for (int i = 48; i < 58; i++)
{
Ausgabe.put(i);
Ausgabe.put('\n');
}
Ausgabe.close();
}
```

> Mit der bitweisen ODER-Verknüpfung wird der Binärmodus angegeben.

In diesem Beipiel werden die Werte 48 bis 57 als ASCII-Zeichen (ANSI-Zeichen) in die Datei geschrieben.

Im Zusammenhang mit dem Binärmodus sind zwei weitere Methoden sehr wichtig:

- `ostream& write( const char* pK, int Anzahl );`
- `istream& read( char* pK, int Anzahl);`

Diese Methoden erlauben ein blockweises Schreiben bzw. Lesen aus einer Datei. Es werden *Anzahl* viele Bytes in ein char-Array gelesen oder aus einem char-Array geschrieben.

Hinweis:

Diese beiden Methoden sind gerade für den Binärmodus sehr gut geeignet, da keinerlei Formatierungen beachtet werden müssen. Aus diesem Grund werden sie auch jetzt erst eingeführt, obwohl sie auch im Textmodus verfügbar sind.

Das folgende Beispiel zeigt den universellen Einsatz der Methoden. Ein Array von float-Werten soll komplett in einer Datei gesichert und anschliessend auch wieder gelesen werden. Mit den Methoden `write()` und `read()` und expliziter Typumwandlung wird das Problem umgesetzt.

Beispiel: Schreiben eines float-Arrays

```
#include <iostream>
#include <fstream>
using namespace std;

int main()
{
ofstream Ausgabe;

float Array[10] = { 1.5 , 3.45 , 23.55 , 43.56 , 754.23 , 92.2 ,
                    17.45 , 134.342 , 928.45 , 48.55 };

Ausgabe.open("float.dat",ios::out | ios::binary );

Ausgabe.write(reinterpret_cast<char*>(Array) , 10 * sizeof(float));

Ausgabe.close();
}
```

Das float-Array wird explizit mit dem `reinterpret_cast` in ein `char`-Zeiger umgewandelt. Damit kann das komplette Array mit einer Anweisung geschrieben werden. Die Anzahl der erforderlichen Bytes berechnen sich mithilfe des `sizeof`-Operators und der Anzahl der Elemente.

Würde die Datei „float.dat" in einem Editor geöffnet, so würde das so aussehen.

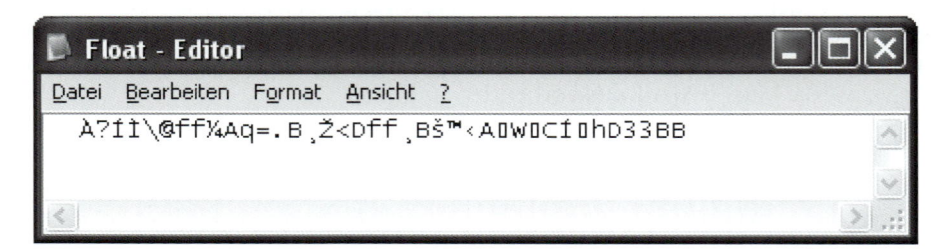

Der Binärmodus schreibt die Bytes unverändert in die Datei. Eine solche Datei kann dann natürlich nicht mehr im Textmodus bearbeitet werden. Deshalb wird das Array mithilfe der Methode `read()` wieder im Binärmodus eingelesen:

Beispiel: Lesen eines float-Arrays

```
#include <iostream>
#include <fstream>
using namespace std;

int main()
{
ifstream Einlesen;
float Array[10];
Einlesen.open("Float.dat",ios::in | ios::binary );
Einlesen.read( reinterpret_cast<char*>(Array) , 10 * sizeof(float));
Einlesen.close();
for (int i = 0; i < 10 ; i++) cout << Array[i] << ' ';
cout << endl;
system("PAUSE");
return EXIT_SUCCESS;
}
```

Das Array wird einwandfrei eingelesen und anschließend auf dem Bildschirm dargestellt.

Die Bildschirmausgabe unter Dev-C++ sieht so aus:

16.2 Wahlfreier Zugriff in Dateien

Die fortgeschrittene Programmierung mit Dateien kommt nicht ohne ein Instrument aus, mit dem der Dateizeiger auf eine ganz bestimmte Position gesetzt werden kann. Das sequenzielle Einlesen einer kompletten Datei, um an einen bestimmten Datensatz zu kommen, ist nicht mehr praktikabel bzw. schnell genug, sobald die Datei größer wird.

16.2.1 Positionieren des Dateizeigers

Mithilfe der Methode `seekg()` bzw. `seekp()` wird der Dateizeiger auf eine bestimmte Position gesetzt. Dabei kann zusätzlich angegeben werden, ob die Position relativ zum Start, zum Ende oder zur aktuellen Position des Dateizeigers sein soll.

Die Deklarationen der Methoden sehen so aus:

```
Klasse istream:
istream& seekg( long int pos, long int start );
```

```
Klasse ostream:
ostream& seekp(long int pos, long int start);
```

Der Parameter start ist einer der folgende Konstanten:

ios::beg   Sucht vom Anfang der Datei

ios::cur   Sucht von der aktuellen Position in der Datei

ios::end   Sucht vom Ende der Datei

> **Beispiel: Eine Datei rückwärts lesen**
>
> ```
> #include <iostream>
> #include <fstream>
> using namespace std;
>
> int main()
> {
>
> ifstream Einlesen;
> ofstream Ausgabe;
> char Kette[]="ssapS thcam nereimmargorP";
>
> Ausgabe.open("Rueckwaerts.txt",ios::out);
> Ausgabe.write(Kette , strlen(Kette));
> Ausgabe.close();
>
> Einlesen.open("Rueckwaerts.txt",ios::in);
> if (!Einlesen)
> {
> cout << "Fehler";
> }
> else
> {
>         for (long int i=-1; i >=-25 ; i--)
>         {
>                 Einlesen.seekg(i,ios::end);
>                 cout << static_cast<char>(Einlesen.get());
>         }
>         cout << endl;
> }
> system("PAUSE");
> return EXIT_SUCCESS;
> }
> ```

Die Positionierung erfolgt relativ zum Ende der Datei. Deshalb müssen die Positionen auch negativ sein (von – 1 bis -25).

Die Bildschirmausgabe unter Dev-C++ gestaltet sich dann so:

```
D:\Dev-Cpp\Kapitel 16\Kapitel 16.exe
Programmieren macht Spass
Drücken Sie eine beliebige Taste . . .
```

16.2.2 Lesen der Dateizeiger-Position

Das Auslesen der Position des Dateizeigers ist eine sinnvolle Ergänzung zur Positionierung des Dateizeigers. Beispielsweise kann damit die Größe einer Datei bestimmt werden – es muss nur der Dateizeiger auf das Ende der Datei gesetzt werden und anschliessend ausgelesen werden.

Die Deklarationen der Methoden sehen so aus:

```
Klasse istream:
long int tellg();

Klasse ostream:
long int tellp();
```

Beispiel: Eine beliebige Datei einlesen und anzeigen

```cpp
#include <iostream>
#include <fstream>
using namespace std;

int main()
{

ifstream Einlesen;
char Dateiname[32+1];
char * pArray;
int Anzahl;

cout << "Bitte den Dateinamen angeben:";
cin >> Dateiname;

Einlesen.open(Dateiname, ios::in | ios::binary);

Einlesen.seekg(0 , ios::end);      // Dateizeiger auf Ende
Anzahl = Einlesen.tellg();         // Position ermitteln

pArray = new char[Anzahl+1];       // dynamisch Platz schaffen

Einlesen.seekg(0 , ios::beg);      // Dateizeiger auf Anfang
Einlesen.read(pArray,Anzahl);      // Einlesen der Datei

Einlesen.close();

pArray[Anzahl]='\0';               // Nullerkennung setzen
cout << pArray;                    // Ausgabe auf Bildschirm

system("PAUSE");
return EXIT_SUCCESS;
}
```

Eine beliebige Datei wird in ein dynamisch erstelltes Array eingelesen. Dieses Array kann auch auf den Bildschirm geschrieben werden (sinnvollerweise bei einer Textdatei).

17 Fortgeschrittene Programmierung in C++

In diesem Kapitel werden verschiedene Techniken der fortgeschrittenen Programmierung in C++ behandelt. Neben den Templates in C++ wird die Ausnahmebehandlung in C++ beschrieben. Abschließend werden wichtige Klassen aus der C++-Standardbibliothek vorgestellt. Beispielsweise die Klasse `string`, mit der eine komfortable Zeichenkettenbehandlung möglich ist.

17.1 Templates

Unter Templates kann man sich Schablonen für Funktionen und Klassen vorstellen. Damit soll eine typunabhängige Implementierung von Funktionen und Klassen möglich sein.

17.1.1 Funktionentemplates

Oftmals kommt es vor, dass dieselbe Aufgabe für verschiedene Datentypen realisiert werden muss. Anstatt für jeden Datentyp eine eigene Funktion zu schreiben, können Templates benutzt werden. Die Funktion wird dann mithilfe eines Platzhalters geschrieben, für den dann alle möglichen Datentypen eingesetzt werden können.

Die Definition einer Funktionenschablone gestaltet sich wie folgt:

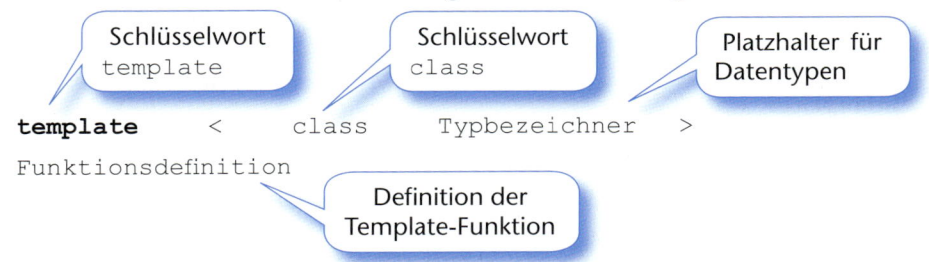

```
template    <    class    Typbezeichner    >
Funktionsdefinition
```

- Schlüsselwort `template`
- Schlüsselwort `class`
- Platzhalter für Datentypen
- Definition der Template-Funktion

In die spitzen Klammern wird der Typbezeichner geschrieben, der stellvertretend für die möglichen Datentypen steht. Dieser Typbezeichner wird mit dem Schlüsselwort `class` eingeleitet. Das soll aber nicht bedeuten, dass nur Klassen als mögliche Schablonenobjekte in Frage kommen, sondern hier steht `class` vielmehr für alle möglichen Datentypen, auch die elementaren Datentypen wie `int`, `float` und `char`.

Beispiel:

```
template <class X>
int Vergleich( X a, X b)
{
if ( a < b ) return 1;
return 0;
}
```

Diese Funktion vergleicht beliebige Datentypen und gibt eine 1 bzw. 0 zurück.

Die Funktion kann mit verschiedenen Datentypen aufgerufen werden:

```
#include <iostream>
using namespace std;

int main()
{
if (Vergleich(10,20)) cout << "10 ist kleiner als 20";
cout << endl;
if (Vergleich('A','Z')) cout << "A ist vor Z";
```

17 Fortgeschrittene Programmierung in C++

```cpp
cout << endl;
if (Vergleich(0.5 , 2.7)) cout << "0.5 ist kleiner als 2.7";
cout << endl;
system("PAUSE");
return EXIT_SUCCESS;
}
```

Die Vergleich-Funktion wird mit verschiedenen Datentypen aufgerufen und der Compiler erstellt mithilfe der Schablone die korrekte Funktion.

Die Ausgabe unter Dev-C++ sieht dann so aus:

```
D:\Dev-Cpp\Kapitel 17\Kapitel 17.exe
10 ist kleiner als 20
A ist vor Z
0.5 ist kleiner als 2.7
Drücken Sie eine beliebige Taste . . .
```

Hinweis:

Ein Template ist keine Funktion im bisherigen Sinne, sondern eine Schablone, nach der der Compiler erst bei Bedarf eine entsprechende Funktion zu dem entsprechenden Datentyp erzeugt.

Das Überladen von Funktionen hat einen ähnlichen Effekt. Es kommt immer auf die Problemstellung an, welche Technik vorzuziehen ist. Der Vorteil der überladenen Funktionen ist, dass für jeden Datentyp eine eigene Funktionsdefinition geschrieben wird. Damit kann flexibler auf die Anforderungen der einzelnen Typen eingegangen werden. Die Template-Funktion hat hingegen nur eine Definition, was natürlich einige Schreibarbeit spart.

17.1.2 Klassentemplates

Ebenso wie für Funktionen sind Templates für Klassen möglich. Die Syntax ist identisch, nur anstatt der Funktionsdefinition erfolgt die Klassendefinition. Solche Klassentemplates finden beispielsweise Anwendung in der Erstellung von flexiblen Listenklassen. Eine solche Listenklasse dient dann als Schablone für alle möglichen Datentypen.

Das folgende Beispiel verdeutlicht die Benutzung von Klassentemplates. Es soll eine Klasse geschaffen werden, die alle möglichen elementaren Datentypen speichern kann.

Beispiel:

```cpp
template <class X, int k>
class Static_List
{
  private:
  X Feld[k];

  public:
  Static_List(){}
  void Einlesen();
  void Ausgeben();
};

template <class X, int k>
void Static_List<X,k>::Einlesen()
{
  for (int i = 0; i < k; i++)
  {
      cout << "Wert Nr. ";
      cout << i+1 << " :";
      cin >> Feld[i];
  }
}
```

Bei einer Schablone können neben den Klassen (`class X`) auch Platzhalter für bestimmte Daten (`int k`) angegeben werden.

Es sind auch mehrere dieser Parameter möglich:

Beispiel:

```cpp
template < class X , class Y,
         int k, float z >
```

Bei der Definition der Methoden der Template-Klasse muss die komplette Template-Deklaration immer vorher angegeben werden. Ebenso muss vor dem Funktionsnamen die Parameterliste aufgeführt sein

(hier `< X , k >`).

```cpp
template <class X, int k>
void Static_List<X,k>::Ausgeben()
{
   for (int i = 0; i < k; i++)
        cout << "Wert Nr. " << i+1 << " : " << Feld[i];
   cout << endl;
}
```

Diese Klassen-Schablone kann nun für verschiedene Datentypen benutzt werden. Das folgende Beispiel zeigt die Verwendung für int und double.

```cpp
#include <iostream>
using namespace std;

int main()
{
Static_List< int , 3 > IntegerListe; //Instanz für 3*Integer
Static_List< double , 2 > DoubleListe; //Instanz für 2*Double
cout << "Einlesen der Integerwerte:" << endl;
IntegerListe.Einlesen();
cout << "Einlesen der Doublewerte:" << endl;
DoubleListe.Einlesen();
cout << "Ausgabe der Werte:" << endl;
IntegerListe.Ausgeben();
DoubleListe.Ausgeben();
}
```

Die Ausgabe unter Dev-C++ sieht dann so aus:

```
D:\Dev-Cpp\Kapitel 17\Kapitel 17.exe
Einlesen der Integerwerte:
Wert Nr. 1 : 10
Wert Nr. 2 : 20
Wert Nr. 3 : 30
Einlesen der Doublewerte:
Wert Nr. 1 : 1.5
Wert Nr. 2 : 6.3
Ausgabe der Werte:
Wert Nr. 1 : 10
Wert Nr. 2 : 20
Wert Nr. 3 : 30
Wert Nr. 1 : 1.5
Wert Nr. 2 : 6.3
Drücken Sie eine beliebige Taste . . .
```

ACHTUNG:

Die Deklaration einer Template-Funktion bzw. einer Template-Klasse und die entsprechenden Definitionen müssen immer in einer Datei (am besten Header-Datei) stehen, ansonsten kann es Probleme beim Linken geben – das kann allerdings compilerabhängig sein.

17.2 Ausnahmen – Exceptions

Das Abfangen von Fehlern ist eine wichtige Aufgabe in der Programmierung. Oftmals können Fehler durch Rückgabewerte von Funktionen identifiziert werden. Oder beispielsweise durch spezielle überladene Operatoren wie bei den Streamklassen.

Der Nachteil dieser Vorgehensweise ist es, dass es dem Programmierer selbst überlassen ist, ob er die Rückgabewerte bzw. Fehler auswertet und darauf reagiert oder nicht.

Mögliche Fehlerquellen sind:

- Über den reservierten Bereich eines Arrays schreiben
- Fehler bei der dynamischen Speicherreservierung

- Die Division durch Null
- Fehler bei Dateioperationen
- Fehler bei Datenbankzugriffen o. Ä.

Die Ausnahmebehandlung in C++ hilft dabei diese Probleme zu bewältigen. Dabei wird die Fehlerbehandlung vom eigentlichen Programmcode separiert.

Die folgende Abbildung zeigt den schematischen Ablauf einer Ausnahmebehandlung:

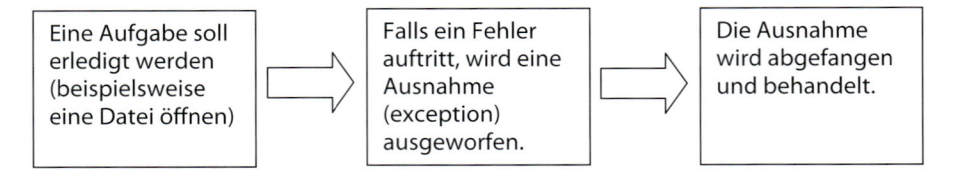

| Eine Aufgabe soll erledigt werden (beispielsweise eine Datei öffnen) | ⇒ | Falls ein Fehler auftritt, wird eine Ausnahme (exception) ausgeworfen. | ⇒ | Die Ausnahme wird abgefangen und behandelt. |

17.2.1 Versuchen und Werfen – try und throw

Die Ausnahmebehandlung startet mit dem so genannten `try`-Block. Innerhalb dieses Blockes steht der Programmcode, der möglicherweise einen Fehler verursachen kann. Deshalb das Schlüsselwort `try` – für einen Versuch.

Beispiel:

```
try
{
ifstream Einlesen;
Einlesen.open("Test.txt" , ios::in );
}
```

Hier wird versucht eine Datei zu öffnen. Möglicherweise tritt ein Fehler auf, der abgefangen werden muss. In diesem Fall wird eine Ausnahme mit der Anweisung **throw** geworfen.

```
try
{
ifstream Einlesen;
Einlesen.open("Test.txt" , ios::in );
if (!Einlesen) throw "Datei kann nicht geoeffnet werden";
}
```

Es wird eine Ausnahme in Form einer Zeichenkette geworfen. Diese Zeichenkette muss nun abgefangen werden. Dazu wird ein entsprechender **catch-Block** implementiert.

17.2.2 Auffangen – catch

Nach einem `try`-Block werden direkt die `catch`-Blöcke implementiert. Diese Blöcke fangen die Ausnahmen ab und können dann entsprechend reagieren.

Beispiel:

```
try
{
ifstream Einlesen;
Einlesen.open("Test.txt" , ios::in );
if (!Einlesen) throw "Datei kann nicht geoeffnet werden";
}

catch (char * pFehler)
{
   cout << "Achtung: ";
   cout << pFehler;
}
```

In einem `try`-Block können verschiedene Ausnahmen auftreten. Würde immer nur eine Zeichenkette mit `throw` ausgeworfen, dann könnte keine Unterscheidung der Fehler stattfinden. Deshalb ist es sinnvoll verschiedene Klassen anzulegen, die dann bei einem Fehler mit `throw` genutzt werden. Diese Klassen könnten sowohl einen Fehlertext als auch weitere Parameter als Attribute definieren.

Beispiel:

```cpp
#include <fstream>
#include <iostream>

using namespace std;
class CDateiError    //Ausnahmeklasse für Dateifehler
{
private:
   char Fehler[256+1];
public:
   CDateiError(char* F){    strcpy(Fehler,F); }
   const char* GetFehler(){ return Fehler; }
};
class CDivisionError //Ausnahmeklasse für Division
{
private:
   double a;
   double b;
public:
   CDivisionError(double x,double y) { a = x; b = y; }
   void Fehlerausgabe()
   {
        cout << "Fehler bei Division durch Null: " << endl;
        cout << a << " / " << b << endl;
   }
};
void Division()        // Funktion, die eine Ausnahme werfen kann
{
double a,b;
   try
   {
        cout << "Bitte 2 Werte eingeben: ";
        cin >> a >> b;

        if (b==0) throw CDivisionError(a,b);
        cout << a/b << endl;
   }
   catch(char * pK)
   {
         cout << "Ausnahme: " << pK;
   }
}
int main()
{
ifstream Einlesen;
try
{
  Einlesen.open("Test.txt" , ios::in );
  if (!Einlesen)
  throw CDateiError("Datei kann nicht geoeffnet werden");
  cout << "Ende erster try-Block" << endl;
}
catch (CDateiError DE)
{
  cout << "Achtung: ";
  cout << DE.GetFehler()<< endl;
}
```

```
try
{
    Division();
    cout << "Ende zweiter try-Block" << endl;
}
catch (CDivisionError DE)
{
    DE.Fehlerausgabe();
}
system("PAUSE");
return EXIT_SUCCESS;
}
```

Das Beispielprogramm definiert zwei Ausnahmeklassen, die auf die Fehlertypen angepasst sind, indem sie entsprechende Parameter übernehmen können.

Im Hauptprogramm werden zwei `try`-Blöcke mit den entsprechenden `catch`-Blöcken definiert.

Falls ein Fehler auftritt, wird eine Ausnahme geworfen. Innerhalb der Funktion `Division` ist ebenfalls eine Ausnahmebehandlung definiert.

Startet man das Programm und gibt keine Null als zweiten Wert an, dann sieht die Bildschirmausgabe so aus:

```
D:\Dev-Cpp\Kapitel 17\Kapitel 17.exe
Achtung: Datei kann nicht geoeffnet werden
Bitte 2 Werte eingeben: 1       2
0.5
Ende zweiter try-Block
Drücken Sie eine beliebige Taste . . .
```

Nach der ersten Ausnahme wird der `catch`-Block abgearbeitet und anschliessend am Ende des `try`-Blocks mit der Ausführung des Programmes fortgefahren.

Startet man das Programm und gibt eine Null als zweiten Wert an, dann sieht die Bildschirmausgabe so aus:

```
D:\Dev-Cpp\Kapitel 17\Kapitel 17.exe
Achtung: Datei kann nicht geoeffnet werden
Bitte 2 Werte eingeben: 1       0
Fehler bei Division durch Null:
1 / 0
Drücken Sie eine beliebige Taste . . . _
```

Es ist erkennbar, dass die Ausnahmebehandlung in der Funktion keinen geeigneten `catch`-Block gefunden hat und deshalb die Ausnahme an den umgebenden Block weiterreicht. Dieses Prinzip findet immer statt. Nicht behandelte Ausnahmen werden an den nächst höheren Block weitergereicht. Ganz zum Schluss landet eine nicht behandelte Ausnahme beim Hauptprogramm und das Programm wird einfach abgebrochen.

Falls eine Ausnahme auf jeden Fall behandelt werden soll, so fügt man ans Ende der `catch`-Blöcke einen generellen `catch`-Block (**catch(...)**)ein. Dieser übernimmt jede Ausnahme, die nicht von den vorherigen Blöcken behandelt wurde.

Beispiel:

```
try
{
:
:
}
catch (CError1 E1)
{
E1. Fehlerausgabe();
}
catch (CError2 E2)
{
E2. Fehlerausgabe();
}
:
:
catch (CErrorN EN)
{
EN. Fehlerausgabe();
}
catch (. . .)
{
cout << "allgemeine Fehlermeldung";
}
```

Abfangen von beliebig vielen Ausnahmen.

Allgemeiner `catch`-Block: fängt alle anderen Ausnahmen ab.

ACHTUNG:

Zusammenfassend können folgende wichtige Aspekte im Umgang mit Ausnahmen festgehalten werden:

- Nach einem `try`-Block können beliebig viele `catch`-Blöcke folgen, die unterschiedliche Ausnahmen abfangen. Sinnvoll ist die Definition von Ausnahmeklassen, um die verschiedenen Fehler zu unterscheiden.
- Eine Ausnahme wird dem ersten passenden `catch`-Block zugeordnet. Wird kein passender Block gefunden, dann kann der allgemeine Block die Ausnahme übernehmen. Ist kein allgemeiner Block definiert, so wird die Ausnahme an den umgebenden Block weitergereicht.

17.3 Die C++-Standardbibliothek

Die C++-Standardbibliothek ist eine Sammlung von Klassen, mit den die meisten Probleme der C++-Programmierung gelöst werden können – zumindest schaffen sie die Basis für die weitere Entwicklung.

Zu den wichtigsten Funktionalitäten der Standard-Bibliothek gehören:

- Dynamische Speicherverwaltung
- Ein- und Ausgabe-Streams
- Containerklassen
- Klassen für numerische Berechnungen

Die einzelnen Funktionalitäten werden durch das Einbinden der entsprechenden Header-Dateien realisiert. Beispielsweise werden die Ein- und Ausgabefunktionalitäten durch das Einbinden von `<iostream>` oder durch `<fstream>` bereitgestellt.

In den folgenden Ausführungen sollen exemplarisch zwei Klassen vorgestellt werden. In vielen C++-Programmen können diese Klassen sehr hilfreich sein.

17.3.1 Die Klasse string

Die Zeichenkettenbearbeitung unter C++ ist sehr mühsam, da kein elementarer Datentyp dafür zur Verfügung steht. In Kapitel 12 wurde eine Klasse `CKette` definiert, die dieses Problem lösen könnte. Eine solche Klasse komplett zu implementieren ist relativ aufwändig, da die verschiedensten Methoden und Operatoren definiert werden müssen.

Die Standard-Bibliothek bietet eine fertige Klasse dazu an - die Klasse **string**.

Um diese Klasse zu nutzen, muss nur die Header-Datei `<string>` eingebunden werden.

> **Beispiel:**
> ```
> #include <string>
> #include <iostream>
> using namespace std;
> int main()
> {
> string Str;
> Str = "Zeichenketten-";
> Str = Str + "Verarbeitung";
> Str += " ist nun einfacher.";
> Str.replace(Str.find("einfacher"),9,"deutlich einfacher");
> cout << Str << endl;
> system("PAUSE");
> return EXIT_SUCCESS;
> }
> ```

Das Beispiel zeigt schon einige der Funktionalitäten der Klasse `string`. Neben der dynamischen Speicherreservierung für die Zeichenkette ist der Ausgabeoperator ebenso wie die Additionsoperatoren überladen. Die Methode `find()` dient dazu, eine Teilzeichenkette innerhalb des Strings zu finden und die Position zurück zu geben. Die Methode `replace()` ersetzt einen Teil des Strings durch eine andere Teilzeichenkette.

Die Bildschirmausgabe unter Dev-C++ gestaltet sich wie folgt:

```
D:\Dev-Cpp\Kapitel 17\Kapitel 17.exe
Zeichenketten-Verarbeitung ist nun deutlich einfacher.
Drücken Sie eine beliebige Taste . . .
```

Wichtige Methoden der Klasse `string`:

Konstruktoren:

Die Konstruktoren übernehmen eine Referenz auf ein anderes String-Objekt oder einen Zeiger vom Typ `char`.

- `string (const string& Str);`
- `string (const char * pKette);`

Länge des Strings:

Diese Methode liefert die Länge der Zeichenkette.

- `unsigned int length();`

Operatoren:

Die Zuweisungsoperator-Methoden übernehmen eine Referenz auf ein anderes String-Objekt oder einen Zeiger vom Typ `char`. Die Additionsoperatoren „addieren" andere String-Objekte oder auch Zeichenketten. Der Indexoperator verhält sich so wie bei einem Array. Mit dem Vergleichsoperator werden Zeichenketten einfach verglichen.

- `String& operator = (const string& Str);`
- `String& operator = (const char * pKette);`
- `String& operator += (const string& Str);`
- `String& operator += (const char * pKette);`
- `char& operator[](unsigned int index);`

- `int operator == (const string& Str1 ,`
  `                 const string& Str1);`
- `int operator != (const string& Str1 ,`
  `                 const string& Str1);`

Finden und Ersetzen:

Die Methode `find()` sucht nach dem ersten Vorkommen eines Teilstrings und gibt die Position zurück. Die Methode `replace()` ersetzt einen Teil des String ab einer bestimmten Position mit einem anderen Teilstring.

- `unsigned int find(const string& Str);`
- `unsigned int find(const char * pKette);`
- `string& replace( unsigned int position ,`
  `                 unsigned int anzahl ,`
  `                 const string& Str);`
- `string& replace( unsigned int position ,`
  `                 unsigned int anzahl ,`
  `                 const char * pKette);`

Teilstrings

Die Methode `substr()` liefert Teilstrings. Ab einer bestimmen Position werden eine bestimmte Anzahl von Zeichen zurückgegeben.

- `string substr( unsigned int position ,`
  `               unsigned int anzahl );`

C-String

Um kompatibel zu bleiben, kann die string-Klasse einen Zeiger vom Typ char auf die Zeichenkette zurückgeben. Damit ist die string-Klasse kompatibel zu reinen C-Strings.

- `const char* c_str();`

> **Das folgende Beispiel zeigt die Verwendung einiger Methoden der Klasse `string`:**
>
> ```cpp
> #include <string>
> #include <iostream>
> using namespace std;
> int main()
> {
> string Str("Hallo"); //Konstruktor übernimmt Zeichenkette
> char Kette[32+1];
> if ( Str == "Hallo" )   // Vergleichsoperator
> {
>    for (int i = 0 ; i < Str.length() ; i++) //Stringlänge
>    {
>         cout << Str[i]; //Zugriff mit Indexoperator
>    }
> cout << endl;
> }
> strcpy (Kette , Str.c_str() ); // Kopie mit C-Funktion
> for (int i = 0 ; i < Str.length() ; i++) //Stringlänge
> {
>         cout << Str.substr(i,1); //Methode substr()
> }
> cout << endl;
> cout << Str.find (&Kette[2]); //Methode find()
> cout << endl;
> system("PAUSE");
> return EXIT_SUCCESS;
> }
> ```

Mithilfe des Indexoperators und der Methode `substr()` wird der String in den beiden `for`-Schleifen zeichenweise ausgegeben.

Die Methode `c_str()` liefert einen Zeiger vom Typ `char`. Damit können dann alle C-Zeichenkettenfunktionen benutzt werden.

Die Bildschirmausgabe unter Dev-C++ sieht für das Beispiel so aus:

```
D:\Dev-Cpp\Kapitel 17\Kapitel 17.exe
Hallo
Hallo
2
Drücken Sie eine beliebige Taste . . .
```

17.3.2 Die Klasse map

Die Klasse `map` ist eine von mehreren Klassen der Standardbibliothek, die mithilfe von Templates erstellt wurden. Der Vorteil solcher Klassen ist eine relativ typenunabhängige Deklaration.

Solche Klassen sind in einer Bibliothek zusammenfasst – der Standard-Template-Library (STL). Die STL umfasst mindestens folgende Klassen:

```
<algorithm>      <deque>         <functional>    <iterator>
<list>           <map>           <memory>        <numeric>
<queue>          <set>           <stack>         <utility>
<vector>
```

Die Hauptaufgabe dieser Klassen ist es, Container für die verschiedensten Anforderungen bereitzustellen. Beispielweise ist die Klasse `vector` ein Container für beliebige Datentypen (Klassen), der sich wie ein gewöhnliches Array verhält, allerdings noch weitere Funktionalitäten aufweist. Die Klasse `map` ist eine Template-Klasse, die ein assoziatives Array implementiert. Damit können Elemente nicht nur über einen Index, sondern über einen assoziierten Begriff angesprochen werden. Die Programmiersprache PHP hat solche Arrays beispielsweise fest in der Sprache implementiert.

An dieser Stelle soll nun exemplarisch die Klasse `map` betrachtet werden. Alle anderen Klassen der STL sind ähnlich zu verwenden. Mit der Hilfefunktion einer Entwicklungsumgebung (beispielsweise die MSDN von Microsoft) oder einer Online-Hilfe können die Details der anderen Klassen schnell recherchiert werden, und die Klassen können relativ unkompliziert eingesetzt werden.

Beispiel:

```cpp
#include <string>
#include <map>
#include <iostream>

using namespace std;

int main()
{
map < string , string > MapTest;
```

Schlüssel der map-Instanz.

Element der map-Instanz.

Es wird eine Instanz der Template-Klasse map gebildet. Schlüssel und Element sind beide vom Typ `string`.

```cpp
MapTest ["Deutschland"] = "Berlin";
MapTest ["Italien"] = "Rom";
MapTest ["Frankreich"] = "Paris";
cout << MapTest ["Deutschland"]; //gibt "Berlin" aus
system("PAUSE");
return EXIT_SUCCESS;
}
```

Einfügen von Elementen mit entsprechenden Schlüsseln.

Das Beispiel zeigt die Verwendung eines assoziativen Arrays. Die Hauptstädte sind die `string`-Elemente, die über einen Schlüssel (Land) abrufbar sind.

Verwendung von Iteratoren

Der Zugriff auf das assoziative Array kann mithilfe so genannter Iteratoren geschehen. Jeder Container der STL stellt solche Iteratoren zur Verfügung. Der Zugriff auf die Elemente des Containers wird dadurch sehr komfortabel.

Beispiel:

```cpp
#include <string>
#include <map>        // Einbinden der Template-Klasse
#include <iostream>
using namespace std;
int main()
{
map<string,string> MapTest;
map<string,string>::const_iterator i;      // Deklaration eines zugehörigen Iterators.

MapTest ["Deutschland"] = "Berlin";
MapTest ["Italien"] = "Rom";
MapTest ["Frankreich"] = "Paris";

for ( i = MapTest.begin(); i != MapTest.end() ; i++ )    // Die Methoden begin() und end() sind vom Typ iterator.
    cout << i->first << " --> " << i->second << endl;

system("PAUSE");
return EXIT_SUCCESS;
}
```

Die Container-Klasse `map` hat Methoden wie `begin()` und `end()`, die einen Iterator auf den Start bzw. das Ende des assoziativen Arrays zurückliefern. Der Iterator **i** wird dann fast so verwendet wie eine gewöhnliche Schleifenzähler-Variable.

Die Attribute `first` und `second` geben den Inhalt von Schlüssel und Element wieder.

Die Bildschirmausgabe unter Dev-C++ sieht dann so aus:

```
Deutschland --> Berlin
Frankreich --> Paris
Italien --> Rom
Drücken Sie eine beliebige Taste . . .
```

Hinweis:

An der Bildschirmausgabe ist erkennbar, dass das assoziative Array automatisch nach dem Schlüssel sortiert wird.

18 Exkurs – Webprogrammierung mit C++ und CGI

Das **World Wide Web (WWW)** entstand Anfang der 90-er Jahre in der Schweiz. Es sollte als Plattform für den Austausch von wissenschaftlichen Dokumenten dienen. Die Auszeichnungssprache **HTML** (Hypertext Markup Language) und das Protokoll **HTTP** (Hypertext Transfer Protocol) waren und sind die Grundlagen des WWW.

Die Entwicklung des WWW verlief in den letzten Jahren sehr rasant. Es entstanden viele Techniken und Programmiersprachen, um Web-Seiten dynamisch zu gestalten.

Mittlerweile ersetzen Web-Applikationen die klassischen Client-Server-Anwendungen in einigen Bereichen. Beispielsweise kann die aktuelle Datenbank von Oracle (10g) komplett über ein Web-Interface administriert werden und ersetzt damit die herkömmliche Client-Anwendung.

Ein ganz klarer Vorteil dieser Applikationen ist es, dass nur ein Browser nötig ist, um die Applikation zu starten – es brauchen keine Client-Programme o. Ä. installiert werden.

Ein Nachteil von Web-Applikationen ist die Geschwindigkeit, allerdings gibt es heute sehr raffinierte Techniken, um den Datenverkehr zwischen Browser und Web-Server möglichst gering zu halten und den Seitenaufbau damit zu beschleunigen.

In den Anfängen des WWW wurden viele Web-Applikationen mit der Sprache C++ umgesetzt. Im Laufe der Zeit entstanden dann viele Sprachen wie PHP oder PERL, die für die Entwicklung von Web-Anwendungen speziell geeignet waren. Die meisten dieser Sprachen sind Interpretersprachen. Das bedeutet, dass der Quelltext des Programmes auf dem Web-Server liegt und von einem Interpreterprogramm ausgeführt wird. Das ist natürlich deutlich langsamer als die Ausführung eines Programmes, das als EXE-Datei in Maschinencode vorliegt. Aus diesem Grund ist die Entwicklung von Web-Applikationen mit C++ immer noch aktuell – vor allem, wenn es auf Geschwindigkeit der Applikation ankommt. Weitere Vorteile sind die Ausgereiftheit der Sprache C++ und die unzähligen Bibliotheken, die sehr oft im WWW kostenlos als Download bereit stehen.

Im Folgenden sollen nun die Grundlagen der Web-Programmierung mit C++ und CGI dargestellt werden. Dazu wird zuerst die Schnittstelle CGI vorgestellt.

> **Hinweis:**
>
> Die folgenden Ausführungen setzen grundlegende Kenntnisse in HTML voraus. Vor allem Hyperlinks und Formulare sollten bekannt sein.
>
> Falls diese Kenntnisse nicht gegeben sind, so ist eine Einarbeitung in HTML zu empfehlen. Einen guten Lehrgang bieten die Web-Seiten von **SELFHTML** (http://de.selfhtml.org/).

18.1 Common Gateway Interface (CGI)

Die Schnittstelle CGI sorgt für die Kommunikation zwischen dem Web-Server und einem ausführbaren Programm, dem so genannten CGI-Programm. Schematisch kann dieses Zusammenspiel so dargestellt werden:

18.1 Common Gateway Interface (CGI)

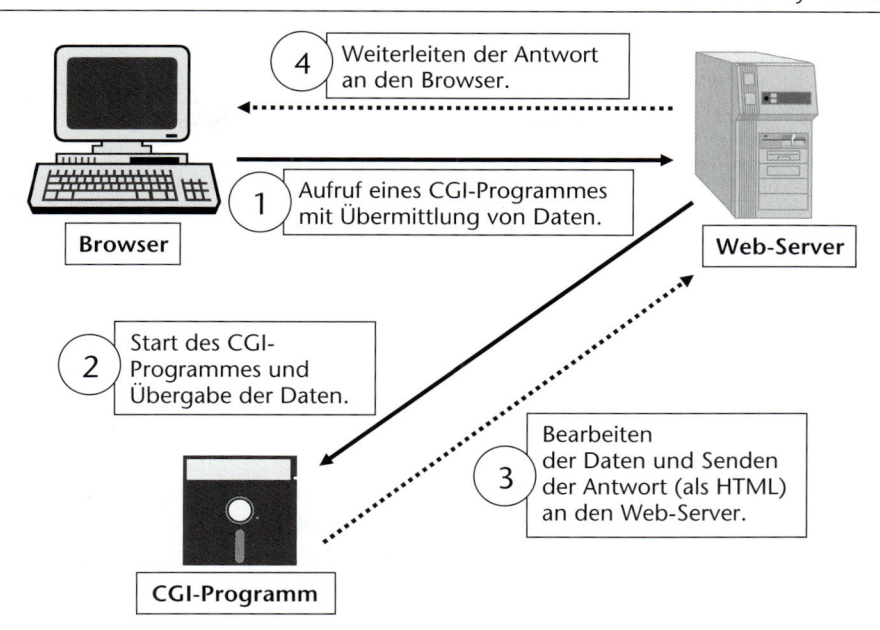

[Schema: Browser ↔ Web-Server ↔ CGI-Programm]
1. Aufruf eines CGI-Programmes mit Übermittlung von Daten.
2. Start des CGI-Programmes und Übergabe der Daten.
3. Bearbeiten der Daten und Senden der Antwort (als HTML) an den Web-Server.
4. Weiterleiten der Antwort an den Browser.

Das Schema zeigt, dass eine HTML-Seite ein CGI-Programm aufruft, das auf einem Web-Server liegt. Der Web-Server erhält diese Anfrage des Browsers und startet das CGI-Programm. In der Regel übergibt der Web-Server Daten an das CGI-Programm.

Das CGI-Programm verarbeitet die Daten und sendet eine Antwort an den Web-Server, der diese dann an den Browser weiterleitet. Diese Antwort wird in Form einer HTML-Seite gesendet.

Der Aufruf eines CGI-Programmes aus einer HTML-Seite kann über zwei Varianten erfolgen.

18.1.1 Aufruf des CGI-Programmes als Hyperlink

Die einfachste Variante ist der Aufruf eines CGI-Programmes als einfacher Hyperlink in einer HTML-Seite.

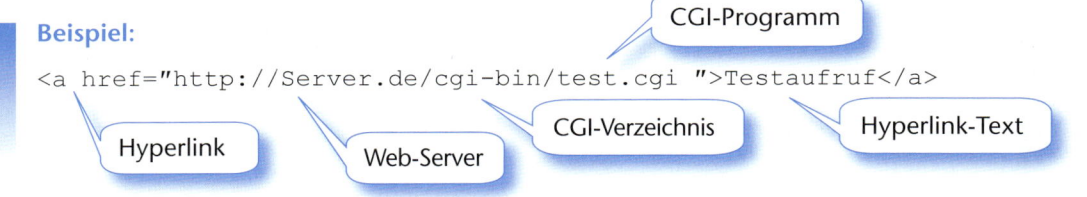

Beispiel:
```
<a href="http://Server.de/cgi-bin/test.cgi ">Testaufruf</a>
```
(Hyperlink, Web-Server, CGI-Verzeichnis, CGI-Programm, Hyperlink-Text)

Hinweis:

Die Beispiele beziehen sich auf den Web-Server `Apache`. Dieser Web-Server ist kostenlos im Download erhältlich. Nach der Installation können die CGI-Programme in das Verzeichnis `Apache Group\Apache\cgi-bin` kopiert werden.

Nach dem Starten von **Apache.exe** ist der Web-Server einsatzbereit. Weitere Konfigurationen des `Apaches` sind erst einmal nicht nötig. In der Testphase dient der Entwicklungsrechner ebenso als Web-Server. Der Web-Server ist dann über `localhost` ansprechbar.

Beispiel:
```
<a href="http://localhost/cgi-bin/test.cgi ">Testaufruf</a>
```

18.1.2 Aufruf des CGI-Programmes aus einem HTML-Formular

Formulare in HTML dienen zur Aufnahme von Daten oder auch zur Darstellung von Daten. Diese Daten können an das CGI-Programm gesendet werden und zwar durch die Angabe des CGI-Programmes in dem Tag `<form>`.

Beispiel:

HTML-Formular   Web-Server   CGI-Programm

`<form action="http://Server.de/cgi-bin/test.cgi" method = POST >`

Hier wird die Art der Datenübermittlung festgelegt. POST bedeutet, dass die Daten über die Standard-Eingabe verschickt werden.

Die **POST**-Methode bei der Übermittlung der Daten sorgt dafür, dass die Daten aus dem Formular über die Standard-Eingabe an das CGI-Programm gesendet werden. Diese Form der Datenübertragung ist für den Benutzer nicht sichtbar. Im Gegensatz dazu kann auch die **GET**-Methode verwendet werden. Dabei werden die Daten nicht über die Standard-Eingabe gesendet, sondern in einer Umgebungsvariablen des Web-Servers gespeichert. Diese Variablen können dann in dem CGI-Programm abgefragt werden. Bei der GET-Methode werden die Daten an die URL im Browser angehängt und sind damit für den Benutzer sichtbar.

18.1.3 Senden der Formulardaten

Sowohl mit der GET- als auch mit der POST-Methode werden die Daten aus einem Formular in einem ganz bestimmten Format übertragen. Dabei werden die Namen der Formularfelder und der Inhalt übermittelt. Das folgende Beispiel zeigt das Format der Übertragung.

Beispiel:

Eine HTML-Seite enthält ein Formular mit zwei Feldern. Der Quelltext der Seite sieht so aus:

```
<html>
<head>
<title> CGI-Test Nr.1
</title>
</head>

<body>

<h1>Namen</h1>

<form name = "Namen"
action="http://localhost/cgi-bin/test.cgi" method=post>

Vorname: <input size=40 maxlength=40 name="Vorname"></input>
<br><br>

Name    : <input size=40 maxlength=40 name="Name"></input>
<br><br>

<input type=submit value="Senden" >

</form>
</body>
</html>
```

Die HTML-Seite wird vom Firefox so angezeigt:

Der Benutzer gibt nun beispielsweise einen Vornamen und Namen ein und drückt anschließend den „Senden"-Button. Das im Formular-Tag angegebene CGI-Programm wird aufgerufen und die Daten werden übertragen.

Die Daten werden nun vom Web-Server in Form einer Zeichenkette an das CGI-Programm übermittelt:

`"Vorname=Manfred+Hugo&Name=M%FCller"`

Die Zeichenkette ist immer nach dem Muster aufgebaut, dass zuerst der Bezeichner des Formularfeldes (`Vorname oder Name`) und dann nach einem Gleichheitszeichen der Inhalt (`Manfred Hugo bzw. Müller`) angegeben ist. Die einzelnen Formularfelder werden durch das Und-Zeichen `&` getrennt.

Leerzeichen werden in das Plus-Zeichen + umgewandelt und Sonderzeichen wie Umlaute werden durch eine Hexadezimalzahl wie `%FC` angegeben.

> **Hinweis:**
> Es ist schon jetzt erkennbar, dass ein wichtiger Teil eines CGI-Programmes die Analyse der übergebenen Zeichenkette ist. Es ist deshalb sinnvoll einen Parser zu schreiben, der eine solche Zeichenkette in ihre Einzelteile zerlegt. Zusätzlich müssen die Sonderzeichen entsprechend umgewandelt werden.

18.2 Datenempfang und Antwort des CGI-Programmes

Nach den Erläuterungen zu der CGI-Schnittstelle und dem Format der Datenübertragung muss jetzt nur noch besprochen werden, wie das CGI-Programm die Daten empfängt und wie es eine Antwort (in Form einer HTML-Seite) generieren kann.

18.2.1 Datenempfang mit der GET-Methode

Bei der GET-Methode stellt der Web-Server die Daten in einer Umgebungsvariablen bereit. Diese Variablen können durch entsprechende Funktionen abgefragt werden.

> **Beispiel:**
> ```
> char * CGI_GET_Daten = getenv("QUERY_STRING");
> ```

Mit der bereits bekannten Funktion `getenv()` aus der Lernsituation 8 werden die Daten abgefragt und in der Variablen CGI_GET_Daten gespeichert.

Weitere Umgebungsvariablen des Web-Servers:

Umgebungsvariable	Beschreibung
CONTENT_LENGTH	Länge der Zeichenkette bei POST-Methode
CONTENT_TYPE	Typ der gesendeten Daten.
DOCUMENT_ROOT	Wurzelverzeichnis des Servers
HTTP_USER_AGENT	Name des Client-Browsers
PATH_INFO	Informationen der URL
QUERY_STRING	Daten der GET-Methode
REMOTE_ADDR	IP-Adresse des Clients
SERVER_NAME	Name des Servers
SERVER_PORT	Port, an dem der Server HTTP-Anfragen erwartet

18.2.2 Datenempfang mit der POST-Methode

Bei der POST-Methode übergibt der Web-Server die Daten über die Standard-Eingabe. Damit ist die Übernahme der Daten in das C++-Programm sehr einfach. Es wird einfach so getan, als würden die Daten über die Tastatur eingelesen.

> **Beispiel:**
> ```
> #include <iostream>
> using namespace std;
> 
> int main()
> {
> char * pLaenge = getenv("CONTENT_LENGTH");
> 
> char * pDaten = new char [atoi(pLaenge)+1];
> 
> cin >> pDaten;
> 
> 
> 
> delete [] pDaten;
> return EXIT_SUCCESS;
> }
> ```

Länge der Daten mithilfe der Umgebungsvariablen ermitteln.

Dynamisch Platz für die Zeichenkette reservieren. Dazu wird die Funktion atoi benutzt, die eine Zeichenkette in einen Integer-Wert umwandelt.

Datenempfang wie eine Tastatureingabe

18.2.3 Antwort des CGI-Programmes

Nachdem das CGI-Programm die Daten empfangen, analysiert und ausgewertet hat, muss eine entsprechende Antwort (in Form einer HTML-Seite) an den Web-Server gesendet werden. Dieser leitet die Antwort dann weiter an den Browser, der das CGI-Programm aufgerufen hat.

Die Antwort wird dabei über die Standard-Ausgabe gesendet – also genau so, als würde auf den Bildschirm geschrieben.

18.2 Datenempfang und Antwort des CGI-Programmes

Beispiel: Antwort eines CGI-Programmes

```cpp
#include <iostream>
using namespace std;

int main()
{
    cout << "Content-Type: text/html\r\n\r\n";
    cout << "<html> <head>" << endl;
    cout << "<title> Erste Antwort </title>" << endl;
    cout << "</head>" << endl;
    cout << "<body>" << endl;
    cout << "<h1> Erste Antwort </h1>" << endl;
    cout << "</body>" << endl;
    cout << "</html>" << endl;

    return EXIT_SUCCESS;
}
```

> Diese Angabe ist wichtig für den Web-Server. Dadurch wird bekannt gegeben, dass eine HTML-Seite gesendet wird.

Es ist erkennbar, dass nichts anderes als eine HTML-Seite über die Standard-Ausgabe gesendet wird. Die erste Zeile enthält dabei den Content-Type, mit dem das Format der Daten spezifiziert wird.

18.3 Beispiele für CGI-Programme

Es werden nun zwei einfache Beispiele vorgestellt, die die Vorgehensweise bei der Erstellung von CGI-Programmen weiter verdeutlichen sollen.

18.3.1 Beispiel 1: Server-Uhrzeit mit einem CGI-Programm

Aus einer HTML-Seite soll per Hyperlink ein CGI-Programm aufgerufen werden, das dann die aktuelle Uhrzeit des Servers liefert.

Aufbau der HTML-Seite:

```html
<html> <head>
<title> CGI-Programm Server-Uhrzeit </title>
</head>
<body>
<a href="http://localhost/cgi-bin/uhr.cgi ">Server-Zeit</a>
</body>
</html>
```

Der Aufruf geschieht über einen einfachen Hyperlink. Deshalb werden auch keine Daten übertragen. Das CGI-Programm „muss" also nur eine Antwort senden.

Quelltext des CGI-Programmes:

```cpp
#include <iostream>
#include <sys/timeb.h>
#include <time.h>

using namespace std;

int main()
{
struct _timeb timebuffer;
char *timeline;

_ftime( &timebuffer );
timeline = ctime( & ( timebuffer.time ) );

cout << "Content-Type: text/html\r\n\r\n";
    cout << "<html> <head>" << endl;
    cout << "<title> Server-Zeit </title>" << endl;
    cout << "</head>" << endl;
    cout << "<body>" << endl;
    cout << "<h1>Die aktuelle Server-Zeit: ";
```

```
            cout << timeline << "</h1>" << endl;
            cout << "</body>" << endl;
            cout << "</html>" << endl;
   return EXIT_SUCCESS;
}
```

Die Uhrzeit wird über eine Strukturvariable `timebuffer` abgefragt.

In der Variablen `timline` steht die Systemzeit mit Angabe des Datums und der Uhrzeit.

Die HTML-Seite sieht so aus:

Nach dem Klick auf den Hyperlink sieht die Antwortseite so aus:

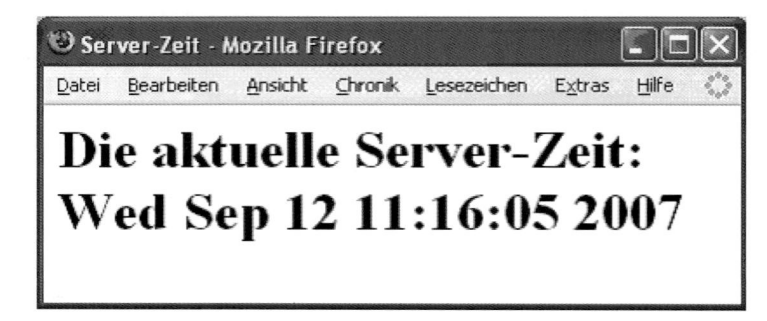

18.3.2 Beispiel 2: Passwort-Abfrage mit einem CGI-Programm

Der Benutzer erhält „geheime" Informationen aus einem CGI-Programm, wenn er das korrekte Passwort eingegeben hat.

Aufbau der HTML-Seite:

```
<html> <head>
<title> CGI-Programm Passwort </title>
</head>
<body>
<h1>LOGIN</h1>

<form name = "passwort"
action="http://localhost/cgi-bin/pwd.cgi" method=post>

Benutzer: <input size=40 maxlength=40 name="Benutzer"></input>
<br><br>

Passwort: <input size=40 maxlength=40 name="Passwort"></input>
<br><br>

<input type=submit value="Senden" >

</form>
</body>
</html>
```

Quelltext des CGI-Programmes:

```cpp
#include <iostream>
#include <string>
using namespace std;

void Ausgabe(string Text)
{
    cout << "Content-Type: text/html\r\n\r\n";
    cout << "<html> <head>" << endl;
    cout << "<title> Informationen </title>" << endl;
    cout << "</head>" << endl;
    cout << "<body>" << endl;
    cout << "<h1>" << Text << "</h1>" << endl;
    cout << "</body>" << endl;
    cout << "</html>" << endl;
}
int main()
{
char * pLaenge = getenv("CONTENT_LENGTH");
char * pDaten = new char [atoi(pLaenge)+1];
int i,j;
string Parse , Benutzer , Passwort;
cin >> pDaten;
Parse = pDaten;
    //Erstes '=' finden
    for (i=0; pDaten[ i ]!='=' ; i++ );
    //Erstes '&' finden
    for (j=0; pDaten[ j ]!='&' ; j++ );

    Benutzer = Parse.substr( i+1 , j - i - 1);

    //Zweites '=' finden
    for ( i++ ; pDaten[ i ]!='=' ; i++ );
    //Ende
    j = Parse.length();

    Passwort = Parse.substr( i + 1 , j - i - 1 );

    if ( Benutzer == "Admin" && Passwort == "geheim" )
        Ausgabe("Hier kommen die Informationen...");
    else
        Ausgabe("Falsche Zugangsdaten");
return EXIT_SUCCESS;
}
```

> **Hinweis:**
> An dieser Stelle könnte auch schon die Klasse aus Lernsituation 17 eingesetzt werden, die eine Zeichenkette analysieren kann.

Die HTML-Seite sieht so aus:

Nach der Eingabe der Daten und den Klick auf den „Senden"-Button sieht die Antwortseite so aus:

[Screenshot: Firefox-Fenster "Informationen" mit Text "Hier kommen die Informationen..."]

Oder, falls die Eingaben nicht korrekt sind:

[Screenshot: Firefox-Fenster "Informationen" mit Text "Falsche Zugangsdaten"]

18.4 Vorgehensweise bei der Erstellung von CGI-Programmen

Zum Abschluss dieses Exkurses sollen noch einmal die wichtigen Aspekte bei der Erstellung eines CGI-Programmes zusammengefasst werden.

Schritt 1:

Ein Web-Server muss installiert werden. Es bietet sich an, einen kostenfreien Web-Server wie den Apache zu installieren (URL: http://www.apache.de).

Starten Sie den Web-Server (beispielsweise **Apache.exe** im Order Apache) und testen Sie, ober der Server verfügbar ist, indem sie im Browser die URL: http://localhost eingeben.

[Screenshot: Firefox-Fenster "Testseite fuer die Apache-Installation auf dieser Web Site" mit Text "Es klappt! Der Apache Web-Server ist auf dieser Web-Site installiert! Wenn Sie diese Seite sehen, dann bedeutet das, dass die Eigentümer dieser Domäne soeben einen neuen Apache Web-Server erfolgreich installiert haben. Jetzt muss noch der richtige Web-Inhalt zugefügt und diese Platzhalter-Seite ersetzt werden (oder der Web-Server für den Zugriff auf den richtigen Inhalt umkonfiguriert werden)."]

Schritt 2:

Entwerfen Sie eine HTML-Seite mit einem Formular und den nötigen Eingabefeldern.

Tipp:

In HTML-Formularen kann es kann nützlich sein versteckte Eingabefelder anzulegen, um den Datenaustausch mit dem CGI-Programm zu verbessern, ohne dass der Benutzer davon etwas merkt.

Beispielsweise sollen dem Benutzer mehrere Buttons mit unterschiedlichen Funktionalitäten zur Verfügung stehen. Dem CGI-Programm muss dann mitgeteilt werden, welchen Button der Benutzer gedrückt hat. Dazu kann eine Kennzahl in einem versteckten Eingabefeld übergeben werden.

> Ein verstecktes Eingabefeld mit dem Namen: `Nummer` für die Kennzahl des gedrückten Buttons.

> Bei dem Ereignis **onClick** wird das versteckte Eingabefeld auf eine Kennzahl gesetzt. Erst danach werden die Formulardaten übermittelt.

```
<input type=hidden name="Nummer"></input>
<input type=submit value="Weiter" onClick="Nummer.value=1">
<input type=submit value="Zurück" onClick=" Nummer.value=2">
```

Schritt 3:

Schreiben Sie ein CGI-Programm mit C++. Der Datenstrom über die Standard-Eingabe muss analysiert werden (Bearbeiten von Zeichenketten). Von großem Nutzen ist eine Parser-Klasse, die die Analysearbeit vereinfacht.

Das CGI-Programm muss dann eine HTML-Seite generieren und über die Standard-Ausgabe zurücksenden.

Bei der Generierung der HTML-Seiten sollte die Template-Technik (siehe Lernsituation 16) verwendet werden. Dadurch kann eine Trennung von Design und Implementierung erreicht werden.

Zum Schluss muss das compilierte C++-Programm in den **cgi-bin**-Ordner des Web-Servers kopiert werden. Das Programm muss nicht die Endung `.exe` haben, es kann auch in `.cgi` o. Ä. unbenannt werden.

Teil 3
Aufgabenpool

1	Aufgaben zum Umfeld der Sprache C++	276
2	Aufgaben zum ersten Programm in C++	276
3	Aufgaben zur Ein- und Ausgabe	277
4	Aufgaben zu Operatoren	277
5	Aufgaben zur Selektion und Iteration	279
6	Aufgaben zu Funktionen in C++	281
7	Aufgaben zu Arrays in C++	282
8	Aufgaben zu Zeigern	285
9	Aufgaben zu Strukturen	286
10	Aufgaben zu Klassen in C++	288
11	Aufgaben zur UML und der Umsetzung in C++	290
12	Aufgaben zur Überladung von Operatoren	292
13	Aufgaben zur Vererbung in C++	293
14	Aufgaben zu virtuellen Methoden	295
15	Aufgaben zur Softwareentwicklung mit UML	296
16	Aufgaben zu Dateioperationen mit C++	297
17	Aufgaben zur fortgeschrittenen Programmierung	300
18	Aufgabe zu CGI und C++	301

1 Aufgaben zum Umfeld der Sprache C++

Aufgabe 1.1
Nutzen Sie das Internet oder andere Quellen und recherchieren Sie die Konzepte der Sprachen ALGOL68 und SIMULA67, die neben der Sprache C die Basis von C++ sind.

Aufgabe 1.2
Vervollständigen Sie den Stammbaum aus **Kapitel 1** aus dem Informationsteil, indem Sie die Sprachen BASIC, COBOL, PL / I, LISP und SMALLTALK in die Hierarchie einordnen.

Aufgabe 1.3
Charakterisieren Sie den Begriff Maschinencode genauer. Was steckt hinter diesem Code?

Aufgabe 1.4
Die Endung *.h bei einer C++-Datei steht für engl. Header. Welche Bedeutung hat diese Bezeichnung?

2 Aufgaben zum ersten Programm in C++

Aufgabe 2.1
Analysieren Sie das folgende C++-Programm. Welche Fehler sind zu erkennen?

```
#include <iostream>
using namespace std;

int main( );

cout >> "Hallo";
cout >> endl;

system("pause");
return 0;
```

Aufgabe 2.2
Wirft man einen Gegenstand (der Luftwiderstand sei vernachlässigt) von einem Haus mit der Höhe h_0 mit einer Anfangsgeschwindigkeit v_0 nach oben, so lässt sich der Zusammenhang zwischen Zeit und Höhe des Gegenstandes durch die Funktion

$h(t) = -0.5\, g\, t^2 + v_0 t + h_0$ darstellen. Die Konstante g beschreibt dabei die Fallbeschleunigung, die näherungsweise mit 9,81 m/s² angegeben werden kann. Gehen Sie davon aus, dass das Haus 30 Meter hoch ist und die Anfangsgeschwindigkeit 25 m/s beträgt.

Schreiben Sie ein C++- Programm, mit dem die fehlenden Werte der folgenden Tabelle berechnet werden können:

t in s	0	1	2	3
h(t) in m	30			

3 Aufgaben zur Ein- und Ausgabe

Aufgabe 3.1
Benutzen Sie Manipulatoren, um die folgende Ausgabe auf dem Bildschirm zu erreichen:

```
1
.2
..3
...4
....5
Drücken Sie eine beliebige Taste . . .
```

Aufgabe 3.2
Schreiben Sie das folgende Wort auf den Bildschirm, ohne einen einzigen Buchstaben zu verwenden:

      abba

Aufgabe 3.3
Schreiben Sie ein C++-Programm, das lineare Gleichungen lösen kann. Dazu soll der Benutzer die Werte für a und b eingeben. Das Programm berechnet dann die Lösung.

allgemeine Form einer linearen Gleichung: **ax + b = 0**

> **Beispiel eines Programmlaufes:**
>
> ```
> Lineare Gleichung Version 1.0
>
> Bitte den Wert fuer a: 3
> Bitte den Wert fuer b: -6
>
> Die Loesung lautet: 2
>
> Drücken Sie eine beliebige Taste . . .
> ```

4 Aufgaben zu Operatoren

Aufgabe 4.1
Bestimmen Sie den Wert der Variable x. Es gelten jeweils die folgenden Voraussetzungen:

```
int a = 10;
int b = 20;
int x;
```

- x = 3 * (a + b) - b/8;   x = _____
- x = (a++) + (++b);   x = _____
- x = (a % b) % (b % (++a));   x = _____

Aufgabe 4.2
Schreiben Sie ein C++-Programm, das zwei Integerzahlen über die Tastatur einliest und anschließend den Rest der Division auf dem Bildschirm ausgibt. Schreiben Sie das Programm, **ohne** den Modulo-Operator zu benutzen.

Aufgabe 4.3
Schreiben Sie ein C++-Programm, das eine Integerzahl einliest. Anschließend soll die Zahl mit 2, 4 und 32 multipliziert werden, ohne den Multiplikationsoperator zu benutzen.

Beispiel einer Bildschirmausgabe:

```
C:\Dev-Cpp\Kapitel 4\Kapitel_4.exe
Bitte eine Zahl eingeben: 5
5 * 2 = 10
5 * 4 = 20
5 * 32 = 160
Drücken Sie eine beliebige Taste . . .
```

Aufgabe 4.4
Schreiben Sie ein C++-Programm, das die größtmöglichen Werte für die verschiedenen Integer-Datentypen auf dem Bildschirm ausgibt, ohne dass die Kenntnisse der systemintern verwendeten Bitanzahl für jeden Datentyp benutzt wird.

- Vorzeichenloser Integertyp (2 Byte): **unsigned short int**
- Vorzeichenbehafteter Integertyp (2 Byte): **short int**
- Vorzeichenloser Integertyp (4 Byte): **unsigned long int**
- Vorzeichenbehafteter Integertyp (4 Byte): **long int**

Beispiel einer Bildschirmausgabe:

```
C:\Dev-Cpp\Kapitel 4\Kapitel_4.exe
Maximaler unsigned short int:   65535
Maximaler unsigned long  int:   4294967295
Maximaler signed   short int:   32767
Maximaler signed   long  int:   2147483647
Drücken Sie eine beliebige Taste . . .
```

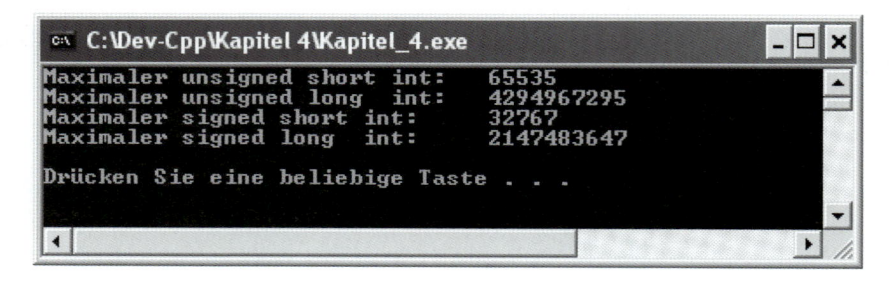

TIPP: logische Bitoperatoren nutzen

Aufgabe 4.5
Welchen Wert (`true` oder `false`) haben die folgenden Ausdrücke?

Benutzen Sie zur Auswertung die Operatorentabelle und beachten Sie die Hierarchie der Operatoren.

Es gelten jeweils die folgenden Voraussetzungen:

```
int x = 0;
int y = 1;
```
- (x && y)
- (x || y)
- (x || 0 && y && 1)
- (0 || x || y && 0 || x)
- (5 / 6)
- (1 < 2 > 1)
- (1 = = 1 = = 1 && 0 = = 0 = = 0)

5 Aufgaben zur Selektion und Iteration

Aufgabe 5.1

Schreiben Sie ein C++-Programm, das folgende Funktionalität hat:

Es sollen drei Zahlen (Datentyp float) über die Tastatur eingelesen werden.

Anschließend sollen das Minimum und das Maximum der beiden Zahlen auf dem Bildschirm angezeigt werden.

> **Beispiel für die Bildschirmausgabe:**
>
> ```
> Bitte geben Sie den ersten Wert ein:    5
> Bitte geben Sie den zweiten Wert ein:   33
> Bitte geben Sie den dritten Wert ein:   22
>
> Maximum: 33
> Minimum: 5
> ```

Zusatz: Benutzen Sie bei der Umsetzung genau drei if-Anweisungen (ohne else).

Aufgabe 5.2

Entwickeln Sie ein C++-Programm, das überprüft, ob ein eingegebenes Datum korrekt ist. Die Eingabe des Datums erfolgt in Tag, Monat und Jahr, wobei die Werte in drei Integervariablen gespeichert werden sollen:

> **Beispiele:**
>
> 10 5 2005   ist ein korrektes Datum
>
> 15 13 2001   ist kein korrektes Datum
>
> 29 2 2000   ist ein korrektes Datum (Schaltjahr)

Das Programm soll weiterhin in der Lage sein, die Besonderheit eines Schaltjahres in die Überprüfung einzubeziehen. (Bei einem Schaltjahr hat der Februar 29 Tage)

Ein Schaltjahr kann nach folgendem Programmablaufplan identifiziert werden:

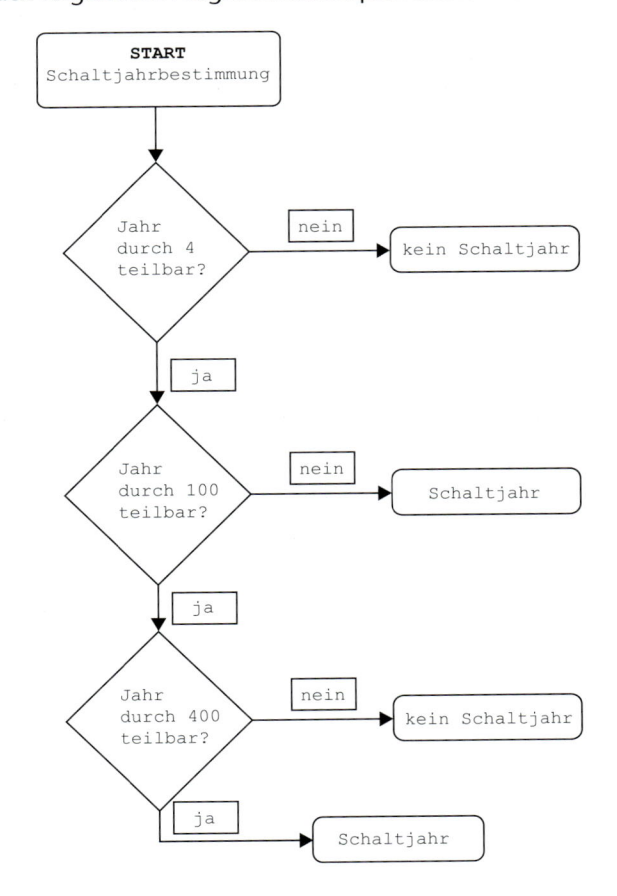

Aufgabe 5.3
Analysieren Sie die folgenden for-Schleifen. Bestimmen Sie jeweils den Wert von k nach dem Beenden der Schleife.

```
int i , j , k;
k = 0;
for ( i = 1; i < 10 ; i = i + 1 ) k = k + i;
for ( i = 10 ; i > 8 ; i = i - 1 ) k = i;
k = 0;
for ( i = 2; i < 10 ; i = i + 2 ) k = k + i;
for ( i = 5 ; i ; i-- ) k = i;
k = 0;
for ( i = 1, j = 5 ; (i < 5) && (j>1) ; i++, j--) k = k + i*j;
k = 0;
for ( i = 1; i < 5; i++)
{
if (i==3) continue;
k = k + i;
}
k = 0;
for ( i = 1; i < 10; i++)
{
k = k + i;
if (i==6) break;
}
```

Aufgabe 5.4
Versuchen Sie mit **genau zwei for-Schleifen** die folgende Bildschirmausgabe zu erreichen.

10 9 8 7 6 5 4 3 2 1 0

9 8 7 6 5 4 3 2 1 0

8 7 6 5 4 3 2 1 0

7 6 5 4 3 2 1 0

6 5 4 3 2 1 0

5 4 3 2 1 0

4 3 2 1 0

3 2 1 0

2 1 0

1 0

0

Aufgabe 5.5
Ein interessantes Problem, das mit Selektion und Iteration gelöst werden kann, ist eine Aufgabenstellung, die unter der Rubrik „Rätsel" in diversen Zeitschriften für kurzweiligen Rätselspaß sorgt.
Problem: Zahlenrätsel

⊗	⊕	∅	•		:		∇	◊		=	∇	□	•	
	-							+				*		
♠	♥	♦	∇		-		♠	♥	⊕	□	=	◊	∇	
	=						=					=		
♦	♥	•	⊕		-		♠	♥	•	◊	=	∅	□	□	∅

Jedes Symbol steht für eine Ziffer. Es gibt insgesamt 6 Gleichungen mit 10 unbekannten Ziffern. Das ist mathematisch nicht eindeutig lösbar. Der Rätselrater versucht deshalb mit Überlegungen das Problem zu lösen.

Schreiben Sie ein C++-Programm, das alle Möglichkeiten der Ziffernverteilung simuliert und jedes Mal die 6 Berechnungen durchführt. Sind die korrekten Ziffern gefunden, so sollen sie auf dem Bildschirm ausgegeben werden.

TIPP:

Um die Rechnungen zu überprüfen, müssen die einzelnen Ziffern (Variablen) zu einer Zahl zusammengesetzt werden:

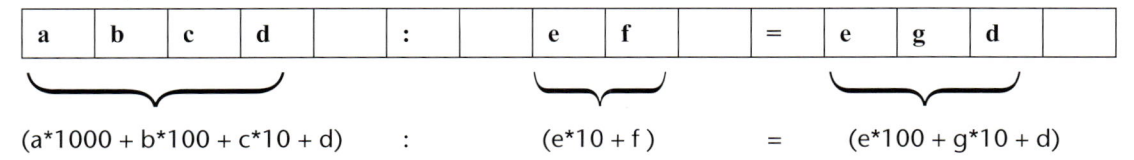

a	b	c	d		:		e	f		=	e	g	d	

$(a*1000 + b*100 + c*10 + d)$: $(e*10 + f)$ = $(e*100 + g*10 + d)$

6 Aufgaben zu Funktionen in C++

Aufgabe 6.1
Beantworten Sie die folgenden Fragen zu Funktionen:

- Was sind die Deklaration und die Definition einer Funktion?
- Was ist der Rückgabewert einer Funktion. Welchen Datentyp sollte er haben?
- Wie viele Werte kann eine Funktion zurückgeben?
- Wie dürfen die Namen von Funktionen gebildet werden?
- Wie viele Werte (Parameter) kann eine Funktion übernehmen?
- Ist die Reihenfolge der Parameter, die einer Funktion übergeben werden, wichtig?
- Welche Regel gilt bei lokalen und globalen Variablen?
- Dürfen Funktionen in Funktionen deklariert oder definiert werden?
- Dürfen Funktionen in Funktionen aufgerufen werden?

Aufgabe 6.2
Schreiben Sie folgende Funktionen:

- Schreiben Sie eine Funktion **Eingabe**, die einen Integer-Wert übernimmt und überprüft, ob der Wert zwischen 0 und 1000 liegt. Falls ja, so soll die Funktion eine 1 zurückgeben, ansonsten eine 0.
- Schreiben Sie eine Funktion **Zahlenausgabe**, die einen Integer-Wert übernimmt und alle Zahlen von 1 bis zu dem Wert auf dem Bildschirm ausgibt (mit Kommata getrennt).
- Schreiben Sie eine Funktion **Fakultaet**, die die Fakultät einer übergebenen Zahl (Typ `int`) berechnet und zurückgibt.

> **Hinweis:**
> Die Fakultät einer natürlichen Zahl ist das Produkt aller Zahlen von 1 bis zu dieser Zahl.
>
> **Beispiel:**
> 5! (! heißt Fakultät) = 1 · 2 · 3 · 4 · 5 = 120

Aufgabe 6.3
Schreiben Sie folgende rekursive Funktionen:

- Schreiben Sie eine rekursive Funktion, die die Fibonacci-Zahlen bestimmt. Die ersten Fibonnaci-Zahlen sind: 1, 1, 2, 3, 5, 8, 13, ...Die ersten beiden Zahlen sind 1, danach bilden sich die Zahlen rekursiv aus der Summe der beiden Vorgänger. Die Funktion soll die ersten 20 Fibonacci-Zahlen ausgeben.
- Schreiben Sie eine rekursive Funktion, die die Fakultät einer übergebenen Zahl berechnet (siehe Aufgabe 6.2).
- Schreiben Sie eine rekursive Funktion, die die Quersumme einer übergebenen Integer-Zahl berechnet.

> **Beispiel:**
>
> Quersumme(2461) = 2 + 4 + 6 + 1 = 13

Aufgabe 6.4
Sie erhalten den Auftrag, den Geldautomaten der Bank 22 zu programmieren:

- Dieser Automat zahlt Beträge bis 10000 Euro aus.
- Der Automat hält beliebig viele Geldscheine (5, 10, 20, 50, 100, 200 und 500 Euro) vor.
- Der Betrag muss natürlich ein Vielfaches von 5 sein.
- Die Auszahlung soll mit so wenigen Geldscheinen wie möglich geschehen.
- Fehlerhafte Eingaben des Betrages müssen abgefangen werden.
- Schreiben Sie Funktionen für Teilprobleme.

> **Beispiele von Bildschirmausgaben:**
>
> **Beispiel 1:**

```
Geldautomat Bank 22 Version 1.0
Bitte den Betrag eingeben, der ausgezahlt werden soll : 380

Auszahlung mit moeglichst wenigen Scheinen:

Anzahl der 500  Euro-Scheine  : 0
Anzahl der 200  Euro-Scheine  : 1
Anzahl der 100  Euro-Scheine  : 1
Anzahl der 50   Euro-Scheine  : 1
Anzahl der 20   Euro-Scheine  : 1
Anzahl der 10   Euro-Scheine  : 1
Anzahl der 5    Euro-Scheine  : 0
```

> **Beispiel 2:**

```
Geldautomat Bank 22 Version 1.0
Bitte den Betrag eingeben, der ausgezahlt werden soll : 4895

Auszahlung mit moeglichst wenigen Scheinen:

Anzahl der 500  Euro-Scheine  : 9
Anzahl der 200  Euro-Scheine  : 1
Anzahl der 100  Euro-Scheine  : 1
Anzahl der 50   Euro-Scheine  : 1
Anzahl der 20   Euro-Scheine  : 2
Anzahl der 10   Euro-Scheine  : 0
Anzahl der 5    Euro-Scheine  : 1
```

7 Aufgaben zu Arrays in C++

Aufgabe 7.1
Schreiben Sie ein C++-Programm, das 10 Integer-Werte in ein Array einliest und anschließend die Summe der Werte auf dem Bildschirm anzeigt.

Aufgabe 7.2
Schreiben Sie ein Programm, das ein Schachbrett mithilfe von Arrays „verwaltet". Auf diesem Schachbrett steht ein einzelnes Pferd. Der Benutzer kann neue Koordinaten für einen Zug mit dem Pferd angeben. Dieser Zug darf nur ausgeführt werden, wenn er nicht gegen die Schachregeln verstößt.

Das Programm soll das Schachbrett und das Pferd auf dem Bildschirm anzeigen – dabei soll nur die ganz einfache Ausgabe von Zeichen mit cout genutzt werden. Im ANSI-Zeichensatz finden sich einige Zeichen, die dazu nützlich sind.

Aufgabe 7.3

Aus einer Messreihe in Elektrotechnik wurden 100 Integerwerte in einem Array gespeichert. Für die Messwerte sollen verschiedene statistische Kenndaten ermittelt werden. Dazu soll ein C++-Programm erstellt werden, das folgende Funktionen bereitstellt:

- Berechnung des Minimums der Messwerte
- Berechnung des Maximums der Messwerte
- Berechnung des Medians der Messwerte
- Berechnung der Spannweite der Messwerte
- Berechnung der mittleren Abweichung der Messwerte
- Berechnen der 5 Werte, die am häufigsten auftreten (Rangliste der Häufigkeit).

Weitere Kriterien:
- Das Programm soll ein Auswahlmenü haben, von dem die Funktionen aufgerufen werden können.
- Alle Berechnungen im Programm sollen mit Funktionen realisiert werden.

Erläuterungen:

- **Median:** Der Median ist der Wert aus der Mitte des Arrays. Das Array muss vorher aufsteigend sortiert worden sein.

    Beispiel: `int Werte[5] = { 3 , 7 , 2 , 9 , 1 };`
    sortiert: 1   2   3   7   9
    Median: 3

- **Spannweite:** Die Spannweite einer Reihe ist der Abstand zwischen kleinstem und größtem Element der Reihe.

- **Mittlere Abweichung:** die mittlere Abweichung errechnet sich aus der Summe aller Elemente des Arrays jeweils abzüglich des Mittelwertes geteilt durch die Anzahl der Elemente:

    Beispiel: `int Werte[3] = { 3 , 7 , 2 };`
    Mittelwert: (3 + 7 + 2) / 3 = 4
    mittlere Abw.:   (| 3 - 4 | + | 7 - 4 | + | 2 - 4 |) / 3 = (1 + 3 + 2) / 3 = **2**

    Betrag (positiver Abstand)

- **Häufigkeit:** gibt an, wie oft eine Element in der Reihe auftritt

    Beispiel:

    `int Werte[10] = { 3 , 7 , 2 , 3 , 6 , 2 , 7 , 3 , 2 , 3 };`

Wert	2	3	7	6
Häufigkeit	3	4	2	1

    Hinweis:

    Die Erzeugung der Messwerte kann durch Zufallszahlen erfolgen. Mit den folgenden Programmzeilen kann ein Array mit beliebig vielen zufälligen Werten gefüllt werden.

    ```
    const int MAX = 100;
    int Werte[ MAX ];
    int i;
    // initialisiert den Zufallsgenerator
    srand( (unsigned) time( NULL ) );
    ```

```
// füllt das Array mit Zufallszahlen
for( i = 0;   i < MAX ; i++ )
    Werte[i] = rand( ) % 1000 + 1;
```

> (rand( ) % 1000 + 1) liefert einen Zufallswert zwischen 1...1000
>
> allgemein: **(rand( ) % x)** liefert einen Zufallswert zwischen **0.....(x-1)**

Aufgabe 7.4

In der Mathematik werden zwei Matrizen nach folgender Vorschrift multipliziert:

Die erste Zeile der ersten Matrix wird mit der ersten Spalte der zweiten Matrix elementeweise multipliziert und anschließend werden die Produkte addiert.

Das Endergebnis ist das erste Element der Multiplikationsmatrix.

Danach wird die erste Zeile der ersten Matrix mit der zweiten Spalte der zweiten Matrix elementeweise multipliziert und anschließend werden die Produkte addiert.

Das Endergebnis ist das zweite Element der Multiplikationsmatrix usw. usw.

Am anschaulichsten ist es mit einem einfachen Beispiel:

$$\begin{pmatrix} 1 & 3 \\ 2 & 6 \end{pmatrix} \bullet \begin{pmatrix} 4 & 2 \\ 3 & 5 \end{pmatrix} = \begin{pmatrix} 1 \cdot 4 + 3 \cdot 3 & 1 \cdot 2 + 3 \cdot 5 \\ 2 \cdot 4 + 6 \cdot 3 & 2 \cdot 2 + 6 \cdot 5 \end{pmatrix} = \begin{pmatrix} 13 & 17 \\ 26 & 34 \end{pmatrix}$$

Schreiben Sie ein C++-Programm, das die Multiplikation von beliebigen 2 x 2-Matrizen erlaubt.

Zusatz: Erweitern Sie das Programm auf die Multiplikation von 3 x 3–Matrizen.

Aufgabe 7.5

Schreiben Sie die folgenden Funktionen zur Zeichenkettenbearbeitung.

- Schreiben Sie eine Funktion int **AnzahlZeichen** (char K[] , char c), die überprüft, wie oft ein Zeichen c in einer übergebenen Zeichenkette enthalten ist, und die diese Anzahl zurückgibt.

    Beispiel:
    ```
    char Kette[20 + 1] = "Uebungen sind schoen";
    cout << AnzahlZeichen ( Kette , 'e' );    // gibt 3 aus.
    ```

- Schreiben Sie eine Funktion bool **Palindrom** (char K [ ]), die überprüft, ob eine übergebene Zeichenkette ein Palindrom ist. Der Rückgabewert ist entweder true oder false.

    Ein Wort heisst Palindrom, wenn es rückwärts gelesen immer noch dasselbe Wort ist – beispielsweise das Wort otto.

    Beispiel:
    ```
    char Kette[4 + 1] = "otto";
    if ( Palindrom ( Kette ) == true )
    cout << Kette << " ist ein Palindrom";
    ```

- Schreiben Sie eine Funktion void **Umdrehen** (char K [ ]), die eine übergebene Zeichenkette umdreht.

    Beispiel:
    ```
    char  Kette[5 + 1] = "Hallo";
    Umdrehen ( Kette );
    cout << Kette; // gibt "ollaH" auf dem Bildschirm aus
    ```

- Schreiben Sie eine Funktion long **Char2Int** (char K [ ]) , die eine übergebene Zeichenkette in einen Long-Integerwert umwandelt und diesen zurückgibt. Die Funktion soll Nicht-Ziffern ignorieren.

Beispiele:

```
long    x;
x  =  Char2Int ( "1234" );         // x hat den Wert 1234
x  =  Char2Int ( "01234" );        // x hat den Wert 1234
x  =  Char2Int ( "xyz123" );       // x hat den Wert 123
x  =  Char2Int ( "123xyz" );       // x hat den Wert 123
x  =  Char2Int ( "1:v;2##3+4" );   // x hat den Wert 1234
```

8 Aufgaben zu Zeigern

Aufgabe 8.1
Schreiben Sie eine Funktion **Sortiere**, die drei übergebene Variablen (Typ char) alphabetisch sortiert. Die Funktion hat keinen Rückgabewert.

Beispiele:

```
char a = 'x';
char b = 'b';
char c = 'r';

Sortiere (&a,&b,&c);

cout << a  <<  b  <<  c;   // Ausgabe:  b  r  x
```

Aufgabe 8.2
Schreiben Sie eine Funktion **Pot**, die eine übergebene Variable mit einem ebenfalls übergebenen Exponenten potenziert. Die Funktion hat keinen Rückgabewert. Benutzen Sie den Referenzoperator.

Beispiel:

```
int x = 10;

Pot ( x , 3 );
cout << x;   // Ausgabe:  1000
```

Aufgabe 8.3
Schreiben Sie die Vergleichsfunktion für das unten aufgeführte Programm, das ein Array von Zeichenketten mithilfe der Funktion qsort sortieren und ausgeben soll.

```
int vergleich (const void*, const void*);

int main()
{
int i=0;
char *Namen[]={ "Hansen" , "Meier" , "Mueller" , "Schwarz" , "Franzen" ,
"Zerres" , "Goliath" , "Weiher" , "Ranstadt" , "Maier"};
while (i<10)
{
     cout << Namen[i] << endl;
     i++;
}
qsort (reinterpret_cast <void*> (Namen),
       10,
       sizeof(char*),
       vergleich );
i=0;
cout << endl;
while (i<10)
{
     cout << Namen[i] << endl;
     i++;
}
```

```
system("PAUSE");
return EXIT_SUCCESS;
}
int vergleich (const void* A, const void* B)
{
     // muss noch geschrieben werden
}
```

Aufgabe 8.4
Versuchen Sie herauszufinden, was dieses Programm auf dem Bildschirm ausdruckt.

```
int main()
{
int   i;
char  *z[] =        {
                    "Manta",
                    "Elefant",
                    "Nachtisch",
                    "Rast"
                    };
cout << *(z+1) + 3;
cout << &z[0][0] + 4;
cout << *(z+3) + 2;
for (i=5;i<9;++i) cout <<  z[2][i];
}
```

Aufgabe 8.5
Schreiben Sie ein C++-Programm, das zur Laufzeit ein dreidimensionales dynamisches Array erzeugt, in dem Integer-Werte gespeichert werden können.

Beim Programmstart sind die gewünschten Dimensionen einzulesen und mithilfe von new dynamisch zu allokieren. Im Anschluss soll das Array mittels Schleifen mit Werten gefüllt und dann ausgegeben werden.

TIPP: Benutzen Sie einen Zeiger auf einen Zeiger auf einen Zeiger.

9 Aufgaben zu Strukturen

Aufgabe 9.1
Legen Sie eine Struktur TBenutzer an, die folgende Komponenten enthält:

```
     char Name[40+1];
     char Passwort[40+1];
```

Das Hauptprogramm soll eine Variable dieser Struktur anlegen und den Namen und das Passwort eines Benutzers einlesen. Wenn das Passwort der umgedrehte Name des Benutzers ist, soll das Programm folgende Meldung auf dem Bildschirm ausgeben: LOGIN KORREKT. Ansonsten soll die Eingabe wiederholt werden.

Beispiele:

Name	Passwort	
Maier	reiaM	LOGIN KORREKT
Mueller	relleuN	nicht korrekt

Aufgabe 9.2
Deklarieren Sie eine Struktur **TSchueler**, die folgende Datenelemente enthält:

```
     char Name[20+1];
     char Klasse[5+1];
     int Noten[3];
```

Die Noten stehen für die Fächer Mathematik, Deutsch und Englisch.

Schreiben Sie ein Hauptprogramm, in dem die Daten von 3 Schülern in einem Array vom Typ TSchueler erfasst werden können.

Anschließend sollen alle Daten formatiert auf dem Bildschirm ausgegeben werden.

Beispiel:

Eingabe:

```
Hansen   IT111   1   4   3
Maier    IT112   2   3   4
Kaiser   IT112   1   5   5
```

Ausgabe (mit automatischer Berechnung des Notendurchschnitts)

```
Name:           Klasse:      M    D    E    Schnitt
---------------------------------------------------------
Hansen          IT111        1    4    3    2.666
Maier           IT112        2    3    4    3
Kaiser          IT112        1    5    5    3.666
```

Aufgabe 9.3

Entwerfen Sie eine Struktur **TVokabel**, die ein Vokabelpaar (deutsch – englisch) darstellen soll. Die Struktur soll als Elemente zwei Zeichenketten (sinnvolle Größe wählen) beinhalten, eine für das deutsche Wort und eine für die englische Übersetzung.

Das Programm soll den Benutzer fragen, wie viele Vokabeln er eingeben möchte und anschliessend den Speicher dafür dynamisch reservieren.

Nach dem Einlesen der Vokabeln soll eine Zufallsabfrage starten. Der Benutzer wird in zufälliger Reihenfolge abgefragt, er kann allerdings vorher noch wählen in welcher Sprache.

Wenn alle Vokablen abgefragt sind, soll das Programm noch eine Auswertung der korrekten und falschen Antworten anzeigen.

Beispiel einer Bildschirmausgabe (Benutzereingaben sind fett gedruckt):

```
VOKABELTRAINER VERSION 1.0
Bitte die Anzahl der Vokabeln: 3

Vokabel 1 (deutsch): Haus
Vokabel 1 (englisch): house

Vokabel 2 (deutsch): Katze
Vokabel 2 (englisch): cat

Vokabel 3 (deutsch): Hund
Vokabel 3 (englisch): dog

START der Abfrage:
Moechten Sie in Deutsch oder Englisch gefragt werden (d/e): d

Frage 1: Wie lautet die Übersetzung von Katze?
Ihre Eingabe: cat

Frage 2: Wie lautet die Übersetzung von Hund?
Ihre Eingabe: dok

Frage 3: Wie lautet die Übersetzung von Haus?
Ihre Eingabe: house

ENDE der Abfrage:
Sie haben 2 von 3 Vokabeln korrekt übersetzt.
```

Hinweis:

Das Erzeugen von Zufallswerten ist in Aufgabe 7.3 bereits beschrieben worden.

Aufgabe 9.4

Implementieren Sie den abstrakten Datentyp Schlange (engl: Queue). Dieser Datentyp kann beliebig viele Werte (der Einfachheit halber Integer-Werte) aufnehmen.

Weiterhin müssen zwei Funktionen geschrieben werden, die die Aufnahme und die Abgabe von Werten regeln.

- Die Funktion `PUT` reiht einen Wert in die Schlange ein.
- Die Funktion `GET` holt einen Wert aus der Schlange.

Das Prinzip der Schlange ist einfach: wer zuerst reinkommt, darf auch zuerst wieder heraus.

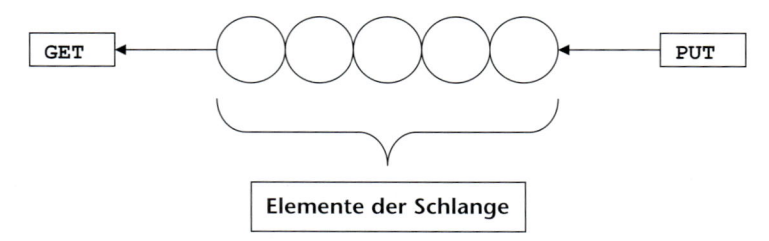

Beispiel eines möglichen Hauptprogrammes:

```
int main()
{
TSchlange * pS;
int i;
InitSchlange (pS);
PUT(pS , 10);
PUT(pS , 5);
PUT(pS , 3);
i = GET(pS);
cout << i << endl; //gibt 10 aus
i = GET(pS);
cout << i << endl; //gibt 5 aus
LoescheSchlange(pS);
system("PAUSE");
return EXIT_SUCCESS;
}
```

Hinweis:

Der Zeiger `pS` wird an die Funktionen `InitSchlange`, `GET`, `PUT` und `LoescheSchlange` übergeben. Dieser Aufruf muss als call by reference durchgeführt werden. Entweder ist der Übergabeparameter der Funktionen ein Zeiger auf einen Zeiger **TSchlange ** ppS** oder man benutzt den Referenzoperator **TSchlange * &pS**.

10 Aufgaben zu Klassen in C++

Aufgabe 10.1

Erstellen Sie eine Klasse `CKonto`, die eine Kontonummer verwalten kann. Die Klasse verwaltet die Kontonummer als Zeichenkette mit einer festen Größe von 10 Zeichen. Neben dem Standardkonstruktor, dem Parameterkonstruktor und den Get- und Set-Methoden soll eine private Methode implementiert werden, die die Kontonummer auf Korrektheit prüft. Diese private Methode wird von allen Methoden aufgerufen, die die Kontonummer setzen müssen. Sie überprüft die Kontonummer auf folgende Eigenschaften:

- Die Kontonummer besteht genau aus 10 Ziffern.
- Die letzte Ziffer ist eine Prüfziffer. Sie ist der Rest der Division der Summe aller anderen Ziffern durch 7.

Falls die Kontonummer nicht den Anforderungen entspricht, so wird eine Fehlermeldung ausgegeben und die Kontonummer auf „0000000000" gesetzt.

Beispiel eines möglichen Hauptprogrammes:

```
int main()
{
CKonto K;

K.SetKontonummer("2471738281");   // Falsche Prüfziffer -
                                  // Fehlermeldung!!

K.SetKontonummer("24717382");     // Nicht 10 Ziffern -
                                  // Fehlermeldung!!

K.SetKontonummer("1234567893");   //Korrekte Kontonummer

system("PAUSE");
return EXIT_SUCCESS;
}
```

Aufgabe 10.2

Implementieren Sie eine Klasse, die ein Datum verwalten kann. Das Datum wird in drei Attributen vom Typ Integer verwaltet (Tag, Monat, Jahr). Es darf nur ein korrektes Datum gespeichert werden.

Dabei ist auch das Schaltjahr zu berücksichtigen (siehe auch Aufgabe 5.2).

Folgende Methoden sind zu entwickeln:

Konstruktoren:

```
CDatum ( int , int, int );
// Übernahme von Tag, Monat und Jahr

CDatum ( char * );
// Übernahme von Tag, Monat und Jahr als Zeichenkette
```

Set-Methoden:

analog zu den Konstruktoren

Get-Methoden:

```
void GetDatum( int & , int &, int &);
//Speichern des Datums in den Referenzvariablen

void GetDatum( char * &);
//Speichern des Datums in der Zeichenketten-Referenzvariablen
```

Beispiel eines möglichen Hauptprogrammes:

```
int main()
{
char Datum[10+1];
int Tag, Monat, Jahr;

CDatum D1(10,10,2006); //Korrektes Datum
CDatum D2("20.01.2007"); //Korrektes Datum
CDatum D3("29.02.2001"); //kein korrektes Datum

D1.GetDatum(Datum);

cout << Datum;  // gibt "10.10.2006" aus

D2.GetDatum(Tag, Monat, Jahr);

cout << Tag;    // gibt 20 aus
cout << Monat;  // gibt 1 aus
cout << Jahr;   // gibt 2007 aus

system("PAUSE");
return EXIT_SUCCESS;
}
```

Aufgabe 10.3

Der STACK ist ein so genannter Stapelspeicher. Er kann beliebig viele Elemente aufnehmen (je nach Einstellung) und wieder abgeben. Das Prinzip ist anders als bei dem abstrakten Datentyp Schlange – die zuletzt gespeicherten Werte werden zuerst wieder ausgegeben. Dieses Prinzip heißt LIFO (last in first out). Implementieren Sie eine Klasse, die einen STACK-Speicher simuliert. Die gespeicherten Elemente sollen vom Typ Integer sein. Die Speicherung soll dynamisch erfolgen.

> **Beispiel eines möglichen Hauptprogrammes:**
>
> ```
> int main()
> {
> CStack S;
> S.In(10);
> S.In(20);
> S.In(30);
> cout << S.Out();   // gibt 30 aus
> cout << S.Out();   // gibt 20 aus
> system("PAUSE");
> return EXIT_SUCCESS;
> }
> ```

11 Aufgaben zur UML und der Umsetzung in C++

Aufgabe 11.1

Gegeben ist das Klassendiagramm der Klasse CAufgabe. Implementieren Sie die Klasse in C++ und testen Sie die Klasse in einem Beispielprogramm.

```
Aufgabe
-------------------------------------------
- Werte: double [0..10]
- anzahl: int
- Konstante: double = 3.14 {readonly}
-------------------------------------------
+ Aufgabe()
+ Aufgabe(W: double [0..10])
+ ~Aufgabe()
+ SetWerte(W: double [0..10])
+ GetWerte(inout W: double [0..10])
+ GetKonstante(): double
+ GetSumme(): double
```

> **Hinweis:**
>
> Die Methode `GetSumme()` liefert die Summe aller Array-Elemente.

Aufgabe 11.2

Entwickeln Sie ein Klassendiagramm zu der folgenden Problemstellung:

In einem Softwaresystem sollen Autoren, Bücher und Verlage verwaltet werden. Ein Autor kann verschiedene Bücher schreiben, wobei ein Buch auch durchaus von mehreren Autoren geschrieben werden kann. Ein Verlag hat viele Bücher im Programm. Ein Buch wird aber nur von einem Verlag herausgebracht.

Von dem Autor sollen Name und Telefonnummer verwaltet werden. Bei den Büchern sollen die ISBN-Nummer und der Titel gespeichert werden. Ein Verlag hat die Attribute Name und Ort.

Aufgabe 11.3
Setzen Sie das Klassendiagramm aus Aufgabe 11.2 in C++ um. Beschränken Sie sich auf die Verwaltung von Autoren und Büchern.

Schreiben Sie ein Hauptprogramm, in dem beliebig viele Autoren und Bücher eingetragen werden können (dynamische Speicherverwaltung).

Mithilfe von Methoden sollen dann die Bücher den Autoren zugeordnet werden.

Beispiel einer möglichen Bildschirmausgabe:

```
BUECHERVERWALTUNG VERSION 1.0
Wie viele Autoren moechten Sie anlegen: 3

Bitte den Namen des 1. Autoren: Markus Hansen
Bitte die Telefonnummer des 1. Autoren: 02123-23452

Bitte den Namen des 2. Autoren: Norbert Maier
Bitte die Telefonnummer des 2. Autoren: 04443-2322

Bitte den Namen des 3. Autoren: Knut Knudsen
Bitte die Telefonnummer des 3. Autoren: 082523-34432

Wie viele Buecher moechten Sie anlegen: 2

Bitte den Titel des 1. Buches: C++ fuer Dummys
Bitte die ISBN des 1. Buches: 3617943718
Wie viele Autoren haben mitgewirkt: 1
Bitte den Namen des Autoren angeben: Markus Hansen

Bitte den Titel des 2. Buches: Algorithmen in C++
Bitte die ISBN des 2. Buches: 6157943733
Wie viele Autoren haben mitgewirkt: 2
Bitte den Namen des 1. Autoren angeben: Norbert Maier
Bitte den Namen des 2. Autoren angeben: Knut Knudsen

Ausgabe der Buecherliste:
1.
Markus Hansen, "C++ fuer Dummys", ISBN: 3617943718
2.
Norbert Maier & Knut Knudsen, " Algorithmen in C++",
ISBN: 6157943733

ENDE
```

Hinweis:
Benutzereingaben sind kursiv gedruckt.

Aufgabe 11.4
Vervollständigen Sie die folgenden Klassendiagramme bzgl. Multiplizitäten, Leserichtung, Navigierbarkeit usw. Entscheiden Sie sich für Assoziation, Aggregation oder Komposition.

a)

| Polizist | | Dieb |

b)

| Auto | | Reifen |

c)

| Restaurant | | Teilzeitkellner |

d)

| Roman | | Buchseite |

e)

| Schüler |

| Schule | | Lehrer |

| Fach |

12 Aufgaben zur Überladung von Operatoren

Aufgabe 12.1
Vervollständigen Sie die Klasse CKette aus dem Kapitel 12. Folgende Operatoren müssen noch überladen werden. Entscheiden Sie sich für eine globale Operator-Funktion oder eine Methode.

```
CKette A(" Test");
CKette B;
```

Beispiele für arithmetische Operatoren:

```
B = "Das ist ein" + A;
B =  'x'  + A;
B = 100 + A;
B = 1.234 + A;
```

Beispiele für Zuweisungen:

```
A = "Hallo";        A + = B;
A = 1000;           A + = 1000;
A = 1.556;          A + = 1.234;
```

Beispiele für Vergleichsoperatoren (alphabetischer Vergleich):

```
if ( A < B ) ....              if ( A > B ) ....
if ( A < "Hallo" ) ....        if ( A > "Hallo" ) ....
if ( A < 'x' ) ....            if ( A > 'x' ) ....

if ( A <= B ) ....             if ( A >= B ) ....
if ( A <= "Hallo" ) ....       if ( A >= "Hallo" ) ....
if ( A <= 'x' ) ....           if ( A >= 'x' ) ....

if ( A = = B ) ....
if ( A = = "Hallo" ) ....
if ( A = = 'x' ) ....
```

Aufgabe 12.2
Entwickeln Sie eine Klasse CKonto, die ein Girokonto repräsentiert. Die Klasse soll über die Attribute Nummer, BLZ sowie GeldBetrag verfügen.

Überladen Sie die Ein- und Ausgabeoperatoren so, dass die Klasse wie folgt benutzt werden kann:

Beispiel eines möglichen Hauptprogrammes:

```
int main()
{
CKonto K;
double Betrag;
cout << "Kontoverwaltung VERSION 1.0" << endl;

cout << "Bitte die Kontodaten eingeben: ";
cin >> K;

cout << "Welchen Betrag moechten Sie einzahlen? ";
cin >> Betrag;
K << Betrag;

cout << "Welchen Betrag moechten Sie abheben? ";
cin >> Betrag;
K >> Betrag;

cout << "Die Kontodaten lauten: ";
cout << K;

system("PAUSE");
return EXIT_SUCCESS;
}
```

Beispiel einer möglichen Bildschirmausgabe:

```
Kontoverwaltung VERSION 1.0

Bitte die Kontodaten eingeben:
Die Kontonummer: 923129
Die BLZ: 36010222
Den Geldbetrag: 2000

Welchen Betrag moechten Sie einzahlen? 1500

Welchen Betrag moechten Sie abheben? 3200

Die Kontodaten lauten:
Kontonummer: 923129
BLZ: 36010222
Geldbetrag: 300
```

Hinweis:

Benutzereingaben sind kursiv gedruckt.

13 Aufgaben zur Vererbung in C++

Aufgabe 13.1

Problemstellung:
Die Firma CompuDrive GmbH vertreibt verschiedene PC-Systeme. Für die Verwaltung der PC-Systeme soll eine Software geschrieben werden. Folgende Systeme hat die Firma im Angebot:

- Internet-PC für das Arbeiten im Internet. Der PC hat ein eingebautes DSL-Modem incl. Routereigenschaften.
- Server-PC für verschiedene Servertätigkeiten. Dieser PC kann über mehrere Netzwerk-Karten (max. 3) verfügen.
- Multimedia-PC für Bild- und Videoverarbeitung. Der PC hat eine leistungsstarke Grafikkarte.
- Power-PC für alle Aufgaben, außer dem Serverbetrieb.

Aufgabenstellung:
Entwerfen Sie zu der obigen Problemstellung ein Klassendiagramm. Nutzen Sie die Vererbung bzw. Mehrfachvererbung.

Aufgabe 13.2

Problemstellung:
Eine Bank hat Privatkunden und Geschäftskunden. Die Privatkunden dürfen ein Konto, die Geschäftskunden maximal drei Konten bei der Bank führen.

Ein Konto besteht aus einer Kontonummer und einer Bezeichnung für die Art des Kontos (Girokonto, Onlinekonto oder Tagesgeldkonto).

Die Kunden sind Personen mit den üblichen Angaben von Personendaten (Name, Wohnort, Telefon).

Privatkunden haben neben den Konten auch eine bankinterne Bezeichnung, die die Bonität des Kunden beschreibt (kreditwürdig, nicht kreditwürdig).

Aufgabenstellung:
- Entwerfen Sie zu der obigen Problemstellung ein **Klassendiagramm** und setzen Sie das Diagramm anschließend in C++ um.
- Schreiben Sie ein Hauptprogramm, in dem Sie die Klassen verwenden. Lassen Sie dann die Angaben zu Privatkunden und zu Geschäftskunden einlesen und anschließend formatiert auf dem Bildschirm ausgeben. Das Anlegen der Privat- und Geschäftskunden soll dynamisch geschehen.

> **Beispiel einer möglichen Bildschirmausgabe:**
>
> ```
> Bankverwaltung Version 1.0
>
> Wie viele Privatkunden moechten Sie anlegen? : 1
> Wie viele Geschaeftskunden moechten Sie anlegen? : 2
>
> Eingabe der Privatkundendaten: Kunde Nr. 1
>
> Geben Sie den Namen des Kunden ein:        Hansen
> Geben Sie den Wohnort Kunden ein:          Hilden
> Geben Sie die Telefonnr. des Kunden ein:   123456
> Hat der Kunde Bonitaet ( j / n ):          n
> Geben Sie die Konto-Nr. des Kunden ein:    987654321
> Geben Sie die Art des Kontos ein (G/O/T):  G
>
>
> Eingabe der Geschaeftskundendaten: Kunde Nr. 1
>
> Geben Sie den Namen des Kunden ein:        Mueller AG
> Geben Sie den Wohnort Kunden ein:          Hilden
> Geben Sie die Telefonnr. des Kunden ein:   3542345
> Wie viele Konten hat der Kunde:            2
> Geben Sie die 1. Konto-Nr. des Kunden ein: 345454
> Geben Sie die Art des Kontos ein (G/O/T):  G
> Geben Sie die 2. Konto-Nr. des Kunden ein: 65776
> Geben Sie die Art des Kontos ein (G/O/T):  O
>
>
> Eingabe der Geschaeftskundendaten: Kunde Nr. 2
>
> Geben Sie den Namen des Kunden ein:        Maier KG
> Geben Sie den Wohnort des Kunden ein:      Duesseldorf
> Geben Sie die Telefonnr. des Kunden ein:   787667
> Wie viele Konten hat der Kunde:            1
> Geben Sie die 1. Konto-Nr. des Kunden ein: 566
> Geben Sie die Art des Kontos ein (G/O/T):  T
> ```

> Ausgabe der Daten:
> Privatkunden:
> ```
> Nr.     Name         Wohnort        Telefon       KtoNr         Art
> 1       Hansen       Hilden         123456        987654321     G
> ```
> Geschaeftskunden:
> ```
> Nr.     Name         Wohnort        Telefon       KtoNr         Art
> 1       Mueller AG   Hilden         3542345       345454        G
> 1       Mueller AG   Hilden         3542345       65776         O
> 2       Maier KG     Duesseldorf    787667        566           T
> ```

Hinweis: Benutzereingaben sind kursiv gedruckt.

14 Aufgaben zu virtuellen Methoden

Aufgabe 14.1

Problemstellung:
Die Problemstellung bezieht sich auf die Ausgangssituation aus Aufgabe 13.1.

Setzen Sie zuerst das Klassendiagramm in C++ um. Legen Sie nur Attribute und Methoden an, die nötig sind, um die Aufgabe zu bearbeiten.

Anschließend soll ein Hauptprogramm entwickelt werden, in dem beliebig viele dieser PC-Systeme gespeichert werden können. Wenn ein neuer PC gespeichert wird, soll die Kundennummer des Kunden, der den PC gekauft hat, eingetragen werden.

In dem Hauptprogramm soll ein Menü den Benutzer durch das Programm führen. Mithilfe dynamischer Speicherverwaltung sollen die PC-Systeme und deren Käufer (Kundennummer) in einer Liste gespeichert werden.

> **Hinweis:**
> Legen Sie auch virtuelle Destruktoren an, sonst kann es beim Löschen der Liste zu Problemen kommen.

Mögliche Bildschirmausgabe: *die Eingaben des Benutzers sind kursiv gedruckt.*

```
PC-Systeme Version 1.0

Bitte wählen Sie:
<1> Einen Multimedia-PC verkaufen
<2> Einen Internet-PC verkaufen
<3> Einen Power-PC verkaufen
<4> Einen Server-PC verkaufen
<5> Ausgabe der verkauften Systeme

<6> ENDE

Ihre Wahl: 1

Verkauf eines Multimedia-PCs:
Bitte geben Sie die Grafikkarte ein: NForce 2.1
Bitte geben Sie den Speicher ein: 512 MB
Bitte geben Sie den Prozessor ein: AMD 2.7 GHz
Bitte geben Sie die Kundenummer ein: 1737

Ihre Wahl: 2

Verkauf eines Internet-PCs:
Bitte geben Sie die Modembezeichnung ein: Fritz 1.2
Bitte geben Sie den Speicher ein: 256 MB
Bitte geben Sie den Prozessor ein: AMD 2 GHz
Bitte geben Sie die Kundenummer ein: 3428
```

```
Ihre Wahl: 3

Verkauf eines Power-PCs:
Bitte geben Sie die Modembezeichnung ein: Fritz 1.5
Bitte geben Sie die Grafikkarte ein: Hercules 6
Bitte geben Sie den Speicher ein: 512 MB
Bitte geben Sie den Prozessor ein: Intel 2.2 GHz
Bitte geben Sie die Kundennummer ein: 4443

Ihre Wahl: 4

Verkauf eines Server-PCs:
Wie viele Netzwerkkarten?: 2
Bitte geben Sie die 1. Karte ein: MAXCOM 1
Bitte geben Sie die 2. Karte ein: MAXCOM 2
Bitte geben Sie den Speicher ein: 1024 MB
Bitte geben Sie den Prozessor ein: Intel 3.2 GHz
Bitte geben Sie die Kundennummer ein: 3337

Ihre Wahl: 5

Liste der verkauften PC-Systeme:
1. Multimedia-PC an Kunde: 1737
2. Internet-PC an Kunde: 3428
3. Power-PC an Kunde: 4443
4. Server-PC an Kunde: 3337
```

Aufgabe 14.2

Finden Sie drei sinnvolle verschiedene Beispiele für Vererbungshierarchien, die eine abstrakte Basisklasse haben.

Skizzieren Sie die Hierarchien in einem Klassendiagramm. Es reicht aus, die Klassennamen und die Vererbung darzustellen.

15 Aufgaben zur Softwareentwicklung mit UML

Aufgabe 15.1

Entwickeln Sie ein Anwendungsfall-Diagramm zu der folgenden Problemstellung:

Ein Schulungsunternehmen bietet EDV-Kurse in verschiedenen Bereichen an. Jeder Kurs kann maximal 12 Teilnehmer haben und findet immer in einem festen Schulungsraum statt. Es gibt 5 fest angestellte Dozenten und 12 freie Mitarbeiter, die als Dozenten tätig sind.

Wenn ein Kurs aufgrund mangelnder Teilnehmer ausfällt, dann werden die Teilnehmer informiert und erhalten bei der nächsten Kursbuchung 5% Rabatt auf den Schulungspreis.

Falls es zu Spannungen zwischen Dozenten und Teilnehmern kommt, dann bietet der Schulungsleiter ein Vermittlungsgespräch an, das aber nicht zwingend ist.

Muss der Kurs aus Krankheitgründen des Dozenten abgebrochen werden, dann erhalten die Teilnehmer Gutscheine für spätere Kurstage.

Aufgabe 15.2

Für ein Autohaus soll ein Softwaresystem entwickelt werden, das die Gebrauchtwagen verwaltet und die Verkäufe EDV-technisch realisiert.

Die Anforderungen sind bereits in einem Anwendungsfall-Diagramm festgehalten worden. Versuchen Sie die beteiligten Klassen zu identifizieren und ein entsprechendes Klassendiagramm zu entwickeln.

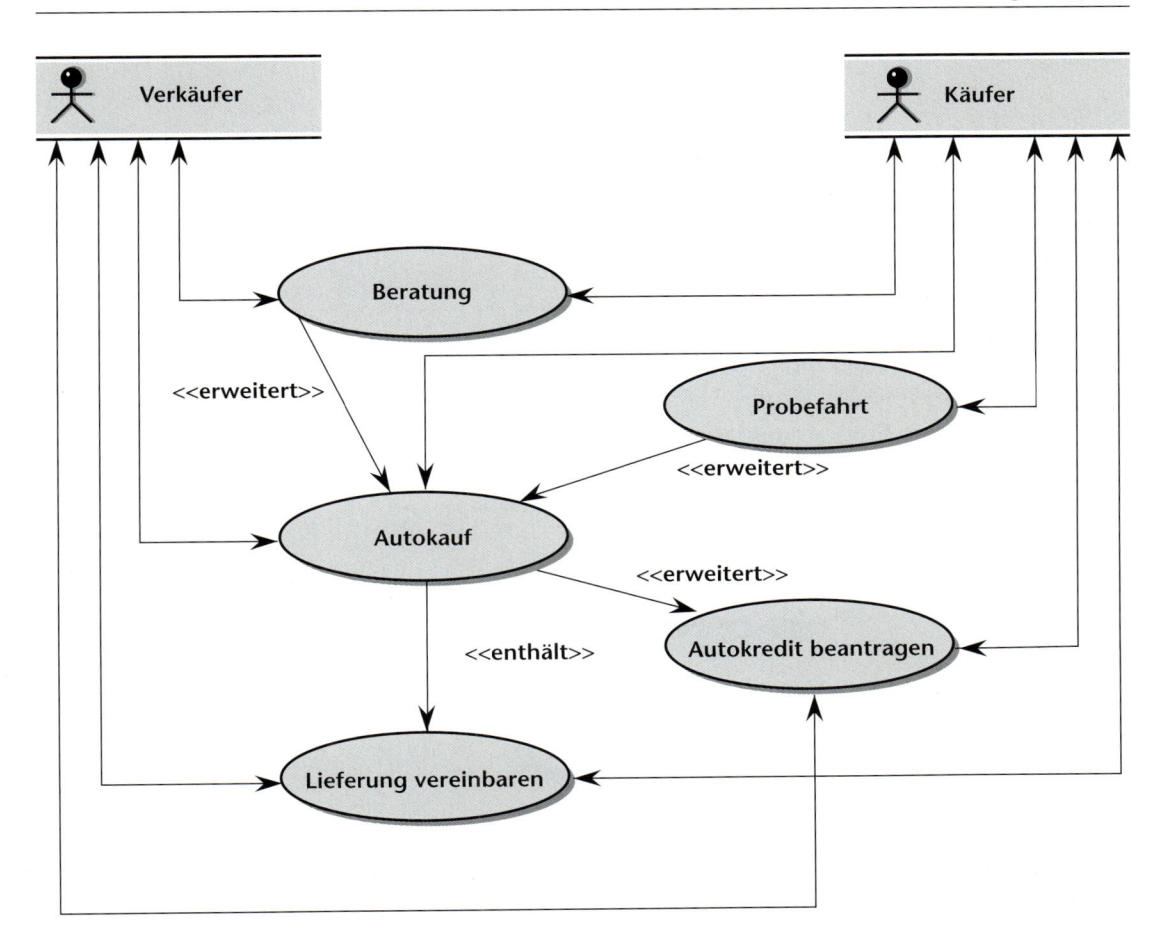

16 Aufgaben zu Dateioperationen mit C++

Aufgabe 16.1
Erläuterungen zu Argumenten für die main-Funktion:

Von DOS ist man es gewohnt beim Aufruf von Programmen direkt Parameter anzugeben.

Beispielsweise funktioniert so der Befehl **type** unter DOS. Er erwartet noch die Angabe der Datei, die angezeigt werden soll:

> **Beispiel:**
>
> **type Test.txt**

Um solche Argumente beim Aufruf eines Programms zu empfangen, kann die main-Funktion benutzt werden.

Syntax: `int main(int argc, char *argv[]);`

In `argc` wird die Anzahl die übergebenen Argumente gespeichert und in dem Feld von Zeigern auf Zeichenketten `argv` können diese dann ausgelesen werden.

> **Beispiel:**
>
> Aufruf eines Programmes **Test mit drei Parametern**
>
> ```
> C:\>Test Param1 Param2 Param3
> ```

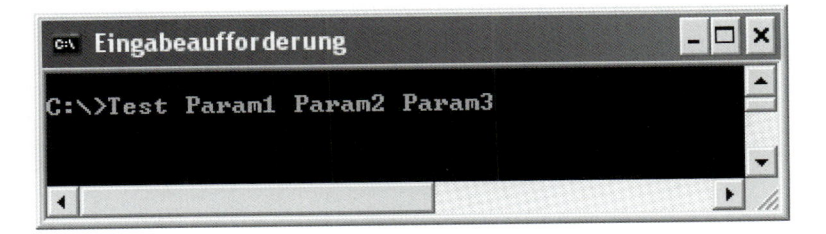

Das Programm empfängt die Parameter wie folgt:

```
argc        →    4
argv[0]     →    "Test"
argv[1]     →    "Param1"
argv[2]     →    "Param2"
argv[3]     →    „Param3"
```

Der Name des Programmes wird auch übergeben.

Aufgaben:
- Schreiben Sie ein Programm, das den DOS-befehl type ersetzt. Als Parameter wird der Name einer Textdatei erwartet, die anschließend auf dem Bildschirm ausgegeben wird.
- Schreiben Sie ein Programm, das eine beliebige Datei kopieren kann. (vergleichbar mit dem DOS-Befehl copy). Die Dateinamen sollen als Parameter für die main-Funktion übernommen werden.

Beispiel:

```
copy   Quelle.txt   Ziel.txt
```

- Programmname
- Zu kopierende Datei
- Kopie der Datei

Aufgabe 16.2
Adressenverwaltung

Schreiben Sie ein C++-Programm, das Adressen verwalten kann.

Folgende Funktionalitäten sollten enthalten sein:
- Neue Adressen anlegen
- Adressen ansehen
- Adressen ändern

Es sollen maximal 500 Adressen gespeichert werden können.

Beim Starten des Programms sollen aus einer Adressdatei automatisch die vorhandenen Adressen eingelesen werden.

Wenn das Programm beendet wird, so sollen die Adressen automatisch gesichert werden.

Beispielmenü:

```
Adressenverwaltung Version 1.0

Bitte waehlen:
<1> Neue Adresse anlegen
<2> Adressen ansehen
<3> Adresse aendern
<4> ENDE
```

Kriterien:
- Legen Sie eine Klasse oder Struktur für den Adressentyp an.
- Speichern und lesen Sie die Adressen mit den Methoden `write()` und `read()`.
- Laden Sie zu Beginn des Programmes die kompletten Adressen in den Speicher. Bei Beendigung des Programmes werden dann die Adressen ebenfalls komplett geschrieben.

Aufgabe 16.3
Komprimierungstool:

Mithilfe der Dateioperationen kann ein einfaches Komprimierungprogramm für reine Textdateien umgesetzt werden.

Es wird davon ausgegangen, dass in den Textdateien neben den 29 Kleinbuchstaben (incl. Umlaute) und 29 Großbuchstaben (incl. Umlaute), das „ß", das Leerzeichen, das Komma, der Punkt und der Zeilenumbruch vorkommen. Damit wären 63 verschiedene Zeichen möglich.

Für 63 Zeichen reichen 6 Bits.

Das Komprimierungsprogramm liest nun eine reine (nach den obigen Vorgaben) Textdatei ein und komprimiert die Datei, indem es für jedes Zeichen den 6 Bit großen Schlüssel speichert.

Hinweise:

- Legen Sie im Programm eine Zuordnung der Zeichen zu einer Zahl zwischen 0 und 62 fest.
- Benutzen Sie ein dynamisches Array vom Typ unsigned long. Jede long-Variable hat 32 Bit. Damit sind 5 Zeichen mit jeweils 6 Bit speicherbar.
- Schreiben Sie Funktionen, um 5 Zeichen in eine long-Variable zu speichern und auch wieder zu lesen. Benutzen Sie dabei intensiv die Bitoperatoren.
- Das Speichern und Lesen der komprimierten Datei sollte binär mit den Methoden read() und write() erfolgen.

Das Programm kann alle 5 Zeichen 8 Bit an Platz sparen. Das ergibt einen Komprimierungsgrad von 80 % der Originaldatei. Das ist nicht besonders viel, aber immerhin ein Einstieg in die komplizierte Welt der Komprimierung.

Exkurs: die Huffman-Codierung

Ein effizientes Verfahren zur Datenkomprimierung bietet die so genannte Huffman-Codierung. Dabei wird der zu komprimierende Text analysiert und eine Rangliste der Häufigkeit der auftretenden Zeichen aufgestellt. Die Zeichen, die am häufigsten auftreten, erhalten die kleinsten Schlüssel (Bitmuster). Die Zeichen, die sehr selten auftreten, bekommen die größeren Schlüssel. Dadurch kann eine recht hohe Kompressionsrate erzielt werden, denn in den meisten Texten treten bestimmte Buchstaben sehr häufig auf.

Das Problematische der Umsetzung des Huffman-Codes ist die Zuweisung der Schlüssel zu den Zeichen der Rangliste, so dass jeder Schlüssel nur einmal auftritt. Dieses Problem führt zu dem Aufstellen des Huffman-Baumes.

Anschließend kann der Text verschlüsselt werden, indem jedes Zeichen in seinen Schlüssel übersetzt wird und die Schlüssel dann hintereinander als Bitmuster abgespeichert werden.

Bei der Dekompression tritt dann die Schwierigkeit auf, dass bekannt sein muss, wann ein Schlüssel endet. Die komprimierte Datei ist ja nichts anderes als eine Folge von Bits.

Es muss deshalb eindeutig sein, wann ein Schlüssel endet. Das geschieht durch die Einhaltung der so genannten Fano-Bedingung

Wenn kein Codewort Anfangswort eines anderen Codewortes ist, dann ist jede codierte Zeichenreihe eindeutig dekodierbar.

Man sieht, dass die Huffman-Verschlüsselung ein komplexes Thema ist. Wenn das Interesse geweckt wurde, dann informieren Sie sich weiter über diese Verschlüsselung und versuchen Sie ein C++-Programm dazu zu schreiben. Am Anfang würde es ausreichen, die Häufigkeit von Zeichen in einem statischen Array zu verwalten. Eine solche Häufigkeitstabelle ist im Internet recherchierbar.

17 Aufgaben zur fortgeschrittenen Programmierung

Aufgabe 17.1

Entwicklen Sie eine Klasse CList, die ein Container für verschiedene Datentypen sein soll. Nutzen Sie dazu die Klassen-Templates unter C++.

> **Beispiel eines möglichen Hauptprogrammes:**
>
> ```cpp
> int main()
> {
> CList <float> FloatListe;
> FloatListe.Einfuegen(10.5);
> FloatListe.Einfuegen(22.44);
> FloatListe.Einfuegen(12.12);
>
> for ( int i = 0 ; i < FloatListe.Anzahl() ; i++)
>   cout << FloatListe[i];
>
> system("PAUSE");
> return EXIT_SUCCESS;
> }
> ```

> **Hinweise:**
>
> - Das Speichern der Elemente soll in Form einer verketteten Liste geschehen.
> - Benutzen Sie die Ausnahmebehandlung, um Speicherfehler und andere Fehler professionell abzufangen.
> - Überladen Sie den Indexoperator, so dass ein Zugriff wie bei gewöhnlichen Arrays möglich ist.
> - Implementieren Sie weitere sinnvolle Methoden und Operatoren wie beispielsweise eine Methode `Loeschen()`, um Elemente zu löschen.

Aufgabe 17.2

Schreiben Sie ein C++-Programm, das 1.000.000 Werte vom Typ Integer speichert. Nutzen Sie den Zufallsgenerator, um die Werte zu erzeugen.

In einem Hauptprogramm sollen dann Objekte der STL-Klassen `<vector>`, `<list>`, `<queue>` und die Klasse `CList` aus Aufgabe 17.1 instantiiert werden und mit den Zufallswerten gefüllt werden.

Messen Sie die Zeiten, die die verschiedenen Instanzen beim Einfügen der Werte brauchen.

Es werden Zeitunterschiede deutlich. Analysieren Sie Gründe für diese Unterschiede.

> **Hinweis:**
>
> Die Zeitmessung kann mithilfe der Systemzeit durchgeführt werden. Folgende Anweisungen sind dabei nützlich:

```cpp
#include <sys/timeb.h>  //Einbinden von C-Bibliotheken
#include <time.h>

_timeb timebuffer; //Strukturvariable deklarieren

_ftime( &timebuffer ); // Zeit holen

cout <<  "Zeit in Sekunden:" << timebuffer.time << "   und
Millisekunden" << timebuffer.millitm << endl;
```

18 Aufgabe zu CGI und C++

Schreiben Sie ein CGI-Programm, das Kapital und Prozentsatz aus einer HTML-Seite empfängt, die Zinsen berechnet und eine entsprechende Antwort an den Browser zurücksendet.

Die HTML-Seite ist vorgegeben:

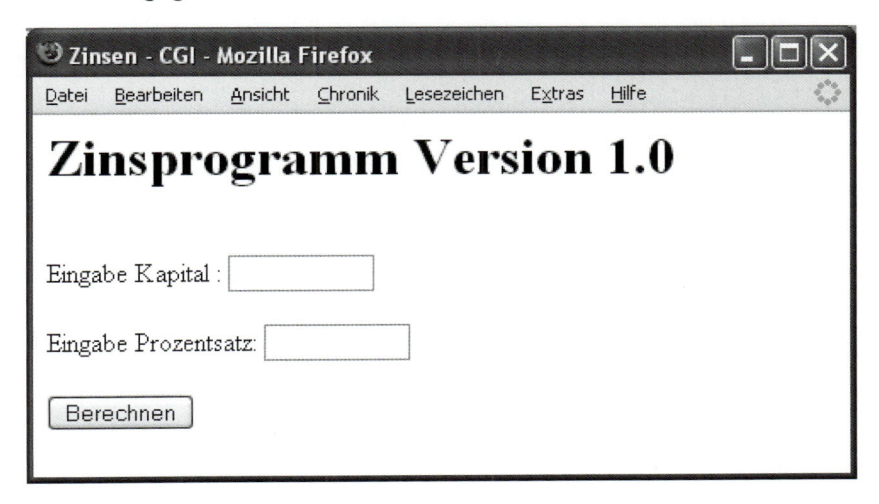

Quelltext der HTML-Seite:
```
<html><head><title>Zinsen - CGI</title>
</head>
<body>
<h1>Zinsprogramm Version 1.0</h1>
<form name = "Zinsen"
action="http://localhost/cgi-bin/Zinsen.cgi" method=post>
<br>
Eingabe Kapital    :
<input size=10 maxlength=10 name="Kapital"></input>
<br><br>
Eingabe Prozentsatz:
<input size=10 maxlength=10 name="Prozent"></input>
<br><br>
<input type=submit value="Berechnen" >
</form>
</body>
</html>
```

TIPP:
Für die Analyse des CGI-Übergabestrings ist es wichtig, eine Zeichenkette in einen float-Wert umzuwandeln.

Dazu dient die Funktion **atof ( )**, die in der Header-Datei **<math.h>** zu finden ist.

Beispiel:
```
char   Kette[5+1] = "123.2";
float  x;
x = atof (Kette);
```
x erhält nun den umgewandelten Wert 123.2 als float

A: Anhang: Strukturierte Dokumentationstechniken (PAP und Struktogramm)

Der Programmablaufplan (PAP):

Der Programmablaufplan ist eine grafische Darstellung eines Algorithmus. Er dient als Grundlage zur Umsetzung des Algorithmus in eine Programmiersprache wie C++.
Die Symbole für Programmablaufpläne sind in der DIN 66001 genormt.

Achtung:

In einem PAP sollten keine sprachspezifischen Elemente einer Programmiersprache enthalten sein. Ein PAP ist übergeordnet und kann für jede strukturierte Programmiersprache eingesetzt werden.

Symbole:

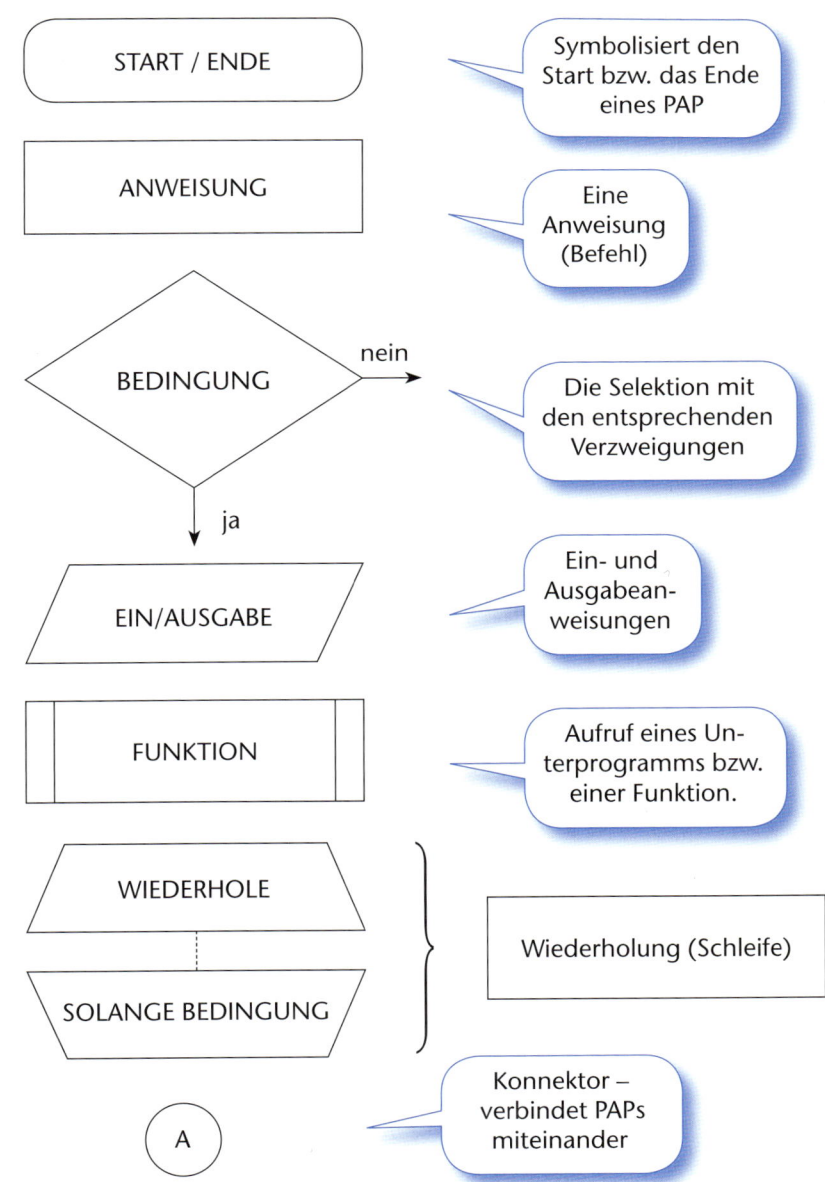

Symbol	Beschreibung
START / ENDE	Symbolisiert den Start bzw. das Ende eines PAP
ANWEISUNG	Eine Anweisung (Befehl)
BEDINGUNG (ja/nein)	Die Selektion mit den entsprechenden Verzweigungen
EIN/AUSGABE	Ein- und Ausgabeanweisungen
FUNKTION	Aufruf eines Unterprogramms bzw. einer Funktion.
WIEDERHOLE ... SOLANGE BEDINGUNG	Wiederholung (Schleife)
A	Konnektor – verbindet PAPs miteinander

Beispiel eines Programmablaufplanes:

Problemstellung:
Ein Benutzer soll eine Zahl über die Tastatur eingeben. Wenn er eine Null eingibt so soll „Fehler bei der Eingabe" auf dem Bildschirm ausgegeben werden, ansonsten „Eingabe ok"

PAP:

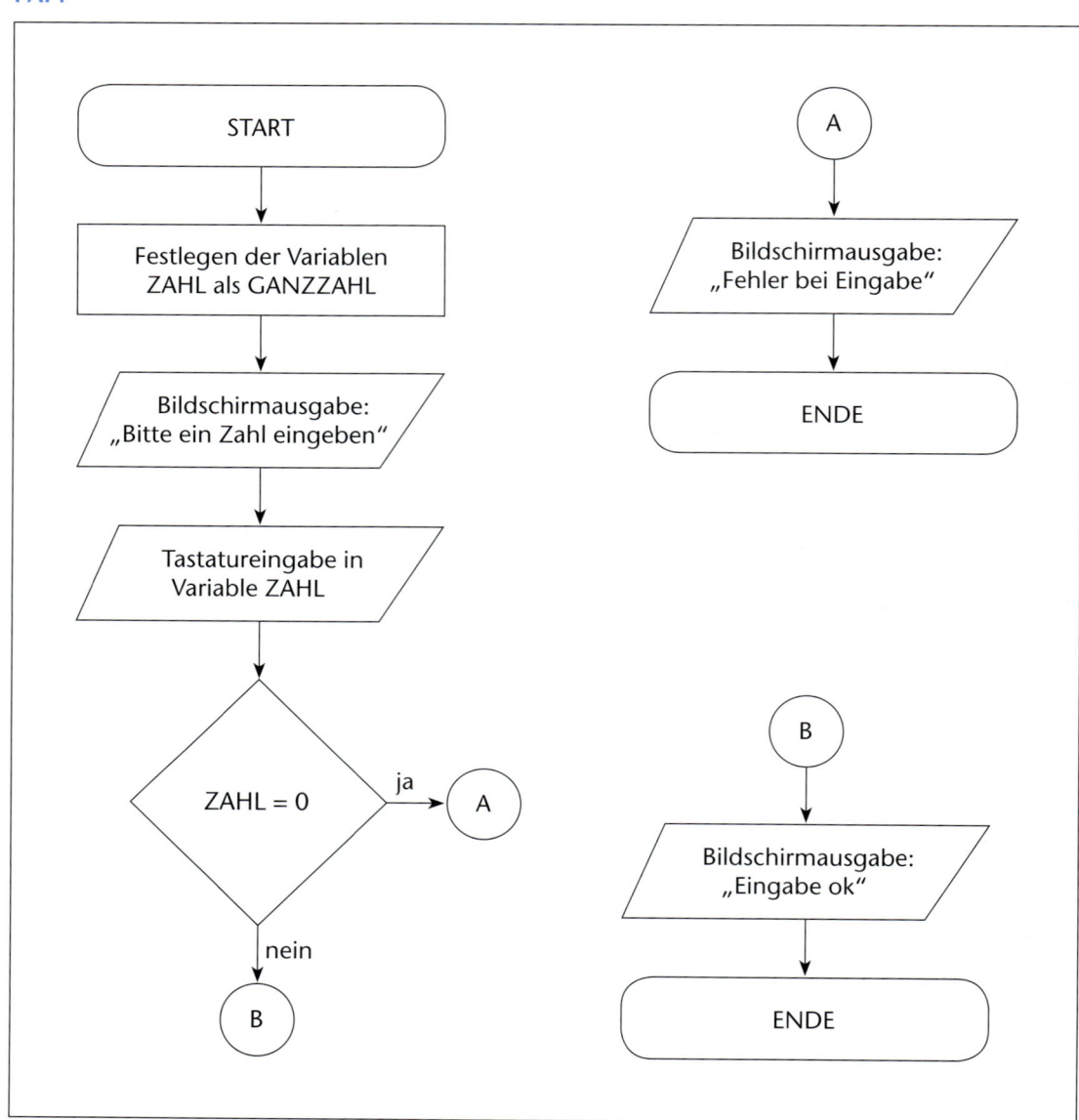

```
START
   ↓
Festlegen der Variablen
ZAHL als GANZZAHL
   ↓
Bildschirmausgabe:
„Bitte ein Zahl eingeben"
   ↓
Tastatureingabe in
Variable ZAHL
   ↓
ZAHL = 0 ──ja──> (A)
   │
  nein
   ↓
  (B)

(A)
   ↓
Bildschirmausgabe:
„Fehler bei Eingabe"
   ↓
ENDE

(B)
   ↓
Bildschirmausgabe:
„Eingabe ok"
   ↓
ENDE
```

Hinweis:

Der Programmablaufplan ist mit dem freien Software-Programm *Dia* gezeichnet worden (Link: http://www.gnome.org/projects/dia/). Mit diesem Programm können viele Diagrammtypen gezeichnet werden.

Das Struktogramm (auch Nassi-Shneiderman-Diagramm):

Das Struktogramm ist ebenso wie der PAP eine Planungs- und Dokumentationshilfe für den Programmablauf. Es ist nach DIN 66261 genormt und ebenso wie der PAP unabhängig von einer Programmiersprache.

Für die strukturierte Programmierung ist das Struktogramm noch besser geeignet, da die Umsetzung eines Struktogrammes in die Programmiersprache eindeutiger ist als beim PAP.

Symbole:

Die Sequenz
Das sind Anweisungen die hintereinander ausgeführt werden.

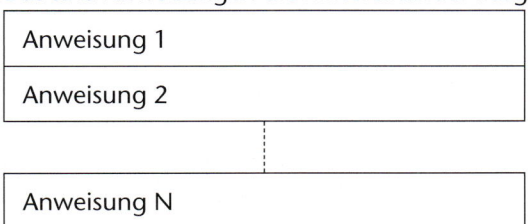

| Anweisung 1 |
| Anweisung 2 |
| ⋮ |
| Anweisung N |

Die Selektion

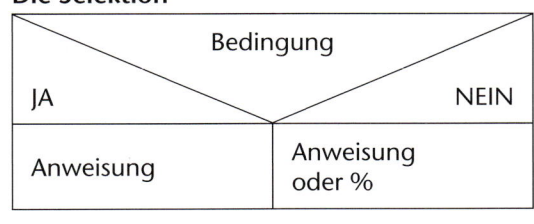

Bedingung	
JA	NEIN
Anweisung	Anweisung oder %

> Wenn der Nein-Zweig keine Anweisung haben muss, so wird dafür das Prozentzeichen % gesetzt.

Die Mehrfachselektion

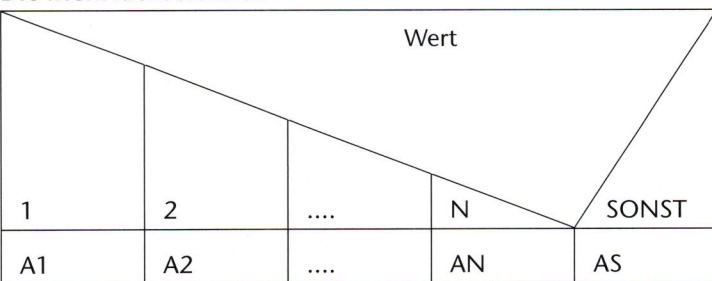

		Wert		
1	2	....	N	SONST
A1	A2	....	AN	AS

> A1 ... AN: Anweisungen 1 bis N

Kopfgesteuerte Schleife

Solange Bedinungen erfüllt ist	
	Anweisung 1
	Anweisung 2
	⋮
tue	Anweisung N

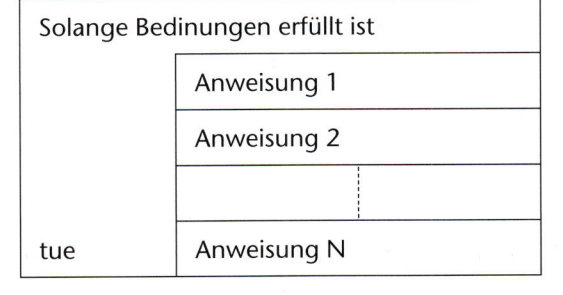

Rumpfgesteuerte Schleife

	Anweisung 1
tue	Anweisung 2
	⋮
	Anweisung N
Solange Bedingung erfüllt ist	

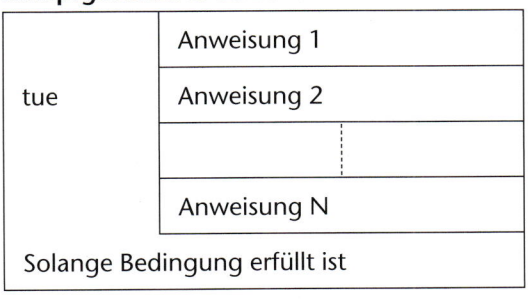

Zählergesteuerte Schleife

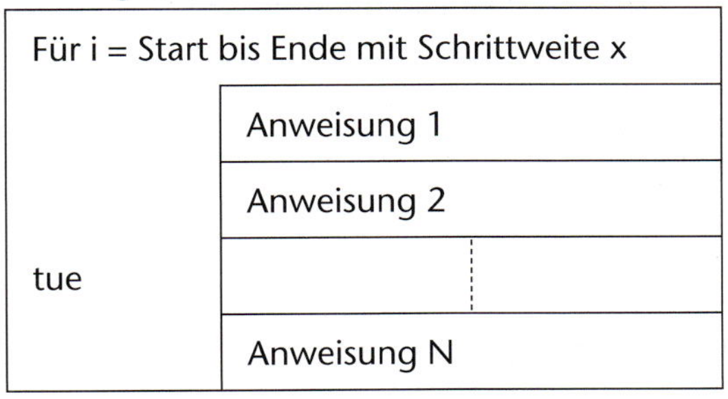

Für i = Start bis Ende mit Schrittweite x	
	Anweisung 1
	Anweisung 2
tue	⋮
	Anweisung N

Beispiel eines Struktogrammes:

Ein Benutzer kann beliebig viele ganze Zahlen (Integer-Werte) eingeben. Wenn er eine Null eingibt, so soll das Programm anschließend die Anzahl der eingegebenen Zahlen sowie die größte und die kleinste der Zahlen auf dem Bildschirm ausgeben. Es sind nur folgende Variablen zu verwenden: `EingabeZahl, Anzahl, Min, Max`

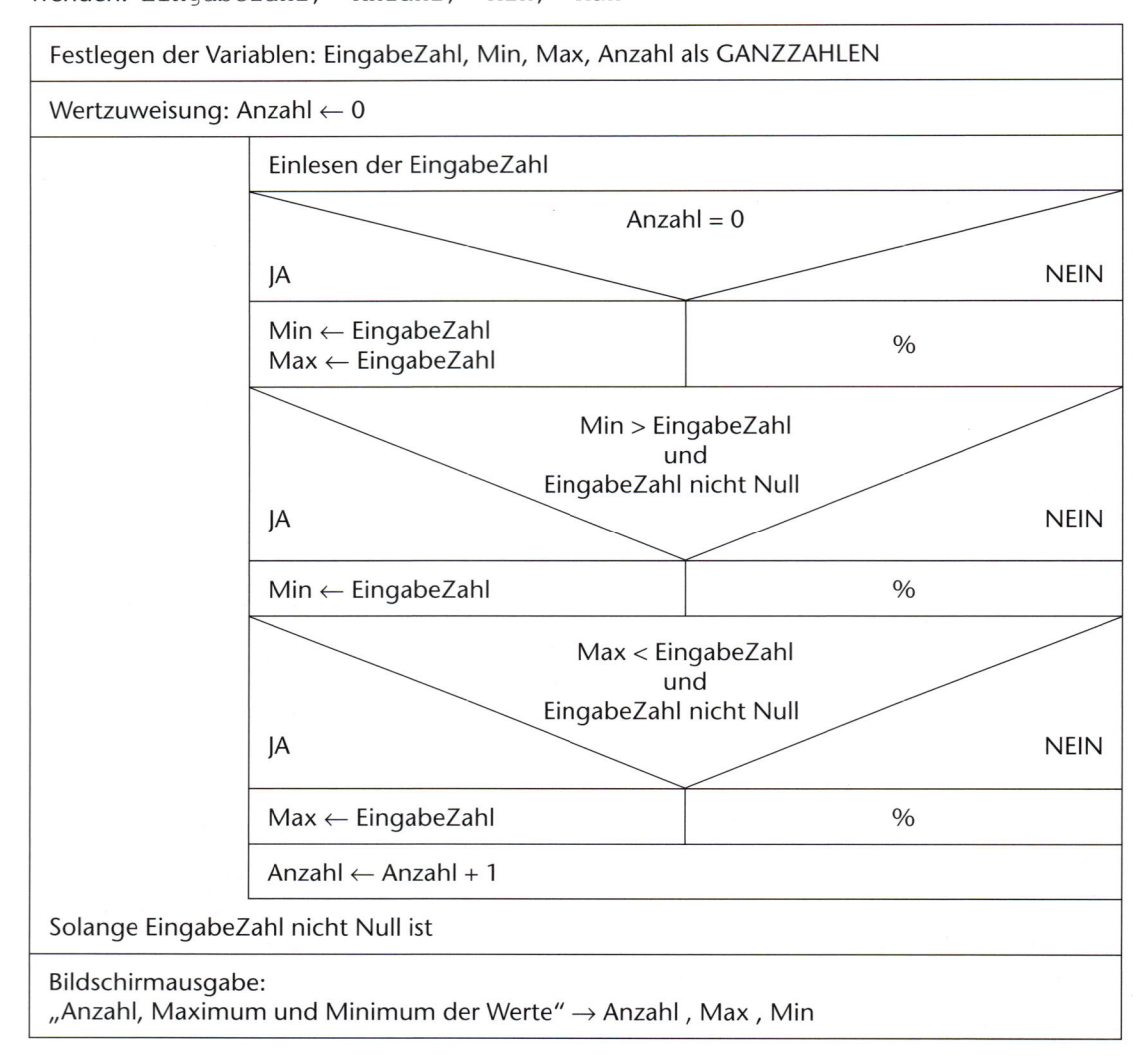

Festlegen der Variablen: EingabeZahl, Min, Max, Anzahl als GANZZAHLEN
Wertzuweisung: Anzahl ← 0

Schleife (Solange EingabeZahl nicht Null ist):

- Einlesen der EingabeZahl
- Verzweigung: Anzahl = 0
  - JA: Min ← EingabeZahl; Max ← EingabeZahl
  - NEIN: %
- Verzweigung: Min > EingabeZahl und EingabeZahl nicht Null
  - JA: Min ← EingabeZahl
  - NEIN: %
- Verzweigung: Max < EingabeZahl und EingabeZahl nicht Null
  - JA: Max ← EingabeZahl
  - NEIN: %
- Anzahl ← Anzahl + 1

Bildschirmausgabe:
„Anzahl, Maximum und Minimum der Werte" → Anzahl, Max, Min

B: Index

Symbole

#define 111
#else 111
#endif 111
#ifdef 111
#ifndef 111
#include 111

A

abgeleitete Klasse 213
Abstrakte Basisklassen 225
Addition von Zeichenketten 205
Adresse 128
Adressoperator & 128
Aggregation 180
Akteure 227
Aktivitäten 230
ALGOL68 53, 169, 276
Anwendungsfälle 227
Argumente für die main-Funktion 297
Argumentenliste 100
Arithmetische Operatoren 66, 75
Arrays 114
Arrays von Basisklassenzeigern 224
Arrays von Strukturen 145
Arrays von Zeigern 136
Assoziation 180
Attribute 152
Auffangen 256
Ausgabe mit cout 69
Ausgabeoperator << 69
Ausnahmebehandlung 253
Ausnahmen 255
AVL-Baum 151

B

bag 177
BASIC 276
Basisklasse 213
Basisklassenkonstruktoren 215, 219
Bäume 146
Bezeichner 62
Beziehungsattribute 183
Bibliotheken 56
bidirektionale Navigierbarkeit 183
Binärbaum 149
Binärmodus 249
Bit-Operatoren 79
Bitschiebeoperatoren << und >> 80
Black-Box-Testverfahren 29
blockweises Schreiben 249
bool 66
break 94
Bruch-Klasse 34
Bubblesort 125

C

C++ - Standardbibliothek 56
call by reference 103, 130
call by value 103
case 90
CASE-Tools 169, 171
cast-Operatoren 81
catch 256
cgi-bin-Ordner 273
char 65, 75
Char2Int 284
class 154
close() 244
COBOL 276
Compiler 55
Console-Application 58
Container-Klasse 38, 225
continue 94
copy 298
Copy-Konstruktor 164
cout 60

D

Datei 242
Dateifenster 242
Dateioperationen 242
Dateizeiger 242
Dateizeiger-Position 252
Datentypen 64
Default-Argumente 105
Definition einer Funktion 100
Deklaration 67
Deklaration einer Funktion 99
Deklaration einer Klasse 168
Deklaration eines Zeigers 128
Dekrementoperator -- 76
delete 136, 137
delete [ ] 138
Dereferenzierungsoperator * 129
Destruktor 159
direkte Organisation 242
DLL 58
DLL-Dateien 56
do-while-Schleife 91
doppelt-verkettete Liste 147
double 66, 75
Dreidimensionale Arrays 117
dynamisches Linken 56
Dynamische Speicherreservierung 136

E

Ein- und Ausgabeströme 243
Eindimensionale Arrays 115
einfache Vererbung 213
Eingabe mit cin 72
Eingabeoperator >> 73
einseitige Selektion 86
Elementare Datentypen 64, 75
endl 60
Entity-Relationship-Modell (ERM) 176
Entscheidungstabelle 19
Entwurfsmuster 171
eof() 244
Escape-Sequenzen 70
Exceptions 255
explizite Konvertierung 81

F

Fakultaet 281
false 66
file 242
float 66, 75
for-Schleife 92
fstream 244
Funktionen 95
Funktionentemplates 253
fußgesteuert 91

G

Ganzes-Teile-Beziehung 192
Ganzzahl 75
gekoppelte Zuweisung 82
Generalisierung 213, 228
genereller catch-Block 258
GET 266
Get- und Set-Methoden 160
Gleitpunktzahl 75
globale Operator-Funktion 204
Globale Variablen 102
good() 74
Grady Booch 169
Gültigkeitsbereiche 64

H

Hash-Verfahren 242
Hat-Beziehung 192, 213
Häufigkeit 283
Header 53
Höhere Datenstrukturen 146
HTML-Formular 265

Index

Huffman-Codierung 299
Hybridsprache 152
Hyperlink 265

I

IDE 56
if-Anweisung 86
if-else-Anweisung 86
ifstream 244
Implementation 108
implizite Konvertierung 81
in 178
Indexoperator 133
Indexoperator [ ] 115
indexsequenzielle Organisation 242
Initialisierungsliste 159
Inkrementoperator ++ 76
inout 178
Instanz 155
Instanzattribut 177
int 65, 75
Integrierte Entwicklungsumgebungen 56
iomanip 71
iostream 60
Ist-Beziehung 192, 213
Iterationen 90
Ivar Jacobson 169

J

James Rumbaugh 169

K

Klasse 152
Klassen-Schablone 255
Klassenattribut 177
Klassendiagramm 176
Klassentemplates 254
Knoten 146, 150
Kommentare 63
Kommentarkopf 64
Komposition 180, 198
Komprimierungstool 299
kopfgesteuert 92

L

Lebenslinien 230
Leserichtung 181
LIFO 290
lineare Gleichungen 277
Linker 55
Links-Wert 82
LISP 276
Listen 146
localhost 265
Lochkarten 242
Logische Operatoren 78
logische Zustände 78
lokale Variablen 102

long 65
long double 66, 75
long int 75

M

Magnetband 242
main( ) 60
Manipulatoren 71, 277
Maschinencode 53, 276
Median 283
Mehrdimensionale Arrays 116
Mehrfachselektion 88
Mehrfachvererbung 213, 218
Methoden 152
microTOOL 171
Mittlere Abweichung 283
Modularer Programmaufbau 107
Module 108
Modulo-Operator 76
Multiplikationsmatrix 284
Multiplizitäten 177, 182, 192, 198

N

Nachrichten 230
Namensraum 61, 109
namespace 110
Navigierbarkeit 181, 183
NEGATION 78
new 136
NULL 146
Nullterminierung 120

O

Oberklasse 213
objectiF 169
Objekt 152
objektbasierte Programmiersprache 221
Objektorientierte Analyse (OOA) 169
Objektorientierte Programmierung (OOP) 169
Objektorientiertes Design (OOD) 169
ODER 78
ofstream 243
OOA 232
OOD 235
open() 244
Operationen 176
ordered 177
out 178

P

Palindrom 284
Parameter 103
Parameterkonstruktoren 157
Passwort-Abfrage 270

Pattern 171
PAUSE 61
Pfeiloperator „->" 143
PL / I 276
Polybius 23
Polymorphismus 221
Positionieren des Dateizeigers 250
POST 266
Postfix-Notation 77
Präprozessor 111
Primärschlüssel-Fremdschlüssel-Prinzip 189
private 154, 177, 214
private-Vererbung 217
Programmablaufplan 21, 85
Projekt in Dev-C++ 58
protected 154, 177, 214, 215
protected-Vererbung 217
public 154, 177, 214
public-Vererbung 217
Punktoperator „." 143

Q

qsort 134, 285
Quellcode 53

R

Rang von Operatoren 82
Rational Rose 170
Rational Software 170
read 249
readonly 177
Rechts-Wert 82
Records 142
Referenz 140
Referenzoperator & 140
Referenzparameter 131
Referenzübergabe 131
reinterpret_cast 81
rein virtuelle Methode 225
Rekursive Funktionen 105
Relationale Operatoren 77
return 100
Reverse-Engineering 171
Rolle 182
Rückgabedatentyp 100
Rumpf der Funktion 100

S

Schaltjahr 279
Schlange 288
Schlüsselworte 62
Schnittstelle 108
Scope-Operator :: 103
seekg() 250
seekp() 250
Selektion 85
Senden von Botschaften 185
Sequenzdiagramm 226, 229